·毛泽东谈文论史全编·

顾 问：龙新民 郑欣淼 陈 晋 阎晓宏

评点中国古代名诗赏析

MAOZEDONG PINGDIAN ZHONGGUO
GUDAI MINGSHI SHANGXI

7

毕桂发 主 编

陈锡祥 副主编

中国文史出版社

目 录

宋 诗

金元诗

明　诗

宋诗

林逋

林逋（967—1028），字君复，钱塘（今浙江杭州）人。北宋诗人。少孤力学，恬淡好古，长期隐居西湖孤山，终生不仕不娶，以种梅养鹤自娱，旧时人称其"梅妻鹤子"。卒谥和靖先生。工诗善行书，诗风格淡远，词清丽隽永，内容大多反映他的隐居生活和闲适心情，存诗三首。尤长于咏梅，以《山园小梅》最负盛名。

【原文】

山园小梅

众芳摇落独暄妍[1]，占尽风情向小园[2]。

疏影横斜水清浅[2]，暗香浮动月黄昏。

霜禽欲下先偷眼，粉蝶如知合断魂。

幸有微吟可相狎[4]，不须檀板共金尊[5]。

【毛泽东圈评等情况】

田家英同志：

请找宋人林逋（和靖）的诗文集给我为盼，如能在本日下午找到，则更好。

毛泽东

十一月六日上午六时

[参考]毛泽东1961年11月6日给田家英的信，转引自董边等著《毛泽东和他的秘书田家英》，中央文献出版社1989年版，第108页。

毛泽东曾手书过此诗的"疏影横斜水清浅,暗香浮动月黄昏"二句。

[参考]中央档案馆整理:《毛泽东手书选集·古诗词(下)》,

北京出版社 1996 年版,第 99 页。

【注释】

(1)摇落,凋残,零落。《楚辞·九辩》:"悲哉秋之为气也!萧瑟兮草木摇落而变衰。"暄妍,天气暖和,景色明媚。南朝宋鲍照《春羁》:"暄妍正在兹,摧抑多嗟思。"

(2)风情,风采,情韵。

(3)"疏影"两句,从南唐江南的残句"竹影横斜水清浅,桂香浮动月黄昏"脱化而来。疏影,疏朗的影子。唐杜牧《长安夜月》:"古槐疏影薄,仙桂动秋声。"暗香,幽香。唐羊士谔《郡中即事》之二:"红衣落尽暗香残,叶上秋光白露寒。"

(4)微吟,小声吟诵,指如此诗一样清美的诗句。相狎,互相戏谑,狎玩。

(5)檀板,乐器名,檀木做的拍板,此指音乐。金尊,酒尊的美称,此指豪奢的宴饮。

【赏析】

林和靖此诗,《宋诗纪事》题作《梅花》,《林和靖诗集》题作《山园小梅》。《四库全书总目提要》评价林和靖诗歌时说:"其诗澄澹高逸,如其为人。"苏轼在《书林和靖诗后》说:"先生可是绝伦人,神清骨冷无尘俗。"这首梅花诗便是诗人人格的化身。

这是一首七言律诗。诗的首联是以对比映衬的手法热情赞美梅花:"众芳摇落独暄妍,占尽风情向小园。"严寒之中,众芳皆凋零,唯有梅花傲霜雪,独自盛开,它那明丽的姿色占尽了小园的风光和情韵。"暄妍"为景物明媚之意。"独"与"尽"字突出了梅花不同凡俗的性格和风韵,赞叹之情溢于言表。

颔联"疏影横斜水清浅,暗香浮动月黄昏"将梅花的优美神态和风韵气质描绘得极为传神，极富于诗情画意。"疏影""暗香"既写出了梅花疏疏落落的特点，又写出了它那清幽的芳香。"横斜"描绘它的姿态，"浮动"传达出它的神韵，又用黄昏月色和清澈浅池的幽雅环境烘托梅花的幽独和高逸。于是，此诗成为咏梅的千古绝唱。宋欧阳修称赏说："前世咏梅者多矣，未有此句也。"宋陈与义在《和张规臣水墨梅》诗中道："自读西湖处士诗，年年临水看幽姿。晴窗画出横斜影，绝胜前村夜雪时。"唐代齐己《早梅》诗中有"前村深雪里，昨夜一枝开"的句子，陈与义认为林逋的《山园小梅》诗已完全胜过了齐己的《早梅》诗。南京王十朋甚至说："暗香和月入佳句，压尽千古无诗才。"姜夔还以"疏影"和"暗香"为词调之名填词谱曲，后人便常以之歌咏梅花。这些都足以说明，林逋此诗，尤其是颔联两句，具有历久不衰的艺术魅力。究其原因，主要即在于"曲尽梅之体态"。

五代时，南唐江南的残句道："竹影横斜水清浅，桂香浮动月黄昏。"林逋此诗颔联两句便是从江南残句脱化出来的。江南两句诗既写竹又写桂，未能创造出完整和谐的意境，又因为仅存残句，故未能产生多大的影响，鲜为人知。而林逋只变动了江诗残句的两个字，熔铸在自己的篇章中，便使梅花的形象凸现于读者眼前，成为脍炙人口的名句，可见林逋的艺术造诣之深。

颈联"霜禽欲下先偷眼，粉蝶如知合断魂"两句着重从侧面烘托。出句极写霜禽见梅花而心醉的情形，它还未及飞下，便先急着偷看梅花几眼。"先偷眼"三字实在是传神之笔，已将梅花的吸引力表现到出神入化的境地，令人不由想到《陌上桑》中描写罗敷之美而以"行者""少年""耕者""锄者"来衬托的手法。此联对句又由实转虚，设想"粉蝶"将被梅花吸引得销魂落魄。"合断魂"三字也同样为传神之笔。同时，被吸引者也有其特点，禽为"霜"禽，蝶为"粉"蝶，"霜""粉"二字令人想到其情操之高洁。而以高洁之物来衬托梅花，更加显出梅花不同凡尘的品格。

尾联再进一步写到作者本人对梅花的喜爱之情："幸有微吟可相狎，不须檀板共金尊。""微吟"指如此诗一样清美的诗句，"檀板"指音乐，"金尊"指豪奢的宴饮。此联意谓：以吟咏清诗来赞赏梅花，其情趣已是足以令人陶醉，何须用檀板打着拍子演奏音乐，以金樽斟满美酒对梅畅饮呢？既然梅花情操高尚，欣赏者的趣味也自然不在于热闹与豪奢。这样，被赏者的梅花与鉴赏者的诗人，两者已统一于一体，融汇为物我为一的境地。因而，此篇既是咏梅，也是在抒己怀，咏物与咏怀水乳交融，梅花也便成为作者人格的化身。梅花的形象栩栩如生，诗人自我形象也同时出现在读者面前了。

毛泽东于20世纪60年代到杭州视察，专门借阅过林逋的诗文集，他还曾背诵并手书过这首诗中"疏影横斜水清浅，暗香浮动月黄昏"两个警句，可见他对此诗的喜爱。（毕桂发）

梅尧臣

梅尧臣（1002—1060），字圣俞，宣州宣城（今安徽宣城）人。宣城古为宛陵，因此世称其为梅宛陵。少时应进士不第。历任州县官属。仁宗皇祐三年（1051）赐进士出身，授国子监直讲。改任太常博士。嘉祐五年（1060）为尚书都官员外郎，不久病逝。曾预修《唐书》。诗风古淡，意境含蓄，对宋代诗风的转变影响很大，与欧阳修同为北宋前期诗文革新运动领袖。有《宛陵先生文集》，又曾注《孙子》。

【原文】

梦后寄欧阳永叔

不趁常参久⁽¹⁾，安眠向旧溪⁽²⁾？

五更千里梦⁽³⁾，残月一城鸡。

適往言犹足⁽⁴⁾，浮生理可齐⁽⁵⁾。

山王今已贵⁽⁶⁾，肯听竹禽啼⁽⁷⁾？

【毛泽东圈评等情况】

虞美人·枕上

一九二一年

堆来枕上愁何状，江海翻波浪。夜长天色总难明，寂寞披衣起坐数寒星。

晓来百念都灰尽，剩有离人影。一钩残月向西流，对此不抛眼泪也无由。

［参考］中共中央文献研究室：《毛泽东诗词集》，中央文献出版社1996年版，第166页。

【注释】

（1）常参，群臣每日于前殿朝见皇帝，称常参。《新五代史·杂传·李琪》："唐故事，天子日御殿见群臣，曰常参。"亦泛指定期入朝为常参，后属员依一定时间谒见上官亦称常参。

（2）旧溪，指故乡。

（3）五更，旧时自黄昏至第二天拂晓一夜间，分为甲、乙、丙、丁、戊五时段，谓之"五更"。此处特指第五更的时候，即天将明时。

（4）谪（zhé）往，责备以往。谪，通"谪"，责备，谴责。《诗经·商颂·殷武》："岁事来辟，勿予祸谪，稼穑匪解。"毛传："谪，过也。"王引之《经义述闻·毛诗下》："谪与谪通。勿予过谪，言不施谴责也。"往，从前，过去。《易·系辞》："失《易》，彰往而察来，而微显阐幽。"

（5）浮生，语本《庄子·刻意》："其生若浮，其死若休。"以人生在世，虚浮不定，因称人生为"浮生"。南朝宋鲍照《答客》："浮生急驰电，物道险弦丝。"理，道理，事理。《易·坤》："君子黄中通理。"孔颖达疏："黄中通理者，以黄居中，兼四方之色，奉承臣职，是通晓物理也。"理可齐，即理齐，道理通达。齐，通"济"，成功，成熟。《诗经·商颂·长发》："帝命不违，至于汤齐。"朱熹集传："苏氏曰：'至汤而王业成。'"

（6）山王，晋山涛和王戎的并称。南朝宋颜延之作《五君咏》，述竹林七贤，以山涛、王戎显贵而不予列入，见《宋书·颜延之传》。唐李德裕《仆射相公偶话旧唱和诗凄然怀旧辄献此诗》："延年如有作，应不用山王。"又梅尧臣《依韵四和正仲》："嵇阮当时无俗虑，山王虽贵亦能陪。"

（7）竹禽，鸟名，即竹鸡，即形似鹧鸪而小，上体橄榄褐色，胸部棕毛多斑，多生活在竹林里。明李时珍《本草纲目·禽二·竹鸡》："竹鸡生于江南川广，处处有之，多居竹林。形比鹧鸪差小，褐色多斑，赤文。其性好啼，见其俦必斗，捕者以媒诱其斗，因而网之。"此指家鸡。

【赏析】

在北宋诗文革新运动中，梅尧臣与欧阳修、苏舜钦齐名，并称"梅欧"或"苏梅"。梅尧臣在做京官前，长期做地方官。天圣九年（1031），任河阳（今河南孟津）县主簿。河阳离西京洛阳很近。当时西昆诗派的首要人物钱惟演判河南府兼西京留守，欧阳修任西京留守推官，还有尹洙等人也官西京。梅尧臣常与这些名人往还，很受推重，并与欧阳修成为莫逆之交。所以在他的诗集中和欧阳修唱和赠答的诗很多。这首诗当是在一次梦醒之后写给挚友欧阳修的。诗中流露出他厌倦仕宦生活想退职返乡的想法，也对一些达官贵人疏于政事的行为提出了批评。

这是一首五言律诗。"不趁常参久，安眠向旧溪？"首联叙事，写他想退职还乡过安稳生活。常参，意有多解，这里当指朝臣每日朝见皇帝。旧溪，指旧家、故乡。二句是说，还不趁着充任朝官很久而提出辞职，回到家乡过安稳日子？这是梦后所想的主要问题，也是向挚友欧阳修寄诗的原因。"五更千里梦，残月一城鸡。"颔联描写梦醒后的情状。二句是说五更时分诗人从梦中醒来，在梦中他回到千里之遥的故乡，醒来正是残月当空满城鸡叫之时。作者用朴素自然的语言，描画出清切新颖的景物形象，不愧为意新语工的写景佳句。须知这种境界正是作者所极力追求的。据欧阳修《六一诗话》记载说："圣俞语余曰：'诗家虽率意，而造语亦难。若意新语工，得前人所未道者，斯为善也。必能状难写之景，如在目前，含不尽之意，见于言外，然后为至矣。'"诗人实践了自己的理论主张。"适往言犹足，浮生理可齐。"适往，谓责备从前。浮生，人生。二句是说，责备自己的过去所为的话已经很多了，人生的道理也已经通达了。二句有"悟以往之不可谏，知来者之可追"之意，意为决意离开官场，致仕返家。诗人为什么要下这样的决心呢？尾联二句透出了个中消息："山王今已贵，肯听竹禽啼？"山王，晋山涛和王戎的并称，此指达官贵人。竹禽，指鸡。二句是说，达官贵人们如今都尊贵起来了，谁还肯五更听鸡叫去上朝呢？诗人对朝臣们疏于常参、荒废朝政提出了委婉的批评，揭示了诗人致仕返乡的深层原因。此便是此诗的题旨。

毛泽东 1921 年写的《虞美人·枕上》词"一钩残月向西流"中"残月"便是从此诗中"残月一城鸡"化用而来。《毛泽东诗词集》中此词注释云："残月，拂晓时形状如钩的月亮。宋代梅尧臣《梦后寄欧阳永叔》：'五更千里梦，残月一城鸡。'"其实，早在梅尧臣之前，唐白居易《客中月》"晓随残月行，夕与新月宿"中就用"残月"来写将落的月亮。与梅尧臣同时的柳永在他的《雨霖铃》词中更写出了"今宵酒醒何处？杨柳岸晓风残月"的警句——这首词则更为毛泽东所激赏。（毕桂发）

晏　殊

晏殊（991—1055），字同叔，临川（今江西抚州）人。卒谥元献，世称晏元献。景德二年（1005）以神童召试，赐进士出身，官至宰相。诗属"西昆体"，词风承袭五代冯延巳，所作多为歌酒风月、闲情别绪，语言瑰丽、音韵和谐、工巧凝练、意境清新。仅存《珠玉词》一卷。清人辑有《晏元献遗文集》。

【原文】

示张寺丞王校勘

上巳清明假未开⁽¹⁾，小园幽径独徘徊。

春寒不定斑斑雨，宿酒难禁滟滟杯。

无可奈何花落去，似曾相识燕归来。

游梁赋客多风味⁽²⁾，莫惜青钱万选才⁽³⁾。

【毛泽东圈评等情况】

毛泽东读清张景星、姚培谦、王永琪编选《宋诗别裁集》卷五"七言律一"时圈阅了这首诗。

[参考]张贻玖：《毛泽东评点、圈阅的中国古典诗词》，
中国工人出版社 1992 年版，第 244 页。

【注释】

（1）上巳，亦称元巳，古节日名。汉以前以农历三月上旬巳日为"上巳"；魏晋以后，定阴历三月三日为上巳节。

（2）游梁赋客，用汉代梁孝王喜好延揽宾客的典故。梁孝王刘武于梁

园（在今河南开封，一说商丘）常宴饮宾客，天下之才俊如邹阳、枚乘、司马相如等多有游梁园者。此处以此比喻作者自己与张先、王琪的关系好比梁孝王与其宾客一样，主客相得，多有情趣。

（3）青钱万选，语出《新唐书·张荐传》："员外郎员半千数为公卿称鹜（张鹜）文辞犹青铜钱，万选万中。"后因以"青钱万选"比喻文才出众。

【赏析】

本篇为晏殊写给其幕僚并酒朋诗侣张先和王琪的。张先和王琪也是宋初两位有名的文学家。本篇不仅抒写了作者悼惜残春之感，也彰显了张、王二人的才士之质。

这是一首七言律诗。首联从时节写起。"上巳清明假未开"一句言时至元巳，清明也将到了。"元巳"，指三月之始。古以阴历三月三日为上巳节，后代也有不唯巳日。清明节在三月之初，其时官府常放假踏青。接着便说："小园幽径独徘徊。"既然未能外出踏青，便索性于自家小园之中幽径之上独自徘徊。"独徘徊"三字，隐约流露出一丝莫名的闲愁。

颔联"春寒不定斑斑雨，宿酒难禁滟滟杯"二句渲染环境，烘托"徘徊"时的心情。清明节时雨纷纷，斑斑点点的细雨，飘飞不定，小园中透出丝丝春寒。"滟滟"状写酒杯满溢。本已"宿醉"，然而仍是难禁酒兴。这里，透露出胸中的伤春情绪。"雨"本来与"酒"无直接联系，然由于点点滴滴的细雨使"春寒"有增无减，为驱"春寒"而酒兴"难禁"，便使"酒"与"雨"联系起来了，使景与情融为一体了。

颈联"无可奈何花落去，似曾相识燕归来"二句为脍炙人口的名句。这里不仅有着对时光流逝的怅惘，同时也有着对美好事物的热爱与依恋。花和燕都是美好事物的象征，花虽落而燕归来，其间既有哀婉也有欣慰。此联寓工巧于自然浑成，寄闲情于景物描写之中，最为人称颂。这组文学形象富于广泛的象征性，可以使人们展开丰富的联想。落花的衰亡与无情，归燕的新生与有情，启示着读者辩证的思索。

宋人笔记载，晏殊有一次曾对王琪谈起自己作诗时，常将好句写到墙上，过后思索琢磨对句，可是有的句子却过好长时间对不上，比如"无可奈何花落去"一句即是。王琪听后却应声对道："似曾相识燕归来。"晏殊听了非常高兴，过后便在一首《浣溪沙》词中用了这组对仗极工稳的对句。而《四库全书总目纲要》则说："《浣沙溪》春恨词'无可奈何花落去，似曾相识燕归来'二句，乃殊《示张寺丞王校勘》七言律中腹联……今复填入词内，岂自爱其词语之工，故不嫌复用耶？"不管先用于词中还是先用于此诗之中，皆可见晏殊对此二句确实颇为偏爱。

尾联由悼惜残春而转入选用人才的积极主题，使全篇意旨陡然升华。"游梁赋客"，用汉代梁孝王喜好延揽宾客的典故。梁孝王常于梁园（在今河南开封或商丘）宴饮宾客，天下才俊多有游梁园者。此处比喻作者自己与张先、王琪的关系好比梁孝王与其宾客一样，主客相得，多有情趣。《宋史》称晏殊平居好贤，当世知名之士多出其门。此诗以"莫惜青钱万选才"一句便表达了诗人选贤任才的志向。诗人官至宰相，以"莫惜青钱万选才"自勉，不惜金钱而广为延揽贤才，这确属难能可贵。一个"万"字显示出自己作为宰相，立志广招天下贤俊的博大襟怀。同时，尾联也巧妙点出《示张寺丞王校勘》的题旨，暗示张王二人皆属人才，应在所"选"之列。

此诗前六句意致缠绵，音调谐婉，情韵颇为闲适，"无可奈何"一联富于哲理意味，而尾联二句则格调更高，堪为赞叹。（东民）

程 颢

程颢（1032—1085），字伯淳，世称明道先生，洛阳（今河南嵩县）人，哲学家、诗人。举嘉祐二年进士。神宗熙宁初，为太子中允、监察御史。与王安石议新政不和，改外任。哲宗立，召为宗正丞，未赴而卒。与其弟颐同受业于周敦颐，并称"二程"。其学泛涉诸家，出入老、释，返求之于六经。其学谓天即理，为学以"识仁"为主，而仁需以"诚敬"存之，为宋代理学的奠基人。能诗。主要著作为《定性书》《识仁篇》，均收录在《二程遗书》中。

【原文】

春日偶成

云淡风轻近午天，傍花随柳到前川⁽¹⁾。
时人不识予心乐⁽²⁾，将谓偷闲学少年⁽³⁾。

【毛泽东圈评等情况】

毛泽东曾手书此诗。

[参考]中央文献研究室整理：《毛泽东手书选集·古诗词（下）》，
北京出版社 1996 年版，第 107 页。

【注释】

（1）川，平川，原野。唐崔颢《黄鹤楼》："晴川历历汉阳树，芳草萋萋鹦鹉洲。"

（2）时人，当时的人，同时代的人。《汉书·艺文志》："《论语》者，孔子应答弟子时人及弟子相与言而接闻于夫子之语也。"予，我。

（3）将谓，大概认为。将，大概。谓，以为，认为。《书·泰誓中》："谓己有天命，谓敬不足行。"少年，古称青年男子，与老年相对。《韩非子·内储说上》："郑少年相率为盗，处于萑泽。"

【赏析】

这是一首记游诗，写作者在一个中午到村庄前面的原野里游玩时看到眼前美丽的春景而产生的喜悦之情。

这是一首七言绝句。"云淡风轻近午天，傍花随柳到前川。"一二句描写而兼叙事。首句描写是说"云淡风轻"时近正午，是一个风和日丽的日子，点明作者出游时间。次句叙事，写作者穿过花径、柳林来到村前广阔的原野，点明出游地点。作者是位著名的道学家，整天兀坐书斋，研究天理、人欲，讲究修身养性，而骤然来到这百花似锦的原野，心胸为之一喜，豁然开朗，忽有所悟，快慰非常，所以三四两句接着写道："时人不识予心乐，将谓偷闲学少年。"二句议论而兼抒情，是说当时的人都不理解我内心的快乐，大概认为我是偷空学青年人那样游玩赏花呢！这两句抒发了这位道学家偶见阳春烟景而流露出来的喜悦之情，实乃人性使然。（毕桂发）

李 唐

李唐（1049—1130），字晞古，河阳三城（今河南孟县南）人。北宋诗人、画家。徽宗朝入宣和画院。建炎间，复入画院为待诏，授成忠郎。善画山水人物，以画牛著称。有《万壑松风图》《晋文公复国图》《采薇图》等传世。

【原文】

题 画

云里烟村雨里滩，看之容易作之难。
早知不入时人眼[1]，多买燕脂画牡丹[2]。

【毛泽东圈评等情况】

1941年4月，"鲁艺"美术系一位画家，从南方到西北，沿途画了许多速写。他把这个速写画册送给毛泽东翻阅，请他题词。毛泽东在画册扉页上题了李唐这首《题画》诗。这位画家很高兴，认为毛泽东是赞扬他的速写。有的同志认为毛泽东是借李唐的诗希望画家多表现劳动人民的生活，才能成为人民大众所欣赏和喜爱的"牡丹"。

[参考]董学文等：《毛泽东的文艺美学活动》，高等教育出版社
1995年版，第85页。

【注释】

（1）时人，当时的人，同时代的人。
（2）燕脂，又作"胭脂"，一种红色的颜料，画牡丹多用此色。

【赏析】

这是一首七言绝句，也是题画诗。题画诗即由别人或画家本人把诗句题写在画幅上，是一种融诗歌、绘画、书法于一体的综合艺术，是我国古代的优秀艺术传统之一。这首诗是画家本人题写在自己画的山水图卷上的。李唐是宋代著名山水画家，徽宗朝入宣和画院，高宗南渡，李唐亦流亡至临安（今浙江杭州），在画院任待诏。李唐时年近八十，擅画山水，变荆浩、范宽之法，用峭劲的笔法，写出山川雄峻之气，但无人赏识，只得靠卖纸画糊口，生活十分艰苦（见明人郁逢庆《书画题跋记》）。他便写了这首诗，用来讽刺当时社会崇尚艳丽花鸟画的倾向，抒发了个人的感慨和不平。

这首诗名为"题画"，其实涉及画本身的只有第一句，其余三句都是借题发挥。"云里烟村雨里滩"，首句描述画的内容：画幅上方画着云雾缭绕的山村，下方是雨水滂沱的河滩，一静一动，相映成趣。在烟笼雾锁中，山村依稀可辨；在大雨滂沱中，水声仿佛可闻。画面层次分明，很有立体感，而且具有一种朦胧美。作画至此，可见其造诣之深，当然也是辛勤劳动的结晶，所以他深有体会地说："看之容易作之难。""看之容易"，谓看起来作这种山水画很容易。是谁看？恐怕指不谙画事的平常人，更指后面所说"时人"。"作之难"，这是诗人一生艺术实践的总结，是符合艺术规律的甘苦之言，对人有重要的启迪意义。比李唐稍后的著名诗人陆游在《冬夜读书示子聿》诗中有两句名言："纸上得来终觉浅，绝知此事要躬行。"陆游是诗人，是向儿子传授写诗秘诀；李唐是画家，是讲自己作画的甘苦，都强调要亲身实践，身体力行，揭示了一个共同的艺术创作规律，启迪后人，功不可没。

但是李唐高妙的山水画并不被"时人"赏识，所以他感慨地写道："早知不入时人眼，多买燕脂画牡丹。""时人"，当时的人，同时代的人。《汉书·艺文志》："《论语》者，孔子应答弟子时人相与言而接闻于夫子之语也。"五代颜红都《农家》诗："时人不识农家苦，将谓田中谷自生。"所以"时人"虽然可直解为当时的人，但绝非当时的普通老百姓，而是指能左右时势、煽一时风尚的统治阶级人物。因为南宋虽然只有半壁江山，偏安一隅，统治者却过着纸醉金迷、醉生梦死的生活，正如时人林升所描绘的："山外青山楼外楼，西湖歌舞几时休。暖风熏得游人醉，直把杭州作汴州。"贪图赏乐、不图恢复的特殊的"时人"——统治者，自然不喜欢气势磅礴的山水图画，而偏爱画得雍容典雅的富贵花——牡丹，所以"时人"一句不可轻轻放过。时人们对绘画作品的审美导向，对诗人是不公正的，所以，他愤慨地说："多买燕脂画牡丹。""燕脂"，又作"胭脂"，一种红色的颜料，画牡丹多用此色，故说"多买燕脂画牡丹"，意思是说，如果我多买一些燕脂颜料来画牡丹花，定会受到时人们的青睐。这当然是反话，是愤激之语，幽默之中饱含着血泪的痛苦，喷射着愤怒的火焰。在这亦庄亦谐、痛快淋漓的议论中，我们从画家的画品看到了他的人品，这正是我国古代艺术家的一个优良传统。（毕桂发）

苏　轼

苏轼（1037—1101），字子瞻，一字和仲，号东坡居士，眉州眉山（今四川眉山）人。北宋文学家、书画家。嘉祐进士。曾上书力言王安石新法之弊，后因作诗刺新法下御史狱，贬黄州。哲宗时任翰林学士，曾出知杭州、颍州，官至礼部尚书。后贬谪惠州、儋州，卒后追谥文忠。善文，工诗词，书画俱佳，与父洵、弟辙并称"三苏"。其文纵横恣肆，为唐宋八大家之一。其诗题材广阔，清新豪放，善用夸张比喻，独具风格，与黄庭坚并称"苏黄"。词"豪放，不喜剪裁以就声律"，突破晚唐五代和宋初以来"词为艳科"的传统，以诗为词，开创豪放清旷一派，与辛弃疾并称"苏辛"，对后世产生巨大影响。

【原文】

饮湖上初晴后雨

水光潋滟晴方好[1]，山色空濛雨亦奇[2]。
欲把西湖比西子[3]，淡妆浓抹总相宜。

【毛泽东圈评等情况】

毛泽东曾手书此诗中"欲把西湖比西子，淡妆浓抹总相宜"二句。

[参考]中央文献研究室整理：《毛泽东手书选集·古诗词（下）》，
北京出版社1996年版，第108页。

有一天，浙江委书记谭启龙陪着毛泽东沿杭州湖滨散步。正是江南春光明媚时节，毛泽东指着苏堤说："修这道堤的苏东坡抓住了西湖的几个特点。他有诗道：'水光潋滟晴方好，山色空濛雨亦奇。欲把西湖比西子，淡妆浓抹总相宜。'晴天的水，雨天的山，一浓抹，一淡妆，确是西湖之美啊。你看，阳光下桃李争艳的苏堤，就是'水光潋滟晴方好'的浓抹之时啊。"

［参考］李约翰、谭德山、王春明：《和省委书记们》，中央文献出版社
1994 年版，第 111 页。

苏东坡的《饮湖上初晴后雨》实在绝了，我不敢造次。

［参考］施奠东主编《西湖志》，上海古籍出版社 1995 年版，第 111 页。

【注释】

（1）潋滟（liàn yàn），水满且水波荡漾之状。

（2）空濛，烟雨迷茫之状。

（3）西子，即西施，春秋末时越国有名的美人。

【赏析】

本题共二首，这是第二首。

诗题中"饮湖上"是指在西湖上饮酒。在饮酒之间作者经历了天气由晴朗到下雨的变化，从而看到了西湖在晴天和下雨时的不同景色，抒发了自己的欣赏之情。

这是一首描写西湖景色的有名七言绝句。"水光潋滟晴方好，山色空濛雨亦奇。"诗的前两句从天气刚晴又雨的具体情景着笔，把西湖迷人的面貌作了典型描绘。首句写晴日照耀下碧波荡漾的湖面，次句写雨幕笼罩下缥缈的山影。联系诗题《饮湖上初晴后雨》来看，两句所描摹的正是当天先后呈现在诗人眼前的真实景观。那一天，诗人在西湖上游宴，先是阳光明媚，后来又下了一阵雨。而在善于领略自然风光并对西湖有深厚感情的诗人眼中，无论是山是水，或晴或雨，都是美好奇妙的。从"晴方好""雨亦奇"这一赞评，读者不仅可以想见在不同天气下的湖山胜景，也可想见诗人即景挥毫时的兴致及其洒脱的性格、开阔的胸怀。

"欲把西湖比西子，淡妆浓抹总相宜。"后两句诗人采用遗貌取神之法，把"西湖"比作"西子"。这个既空灵而又贴切的比拟就传出了湖山

宋诗

的神韵。"西子",即西施,春秋末期越国著名的美人,或称先施,别名夷光,亦称西子。春秋末年越国苎萝(今浙江诸暨南)人。越王勾践败于会稽,范蠡取西施献给吴王夫差,使其迷惑忘政,越遂亡吴。后西施归范蠡,同泛五湖。从西施能使夫差"迷惑忘政",终致亡国这件事来看,西施一定是位美貌绝伦的佳人。但西施究竟是如何之美,无从考证,只能凭人们想象来丰富她,完美她。西湖瞬息万变之美,也是无法描写的。用西施作比妙极了!西施这样的绝世美人,淡淡的装束也好,浓浓的粉黛也好,对于她来说总是适宜的。类比到西湖的姿态,"水光潋滟"也好,"山色空濛"也好,大自然无论怎么变化也都是极美的了。诗人把西湖和西施联在一起作比,唤起人们的想象,极富艺术魅力,实在是举重若轻之法。

这里,诗人抒发的是一时的才思,但这一比拟却传颂开来,"遂成西湖定评"(近代陈衍《宋诗精华录》)。从此,人们常以"西子湖"作为西湖的别称。南宋建都杭州,荒淫奢侈,亡国之后,元方回《桐江绪集》卷二十四《问西湖》:"谁将西湖比西子?旧日繁华将欲无。始信坡仙诗是谶,捧心国色解亡吴!"南宋武衍在《正月二日泛舟湖上》云:"除却淡妆浓抹句,更将何语比西湖?"苏轼本人对这首诗似乎也很自负,所以几次三番地把它的词意用在不同作品中:例如《次韵仲殊游西湖》:"水光潋滟犹浮碧,山色空濛已欲昏";《次韵刘景文登介亭》:"西湖真西子";《次韵答马中玉》:"只有西湖似西子";《再次韵德麟新开西湖》:"西湖虽小亦西子"。清王文诰在《苏文忠公诗编注集成》中称这首诗是"前无古人,后无来者"的"名篇",不为过誉。

毛泽东认为苏轼这首诗把西湖写绝了,自己"不敢造次",评价很高。
(毕桂发)

【原文】

题西林壁

横看成岭侧成峰,远近高低各不同[1]。
不识庐山真面目,只缘身在此山中[2]。

【毛泽东圈评等情况】

毛泽东手书过此诗。末署毛泽东。注：苏轼诗一首。

[参考]中央档案馆编:《毛泽东手书古诗词选》，文物出版社、中国档案出版社1984年版，第184页。

【注释】

（1）"远近"句，一作"远近看山总不同"。

（2）缘，因为。

【赏析】

庐山是有名的旅游胜地，山谷奇秀，风景优美。苏轼在这次游庐山时，写了十多首诗，从不同的侧面描绘了庐山的雄奇秀丽。这首七言绝句是他泛游庐山之后，带有对庐山全貌总结性的题咏。

西林寺又名乾明寺，位于庐山七岭之西。从西林寺向东望去，七岭共会，合而成峰，首句即由此而发。"横看成岭侧成峰"，"横""侧"从两个角度看，"岭""峰"是山的不同形态。横着看，是一道连绵不断的山岭；侧着看，就变成了陡峭的山峰。"远近高低各不同"，是对第一句的再补充，写从多角度观察山的变化。远处看、近处看、高处看、低处看，山的形态就发生了千姿百态的变化。"各不同"三字，语意浅近，但却留给了读者驰骋想象的余地。在这三个字的诱导下，我们可以自由想象庐山那种逶迤起伏、高低嵯峨、层峦叠嶂、犬牙交错等奇妙景象。

但是这一切，还都是站在庐山之中所看到的局部景观。如果有人要问庐山的整体形象即庐山的"真面目"是什么，那只有跳出庐山之外，站在更远、更高处眺望鸟瞰，才能作出正确的评价来。因此诗人叹道："不识庐山真面目，只缘身在此山中。"

明人杨慎说：唐诗人主情，宋诗人主理。言理是宋诗的一大特点。苏轼这首山水诗，既不以写景取胜，也不以抒情取胜，而独以理趣获得读者的赞赏。全诗道出了一个平凡的哲理：当局者迷，旁观者清。这一论断是无数人从无数具体事件中总结出来的。苏轼也从自己游庐山的具体活动中悟出来这一事理，并把它用诗的语言表述出来，读了不但没有空洞说教的感觉，反而理趣十足，能唤起人们无穷的回味和思索。这首诗现在已变成人们讽喻某种社会现象的熟语，这就证明它具有强大的生命力。（阎芬）

【原文】

惠崇春江晓景二首

竹外桃花三两枝，春江水暖鸭先知。
蒌蒿满地芦芽短⁽¹⁾，正是河豚欲上时⁽²⁾。

两两归鸿欲破群，依依还似北归人。
遥知朔漠多风雪⁽³⁾，更待江南半月春。

【毛泽东圈评等情况】

毛泽东手书过这组诗。

[参考] 中央文献研究室整理：《毛泽东手书选集·古诗词（下）》，
北京出版社 1996 年版，第 109 页。

1949 年 5 月 5 日，毛泽东派秘书田家英去颐和园接柳亚子到香山寓所叙谈。其间，谈论了南北朝诗人谢灵运《登池上楼》、隋朝诗人薛道衡《昔昔盐》、宋朝诗人苏轼《惠崇春江晓景》等诗篇，并论及其中"池塘生春草""空梁落燕泥""竹外桃花三两枝，春江水暖鸭先知"等名句。中午，毛泽东宴请柳亚子，作陪的有朱德、江青、女儿李讷、秘书田家英。毛泽东将上述诸诗句题写在柳亚子《羿楼纪念册》上，并作一题记："一九四九年五月五日柳先生惠临敝舍，曾相与论及上述诸语，因书以为纪念。"

[参考] 中共中央文献研究室编：《毛泽东年谱（下）》，人民出版社、
中央文献出版社 1993 年版，第 496 页。

毛泽东曾圈阅《惠崇春江晓景二首》。

[参考]张贻玖：《毛泽东评点、圈阅的中国古典诗词》，
中国工人出版社1992年版，第246页。

【注释】

（1）蒌蒿，草名，即蒿子，有青蒿、白蒿等数种。

（2）河豚，鱼名。春江水发，河豚鱼照例向上游——渔人称之为"抢上水"。明李时珍《本草纲目》："河豚宜与蒌蒿荻笋同煮。"宋梅圣俞《河豚》云："春洲生荻芽，春岸飞杨花。河豚于此时，贵不数鱼虾。"

（3）朔漠，泛指北方沙漠地带。

【赏析】

此题共二首，均为七言绝句。

惠崇是北宋九僧之一，福建建阳人，能诗善画，尤擅长画鹅、雁、鹭鸶和寒汀远渚小景。这两首诗是苏轼于元丰八年（1085）在汴京（今河南开封）为惠崇的画所作的题画诗。从诗的内容可以看出，原画有两幅，一幅是鸭戏图，一幅是飞雁图。两幅画今均散佚，苏轼的诗则广为传诵，脍炙人口。

画有画境，诗有诗境。画是以它的色彩、线条、光度等给人以直观的形态感觉；诗是运用语言的旋律美、音乐美、飞动美等给人以幻觉感、情绪感。一首好的题画诗，既要再现画中的景物，使人如见其画，又要跳出画面，依据画面形象创造出新的诗的意境，使人画外见意，从而既再现画境，又扩展和深化画境。

第一首诗的前三句，是画面上已有的景物。分别来看：第一句"竹外桃花三两枝"，是画的地面景物。第二句"春江水暖鸭先知"，是画的江面景物。第三句"蒌蒿满地芦芽短"，是画的江边景物。单就画面而言，取景精美，布局合理。其中有地面上青翠的竹子，三两枝盛开的桃花；江面上融融的春水，嬉戏的鸭群；岸边密茂的蒌蒿，鲜嫩的芦芽，等等，真不愧是一幅好画。但苏轼并没有被原画所囿。他凭着诗人善于体物察情的独

特艺术敏感和丰富的想象力，从鸭子的戏水感知江水之"暖"，从满地芦芽联想到"河豚欲上"，把人们从画境中直接带入春意盎然、充满生机的大自然中去，写出了视觉之外的春江的暖意和潜伏在这股暖流之下的生命跳动。水的冷暖和水下动物世界的活动，都是画家难于用画笔所表达的，但诗人却用诗笔成功地揭示出来了。

第二首诗，画面语言用得更少，四句中仅第一句是写画面上的景物：一行北归的飞雁，后三句都是画外话。作者由画面上的一行飞雁发生联想，把人的感情移加给飞雁，写它们犹如结伴而行的情侣，互相依恋，为了不致碰上北方的严寒风雪，决定在江南再停留半个月，待打听清楚塞北真的春意融融了，再两两一起回去。后三句描写的景象，是画幅所无而由诗人赏画时外加上去的，从而丰富了画境，拓宽了画境，做到诗与画面相映发，成为珠联璧合的整体。这就是两首诗盛传不衰的真谛。

《惠崇春江晓景》曾被毛泽东手书。毛泽东1949年5月5日在双清别墅宴请著名诗人柳亚子时，曾相与谈及此诗及其中各句，并把它题写在柳亚子的《羿楼纪念册》上，以为纪念，说明他对此诗十分欣赏。（阎芬）

【原文】

石苍舒醉墨堂

人生识字忧患始⁽¹⁾，姓名粗记可以休⁽²⁾。

何用草书夸神速⁽³⁾，开卷惝恍令人愁⁽⁴⁾。

我尝好之每自笑，君有此病何能瘳⁽⁵⁾。

自言其中有《至乐》⁽⁶⁾，适意无疑《逍遥游》⁽⁷⁾。

近者作堂名醉墨，如饮美酒销百忧。

乃知柳子语不妄⁽⁸⁾，病嗜土炭如珍羞⁽⁹⁾。

君子此艺亦云至，堆墙败笔如山丘⁽¹⁰⁾。

兴来一挥百纸尽，骏马倏忽踏九州⁽¹¹⁾。

我书意造本无法⁽¹²⁾，点画信手烦推求⁽¹³⁾。

胡为议论独见假⁽¹⁴⁾，只字片纸皆藏收。

不减钟张君自足⁽¹⁵⁾，下方罗赵我亦忧⁽¹⁶⁾。

不须临池更苦学⁽¹⁷⁾，完取绢素作衾裯⁽¹⁸⁾。

【毛泽东圈评等情况】

丹青意造本无法。

[参考]毛泽东1950年题齐白石画，转自黄允升主编《开国领袖毛泽东逸事》，中央文献出版社1999年版，第105—108页。

【注释】

（1）"人生"句，人一生的忧患苦难从识字开始。忧患，忧愁苦难。

（2）"姓名"句，语出《史记·项羽本纪》："项籍少时，学书不成，去，学剑，又不成。项梁怒之。籍曰：'书，足以记名姓而已；剑，一人敌，不足学——学万人敌！'于是项梁乃教籍兵法。"

（3）草书，为书写便捷而产生的一种字体。草书之称，为隶书通行后的草写体，取其书写便捷，故又名草隶。汉章帝好之，汉魏间的章草，由此得名。后渐脱隶书笔意，用笔日趋圆转，笔画连属，并多省简，遂成今草。晋王羲之、献之父子又创诸字上下相连的草体，至唐张旭、怀素，宋米芾等又发展为笔势恣纵、字字牵连、笔笔相通的狂草。

（4）惝恍（chǎng huǎng），失意不乐之态。《楚辞·远游》："步徙倚而遥思兮，怊惝恍而乖怀。"

（5）瘳（chōu），病愈。《书·说命上》："若药弗瞑眩，厥疾弗瘳。"

（6）《至乐》，庄子有《至乐》篇，内容论说怎样得到最大的快乐。《庄子·至乐》："至乐无乐，至誉无誉。"至乐，最大的快乐。

（7）《逍遥游》，《庄子》篇名。篇中借用大鹏和小鸠、大椿和朝菌的比喻，说明任何事物都不能超越自己本性和客观环境，主张各任其性，放弃一切大小、荣辱、死生、寿夭的差别观念，便能逍遥自在，无往而不适。后用以指自由自在、无拘无束地游玩。

（8）柳子，指唐代文学家、哲学家柳宗元。

（9）病嗜土炭，语出柳宗元给崔黯书："凡人好词、工书，皆病癖也。吾尝见病心腹人，有思啖土炭、嗜酸碱者，不得则大戚。"土炭，土与炭。

（10）败笔，用坏了的毛笔。山丘，小山。唐李肇《国史补》卷中："长沙僧怀素好草书，自言得草圣三昧，弃笔堆积，埋于山下，号曰'笔塚'。"这里以怀素比石苍舒。

（11）倏（shū）忽，顷刻，指极短的时间。九州，传说中的我国中原上古行政区划，起于春秋、战国时期，说法不一。《书·禹贡》作冀、兖、青、徐、扬、荆、豫、梁、雍。

（12）意造，凭想象力创作。

（13）点画，文字之点与横竖等笔画。隋王度《古镜记》："文体似隶，点画无缺，而非字书所有也。"信手，随手。推求，寻求，探索。

（14）胡为，何为，为什么。《诗·邶风·式微》："微君之故，胡为乎中露？"议论，评论人或事物的是非、高低、好坏，亦指对人或事物所发表的评论性意见或言论，此指石苍舒对书法的评论。见假，承蒙夸奖之意。

（15）钟张，钟繇和张芝。钟繇（151—230），字元常，颍川长社（今河南长葛东）人，三国魏大臣、书法家。东汉末为黄门侍郎。曹操执政时，镇守关中，召集流散，使生产逐渐得到恢复。曹丕代汉后，任作廷尉。明帝即位，迁太傅。人称钟太傅。工书，师法曹喜、蔡邕、刘德昇，博采众长，兼善各体，尤精于隶、楷。点划之间，多有异趣，结体朴茂，出手自然，形成了由隶入楷的新貌。张芝（？—约192），字伯英，敦煌酒泉（今甘肃酒泉）人，东汉书法家。善章草，后脱去旧习，省减章草点划波磔，创为"今草"。三国韦诞称他为"草圣"。晋王羲之、献之父子的草书，亦颇受其影响。

（16）方，比拟，比喻。《礼记·檀弓上》："服勤至死，方丧三年。"孔颖达疏："方，比方也。有比方父丧礼以丧君。"罗赵，罗晖（字叔景）与赵袭（字元嗣），皆汉末书法家。张芝自称书法"上比崔、杜不足，下方罗、赵有余"。崔、杜，崔子云、杜伯度，皆草书名家。

（17）临池，《晋书·卫恒传》："汉兴而有草书……弘农张伯英者，因而转精甚巧。凡家之衣帛，必书而后练之。临池学书，池水尽黑。"后因以"临池"指学习书法，或作为书法的代称。

（18）绢素，未曾染色的白绢。绢，平纹的生丝织物。衾裯（qīn chóu），指被褥床帐等卧具。语出《诗·召南·小星》："肃肃宵征，抱衾与裯，寔命不犹。"毛传："衾，被也。裯，禅被也。"郑玄笺："裯，床帐也。"

【赏析】

石苍舒，字才美（本传作"才翁"），长安（今陕西西安）人，善草书，他家藏有褚遂良写的《圣教序》真迹，故起堂取名"醉墨"。石氏与苏轼过从甚密，苏轼在凤翔任时，往返常过其家。熙宁元年（1068）苏轼凤翔任满还朝，在石家过年，石氏因邀苏轼作诗。苏轼回到东京（今河南开封）任监官时，写了这首诗寄给石氏。醉墨，谓醉中所作的书法诗画。

苏轼是大书法家，他和米芾、蔡襄、黄庭坚合称"宋四家"。他有多篇诗论及书法，而这首诗提出"我书意造本无法"是苏氏论书的核心观点，极富理论意义和实践意义。

这是一首七律古诗。全诗二十四句，每八句为一层，可分为三个层次。从开头至"适意无异《逍遥游》"，前八句为第一层，写石苍舒和作者都爱好书法。作者论书法先从"识字"入手，起笔奇特。接着用典，借用西楚霸王项羽"书足记姓名而已"的话，意谓识字本多余的事，更何况识草书，写草字，又写得龙飞凤舞，让人打开书卷一看惊叹不已，岂非更为不对！"惝恍"二字形容草书变化无端。"令人愁"，明贬暗褒。开头四句破空而来，合写二人而侧重对方。五六两句从自己到对方，在章法上是转换处。诗人用"我尝好之"对比"君有此病"，也是明贬暗褒，暗伏对方草书功力之深，引出七八两句把《庄子》中两个篇名作为石氏草书的两种境界来赞美他的草书成就。这是诗的第一层。

从"近者作堂名醉墨"至"骏马倏忽踏九州"共八句，为第二层，围绕"醉墨"二字进一步写石氏的草书成就。"近者作堂名醉墨，如饮美酒销百忧"，二句正面点明石氏用"醉墨"名堂的用意，也是点醒题旨。接下两句又用柳宗元的比喻回应"君有此病何能瘳"，看似是批评，实是褒扬。孔子曰："知之者不如好之者，好之者不如乐之者。"乐此不疲，造诣必深。下面四句便是正面赞美："君于此艺亦云至"，先总赞其成就之高，再暗用前人"笔塚"的故事写其用力之勤，再写其造诣之深，这是用力之勤的必然结果。这两句又和篇首"神速"句呼应，一正写，一比喻，条理井然，语言飞动。

"我书意造本无法"至篇末共八句，为第三层，提出论书的主张，与石苍舒共勉。"我书"四句回到自己，上应"我尝好之"句。先谦抑，表明不上规模，实际上戛戛独创。"意造"，意谓凭想象力进行创作。作者说自己作书意造无法，只是随手点画，信手挥洒，厌于推求笔法。接下两句反问石苍舒为何对我的书法如此偏爱，看似是自我否定，实有自负之意。末四句又由作者回到石氏，对其称赞并进行勉励。怀素说："王右军云，吾真书过钟而草不减张。仆以为真不如钟，草不及张。""不减钟张"即翻用这个典故赞美石苍舒。汉末张芝和罗晖、赵袭并称，张芝自称："上比崔、杜不足，下方罗、赵有余。"（《晋书·卫恒传》）"下方罗赵"句即正用此典收束"我书"。二句是说石苍舒书法可与钟张相比，自谓比罗叔景、赵元嗣略胜一筹。末二句又用张芝临池学书典故，说不须像张芝那样临池苦学，与其拿绢帛来写字，不如用来作被褥。回应篇首四句，石我双首，有彼此互勉之意。

这首诗波澜起伏，妙趣横生，主要在于立意新颖，不落窠臼。"我书意造本无法"这种主张，与苏轼的诗论、文论主张是一致的，即崇尚自然，重视想象。为了把丰富多彩的客观事物准确、生动地描绘出来，他主张艺术创作应该驰骋艺术想象，打破一切格套，自由表达。所谓"吾文如万斛泉源，不择地而出"，"与山石曲折，随物赋形"（《文说》），"大略如行云流水，初无定质，但常行于所当行，常止于所不可不止，文理自然，姿态横生"（《答谢民师书》），等等，实际上都是说的这个意思。

1950年年初，齐白石为了表达对新中国的无比喜悦，对毛主席的崇敬与热爱，亲自精选材料，给毛主席刻了两枚印章，用宣纸包好，托人送进中南海。

毛主席感谢齐白石的深情厚意，决定设家宴答谢老人，邀请郭沫若作陪。

席间三人谈天说地，道古论今。毛泽东感谢齐白石送的印章和画作。齐白石说：我只送了印章，未送画作。

毛泽东让秘书拿出画作，请齐白石验证。秘书将画轴打开，是一幅金绫装裱的纵幅图画：一棵枝繁叶茂的李子树，上落几只形态各异的小鸟，树下伫立着一头摇头摆尾的老牛，侧头望着树上的小鸟。栩栩如生，颇有意境。

齐白石看后，承认是他自己作的画。他说，这本是他"练笔"的"废画"，作为印章的包装纸，不能送给毛主席。如果毛主席喜欢这画，他可以重画。

这时，在一旁作陪的郭沫若说，这幅画是送给他的，因为这幅画树上画了五只鸟，郭沫若的大号"尚武"，而"武"与"五"同音。

毛主席说画上写着他的名字，因为上面画了一棵枝繁叶茂的李子树。1947年，胡宗南进攻陕北，党中央撤离延安时，毛主席曾说："离开者，得胜也。"遂取李得胜的名，一直叫到进北京。

齐白石于是要求二位"赐几个字，以壮行色"。

毛主席让郭沫若先题，郭沫若让毛主席先题，二人推让了一会儿，还是毛主席先题。只见毛主席笔走龙蛇，如行云流水，"丹青意造本无法"，七个大字，一挥而就。原来是毛主席借用苏轼"我书意造本无法"一句诗，改动了两个字。

郭沫若题写的"画圣胸中常有诗"，为改用自陆游"此老胸中常有诗"一句诗，齐白石得此珍品，喜不自胜，轻易不肯示人，不时拿出自己欣赏。

毛主席非常喜爱这幅画。他说："此画有气势，出笔不凡。你看，这一笔，从牛头至牛背再至牛尾，一笔勾出，匠心独运，天衣无缝，足见画家功力过人啊！"

这则故事不仅记载了毛主席、郭沫若与齐白石的友谊，而且毛主席用改动二字的苏轼的"我书意造本无法"这句诗题画，本身便是对苏轼书法理论的认同。（毕桂发）

【原文】

和晁同年九日见寄

仰看鸾鹄刺天飞⁽¹⁾，富贵功名老不思⁽²⁾。

病马已无千里志⁽³⁾，骚人长负一秋悲⁽⁴⁾。

古来重九皆如此，别后西湖付与谁⁽⁵⁾？

遣子穷愁天有意⁽⁶⁾，吴中山水要清诗⁽⁷⁾。

【毛泽东圈评等情况】

在宁乡同学王熙家，毛泽东曾留赠对联："爱君东阁能延客，别后西湖赋予谁。"

[参考] 路海江：《一段曲折的经历——毛泽东和萧子升》，于俊道、李捷编《毛泽东交往录》，人民出版社 1991 年版，第 336 页。

【注释】

（1）鸾鹄，鸾和鹄。鸾，传说中凤凰一类的鸟。鹄，通称天鹅，比喻贤臣。刺天，冲入天空，多喻名位遽升。唐韩愈《祭柳子厚文》："子之视人，自以无前；一斥不复，群飞刺天。"

（2）富贵功名，亦作"功名富贵"，指升官发财。唐李白《江上吟》："功名富贵若长在，汉水亦应西北流。"富贵，富裕而显贵，犹言有财有势。《论语·颜渊》："商闻之矣，死生有命，富贵在天。"功名，功业和名声，旧指科举称号或官职名位。

（3）千里志，亦作"千里之志"，远大的志向。《吕氏春秋·长利》："与一举则有千里之志，德不盛、义不大则不至其郊。"曹操《龟虽寿》："老骥伏枥，志在千里。烈士暮年，壮心不已。"

（4）骚人，诗人，文人。南朝梁萧统《文选序》："骚人之文，自兹而作。"

（5）西湖，今浙江杭州西湖。

（6）穷愁，穷困愁苦。《史记·平原君虞卿列传序》："然虞卿非穷愁，亦不能著书以自见于后世云。"

（7）吴中，泛指今江苏以苏州为中心的太湖平原一带。清诗，清新的诗篇。晋傅咸《赠崔伏二郎诗》："人之好我，赠我清诗。"

【赏析】

晁同年，即晁端彦，字美叔，钜野（今山东巨野）人。与章惇同生同榜及第，又同为馆职，常以三同相呼。宋哲宗赵煦绍兴初章惇入相，端彦见其所为，力谏，黜为陕西太守。历秘书省少监、开府仪同三司。文章书法，朝野宗尚。时任两浙刑狱提点官，因违法私下西湖参加西湖妓宴，宋神宗熙宁九年（1076），被解任递赴润州（今江苏镇江）受审。九日即重阳日，有诗寄作者。这是作者自密州（今山东诸城）和他的诗。同年，古代科举考试同科中试者之互称。唐、宋同榜进士称"同年"。唐李肇《唐国史补》卷下："（进士）俱捷谓之同年。"苏轼和晁端彦为宋仁宗嘉祐二年（1057）同榜进士，故称晁为同年。这首诗是对晁同年的和诗，诗中表示对富贵功名的厌弃，勉励他致力于清新的诗篇的创作。

这是一首七言律诗。"仰看鸾鹄刺天飞，富贵功名老不思。"首联采用对比手法，将贤臣与自己对照来写。鸾鹄，凤凰和天鹅，是鸟类中的贵者，以比喻贤臣。贤臣得到重用，一飞冲天，这是自己仰视所见；而自己却沉居下僚，故对富贵功名即升官发财却连想都不敢想了。二句既是说自己对人对己的生活态度，也是对晁端彦的启发与劝慰。因为这种情形用之于晁端彦与章惇的关系就很贴切。

"病马已无千里志，骚人长负一秋悲。"颔联用典，将诗人与晁端彦对比来写，这就较前联进了一步。诗人以"病马"比喻自己。反用曹操《龟虽寿》"老骥伏枥，志在千里"诗意，说自己已没有远大的志向，这是承上联次句而来；作者以"骚人"称晁端彦，此句又隐用战国楚诗人宋玉《九辩》中"悲哉！秋之为气也"，"皇天平分四时兮，窃独悲此凛秋"之意，是说诗人常常怀抱一腔悲秋的思绪。二句看似分写二人，实乃兼写。

"古来重九皆如此，别后西湖付与谁？"颈联议论，表示对晁同年的开导与关切。重九，即农历九月初九日，又称重阳。旧俗于农历九月九日重阳节，以绛囊盛茱萸，登高山，饮菊酒，谓可以避邪免灾，所以说自古以来重九"皆如此"，实则别具深意：晁端彦正被解往润州受审，更应小心谨慎，以免授人以柄，加重罪责，这是对朋友的关切和开导。下句"别后西湖付与谁"，字面上是说，晁端彦离开了杭州；实则也极富深意：此前苏轼已出知杭州，诗中"西湖"正指代杭州。西湖，旧称武林水、钱塘湖、西子湖，三面环山，一面濒市，在杭州之西，故名西湖。西湖的湖光山色，风景如画，是历代诗人歌咏的对象。对于这样的山水名胜，诗人自然要关心他交给什么样的地方官来管理。

"遣子穷愁天有意，吴中山水要清新。"末联仍是议论，是对晁同年的宽慰和企盼。上句说让你穷困潦倒是上天的有意安排，这是宽慰，意谓如今你只有逆来顺受，不要怨天尤人；另外，我国古代又有"穷而后工"的说法，意谓文人越穷困不得志，写出的诗文越好。语本宋欧阳修《梅圣俞诗集序》："世谓诗人少达而多穷，夫岂然哉！盖世所传诗者，多出于故穷人之辞也……盖愈穷则愈工。然则非诗之能穷人，殆穷者而后工也。"作者也很认同这种看法，他在《答钱济明书》之一中说："人来，领手教及二诗……知诗人穷而后工。"此句中亦有此意，所以末句说："吴中山水要清诗。"吴中，泛指今江苏以苏州为中心的太湖平原一带，这里是指晁端彦要去受审的润州。俗话说："上有天堂，下有苏杭。"天堂般的吴中山水，自然会激发你写出清新的诗篇。这是说既然官场多舛，你就好好做一位诗人吧！可谓语重心长。

1917 年暑假，在湖南第一师范学习的毛泽东，为了了解社会，邀同学萧子升从长沙出发，徒步旅行长沙、安化、益阳、沅江、宁乡五县。他们以给人送对联为"游学"方式，来到宁乡同学王熙家，受到热情款待，临别时毛泽东留下了一副对联："爱君东阁能延客，别后西湖赋予谁。"下联即出自此诗。毛泽东借用此句，一是表示与王熙的密切关系，二是表示自己就要离开宁乡了。这既是实指，又是用典，虚实结合，巧妙至极。

（毕桂发）

【原文】

寄馏合刷鉼与子由

老人心事日摧颓⁽¹⁾，宿火通红手自焙⁽²⁾。

小甑短鉼良具足⁽³⁾，稚儿娇女共燔煨⁽⁴⁾。

寄君东阁闲烝栗⁽⁵⁾，知我空堂坐画灰⁽⁶⁾。

约束家童好收拾⁽⁷⁾，故山梨枣待归来⁽⁸⁾。

【毛泽东圈评等情况】

在宁乡同学王熙家，毛泽东曾留赠对联："爱君东阁能延客，别后西湖赋予谁。"

[参考] 路海江：《一段曲折的经历——毛泽东和萧子升》，于俊道、李捷编《毛泽东交往录》，人民出版社 1991 年版，第 336 页。

【注释】

（1）摧颓，困顿，失意。三国魏曹植《浮萍篇》："何意今摧颓，旷若商与参。"

（2）宿火，隔夜未熄的火，预先留下来的火种。焙（bèi），微火烘烤。

（3）甑（zèng），蒸食炊器。其底有孔，古用陶制，殷周时期有以青铜制，后多用木制。俗叫"甑子"。《周礼·考工记·陶人》："陶人为甑，实二鬴，厚半寸，唇寸，七穿。"鉼，"瓶"的异体字，容器，多用于盛水、酒、粟等。良，很。具足，齐备，充足。

（4）稚儿，幼子。稚，即"稚"字。娇女，爱女。晋左思《娇女》："吾家有娇女，皎皎颇白皙。"燔，烤，炙。《诗经·小雅·瓠叶》："有兔斯首，炮之燔之。"毛传："加火曰燔。"煨，烤。《说文·火部》："煨，盆中火。"

（5）东阁，东厢的居室或楼房。古乐府《木兰诗》："开我东阁门，坐我西阁床。"古代称宰相招致、款待宾客的地方，亦通用于待客之所。烝，用蒸汽加热，后作"蒸"。《诗经·大雅·生民》："释之叟叟，烝之浮浮。"孔颖达疏："炊之甑爨而烝之，其气浮浮然……既烝熟乃以为酒

宋诗

宋诗

食。"粟，栗树的果实，又叫栗子、板栗。

（6）画灰，用小木棍在灰中拨动，亦作为暗自思考的辅助方式。前蜀贯休《秋寄李频使君》之二："留客朝尝酒，忧民夜画灰。"空堂，空旷寂寞的厅堂。汉司马相如《长门赋》："日黄昏而望绝兮，怅独托于空堂。"

（7）家童，亦作"家僮"，旧时对私家奴仆的统称。《史记·吕不韦列传》："不韦家僮万人。"收拾，整理、整顿，或指烹调，亦通。

（8）故山，旧山，喻家乡。汉应玚《别诗》之一："朝云浮四海，日暮归故山。"梨枣，梨子和枣子。北齐颜之推《颜氏家训·名实》："凡遭兵役，握手送离，或齎梨枣饼饵，人人赠别。"或指交梨火枣，道家所说的仙果。宋苏轼《次韵子由病酒肺疾发》："真源结梨枣，世味等糠秕。"王文诰辑注引施元之曰："《真诰》：右英王夫人，授许长史曰：'火枣交梨之树，已生君心中。犹有荆棘相杂，是以二树不见。可剪荆棘，出此树单生。'"归来，回去。《战国策·齐策四》："长铗归来乎！食无鱼。"归，一本作"翁"。

【赏析】

此诗写于宋哲宗赵煦元祐八年（1093）。定州（今河北定州）在宋代是烧制瓷器名地之一，其产品不仅供应国内，而且行销于国际市场，那就是举世闻名的"定瓷"。作者在他的诗里有"定州花瓷琢红玉"的描写。送给子由的馏合和刷饼，当是当时的新瓷。馏合，蒸饭用的小饼子；刷，应是"涮"字之误或假借，涮饼是烫菜用的矮锅。这首诗通过诗人给他的弟弟苏辙（字子由）赠送定州产的馏合刷饼，抒发了年老失意、退归家乡的感慨。

这是一首七言律诗。"老人心事日摧颓，宿火通红手自焙。"首联写诗人在定州官邸深夜独自烤火，心事烦乱。老人，老年人，作者自谓。诗人时年五十七岁，故自称老人。心事，心情，情怀。唐高适《闲居》："柳色惊心事，春风厌索居。"就是这种用法。二句是说：诗人心情失意，独自一人守着隔夜未熄的火烘烤取暖。

生火仅仅取暖，未免可惜，所以北方人往往在取暖时烘烤或蒸煮东西，接下来三、四句便是写的这种情况："小甑短鉼良具足，稚儿娇女共燔煨。"颔联写诗人与儿女在烤火时一起蒸煮东西吃。诗人在盛产名瓷的定州做官，大小甋锹很是丰富，所以便让儿女拿来一起蒸煮东西吃，这便是很自然的事。这联由上联自己取暖写到与儿女煮蒸东西共赏。颈联便又进一步想到身居异地的弟弟子由："寄君东阁闲煮栗，知我空堂坐画灰。"颔联上句点出寄"馏合刷锹与子由"题意，君，指子由，即苏辙。是说我寄给你馏合刷锹，你便可以在东厢房煮栗子吃。下句以"我"与"君"对举，倍感亲切。"空堂"与"东阁"相应，更觉凄凉。画灰，是指用小木棍儿在灰中拨动，以此作为暗自思考的辅佐方式。前蜀贯休《秋寄李频使君》之二："留客朝尝酒，忧民夜画灰。"或谓用唐白居易"对雪画寒灰"句意，白居易这诗是送他兄弟的。作者在《佺安节远来夜坐》诗中，也有"坐拨寒灰听雨声"之句。寒灰，即死灰，是物质完全燃烧后留下的灰烬，比喻一种不生欲望之心或对人生已无任何追求的心情。用此意解此句似乎更切。

"约束家童好收拾，故山梨枣待归来。"尾联抒诗人欲归隐家山之志。上句是诗人对其弟子由的嘱咐：让家中奴仆把家里整理好；下句是说，家乡的梨树和枣树正在等待我归去。或谓回乡修道，得道成仙；或谓像陶渊明那样辞官归隐，终老田园，皆可通，都可以说明诗人对官场的厌倦的心情，这便是此诗的主旨所在。

1917年暑假，在湖南第一师范学校读书的毛泽东，为了读无字之书，了解社会，邀同学萧子升从长沙出发，徒步旅行长沙、安化、益阳、沅江、宁乡五县。他们以写对联为谋生手段，每到一处，遇上机关、学校、商店或住户，就写一副切合对方实际的楹联送上，借助这种办法去"游学"，不花一分钱，考察了乡村和城镇，拜会了社会名流、好友和基层群众，了解社会，体味人生。

当他们来到宁乡同学王熙家时，受到了热情的接待，他们倾心交谈，临别，毛泽东留赠了一副对联："爱君东阁能延客，别后西湖赋予谁。"这是一副七言楹联。上联借"东阁"延客之典，化用苏轼《寄馏合刷锹与子由》诗中"寄君东阁闲煮栗，知我空堂坐画灰"，改以"爱君"称同学王熙，表示了对王熙的热情友好的真挚感谢之意和他们之间兄弟般的深情厚谊，同时也说明毛泽东对苏轼此诗的熟知和欣赏。（毕桂发）

王安石

王安石（1021—1086），字介甫，晚号半山，抚州临川（今江西抚州）人。北宋政治家、文学家。封荆国公，世称王荆公。谥文，又称王文公。宋仁宗庆历二年（1042）进士。嘉祐三年（1058）上万言书，提出变法主张，神宗熙宁二年（1069）任参知政事，行新法。次年拜中书门下平章事。七年罢相，次年再罢相，退居江宁（今江苏南京）半山园，卒。他强调"权时之变"，反对因循保守，是中国 11 世纪的改革家。其诗文颇有揭露时弊、反映社会矛盾之作，体现了他的政治主张和抱负。散文雄健峭拔，旧时被列为"唐宋八大家"之一。诗歌遒劲清新。词虽不多而风格高峻，今存《王临川集》《临川集拾遗》等。

【原文】

北 山

北山输绿涨横陂(1)，堑直回塘滟滟时(2)。

细数落花因坐久，缓寻芳草得归迟(3)。

【毛泽东圈评等情况】

毛泽东对《北山》诗中的"细数落花因坐久，缓寻芳草得归迟"二句都加以圈画。

[参考] 毛泽东对裘君弘《西江诗话》卷二"王安石"一则的批注，转引自张贻玖：《毛泽东和诗》，中央文献出版社 1998 年版，第 94 页。

【注释】

（1）横陂（bēi），长堤。陂，堤防，堤岸。《诗·陈风·泽陂》："彼泽之陂，有蒲有荷。"毛传："陂，泽障也。"孔颖达疏："泽障，谓泽畔障水之岸，以陂内有此二物，故举陂畔言之，二物非生于陂上也。"

（2）直堑（qiàn），直的沟壕。堑，通"堑"，沟壕。《墨子·备城门》："堑中深丈五，广比扇，堑长以为力度。"《梁书·蔡道恭传》："魏乃作大车载土，四面俱前，欲以填堑。"回塘，环曲的水塘。滟滟（yàn炎），水光之状。南朝梁何逊《望新月示同羁》："的的与沙静，滟滟逐波轻。"又水盈溢之状。唐李群玉《长沙陪裴大夫夜宴》："泠泠玉漏初三滴，滟滟金觞已半酡。"

（3）芳草，香草。

【赏析】

王安石晚年住在金陵（今江苏南京），筑室于钟山（今紫金山）的半山腰，因自号"半山"。钟山在金陵北，故又称北山。这首诗就是写他在北山游玩的闲适生活的。此诗又题作《蔷薇》之三，为七言绝句。

王安石致仕后，在北山闲居，日长无事，常到北山各处坐坐走走。这首诗便是写他这种闲情逸致的。"北山输绿涨横陂，直堑回塘滟滟时"，一二句是说，北山把它的碧绿的泉水输送给山上沟塘，于是涨满了堤岸；不管是直的沟壕，曲的池塘，都呈现出一片水光荡漾。两句概括了眼前的景观。下面笔锋一转来写自己："细数落花因坐久，缓寻芳草得归迟"，意谓由于心情悠闲，一坐下来就是半天，看见树上的残花一瓣两瓣地飘落下来，索性便一二三四地数起来，看看这会子到底落了多少瓣。待他感到坐倦了，于是便站起身来，慢慢地向家走去。他一边走着，一边寻找路边的香草。他走走停停，也不知道回到家的路到底走了多少时间。诗人用"细数落花"来摹写"坐久"，不仅形象很美，而且构思精细。用"缓寻芳草"来解释"归迟"的原因，不仅大有理由，而且写尽闲适之情。因此后二句颇为人们所称道。宋胡舜陟《三山老人语录》云："欧公（欧阳修）'静爱竹时来野寺，独寻春偶过溪桥'与荆公'细数落花'诗联，皆状闲适，而王为工。"评论是公允的。但诗人佳句凭空独创者甚少，往往是在前人佳句的基础上再加创造而臻于完美的。诗人这联佳句也是有所借鉴的，例如唐王维《从岐王过杨氏别业应教》云："兴阑啼鸟缓，坐久落花多。"刘长卿《长沙过贾谊宅》云："芳草独寻人去后，寒林空见日斜时。"不难看出诗人"细数落花""缓寻芳草"二句与王、刘诗句间的承传关系。本诗后来居上，而有所创新，遂成为千古名句。

毛泽东在读清裘君弘《西江诗话》卷二"王安石"一则时圈阅了这首诗。这则诗话讲到王安石的文字锤炼过程时说："荆公少以意气自许，故诗语惟其所向，不复更为含蓄。……后为郡牧判官，从宋次道尽假唐人诗集博观约取，始尽深婉不迫之趣，乃知文字虽工拙有定限，然必视其幼壮，虽公方其未至，亦不能力强而遽至也。"接着作者例举王安石的诗："含风鸭绿鳞鳞起，弄日鹅黄袅袅垂"；"细数落花因坐久，缓寻芳草得归迟"，说："荆公晚年，诗律尤精严，造语字，间不容发。然意与言会，言随意遣，浑然天成，殆不见有牵率排比处。如'细数落花因坐久，缓寻芳草得归迟'。……读之不觉有对偶，但见舒闲容与之态耳。"诗话的作者认为，像王安石这样著名的诗人，他在诗歌方面的造诣也不是一蹴而就、轻而易举所能达到的，都是要通过学习和长期的创作实践，才能逐步臻于炉火纯青。毛泽东在这一段话旁加着圈和点：在"始尽深婉不迫之趣"旁，重笔画着曲线；天头上画着大圈；对所提到的四句诗，都加了圈画。可见毛泽东是认同裘君弘对王安石诗的评价，对"细数落花因坐久，缓寻芳草得归迟"这联佳句，也是非常欣赏的。（毕桂发）

【原文】

南　浦

南浦东冈二月时，物华撩我有新诗⁽¹⁾。

含风鸭绿粼粼起⁽²⁾，弄日鹅黄袅袅垂⁽³⁾。

【毛泽东圈评等情况】

毛泽东对《南浦》诗中的"含风鸭绿粼粼起，弄日鹅黄袅袅垂"二句都曾加以圈画。

[参考] 毛泽东对裴君弘《西江诗话》卷二"王安石"一则的批注，

转引自张贻玖：《毛泽东和诗》，中央文献出版社1998年版，

第94页。

【注释】

（1）物华，自然景物。南朝梁柳恽《赠吴均》之一："离念已郁陶，物华复如此。"撩（liáo），挑逗，招惹。北周庾信《结客少年场行》："歌撩李都尉，果掷潘河阳。"李，汉李延年。潘，晋潘岳。

（2）鸭绿，指水，喻水色如鸭头浓绿。宋苏东坡《清远舟中寄耘老》："觉来满眼是湖山，鸭绿波摇凤凰影。"粼粼，水流清澈之状，水石闪映之状。《诗·唐风·扬之水》："扬之水，白石粼粼。"毛传："粼粼，清澈也。"唐高适《答侯少府》诗："漆园多乔木，睢水清粼粼。"

（3）鹅黄，淡黄，像小鹅绒毛的颜色，指淡黄色的东西。宋林逋《初夏》："秧田百亩鹅黄大，横策溪村属老农。"指秧苗。此指新柳。袅袅（niǎo），微风吹拂之状。南朝宋鲍照《采菱歌》之四："风出浦，容容日向山。"

【赏析】

此诗又题作《半山即事》之三。据此，此诗当为王安石致仕后隐居金陵钟山时所写。南浦，南面的水边。《楚辞·九歌·河伯》："子交手兮东行，送美人兮南浦。"王逸注："愿河伯送己南至江之涯。"后常用称送别之地。南朝梁江淹《别赋》："春草碧色，春水渌波，送君南浦，伤如之何。"此当指在钟山之南的长江边。诗人又有《南浦》诗云："南浦随花去，回舟路已迷。"此诗中的南浦则为地名，在今江西南昌西南，章江至此分流。唐王勃《滕王阁》诗："画栋朝飞南浦云，珠帘暮卷西山雨。"所咏即是此地。南浦所指与本诗中所指实非一地。

　　这是一首记游的七言绝句。"南浦东冈二月时"，首句写出游的时间和地点。地点是"南浦东冈"，时间是早春"二月"。冈是山脊，山岭。东冈是南浦东边不高的小山。在早春二月的一天，诗人来到南浦，登上东冈，尽情饱览这初春景色。经过一个冬天的蛰伏，在这大地春回、万物复苏的季节里来游山玩水，自然是人生一大乐事。万木葱茏，流水潺潺，招惹起诗人的诗兴，使他不由得要写新的诗章。次句"物华撩我有新诗"，就是这个意思。物华即自然景物，自然景观招惹诗人赋诗，在我国古代叫作感物或物感，即见物兴感。唐韩愈《荐士》诗云："念将决焉去，感物增恋嫪。"这种学说起源很早。《礼记·乐记》中就有"感于物而动"的说法。南朝梁钟嵘在他的名著《诗品》中首先提出"气之动物，物之感人，故摇荡性情，形诸舞咏"。然后他又进一步阐述说："若乃春风春鸟，秋月秋蝉，夏云暑雨，冬月祁寒，斯四候之感诸诗者也。"陆机在《文赋》中也说："遵四时以叹逝，瞻万物而思纷，悲落叶于劲秋，喜柔条于芳春。"刘勰在《文心雕龙·物色》中也说："春秋代序，阴阳惨舒，物色之动，心亦摇焉。"这些理论家的论述，都阐明了自然景观作为社会生活的一部分，它是文学反映的内容之一。由于这些自然景物的赏心悦目，往往能逗起诗人的诗兴，写出佳作。在实际创作中，这种例子更是不胜枚举。诗人也是如此，看到眼前的美景，果然写出了传之后代的警句："含风鸭绿粼粼起，弄日鹅黄袅袅垂。"鸭绿谓水，鹅黄指柳。这二句说清澈的水被风一吹泛起阵阵涟漪，淡黄色的嫩柳在阳光照耀下丝丝下垂。上句写南浦之水，下句写水边之柳，描写生动，对仗工稳，不愧为写景名句。这首诗对南浦春景的逼真体察与描绘表现了诗人的闲适心情。

　　毛泽东在读裘君弘《西江诗话》卷二"王安石"一则中对《南浦》中"含风鸭绿粼粼起，弄日鹅黄袅袅垂"二句诗进行了圈画，说明他对这两个警句也颇为欣赏。（毕桂发）

示蔡天启三首之三

身着青衫骑恶马⁽¹⁾，日行三百尚嫌迟。

心源落落堪为将⁽²⁾，却是君王未备知⁽³⁾。

【毛泽东圈评等情况】

（西江）诗话中还提及王安石的一件轶事：蔡天启曾帮助王安石降服了一匹很难驾驭的烈马，王安石赠之以诗："身着青衫骑恶马，日行三百尚嫌迟。心源落落堪为将，却是君王未备知。"诗话中说："士大夫盛传公以将帅之材许天启。"对这件事，毛泽东特别在书的天头上画上大的圈记。

[参考]毛泽东对裘君弘《西江诗话》卷二"王安石"一则的批注，

转引自张贻玖：《毛泽东和诗》，中央文献出版社1998年版，

第94页。

【注释】

（1）青衫，古时学子所穿之服。南朝梁江淹《丽色赋》："楚臣既放，魂往江南。弟子曰玉，释佩解骖。濛濛绿水，裹裹青衫。"唐制，文官八品、九品服以青。唐白居易《琵琶引》："座中泣下谁最多？江州司马青衫湿！"

（2）心源，犹心性。佛教视心为万法之源，故称。唐元稹《度门寺》诗："心源虽了了，尘世苦憧憧。"落落，犹磊落，常用以形容人的气质、襟怀。《三国志·蜀志·彭羕传》："若明府能招致此人，必有忠谠落落之誉。"唐杨炯《和刘长史答十九兄》："风标自落落，文质且彬彬。"

（3）却是，原来。备知，周知，尽知。南朝晋谢灵运《雪赋》："固展转而无穷，嗟难得而备知。"

【赏析】

这是一首赠答诗。所赠的对象蔡天启，是宋神宗元丰年间（1078—

1085）进士，徽宗时为吏部员外郎，编印国史，能诗文，工诗画。这首诗当写于王安石拜相行新法期间。行新政需要大批有才干的新人，故对蔡天启用非其材颇为敏感，甚为不平。

这是一首七言绝句。"身着青衫骑恶马，日行三百尚嫌迟。"诗的一二句，描绘蔡天启骑马飞奔的英雄形象。青衫是古时文人学士所穿服装。"身着青衫"，界定了蔡天启的身份。一个文弱书生，如果骑马，也应该是一匹性情温驯的良马，而蔡天启却能骑坐性情暴烈的恶马。而且还不是骑一下就算了，而是整天骑马飞奔，一天跑三百里还嫌跑得慢。这足以说明蔡天启是驯服烈马的能手，如果他投笔从戎，定是一位能杀惯战的将军。北宋王朝军事积弱，常受外族侵扰，特别需要蔡天启这样的将帅之才，所以，进行变法、行新政的诗人很看重蔡天启。所以诗的后二句便议论道："心源落落堪为将，却是君王未备知。"心源即心性。落落，犹磊落。备知，尽知。这二句是说，蔡天启性格光明磊落，实在是将帅之才，原来是君王没有充分了解他。上句热情赞扬蔡天启胸怀坦荡，有卓越的军事才能。如果在政治清明的时代，就应该人尽其才。但蔡天启却始终是一位文官，未能发挥其军事才能。王安石作为宰相，对用人有相当大的建议权，但用人的最终决定权在于君王，所以末句说原来是君王还没有充分了解他。行文委婉，却是为蔡天启大声疾呼，希望君王能量才施用，使蔡天启人尽其才，在军事上为国家作出更大贡献。

毛泽东在读清裘君弘《西江诗话》卷二"王安石"一则所述这则轶事时，在书的天头上做了大的圈记，表明他对如何用人问题的关注以及对这首诗的兴趣。（毕桂发）

陆 游

陆游（1125—1210），字务观，号放翁，越州山阴（今浙江绍兴）人。南宋大文学家。少当两宋之际，亲历金兵南犯、民族丧乱之苦。高宗绍兴末试进士，因喜谈抗金复国被秦桧除名。孝宗朝赐进士出身，官枢密院编修、镇江通判等职，支持张浚北伐，被罢官家居。起为夔州通判，佐王炎幕参赞军务，力说出兵中原。范成大镇蜀，辟为参议官。出川后历任地方官。光宗时官朝议大夫、礼部郎中，复被劾，罢官归老故乡。陆游诗、词、散文均有成就，诗歌风格雄浑豪放，成就尤为辉煌，所作近万首诗反映了社会生活的各个方面，尤其是讴歌了终生不渝的爱国精神，为中国文学史上伟大的爱国诗人。有《剑南诗稿》《渭南文集》《南唐书》《老学庵笔记》等传世。

【原文】

游山西村

莫笑农家腊酒浑(1)，丰年留客足鸡豚(2)。
山重水复疑无路(3)，柳暗花明又一村(4)。
箫鼓追随春社近(5)，衣冠简朴古风存。
从今若许闲乘月(6)，拄杖无时夜叩门(7)。

【毛泽东圈评等情况】

万里出征，千回百折，顺利少于困难不知有多少倍，心情是沉郁的。过了岷山，豁然开朗，转化到了反面，柳暗花明又一村了。以下诸篇，反映了这一种心情。

[参考]毛泽东1935年2月写的《忆秦娥》《娄山关》自注，见中共中央文献研究室编：《毛泽东诗词集》，中央文献出版社1996年版，第53—54页。

【注释】

（1）腊酒，腊月（农历十二月）酿造的酒。唐岑参《送张献心充副使归河西杂句》："玉瓶素蚁腊酒香，金鞍白马紫游缰。"

（2）鸡豚（tún），鸡和猪。豚，小猪。

（3）山重水复，山峦重叠，水流盘曲。

（4）柳暗花明，形容绿柳成荫、繁花似锦的景象，也比喻又是一番情景或进入一种新的境界。暗，指柳荫蔽日。明，明丽。唐韩鄂《岁华纪丽·春》："风暖而燕南雁北，日和而柳暗花明。"又，唐武元衡《摩诃池送李侍御之凤翔》："柳暗花明池上山，高楼歌酒换离颜。"

（5）箫鼓，箫与鼓，泛指音乐。南朝齐梁江淹《别赋》："琴羽张兮箫鼓陈，燕赵歌兮伤美人。"春社，古时于春耕前（周用甲日，后多于立春后第五个戊日）祭祀土神，以祈丰收，谓之春社。

（6）闲乘月，趁着月明之夜出外闲游。

（7）无时，随时。

【赏析】

山西村，山阴的一个村庄。乾道二年（1166），陆游因曾极力鼓吹和支持宋孝宗隆兴年间（1163—1164）抗战派将领张浚北伐，遭到当权的投降派的排挤，自隆兴（府治在今江西南昌）通判任罢官，回到山阴镜湖之三山居住，这首记游七律就是乾道三年（1167）初春在三山乡间时写的。诗中生动地描绘了当地农村的习俗风光，表现出作者对于农村生活真挚热爱的感情。

"莫笑农家腊酒浑，丰年留客足鸡豚。"首联议论而兼叙事，写诗人作客山西村。腊酒，指腊月间酿造的酒。浑，纯，无杂质。客是诗人自谓。足鸡豚，指菜肴很多。豚，指小猪。这两句是说不要说农家酒味单薄，丰收之年他们待客菜肴却很丰富。"莫笑"二字，流露出诗人对农村淳朴民风的赞赏；一个"足"字，表达了农家款待客人尽其所有的盛情。字里行间渲染出丰收之年农村一片宁静、欢悦的气象。

"山重水复疑无路，柳暗花明又一村。"颔联描写，写山间水畔和山西村的美丽景色。山重水复，山峦重叠，水流盘曲。柳暗花明，形容绿树成荫，繁花明丽。这二句是说，诗人在游山西村的路上翻过一座座山岭，渡过一条条山涧，山绕水环，似乎没有了去路，忽然柳暗花明，竹篱茅舍隐现于花木扶疏之间，这便是山西村。诗人顿觉豁然开朗，其喜形于色的兴奋之状，可以想见。这种景观和感受也比喻又是一番情景或进入一种境界。这便是此联给人们的启发，也是宋诗特有的理趣。这种景象前人也描摹过，例如王维《蓝田山石门精舍》："遥爱山木秀，初疑路不同。安知清流转，忽与前山通"；柳宗元《袁家渴记》："舟行若穷，忽又无际"；卢纶《送吉中孚归楚州》："暗入无路山，心知有花处"；耿湋《仙山行》："花落寻无径，鸡鸣觉有村"；周晖《清波杂志》卷中载强彦文诗："远山初见疑无路，曲径徐行渐有村"；王安石《江上》："青山缭绕疑无路，忽见千帆隐映来。"不过要到陆游这一联才把它写得"题无剩义"（钱钟书《宋诗选注》）。此联写山光水色与山村景观的变幻多姿，读之有"从山阴道上行，山川自相映发，使人应接不暇"（《世说新语·言语》）之感，不仅反映了诗人对前途的希望，也道出了世间事物消长变化的道理。于是这两句诗就超越了自然景物描写的范围，而具有很强的艺术生命力。

"箫鼓追随春社近，衣冠简朴古风存。"颈联叙事，写山西村民俗之美。春社，祭名。古代于立春后戊日祭祀土地，以祈丰收。《周礼·春官·籥章》："凡国祈年于田祖，吹豳雅，击土鼓，以乐田畯（农官）。"又《地官·鼓人》："以灵鼓鼓社祭。"这个节日由来已久，至宋代犹存。苏轼《密州上元》："击鼓吹箫，却入农桑社。"可资证明。这两句是说，这一天农家祭祀土地神，吹吹打打，热闹非凡，衣冠古朴的农民充满着丰收的期待。此联不仅描摹了南宋初年的农村风俗画卷，赞美着这个古老的乡土民俗，表现了诗人对吾乡吾土之爱，读者不难体味出诗人热爱传统文化的深情。

"从今若许闲乘月，拄杖无时夜叩门。"末联抒情，表示希望随时再来游山西村。诗人已经"游"了一整天，此时明月高悬，整个村庄笼罩在一片淡淡的清光中，给春社过后的村庄染上了一层静谧的色彩，这该是诗人踏上归途的时候了。此情此景使诗人产生了一个希望：从今以后如有闲暇之时便趁着清风明月，拄着拐杖，不时轻叩柴门，与老农来话桑麻。一个热爱家乡，与农民亲密无间的诗人形象跃然纸上。

这首七律结构严谨，主线突出，全诗八句无一"游"字，而处处切"游"字，游兴十足，游意不尽。又层次分明，"以游村情事作起，徐言境地之幽，风俗之美，愿为频来之约"（清方东树《昭昧詹言》）。尤其"山重水复疑无路"一联，对仗工稳，写难状之景如在目前，如珠落玉盘，圆润流转，达到了很高的艺术水平，千百年来被广泛引用，成为人们熟知的至理名言。

毛泽东在为1958年出版的《毛泽东诗词十九首》中《忆秦娥·娄山关》词作注时，把万里长征分为两个阶段：过岷山之前，"千回百折，顺利少于困难不知有多少倍"，实是"山重水复疑无路"了；过了岷山，"豁然开朗，转化到了反面，柳暗花明又一村了"。毛泽东不仅用"山重水复疑无路，柳暗花明又一村"来分析长征中的两个阶段，而且径引"柳暗花明又一村"来形容过岷山后长征进入了一个走向胜利的新阶段。（毕桂发）

【原文】

归次汉中境上

云栈屏山阅月游[(1)]，马蹄初喜蹋梁州[(2)]。
地连秦雍川原壮[(3)]，水下荆扬日夜流[(4)]。
遗虏孱孱宁远略[(5)]，孤臣耿耿独私忧[(6)]。
良时恐作他年恨[(7)]，大散关头又一秋[(8)]。

1958 年 4 月 20 日，在成都会议期间，毛泽东圈阅的《诗词若干首》（唐宋明朝诗人写的有关四川的一些诗和词）中有此诗。

[参考] 刘开扬注释：《诗词若干首》（唐宋明朝诗人咏四川），

四川人民出版社 1979 年版，第 134 页。

【注释】

（1）云栈，即连云栈，在陕西褒城北。屏山，即锦屏山，在四川阆中南。阅月，即经过一个月，"阅"与"越"通。

（2）蹋，一作"踏"。梁州，三国魏时设置，唐时改为汉中郡。

（3）秦雍，唐、宋朝京兆府京兆郡，本秦也，于古为雍州，故曰秦雍，今陕西西安一带。

（4）水下荆扬，汉水经荆州（今湖北）、扬州（今江苏扬州）东流。

（5）遗虏，剩余的俘虏，指金兵。孱孱（chán），力弱的样子。宁远略，岂是远大的谋略。

（6）孤臣，陆游自指。耿耿，不安的样子。《诗·邶风·柏舟》："耿耿不寐，如有隐忧。"私忧，私自忧虑。

（7）良时，良好的时机，指当时。他年，指未来。

（8）大散关，在陕西宝鸡西南大散岭上，为秦蜀往来交通要道，是南宋时的边防重镇。南宋与金，西以大散关为界。

【赏析】

这是宋孝宗乾道七年（1171）冬天陆游从阆州（今四川阆中）、利州（今四川广元）办完公事回到汉中写的。陆游时任四川宣抚使司干办公事兼检法官。题中的"归次"是归途中停留止息之意。汉中，古郡名，治所在南郑（今陕西汉中东）。境上，界内。诗中处处把山川形胜和作者所渴望的光复国土的事业联系起来，抒发了他盼望收复失地的爱国精神。

这是一首七言律诗。"云栈屏山阅月游，马蹄初喜蹋梁州。"首联叙事点题，写诗人办完公事回到汉中。云栈，即连云栈。自南郑经褒城，取道陈仓，至宝鸡，一路群山连绵如连云，其间悬崖绝壁，因山就谷，架木为栈道，故曰"云栈"。屏山，即锦屏山，在四川阆中南，为阆中名胜，山上有大诗人杜甫的祠堂。诗人到阆中特意游览了锦屏山，并写下《游锦屏山谒杜少陵祠堂》一诗，表达了对杜甫的仰慕之情。诗人此次公干一月有余，往来于阆中、南郑之间，所见景物很多，但诗人只选择了最具特色的"云栈""屏山"来写，既有高度的概括性，又表现了他的笔墨精练。诗的次句，既是点题，又表达了诗人回到汉中的喜悦心情。

"地连秦雍川原壮，水下荆扬日夜流。"颔联描写，写汉中山水胜概。汉中地连秦雍。八百里秦川，地势宽阔，民风豪壮，物产丰富。又有水利之便，汉水流经汉中平原南下，经荆州（今湖北荆州）至武汉入长江，东经扬州（今江苏扬州）注入大海。用"川原壮"来写汉中原野广阔，用"日夜流"来写汉水水流绵长，反映了汉中山川形势之好。汉中历来是兵家必争之地。三国时诸葛亮北伐中原，就是以汉中为根据地的。"遗虏孱孱宁远略，孤臣耿耿独私忧"，颈联议论，写对朝廷没有远谋的忧虑。遗虏，余虏，指金人。孱孱，怯懦，软弱无力之状。远略，远大的谋略。孤臣，陆游自谓。这二句是说，金人虽然软弱无力，但敌势却不可忽视，朝廷不灭余虏，岂是远大的谋略？此联将朝廷与诗人对举，表现了诗人深谋远虑的战略思想。

"良时恐作他年恨，大散关头又一秋"，尾联抒情，抒发诗人的感叹。良时，谓良好的时机，指当时说。他年，指未来。大散关，在今陕西宝鸡西南，是南宋时的边防重镇。南宋与金，西以大散关为界。这二句是说，此时不消灭敌人，恐成未来遗恨的事，大散关上又过了一年。盼望收复失地的焦急心情，跃然纸上。

陆游诗词"多豪丽语，言征伐恢复事"（见宋罗大经《鹤林玉露》）。此诗正表现了诗人的"寄意恢复"，而"云栈"和"地连"两联更见其"豪荡丰腴"（《南湖集·方回序》）的特色。

毛泽东1958年在成都会议期间圈阅的《诗词若干首》中收有这首诗，表明他认为此诗是咏四川的一首佳作。（毕桂发）

剑门道中遇微雨

衣上征尘杂酒痕，远游无处不消魂⁽¹⁾。

此身合是诗人未⁽²⁾？细雨骑驴入剑门⁽³⁾。

【毛泽东圈评等情况】

1958 年 4 月 20 日，在成都会议期间，毛泽东圈阅的《诗词若干首》（唐宋明朝诗人写的有关四川的一些诗和词）中有此诗。

[参考] 刘开扬注释：《诗词若干首》（唐宋明朝诗人咏四川），

四川人民出版社 1979 年版，第 130 页。

【注释】

（1）消魂，令人感伤，神情恍惚。

（2）合是，应该是。未，表示疑问，与"否"相同。

（3）骑驴，唐代诗人中有不少骑驴的典故。李白、贾岛等曾骑驴。

【赏析】

剑门，剑门关，在今四川剑阁北面大小剑山之间。剑门山东北—西南走向，长达 70 余公里，主峰大剑山在剑阁北。有剑门七十二峰，峭壁中断，两崖相嵌，形似剑门，故名。宋孝宗乾道八年（1172）十月，陆游改任成都府安抚司参议官。十一月，他从南郑（今陕西汉中）启程赴成都，途经剑门关作此诗。南郑是当时的抗金前线。陆游在南郑，是以左承议郎处于四川宣抚使王炎幕府中，参预军事机密。陆游去成都是调任成都府安抚司参议官，而担任安抚使的是当时著名诗人范成大，也是陆游的好友。陆游此行是从抗金前线到后方，由战地到大都市，是去危就安，去劳就逸。这在一般人看来是个大好事。然而，诗人却并不这样想。

这是一首七言绝句。"衣上征尘杂酒痕"，首句是说，衣上沾着旅途中的尘土，还杂着送别时的酒渍。诗人从"衣上"着笔，用"征尘""酒痕",写出诗人的失意。抓住了特点,具体形象,文笔精练。"远游无处不消魂",次句是说,这一次远程旅行,没有一处是不使我销魂的。"消魂",即"销魂",灵魂离散,形容极度的悲愁、欢乐、恐惧等。南朝梁江淹《别赋》:"黯然销魂者,唯别而已矣。"唐綦毋潜《送宋秀才》:"秋风一送别,江上黯消魂。"所以"消魂"在此处有两种截然不同的理解:一种是"这里是令人神往,使人眷恋的意思"(游国恩等《陆游诗选》),一种是"悲伤失魂"(刘开扬注释《诗词若干首》)。我们取后一说法,是说此次远游处处都带着离别的忧伤。"此身合是诗人未",合,应该,未,此处表疑问之意,与"否"相同。三句用"合是"二字来写自问,是全诗的命意所在。"细雨骑驴入剑门",四句用一景语作结,包含了诗人丰富的联想和深沉的感触。既是对上句的自问作答,又是那饮恨感慨的依据。诗人和驴子好像结下了不解之缘。李白曾在华阴骑驴,杜甫《奉赠韦左丞丈二十二韵》:"骑驴三十载,旅舍京华春。"唐以后流传李白、杜甫两人的骑驴图(清王琦《李太白全集注》卷三十六,《苕溪渔隐丛话》后集卷八,清施国祁《遗山诗集笺注》卷十二)。此外像贾岛、郑綮、李贺都有骑驴赋诗的故事。据《新唐书·贾岛传》记载:"当其苦吟,虽适逢公卿贵人,皆不之觉也。一日见京兆尹,跨驴不避,诘之,久乃得释。"宋孙光宪《北梦琐言》卷七云:"唐相国郑綮虽有诗名,本无廊庙之望……或曰:'相国近有新诗否?'对曰:'诗思在灞桥雪中驴子上,此处何以得之?'盖言平生苦心也。"李白是蜀人,杜甫也曾入蜀。晚唐诗人贯休从杭州骑驴入蜀,写下了"千水千山得得来"的名句,更为人们所熟知。所以骑驴与入蜀,自然容易联想到"诗人"。雨中骑驴而行,本有诗意,问自己应否是诗人,就带有无可如何的意味。结合前两句,言外有抗金收复失地的志愿不能得偿之意甚明。

毛泽东在 1958 年成都会议期间圈阅的《诗词若干首》把这首诗推荐给与会代表阅读,可见他认为是一篇佳作。(毕桂发)

成都书事

剑南山水尽清晖，濯锦江边天下稀。

烟柳不遮楼角断，风花时傍马头飞。

芼羹笋似稽山美⁽¹⁾，斫脍鱼如笠泽肥⁽²⁾。

客报城西有园卖，老夫白首欲忘归。

【毛泽东圈评等情况】

1958年3月，在成都会议期间，毛泽东圈阅的《诗词若干首》（唐宋明朝诗人写的有关四川的一些诗和词）中有此诗。

[参考]刘开扬注释：《诗词若干首》（唐宋明朝诗人咏四川），

四川人民出版社1979年版，第132页。

【注释】

（1）芼（máo），菜。芼羹笋，用笋当菜加肉作羹。芼作动词用，与下斫脍鱼相对。稽山，即会稽山，在今浙江绍兴。

（2）斫（zhuó），脍鱼，是暗用晋朝张翰为洛阳齐王大司马东曹掾时，因秋风起思念吴中家乡菰菜、鲈鱼脍而辞官归乡的事。脍（kuài），细切肉。笠泽，松江的别名，在上海西南，以产四腮鲈鱼著名。

【赏析】

陆游诗集中多有书事题名，与怀微相别。本诗所书之事为客报成都城西有园出卖，陆游想长住不归。诗为宋孝宗淳熙二年乙未（1175）陆游初在范成大幕府中任参议时所作。

这是一首七言律诗。"剑南山水尽清晖，濯锦江边天下稀"，首联写剑南山水之胜。剑南，剑门关以南，指以成都为中心的蜀中地区。唐行政区划有剑南道。清晖，明丽的光泽、光辉。晋傅咸《赠何劭王济》："双鸾游兰渚，二离扬清晖。"南朝宋谢灵运《石壁精舍还湖中作》："昏旦变气候，山水含清晖。"二人都是这种用法。濯锦江，即锦江，一名流江、汶江，当地习称府河，岷江支流之一，在今成都平原。自今成都市郫都区西岷江分出，至成都南与岷江分支郫江相会。据《华阳国志·蜀志》："蜀郡夷里桥南岸道西城，故锦宫也。锦工织锦濯其中则鲜明，濯他江则不好，故命曰锦里。"锦江便由此得名。这二句是说，剑门关南的山水都清澈明净，濯锦江边更是天下稀有，首联写出成都山水形胜。"烟柳不遮楼角断，风花时傍马头飞"，颔联描写，记叙锦江风物的繁盛。烟柳，烟雾笼罩着的柳林，亦泛指柳林、柳树。唐张仲素《春游曲》之一："烟柳飞轻絮，风榆落小钱。"风花，风中的花。《南齐书·乐志》："阳春白日风花香，趋步明月舞瑶堂。"这二句是说，烟雾笼罩的柳林不能把楼角全部遮断，被风吹得摇曳多姿的花时时傍着马头飞舞。诗人除了抓住花、柳二物来写锦江风物之盛外，上句写楼阁之多，下句写车马之速，也写出了都市的繁华。"茗羹笋似稽山美，斫脍鱼如笠泽肥"，颈联继续描写，写成都物产丰富。四川古称天府之国，物产丰富，诗人选择"茗羹笋""斫脍鱼"二物来写。晋张翰在洛阳为齐王大司马东曹掾，因秋风起，思吴中菰菜、莼羹、鲈鱼脍，便归家乡。这里暗用其事，却是不想归乡。这两句表现陆游对成都出产的欣赏，不下于对他的家乡的思念。所以便引出末联："客报城西有园卖，老夫白首欲忘归。"老夫，年老男子的自称。《礼记·曲礼上》："大夫七十而致事……适四方，乘安车，自称曰老夫。"郑玄注："老夫，老人称也。"此是陆游自谓。尾联叙事而兼抒情，结以客报成都城西有园出卖，诗人意欲买下长住不归，点明题旨。

毛泽东1958年在成都会议期间圈阅的《诗词若干首》中有这首诗《成都书事》，说明他认为此诗是咏四川的佳作。（毕桂发）

楼上醉书

丈夫不虚生世间，本意灭虏收河山，

岂知蹭蹬不称意[^(1)]，八年梁益凋朱颜[^(2)]。

三更抚枕忽大叫，梦中夺得松亭关[^(3)]，

中原机会嗟屡失，明日茵席留余潸[^(4)]。

益州官楼酒如海[^(5)]，我来解旗论日买[^(6)]，

酒酣博簺为欢娱[^(7)]，信手枭卢喝成采[^(8)]。

牛背烂烂电目光[^(9)]，狂杀自谓元非狂，

故都九庙臣敢忘[^(10)]？祖宗神灵在帝旁[^(11)]。

【毛泽东圈评等情况】

1958 年 3 月，在成都会议期间，毛泽东圈阅的《诗词若干首》（唐宋明朝诗人写的有关四川的一些诗和词）中有此诗。

[参考] 刘开扬注释：《诗词若干首》（唐宋明朝诗人咏四川），

四川人民出版社 1979 年版，第 136 页。

【注释】

（1）蹭蹬，失势的样子，比喻失意、潦倒。称意，合意，如意。

（2）梁益，指今陕西汉中和四川成都等地。八年，陆游自乾道六年（1170）入蜀至宋孝宗淳熙四年（1177）共八年。凋，凋谢。朱颜，指青春时红润的容颜。

（3）松亭关，在河北迁安西北，为金人控制的军事要地。

（4）明日，指梦后次日。茵席，褥席。潸（shān），流涕。余潸，余泪，留着泪痕。

（5）益州，这里指成都。官楼，官坊卖酒，称官楼。

（6）解，明白，懂得。旗，酒帘。

（7）博簺（sài），古时的一种可以赌胜负的游戏。

（8）枭卢，五木戏五子都呈黑为卢，为最高的彩，此以下为雉、枭、犊。后来骰子由此变化而来，么为枭，六为卢。

（9）牛背句，用王戎、王衍兄弟的故事，见《世说新语·雅量》和《世说新语·容止》。

（10）故都，旧宫，昔日的国都，此指北宋都城东京（今河南开封）。九庙，指帝王的宗庙。古时帝王立庙祭祀祖先，有太祖庙及三昭庙、三穆庙，共七庙。王莽增为祖庙五、亲庙四，共九庙。后历朝皆沿此制。

（11）祖宗，特此帝王的祖先。语本《礼记·祭法》："（殷人）祖契而宗汤，（周人）祖文王而宗武王。"此指宋代帝王的列祖列宗。

【赏析】

这首诗是宋孝宗淳熙四年（1177）春陆游在成都时写的。陆游在成都时看到当时朝廷对敌作战不力，自己收复河山的雄心屡遭挫折，在无可奈何的情况下，只有借酒消愁，可是虽然如此，对于沦陷已久的故都仍然念念不忘，表现出可贵的爱国主义精神。诗题中的"楼"，是酒楼，即诗中说的"益州官楼"。醉书，谓此诗是醉酒后所作。

这是一首七言古诗。全诗十六句，每四句为一节，可分为四节。开头四句为第一节，写诗人收复河山之志受挫。丈夫，犹言大丈夫，指有所作为的人。灭虏，消灭金人。蹭蹬，本行路失势之态，这里是不得志的意思。梁益，梁州和益州。八年，陆游于宋孝宗乾道六年（1170）入蜀，至淳熙四年（1177）作此诗，其中约近一年在南郑（今陕西汉中），七年居四川，故总曰八年。这四句是说大丈夫生在世间应有所作为，本意是要消灭金人收复中原，哪里知道我很不得志，事情很不如意，在梁益二州八年来使我凋尽青春的颜色。四句直抒胸臆，感慨颇深。

接下四句为第二节，写梦中也想收复失地，可惜机会屡屡错过。三更，指半夜十一时至次日晨一时。松亭关，在今河北迁安西北，为金人的军事要地。这四句是说，半夜三更我手抚枕席大声喊叫，梦中夺得了金人的军事重地松亭关，梦醒之后，始知是梦，不觉太息流涕，枕席之上次日犹有湿泪。俗话说，昼有所思，夜有所梦。梦中夺回失地是现实中不能收复失地的曲折反映，是上节"灭金收河山"的深化，写来感情真挚，十分感人。

"益州官楼酒如海"等四句为第三节，写自己借酒消愁，博弈为戏，消磨时日。益州，此指成都。官坊卖酒，称官楼酒如海，储酒很多。解旗，解识酒旗。博簺，古时局戏以赌胜负，即六博、格五等博戏。《管子·四称》："流于博塞，戏其工瞀。"《庄子·骈拇》："问穀奚事，则博塞以游。"成玄英疏："行五道而投琼（骰子）曰博，不投琼曰塞。"枭卢亦为古代一种博戏。这四句是说，诗人在现实生活中雄心壮志不能实现，只能借酒消愁。成都官楼储酒很多，认清酒旗，按日来买酒，酒喝得酣畅淋漓之时就玩起博簺游戏取乐，随手掷出的骰子便是枭卢（最高的彩）。此四句写诗人愤慨至极，便借酒浇胸中块垒，诗人豪气纵横、神采飞扬之态，写得生动如绘。

末四句为第四节，写诗人不忘沦陷的故都神州。"牛背烂烂电目光"句用典。牛背，谓骑在牛背上。语出晋刘义庆《世说新语·雅量》："王夷甫尝属族人事，经时未行。遇于一处饮宴，因语之曰：'近属尊事，那得不行？'族人大怒，便举樏掷其面。夷甫都无言，盥洗毕，牵王丞相臂与共载去。在车中照镜，语丞相曰：'汝看我眼光，乃出牛背上。'"王夷甫自谓风神英俊，不至与人校。烂烂，光明之状。语出《世说新语·容止》："裴令公有俊容姿，一旦有疾至困，惠帝使王夷甫往看。裴方向壁卧，闻王使至，强回视之。王出，语人曰：'双眸闪闪（一作烂烂），若岩下电，精神挺动，体中故小恶。'"元，通"源"。故都指北宋都城东京（今河南开封）。九庙，皇帝的宗庙。臣为陆游自称。这四句是说，诗人以王戎和裴楷自比，风神豪迈，目光炯炯，别人看起来狂妄到了极点，自己以为并不是狂放，故都东京供奉皇帝的宗庙臣子我哪敢忘记，列祖列宗之灵犹在天帝之旁。自誓不忘故国宗庙之意甚明，归结于此，弘扬了诗人的爱国主义精神。

毛泽东在1958年成都会议期间圈阅的《诗词若干首》中收有这首诗，说明他认为此诗是咏四川的优秀诗篇。（毕桂发）

【原文】

秋晚登城北门

幅巾藜杖北城头[1]，卷地西风满眼愁，

一点烽传散关信[2]，两行雁带杜陵秋[3]。

山河兴废供搔首[4]，身世安危入倚楼[5]，

横槊赋诗非复昔[6]，梦魂犹绕古梁州。

【毛泽东圈评等情况】

1958 年 3 月，在成都会议期间，毛泽东圈阅的《诗词若干首》（唐宋明朝诗人写的有关四川的一些诗和词）中有此诗。

[参考] 刘开扬注释：《诗词若干首》（唐宋明朝诗人咏四川），

四川人民出版社 1979 年版，第 138 页。

【注释】

（1）幅巾，用缣全幅束头，指不着冠。藜杖，藜是一年生草本植物，其茎坚实可作拐杖。

（2）散关，即大散关，在今陕西宝鸡西南大散岭上，为宋、金在西部的分界。

（3）杜陵，在长安（今陕西西安）城南。这句诗语本唐于邺《秋名闻雁》："忽闻惊鸿至，如报杜陵秋。"

（4）供搔首，使人烦急。搔首，用手抓头。

（5）倚楼，依靠楼。

（6）"横槊赋诗"，语出唐元稹《唐故工部员外郎杜君墓系铭》："建安之后，天下文士遭罹兵战，曹氏父子鞍马间为文，往往横槊赋诗，故其抑扬怨哀悲离之作，尤极于古。"宋苏轼《前赤壁赋》说曹操"酾酒临江，横槊赋诗，固一世之雄也。"槊，矛长丈八叫槊。非复昔，不再像从前。

【赏析】

这首诗是宋孝宗淳熙四年（1177）九月陆游在成都时所作。诗人对着

晚秋萧索的景物，想念着关中的失地，空有雄心壮志，不能实现，登楼怅望，充满了忧国伤时的苦闷。城北门，指成都城北门。

　　这是一首七言律诗。"幅巾藜杖北城头，卷地西风满眼愁"，首联叙事，写诗人登上成都北城门楼。幅巾，指不着冠，只用一副丝巾束发。藜杖，藜茎做成的手杖。北城头，指成都北门城头。这二句是说，当诗人头束丝巾、手挂藜杖，步履蹒跚地登上成都北城，强劲的西风给诗人带来的是满眼的愁恨。首句描绘诗人的装束和出游的地点，反映了他当时的闲散生活，无拘无束和日就衰颓的情况。次句写诗人当时的感受。"西风"是秋天的象征，"卷地"形容风势猛烈。时序已近深秋，西风劲吹，百草摧折，万木叶凋，寒气袭人，四野呈现出一片肃杀景象。当这种萧条冷落的景象映入诗人眼帘时，愁绪一时涌上心头。"满眼愁"，正是写诗人与外物相接所引起的悲愁。但引起诗人悲愁的绝不仅仅是外界景物，而还有其深刻的内在原因。所以"满眼愁"在这里起承上启下的作用，它既凝聚着诗人当时的思想感情，全诗又从这里生发开来。

　　"一点烽传散关信，两行雁带杜陵秋"，颔联写景，写诗人对边境情况的忧虑和对关中失地的怀念。古代边境有警则燃烽火报告。陆游在梁州时曾亲见。散关，即大散关，是南宋西北边境上的重要边塞，当时的抗金前线，"铁马秋风大散关"（《书愤》），是诗人曾经战斗过的地方，如今烽火再举，战讯犹传，这不能不引起诗人的关注。再者深秋已至，北地天寒，鸿雁南飞，带来了"杜陵"秋意。杜陵，汉宣帝陵墓，西安东。诗中用杜陵借指长安，暗喻宋故都东京（今河南开封）。"杜陵秋"三字，表示诗人对失地的怀念，对故都的眷恋。

　　"山河兴废供搔首，身世安危入倚楼。"颈联议论，抒发诗人的忧国深情。山河，大山大河，亦指代江山、国土。南朝宋刘义庆《世说新语·言语》："过江诸人，每至美日，辄相邀新亭，藉卉饮宴。周侯中坐而叹曰：'风景不殊，正自有山河之异！'"兴废，盛衰，兴亡。《汉书·匡衡传》："三代兴废，未有不由此者也。"身世，指自己一生，终生。安危，平安与危险。这二句是说，国家兴亡确实使人搔首不安，当此倚楼远眺之时，想到自己一生的安危，不禁百感交集。但是，现在自己投闲置散，报国无门，只能倚楼兴叹了。

"横槊赋诗非复昔，梦魂犹绕古梁州"，尾联抒情，抒写自己的报国之志。横槊赋诗是说军旅征途中，在马上横着长矛吟诗，多形容能文能武的豪迈潇洒风度。唐元稹和宋苏轼在他们的诗文中都用来指曹操。这里借指诗人乾道八年（1172）于南郑任四川宣抚使幕府职时在军中作诗事。"非复昔"，不再像从前那样。三字包含有多少感喟啊？诗人虽然离开南郑已有五年之久，但那金戈铁马的战斗生涯，仍然梦萦神牵，不能忘怀。末句道出了诗人的心声，正是他壮志难酬的抒发，诗虽结束，而余韵悠长。

毛泽东1958年在成都会议期间圈阅的《诗词若干首》选入了这首《秋晚登城北门》，说明他认为此诗是一首咏四川的好诗。（毕桂发）

【原文】

观大散关图有感

上马击狂胡⁽¹⁾，下马草军书⁽²⁾。
二十抱此志，五十犹癯儒⁽³⁾。
大散陈仓间⁽⁴⁾，山川郁盘纡⁽⁵⁾。
劲气钟义士⁽⁶⁾，可与共壮图⁽⁷⁾。
坡陁咸阳城⁽⁸⁾，秦汉之故都⁽⁹⁾。
王气浮夕霭⁽¹⁰⁾，宫室生春芜⁽¹¹⁾。
安得从王师⁽¹²⁾，汛扫迎皇舆⁽¹³⁾？
黄河与函谷⁽¹⁴⁾，四海通舟车。
士马发燕赵⁽¹⁵⁾，布帛来青徐⁽¹⁶⁾。
先当营七庙⁽¹⁷⁾，次第画九衢⁽¹⁸⁾。
偏师缚可汗⁽¹⁹⁾，倾都观受俘。
上寿大安宫⁽²⁰⁾，复如正观初⁽²¹⁾。
丈夫毕此愿，死与蝼蚁殊！
志大浩无期⁽²²⁾，醉胆空满躯。

这是陆游写的一首词：《钗头凤·红酥手》。他是南宋一位了不起的大诗人，年轻时就立志"上马击狂胡，下马草军书"。他的表妹叫唐琬，也是一位有才华重感情的妇女。他们的爱情悲剧在《齐东野语》里有记载。

[参考]费振刚、董学文主编：《毛泽东圈注史传诗文集成》，吉林人民出版社1996年版，第609页。

【注释】

（1）狂胡，凶暴的敌人。胡，古代称西方和北方的民族如匈奴等为胡。对西域诸国，汉、魏、晋、南北朝人皆称曰胡。此指称金人。

（2）草，起草。军书，军事文书。

（3）癯（qú）儒，隐居山泽的瘦弱清廉的学士。陆游《戏作》："归卧元知作饿夫，宦游依旧是癯儒。"癯，瘦。

（4）大散，古关隘名，在今陕西宝鸡西南。陈仓，古地名，在今陕西宝鸡东北。

（5）郁，树木茂盛之状。盘纡，回绕曲折。《文选·宋玉〈高唐赋〉》："水澹澹而盘纡兮，洪波淫淫之溶㴶。"张铣注："水之回屈缓流之貌。"《淮南子·本经训》："木巧之饰，盘纡刻俨，赢镂雕琢，诡文回波。"高诱注："盘，盘龙也；纡，曲屈。"

（6）劲气，刚强正直的气概。钟，凝聚。义士，恪守大义、笃行不苟的人。《左传·桓公二年》："武王克商，迁九鼎于雒邑，义士犹或非之。"

（7）壮图，壮志，宏伟的意图。东晋陆机《吊魏武帝文》："雄心摧于弱情，壮图终于哀志。"

（8）坡陁，亦作"坡陀"，山势起伏不平之状。唐杜甫《北征》："坡陀望鄜畤，岩谷互出没。"咸阳城，在今陕西咸阳东北聂家沟一带。

（9）"秦汉"句，秦都咸阳，在今陕西咸阳。汉都长安，在今陕西西安。故都，旧都，昔日的国都。

（10）王气，旧指象征帝王运数的祥瑞之气。《东观汉记·光武帝纪》："望气者言，舂陵城中有喜气，曰：'美哉王气，郁郁葱葱。'"霭，云气，烟雾。

（11）春芜，碧绿的春草。唐刘长卿《登迁仁楼酬子婿李穆》："春芜生楚国，古树过隋朝。"

（12）安得，怎能。王师，天子的军队，国家的军队。《诗·周颂·酌》："于铄王师，遵养时晦。"

（13）汛扫，洒扫。皇舆，国君所乘的高大车子，多借指王朝或国君。《楚辞·离骚》："岂余身之惮殃兮，恐皇舆之败绩。"

（14）函谷，即函谷关，在今河南灵宝东北王垛村，战国秦置。

（15）士马，兵马，引申指军队。燕赵，指战国时燕国和赵国，亦泛指其所在地，即今河北北部和山西西部一带。

（16）布帛，古代一般以麻、葛之织品为布，丝织品为帛，因以布帛统称供裁制衣着用品的材料。青徐，青与徐皆古州名，青州在今山东益都一带，徐州在今江苏北部地区。

（17）七庙，《礼记·王制》："天子七庙，三昭三穆，与太祖之庙而七。"此指四亲庙（父、祖、曾祖、高祖）、二祧（远祖）和始祖庙。后以"七庙"泛指帝王供奉祖先的宗庙。

（18）九衢，九达的街道。衢，大路，四通八达的道路。

（19）偏师，指主力军以外的部分军队。可汗，古代鲜卑、柔然、突厥、回纥、蒙古等民族中最高统治者的称号，此指金主言。

（20）上寿，举杯劝饮，表示祝贺之意。大安宫，本唐宫名，这里借指宋宫。

（21）正观，即贞观。唐太宗年号。宋人避讳改"贞"为"正"。

（22）浩，渺茫。

【赏析】

宋孝宗乾道八年（1172）正月，陆游应主战派将领四川宣抚使王炎之聘，自夔州（今重庆奉节）赴陕西汉中任干办公事兼检法官，延至幕中襄理军务。诗人换上戎装，驰骋在当时国防前线南郑（今陕西汉中）一带。铁马秋风、豪雄飞纵的军旅生活，使陆游的怀抱不禁为之一开，写出了许多热情奔放的爱国诗篇。《观大散关图有感》便是这一时期的代表作之一。

这首诗是宋孝宗乾道九年（1173）十月在嘉州（今四川乐山）时写的。诗中主要是写他自己理想中抗战胜利、国土恢复后的情况，表示这是自己整个生命的目标，但现实环境使他无法实现这种大志，只能成为梦想而已。大散关，在今陕西宝鸡大散岭上，是南宋与金交界的边防重镇，也是当时双方议和划界的地方。诗题中的大散关图很可能是诗人从前方带回来的军用地图。

此诗虽题作看图"有感"，实际上是一首抒情言志诗。全诗写得气势飚举，想象恢宏，视野开阔，感情激越，具有强烈的艺术感染力。从布局上看，大概可分为七节，每节四句。

开头四句为第一节，概写自己多年的志向和经历。"上马击狂胡，下马草军书。"起首二句，不仅对仗工稳，而且一"上"一"下"、一"击"一"草"之间，写出了诗人作为一位儒将的特色，跨上战马能挥刀杀敌，下得马来会草拟军事文书，两种工作虽不同，但目的却是一个：杀敌报国。这是一位爱国诗人的典型语言。诗人二十岁便立下了这个宏伟志向，但如今已到了五十岁了还是一个清瘦的书生。于豪迈之中微露出志不得逞的遗憾与惋惜之情，从而为全诗奠定了基调。

"大散陈仓间"四句为第二节，写诗人观大散关图。先以两句写地势，意谓大散关和陈仓一带的山势，郁郁葱葱，盘曲迂回；再以两句写民情，赞扬在忠义之士的身上凝聚着一种刚劲之气，他们都是可以共谋抗金救国壮举的人。陆游在南郑军幕时，不但了解前线下层官兵的高昂士气，也与当地百姓有所接触，对关中人民渴望恢复故土的心情也很了解，可以说这是他亲身生活体验凝结而成的诗句。"坡陁咸阳城"四句为第三节，写由大散关想到距此不远的旧都咸阳、长安。从地势来看，由大散关一带山势迤逦而到咸阳、长安，而联想到这里在秦汉时期，曾是两朝的首都，王气所钟之地。王气，王者之气。古代一种迷信的说法，帝王将兴，其预兆见于某种氛围，谓之王气。但秦汉故都今皆沦陷于女真族，以致王气杂于雾霭之中，宫室变为荒芜之地。二、三两节就从大散关的地形及距其不远的秦汉旧都的沦陷，写出了观图有感的基础。

往下，转入全诗的中心主题：扫平敌寇，恢复国家的富强与统一。这即是作者的观图"有感",共用了三个小节的篇幅。

"安得从王师"四句为第四小节,写诗人愿随王师恢复失地。紧接上句先设问:什么时候才能跟随国家的军队扫清敌人,洒扫道路,迎接皇帝的车驾回故都呢?当这一天到来时,被分割阻隔多年的黄河流域与函谷关一带,就可以与全国各地车船畅通无阻了。古以为中国四境有海环绕,故以四海指全国各处。《书·大禹谟》:"文命敷于四海。"这里以"四海"指全国各处,以"黄河和函谷关"指沦陷区。诗人设想国家分裂局面一结束,东西南北中,四面八方便可以自由来往了。

"士马发燕赵"四句为第五节,写中原收复后,怎样重建旧都。作者构想的蓝图是:发动北方的人力("士马发燕赵"),利用南方的财力("布帛来青徐"),出师北伐,很快就可以收复失地。收复失地后,重整旧山河,首先要重建都城。而重建王都时,当务之急是营建皇帝的祖庙——这是皇权和国家的象征,然后按一定程序划分和依次修建市街,与通达各方的大道。

诗人的畅想还不止于此,他又进一步设想胜利后要开个庆功会,国家会更加强盛,这便是"偏师缚可汗"四句第六节的内容。在诗人看来,仅仅打败敌人、光复旧业还远远不够,还应该擒获敌首,彻底摧毁敌人,使宗室中兴,创造更加辉煌的业绩。诗人认为这简直易如反掌,只要派一支非主力部队便可以抓住金朝的君主,把他押解京城让父老兄弟都出来观看受俘的仪式。以后一定要励精图治,使国家繁荣昌盛得如同唐太宗贞观之治那样强大。正观,即"贞观",唐太宗年号(627—649)。宋人避宋仁宗赵祯讳,改"贞"为"正"。唐太宗即位之后,以亡隋为鉴戒,偃武修文,励精图治,选贤任能,虚心纳谏,贞观年间,人口增加,经济繁荣,社会安定,国家强盛,史称"贞观之治"。在中国历史上,秦皇、汉武、唐宗、宋祖是几个最有作为的封建帝王,而唐太宗李世民的"贞观之治"又是中国历史上最强盛的时期之一。诗人希望南宋王朝的统治者能够像唐太宗那样创造出第一流的业绩,创造一个民富国强的时代,这是很高的期望值。

然而执行投降路线的南宋皇帝并非一代英主,他们不可能创造出彪炳史册的业绩。最后四句为第七节，作者从飞腾的想象回到痛苦的现实中来，以清醒的眼光和沉痛的笔墨总结全诗。意思是说，我如能完成这个宏伟的志愿，纵然死了，也不是白死，这与渺小的蝼蚁之死是大不相同的。但是，要实现这一宏大的志愿，却渺茫无期，我空有满身的胆略，也只能终日沉醉于酒中，无处效力啊！

全诗层次分明，首尾照应，"看似奔放，实则严谨"（赵翼《瓯北诗话》）。先从自己的志向、经历写起，表明这是写"我"在观图；次写图中的地形；然后再展开奇伟的想象，描述胜利之后的辉煌远景，读来令人十分振奋，同时又与首尾两处诗人面对现实所流露和抒发的辛酸、悲愤之情形成强烈的对照，既强化了诗的主题，又大大增强了全诗的艺术感染力。

毛泽东专列上的服务员姚淑贤一次回天津休假回来，告诉毛泽东在天津时她与爱人看过一出戏叫《凤头钗》，毛泽东反问她："是《钗头凤》，还是《凤头钗》？"姚淑贤表示自己记不清楚了。毛泽东就说："是《钗头凤》"，并对她讲了前面我们引录的那段话。在这段话中，毛泽东首先告诉姚淑贤这是《钗头凤》，写的是宋代诗人陆游与他的表妹唐琬的爱情悲剧；其次说陆游是"南宋一位了不起的大诗人"，这是很高的评价；再是引用这首诗中"上马击狂胡，下马草军书"的名句，说明他对这首诗的熟知和肯定。可谓话语不多，言深意长。（毕桂发）

【原文】

出塞四首借用秦少游韵（一首）

北伐下辽碣⁽¹⁾，西征取伊凉⁽²⁾。

壮士凯歌归，岂复赋《国殇》⁽³⁾？

连颈俘女真⁽⁴⁾，贷死遣牧羊⁽⁵⁾。

犬豕何足雠⁽⁶⁾，汝自承余殃⁽⁷⁾。

【毛泽东圈评等情况】

毛泽东 1965 年 5 月写的《水调歌头·重上井冈山》中"谈笑凯歌还"，是化用陆游《出塞四首借用秦少游韵》中"壮士凯歌归"句意。

[参考] 中共中央文献研究室编：《毛泽东诗词集》，中央文献出版社 1996 年版，第 149 页。

【注释】

（1）辽，指辽河流域，在今辽宁境。碣，指碣石，在今河北昌黎。

（2）伊，古州名，故治在今新疆哈密。凉，古州名。凉州，故治在今甘肃武威。

（3）《国殇》，屈原《九歌》中的一篇，是追悼为国牺牲的壮士的。

（4）连颈，犹言一个人挨着一个人。《晋书·愍帝纪论》："将相王侯连颈以受戮，后嫔妃主房辱于戎卒。"女真，我国古代少数民族名，此指金人。

（5）贷死，不怕牺牲。贷，推却。

（6）犬豕，猪狗，喻指金统治者。雠（chóu），仇敌。《书·泰誓下》："诞以尔众士，殄歼乃雠。"

（7）承余殃，继承了传下来的灾祸。殃，祸患，灾难。《易·坤》："积善之家，必有余庆；积不善之家，必有余殃。"

【赏析】

"出塞"（sài），出边塞。《史记·周本纪》："今又将兵出塞，攻梁，梁破则周危矣。"唐李白《太原早秋》诗："霜威出塞早，云色渡河秋。"古有《出塞》《入塞》，皆汉乐府横吹曲名。汉武帝时李延年据西域乐曲改制，声调悲壮。现在歌词都是南北朝时文人所作，内容写边塞生活情况。秦少游，即秦观，少游是其字，号淮海居士，高邮（今江苏高邮）人，北宋著名文学家，有《淮海集》。"借用秦少游韵"，即依秦少游原韵之意。依韵，谓按照他人诗歌的韵部作诗。韵脚用字只要求与原诗同韵而不必同字。宋刘攽《贡父诗话》："唐诗赓和，有次韵（先后无易），有依韵（同在一韵），有用韵（用彼韵，不必次）。"此诗即用秦少游韵，而次序不必相同。《出塞》诗共四首，这首诗是组诗中的第一首。诗中抒发了作者杀敌报国、凯旋的昂扬斗志和必胜信心。

这是一首五言律诗。"北伐下辽碣，西征取伊凉。"首联直抒收复失地之雄心壮志。南宋时长江以北已被金人占领，形成南北对峙局面。辽碣，指今辽宁、河北一带，均为金人根据地，在南宋之北，故曰"北伐"；伊凉，泛指今新疆、甘肃一带，在西北一带，当时也被金人占据，故曰"西征"。诗人提出的战斗目标已不是仅仅收复中原，而是收复北部、西部边远地区，即收复全部沦陷于金人之手的地区，于此可见其雄心壮志！"壮士凯歌归，岂复赋《国殇》？"颔联写其必胜信念。壮士，指意气豪壮而勇敢的人，俗称勇士。《战国策·燕策三》："风萧萧兮易水寒，壮士一去兮不复还。"凯歌，谓唱胜利之歌。晋崔豹《古今注·音乐》："短箫铙歌，军乐也……周礼所谓王大捷则令凯乐，军大献则令凯歌者也。"这二句意谓如果宋军出师北伐、西征，将士们必将唱着胜利之歌回还，哪里还会写追悼为国阵亡壮士的《国殇》呢？诗人对收复失地充满必胜的信心。"连颈俘女真，贷死遣牧羊。"颈联写壮士们不怕牺牲，定能打败金人。女真，此指金人。牧羊，指游牧民族，金人是游牧民族。这二句是说，宋朝军队定能把金人驱赶出宋朝国土。诗人进一步抒发驱逐金人的豪情。"犬豕何足雠，汝自承余殃。"末联写金人不足以与南宋对敌。犬豕，猪和狗，喻指金统治者。雠，仇敌之意。汝，指金人。这二句是说，金人的统治者不是宋朝军队旗鼓相当的对手，你们继承了先辈传下来的灾祸。前六句皆从宋军将士着笔，末二句转从金人落墨，便构成了前六句的反衬，一正一反，完成了歌颂诗人击败金人、收复失地的爱国主义精神的任务。

毛泽东1965年5月写的《水调歌头·重上井冈山》中"谈笑凯歌还"，即由陆游此诗中"壮士凯歌归"化用而来，可见他对此诗十分熟悉。（毕桂发）

【原文】

十一月四日风雨大作（其二）

僵卧孤村不自哀(1)，尚思为国戍轮台(2)。

夜阑卧听风吹雨(3)，铁马冰河入梦来(4)。

【毛泽东圈评等情况】

七绝·观潮

一九五七年九月

千里波涛滚滚来，雪花飞向钓鱼台。

人山纷赞阵容阔，铁马从容杀敌回。

[参考] 中共中央文献研究室编：《毛泽东诗词集》，中央文献
出版社 1996 年版，第 198 页。

【注释】

（1）僵卧，直挺不动地躺着。

（2）戍轮台，守卫轮台。轮台，汉代西域地名，即今新疆轮台。

（3）夜阑，夜将尽，夜深。

（4）铁马，配有铁甲的战马，有时亦指雄师劲旅。《文选·陆倕〈石阙铭〉》："铁马千群，朱旗万里。"李善注："铁马，铁甲之马。"冰河，泛指我国北方冰冻的河流。

【赏析】

这首诗是南宋光宗绍熙三年（1192）农历十一月初四在山阴（今浙江绍兴）所写。诗人时年六十八岁。在此前二年他以"嘲弄风月"的罪名被弹劾罢官，回到山阴三山故居。老病缠身的诗人，在孤村深夜风雨之中，不是哀叹自己的境遇，却想着在这样的风雨之中去为国家戍守西北边疆，杀敌报国的爱国主义精神洋溢在字里行间。

原作二首，这是其二。这是一首带有议论性质的抒情诗。"僵卧孤村不自哀，尚思为国戍轮台。"一二两句，开门见山，写出自己尽管被放逐，仍"不自哀"，还在想着"为国戍轮台"。"卧"而且"僵"，"村"而且"孤"，形容天寒老病，处境之艰难可想而知。但"不自哀"，即不为自己的身世悲哀。戍轮台，守卫轮台。轮台，汉代西域地名，即今新疆轮台，代指边疆地区。这两句是说，我虽然年老体衰，今夜住在一个孤零零的小山村里，但并不为自己的身世悲哀，还是想着如何去为国家守卫边疆。其忧国忧民的拳拳之心，是何等感人啊！

"夜阑卧听风吹雨，铁马冰河入梦来。"三句写景，回应题目。四句记梦，抒发情感。夜阑，夜尽，夜深。铁马，披着铁甲的战马。冰河，北方冰封的河流。这两句是说，在这夜深人静之时，我躺在床上，静静地听着狂风暴雨的声响，使我好像在梦中又骑着战马跨过冰河，驰骋在北方的杀敌战场上了。"风吹雨"，既是自然界的风雨，也是喻指南宋统治的政治气候。南宋统治者一味主和投降，是不可能允许诗人抗金的。所以，自己金戈铁马、气吞敌虏的雄心壮志，只有寄托在梦中了。"入梦来"三字选取得多么准确，它凝结着诗人多少期望与遗憾啊！

毛泽东 1957 年 9 月写的《七绝·观潮》中"铁马从容杀敌回"便是由此诗中"铁马冰河入梦来"点化而来。（毕桂发）

【原文】

示 儿

死去原知万事空[1]，但悲不见九州同[2]。
王师北定中原日[3]，家祭无忘告乃翁[4]。

【毛泽东圈评等情况】

毛泽东曾手书这首《示儿》。

[参考]中央档案馆整理：《毛泽东手书选集·古诗词（下）》，北京出版社 1996 年版，第 134—135 页。

宋
诗

试仿陆放翁曰：人类今娴上太空，但悲不见五洲同。愚公尽扫饕蚊日，公祭无忘告马翁。

[参考] 中共中央文献研究室编：《毛泽东诗词集》，中央文献出版社

1996 年版，第 242—243 页。

【注释】

（1）原，本来。

（2）但，只，仅仅。九州，古时把中国分为冀、兖、青、徐、扬、荆、豫、梁、雍九州，故后常以九州指中国。

（3）王师，指南宋北伐金人的军队。

（4）家祭，家中对祖先的祭祀。乃翁，你们的父亲。乃，你，你们。

【赏析】

陆游出生的第二年（1126），金人就灭亡了北宋，终其一生国家分裂，中原沦陷。为了祖国的统一，陆游歌唱了一辈子，留下了近万首光焰万丈的诗篇，而这首《示儿》诗则是他毕生的最后一次歌唱。正是在这首遗嘱性的绝笔诗篇中，八十六岁高龄的诗人焕发出了最后一道爱国主义的华彩，表现了他那矢志爱国、死而不渝的动人精神，展示了中华五千年文明史上爱国志士们魂系中华，生死如一的光辉形象。

诗的首句反手落笔，告诉儿辈他本来就清清楚楚地知道，人死之后与尘世之上的一切都毫不相关了。"原知"二字表明老诗人临终之际，清醒得很，理智得很，也自信得很，而"空"字则表明诗人在情感上也超脱得很。人死之后，脱离了生活于其间的红尘，飞升到另外一个世界中去，现实世界的一切，便完全解脱了。因此诗的首句"空"掉了红尘之上的万事，也泯灭了人世的牵挂，真有些陶潜《拟挽歌辞》所说的"死去何所道"的意味。然而诗的第二句意思一转，反手归入正题，"九州"指中国，诗人在临终之际，悲伤的只有祖国的分裂、中原的未复。至此，诗的首二句中"但悲"与"万事空"便构成了鲜明强烈的对比，表明诗人在超脱之中有不超脱之处，万世诸如妻儿、名利、官爵、财富等皆可空掉，皆可超脱，

只有国家统一大业这一件事，无论如何也超脱不了；不仅超脱不了，而且是伤情悲痛，割舍不下。正是在这种鲜明的对比反衬之下，使得陆游的爱国精神显得特别专一，特别执着。

如果说诗的前二句写的是生前恨事的话，那么后二句顺势而下，写死后的希望。"王师"指南宋北伐金人的大军。"北定中原"就是中原恢复，祖国统一。"告乃翁"是嘱咐儿辈，在普天同庆、国家统一的大喜日子里，一定要记住把胜利的消息告慰自己的在天之灵。终生为之奋斗而未得一见的祖国统一大业，诗人临终之际仍恨恨不已，寄希望于死后的将来，必求一闻，以快亡灵，真可谓矢志爱国，死而不渝。如果说死是人的生命的升华，那么对陆游来说，死更是其爱国精神的高度升华，焕发出了最后的也是最耀眼的光彩。

这首《示儿》诗表现了陆游到老不衰、死而不渝的伟大爱国精神。千百年来，此诗人相传颂，常载口碑。其所以如此，与此诗高度的艺术性有关。这首诗虽寥寥四句，构思却极其巧妙。首句落笔反手而入，空去万事，次句"但悲"推出正题，从而使万事皆空，皆可超脱，但悲国家分裂的专一执着于此构成强烈的反差对比，在对比中突出诗人对国家统一大业的关心与执着。正面突出题旨后，三四句顺势奔腾而下，揭举出死后的希望，要求儿辈将国家统一的喜讯，告慰自己的在天之灵。这样人到老不衰，死而不渝的爱国精神，便被曲折而有层次地呈现在读者的面前，产生了动人心魄的艺术魅力。另外，这首词语言洗练优美，通俗明白到犹如口语一般，但却含蕴丰赡，耐人咀嚼，恰切地配合了诗人情感的表达。

毛泽东对陆游评价很高，说他是"南宋一位了不起的大诗人"。他对陆游的一些爱国诗词十分熟悉，对陆游的绝笔《示儿》一诗十分喜爱。他练习书法时，曾手书过这首诗。1958 年 12 月在广州，毛泽东见文物出版社《毛泽东诗词十九首》同年九月刊本，天头甚宽，便写了我们引录的仿《示儿》的那首诗。他写这首诗的缘起是：1927 年鲁迅在广州修改他的《古小说钩沉》文末题记："时大夜弥天，璧月澄照，饕蚊遥叹，余在广州。"毛泽东由此引发联想，从 1927 年到 1958 年，31 年过去了，中国发生翻天覆地的变化，"大陆上的饕蚊灭得差不多了"，但是，"革命尚未全成，同志仍需努力"。因为"港台一带，饕蚊尚多，西方世界，饕蚊成阵"。作为一个伟大的马克思主义者，毛泽东心系世界革命，希望全世界千百万人民觉醒起来，"用他们自己的移山办法"，起来革命，"把蚊阵一扫而空"，使全人类都得到解放。这时，他想起了陆游临终前写的《示儿》，并仿照写了一首诗：

人类今娴上太空，但悲不见五洲同。

愚公尽扫饕蚊日，公祭无忘告乃翁。

毛泽东把反动派比作"饕蚊"，视革命人民为"愚公"，而称马克思主义的创始人为"马翁"。这首诗表现了毛泽东要实现解放全人类的宽广胸怀和革命气概。（毕桂发）

岳 飞

岳飞（1103—1142），字鹏举，宋相州汤阴（今河南安阳汤阴县）人，南宋抗金名将，中兴四将之一。岳飞勤奋好学，文武双全，流传有不少爱国主义诗、词。

【原文】

池州翠微亭

经年尘土满征衣，特特寻芳上翠微[(1)]。

好山好水看不足，马蹄催趁月明归。

【毛泽东圈评等情况】

毛泽东曾手书这首诗。

[参考]中央文献研究室整理：《毛泽东手书选集·古诗词（下）》，北京出版社1996年版，第119页。

【注释】

（1）特特，即"得得"，马蹄声。唐温庭筠《常林欢歌》："马声特特荆门道，蛮水扬光色如草。"又宋陆游《晚过五门》："马蹄特特无断时，老尽行人路如故。"寻芳，游览赏花之意。翠微，指翠微亭。

【赏析】

池州，今安徽贵池。翠微亭，在池州南齐山顶，唐时建。俯视清流，高爽可爱。岳飞在戎马倥偬之时，忙里偷闲游览了池州翠微亭，写下了这首记游诗，抒发了战斗豪情与对祖国大好河山的热爱。岳飞在长期的抗金战争中，转战于两湖、浙、赣、苏、皖、豫一带。绍兴四年（1134）和十一年（1141），就曾两次在庐州（治所在今安徽合肥）击败金兵，十一年还驻军舒州（治所在今安徽安庆），而庐州和舒州都距池州不远，当时都有可能去游池州翠微亭，因而这首写于池州的诗，究竟写于何时便难以确定。

岳飞这首《池州翠微亭》，虽是一首记游之作，但从中可以看出，岳飞是时刻都把国家的安危放在心上。即使出游赏景，看的是祖国的山水，想的也是为保卫祖国随时准备踏上新的征途。这首诗含义十分丰富，首句"经年尘土满征衣"，征衣，即战衣。由于抗金作战，岳飞常年都穿着沾满尘土的战袍。作者从细处着笔，具体、形象，读之，好像一位身经百战的将军，正风尘仆仆地驰马而来。叙述自己的经历，从而把登池州翠微亭放在戎马倥偬间隙，使读者感受到时代的和诗人的脉搏跳动。次句"特特寻芳上翠微"，点出题目。选用"特特"二字，写出蹄声响，可谓声情并茂，也表明作者是忙里偷闲，登临难得，从而把自己的戎马生涯与祖国的大好河山联系起来，在结构上起到一种转折作用，把感情抒发的重心移到对祖国的爱恋上来，为后两句抒情作了铺垫。三句"好水好山看不足"，连用两个"好"字，且是"看不足"，写出对祖国的挚爱。四句结到"马蹄催趁月明归"，饱览山光水色，直到夕阳西下，玉兔东升，方才扬鞭催马趁着月色映照回去，不仅烘托河山的美好，更展示了诗人对祖国的深情厚谊，使人们看到了诗人对祖国美丽河山流连忘返的心境，而这种心境与他终生为之奋战的"还我河山"的抗金事业是紧密地联系在一起的。全诗格调健美，语言豪爽，意味深长。

毛泽东对岳飞这首高扬着爱国主义精神的诗篇，自然十分欣赏，所以在练习书法时，曾信手书写了这首诗。（毕桂发）

【原文】

送紫岩张先生北伐

号令风霆迅(1)，天声动北陬(2)。

长驱渡河洛(3)，直捣向燕幽(4)。

马喋阏氏血⁽⁵⁾，旗枭克汗头⁽⁶⁾。

归来报明主⁽⁷⁾，恢复旧神州⁽⁸⁾。

【毛泽东圈评等情况】

毛泽东曾手书这首诗。

[参考]中央文献研究室整理：《毛泽东手书选集·古诗词（下）》，

北京出版社 1996 年版，第 120 页。

【注释】

（1）风霆，暴风和霹雷。

（2）天声，天上的声响，如雷声、风声等，比喻盛大的声威。汉班固《封燕然山铭》："无以安固后嗣，恢拓境宇，振大汉之天声。"北陬（zōu），北部边境地区，此指抗金前线。陬，隅，角落。《史记·绛侯世家》："后吴奔壁东南陬。"

（3）河洛，黄河和洛河。二河流域的中原一带时为金人占据。

（4）燕幽，地区名，今河北北部及辽宁一带。战国属燕国，唐以前属幽州，所以称燕幽。

（5）"马喋"句，兵马使匈奴皇后血流遍地。喋（dié），流血之状，亦指流血。喋血，形容杀人流血很多。阏氏（yān zhī），亦作"焉提"。汉时匈奴单于、诸王之妻的称号。《汉书·匈奴传上》："阏氏，生少子。"颜师古注："阏氏，匈奴皇后号也。"此指金邦皇后。

（6）旗枭（xiāo），把头挂在旗杆上示众。枭，悬头示众。《汉书·高帝纪上》："枭故塞王欣头栎阳市。"克汉，亦作"可汗""可寒"，古代鲜卑、柔然、突厥、回纥、蒙古等民族中最高统治者的称号，此指金人最高统治者。

（7）明主，贤明的君主。此指宋高宗。

（8）神州，指中原地区。南朝宋刘义庆《世说新语·言语》："王丞相愀然变色曰：'当共勠力王室，克复神州，何至作楚囚相对！'"

【赏析】

这是一首送别诗，送别的对象是"张先生"。先生姓张氏，名不详。但"先生"之称，含义十分广泛。或称年长有学的人，或称老师，或作为文人学者的通称，或称退职的官员，或称道士，等等，总之，大概是一位很有学识的人。紫岩，地名，当指紫岩驿，在今安徽贵池西。于此，此诗当与《池州翠微亭》写于同一时期。但今浙江兰溪东又有紫岩山，山上有紫岩寺。紫岩，又作紫色的山崖讲，多指隐者所居。隋王绩《古意》："幽人在何所，紫岩有仙躅。"据此，张先生当是一位从军的隐士。总之，张先生当是一位没有军籍而要挺身而出参加北伐的有识之士，诗人希望张先生能在北伐金人的战争中卓有军功，为收复中原作出贡献。

这是一首五言律诗。"号令风霆迅，天声动北陬。"首联描写而兼叙事，写宋朝军队誓师北伐。这次北伐规模很大，号令像暴风和雷霆那样迅疾，盛大的声威震动着宋王朝北部边境地区。二句把誓师北伐的声威写得十足，起得有力。

"长驱渡河洛，直捣向燕幽。"颔联叙事，写此次北伐的目标。河洛，黄河和洛河。二河流域的中原一带当时为金人占领。燕幽，地区名，当今河北北部和辽宁一带，当时为金人所据。二句是说，此次北伐不仅要长驱直入，收复河洛一带的中原失地，而且勇往直前捣毁金人的根据地。这当与岳飞所说的"直捣黄龙府"意思相同，表现了诗人北伐的决心和信念，写得大义凛然。

"马嚼阏氏血，旗枭克汗头。"颈联叙事，写此次北伐的攻击目标。阏氏，汉时对匈奴单于、诸王之妻的称谓，意即皇后，此指金邦皇后。嚼血，谓杀人流血很多。克汉，亦作"可汗"，古代匈奴、鲜卑、突厥、回纥、蒙古等民族最高统治者的称号，此指金人最高统治者。二句是说，这次北伐要使金人皇后血流遍地，把金人最高统治者的头颅挂在旗杆上示众。意谓此次北伐不是小胜则止，而要消灭金人的首领，取得抗金的彻底胜利。更加难能可贵的是，岳飞深知发动侵宋战争的是金人中一小撮奴隶主头子，只有消灭这一小撮人，才能铲除战争的根源，所以要以消灭他们为终极目标。

"归来报明主，恢复旧神州。"末联抒情，写北伐的目的。明主，即贤明的君主。此指宋高宗赵构。旧神州，指中原地区。二句是说，北伐胜利归来，以此来报答贤明的君主宋高宗，恢复我们失陷的中原地区。这与岳飞在《满江红·怒发冲冠》一词中所说的"待从头收拾旧山河，朝天阙"意思相同，表现了岳飞作为一个封建社会的臣子对宋王朝的忠心耿耿。在他身上忠君与爱国是浑然一体、密不可分的。

　　这首诗名为"送紫岩张先生北伐"，实为自抒怀抱。诗写得慷慨激昂、大义凛然，字里行间洋溢着强烈的爱国主义的豪情与壮志，所以深得毛泽东喜爱，他在练习书法时，便信手书写了这首诗。（毕桂发）

林 升

林升（1123—1189），字云友，又名梦屏，号平山居士，浙江平阳（今浙江苍南）人，南宋诗人。《宋诗纪事》说是宋孝宗淳熙（1174—1189）时临安（今浙江杭州）士人。

【原文】

题临安邸

山外青山楼外楼，西湖歌舞几时休？
暖风熏得游人醉，直把杭州作汴州[1]！

【毛泽东圈评等情况】

毛泽东曾手书这首诗。

[参考]中央文献研究室整理：《毛泽东手书选集·古诗词（下）》，北京出版社1996年版，第161页。

【注释】

（1）直，简直。汴州，北周宣帝改梁州置，治所在浚仪县（今河南开封西北）。隋大业初废，义宁元年复置。唐治浚仪、开封二县（今开封）。天宝初改置陈留郡，乾元初复改汴州。此指北宋都城东京，即今河南开封。

【赏析】

这首诗，写在临安一家客栈的墙上。临安，南宋的都城，即今浙江杭州。邸，客栈。

这是一首七言绝句。"山外青山楼外楼，西湖歌舞几时休？"一二两句是说，杭州青山之外还有青山，楼阁之外还有楼阁，风景是多么美好啊！那些醉生梦死的统治者，在西湖听歌看舞，到什么时候才能休止？"山外青山""楼外楼"，叠字的运用，使人感到在青山绿水之间，一片金碧辉煌，楼阁之中，到处是轻歌曼舞。诗人抓住了最有代表性的两个形象——华丽的楼台和靡曼的歌舞，从空间的无限量与时间的无休止，写尽了临安一派歌舞升平的景象，没有一点点国难当头的影子和抗金复国的自强自励精神。

"暖风熏得游人醉，直把杭州作汴州！"三四句是说，暖洋洋的湖风，把游人吹得好像喝醉了酒，那些达官贵人简直把这临时避难的杭州，当作故都汴州了。第三句写景，游人由被"熏"到"醉"，把南宋统治者只知道苟且偷安，不思抵御金人侵略，收复失地，终日过着醉生梦死的生活作了无情揭露。末句议论，可以说是作者大声疾呼，是对南宋统治者的大胆讽刺和挖苦。作者用形象比喻，直抒胸中所见。后来历史的发展不幸被诗人言中了。由于南宋统治者把复国雪耻的大事丢到九霄云外，只图偏安江南，日夜歌舞升平，过着醉生梦死的生活，日益腐朽，终致灭亡，重蹈了历史的覆辙，杭州变成了当年的汴州。这首诗的典型概括性极高，语言直率而意味深长，为人们所喜爱。（毕桂发）

文天祥

文天祥（1236—1283），字履善，一字宋瑞，号文山，今江西吉安人。南宋著名民族英雄，爱国诗人。宝祐四年（1256）二十岁中进士第一名，历知瑞、赣等州。1276年拜右丞相兼枢密使。出使元营议和，被扣留。后脱逃至温州，又率兵抗元。进兵江西，收复州县多处，不久复败退广东。端宗景炎三年（1278）在五坡岭（今广东海丰北）兵败被俘，次年被送至大都（今北京），遭囚禁三年，始终不屈，英勇就义。作品多抒写刚毅不屈的民族气节和昂扬的斗志。有《文山先生全集》。

【原文】

过零丁洋

辛苦遭逢起一经⁽¹⁾，干戈寥落四周星⁽²⁾。

山河破碎风飘絮，身世浮沉雨打萍。

惶恐滩头说惶恐⁽³⁾，零丁洋里叹零丁⁽⁴⁾。

人生自古谁无死？留取丹心照汗青⁽⁵⁾。

【毛泽东圈评等情况】

毛泽东在一本清裘君弘撰《西江诗话》中圈阅了这首诗。1964年前后，他让一位亲戚读这首诗，并问："假如敌人把你捉去了，你怎么办？"回答说："人生自古谁无死，留取丹心照汗青。"毛泽东答道："对了。"

[参考] 张贻玖：《毛泽东评点、圈阅的中国古典诗词》，
中国工人出版社1992年版，第208页。

"人生自古谁无死，留取丹心照汗青。"死都不怕，还有什么可怕的，

更不怕养不好病了。

[参考]林克:《在毛泽东身边》,转引自徐新民主编《在毛泽东身边》,
中共中央党校出版社 1993 年版,第 207 页。

毛泽东曾手书这首诗。

[参考]中央文献研究室整理:《毛泽东手书选集·古诗词(下)》,
北京出版社 1996 年版,第 163—165 页。

【注释】

(1)起一经,起于一经,指从钻研经书起家做官。一经,五经中的
一种经书。

(2)干戈,古代兵器名,借指战争。寥落,荒凉冷落。四周星,四年。

(3)惶恐滩,赣江十八滩之一,急流险恶,在今江西万安。惶恐,
惊恐害怕。

(4)零丁洋,在广东珠江口外。零丁,孤单。

(5)汗青,史册。古代在竹简上写字,要先用火烤去竹汗(水分),
然后烤干,既便于书写,又防虫蛀,称为杀青。

【赏析】

这首诗洋溢着爱国主义激情,是文天祥表明心志之作。公元 1278 年
冬,文天祥率兵与元军转战于广东潮阳一带,不幸在五坡岭战败被俘。第
二年正月,元军将领张弘范强迫文天祥随船同往追击在崖山的宋帝昺。经
过零丁洋时,文天祥想到自己兵败被俘,求死不能,又无法前去帮助宋军
抗元,反而要亲眼看到元军进攻宋军,感慨万端,写下了这首诗。元将张
弘范逼迫文天祥写信劝降在崖山抗击元军的爱国将领张世杰,文天祥就将
这首诗交给张弘范,让他送给张世杰,诗里叙述了他的身世遭遇和眼见山
河破碎的痛苦,抒写了他以身殉国的决心和崇高的民族气节。

这是一首七言律诗。诗的首联写他的出身和四年的抗元斗争生活。宋
代的科举制度有专经进士,要求考生在泛读儒家经史的基础上精通其中的
一种经书。文天祥从小博览群书,深钻经书。二十一岁时参加考试,中了

"状元"，进入仕途。所以他用"辛苦遭逢起一经"交代自己的出身。寥落，荒凉冷落。这里用来形容当时的形势。四周星，即四周年。文天祥从宋恭帝德祐元年（1275）起兵抗元，到宋赵昺祥兴元年（1278）被俘，正是四年。这四年间，文天祥老母被俘，妻妾被囚，儿子丧生，经受了一次又一次的打击。然而他赤心爱国，始终坚持与元军作战。

颔联描写国事身世。"山河破碎风飘絮"，真实地描写了南宋的大好河山轻易落入元军之手的情况。国家危难，文天祥自己怎样呢？"身世浮沉雨打萍"。文天祥从起兵抗元开始，就没有过一天好日子。他曾被元军扣留，从元营脱险后，沿途又屡遭艰险，几乎丧命。后又多次兵败，直至被俘。他的经历，确实像雨打的浮萍一样浮沉不定。"山河破碎"确实令人忧伤，诗人经历实可歌可泣。两个比喻贴切、形象。

颈联写的是自己的心情。诗人巧用"惶恐滩"和"零丁洋"这两个富有感情色彩的地名，来表达其昔日的"惶恐"和今日的"零丁"。公元1277年，文天祥在江西吉水被元兵打败，率军经过惶恐滩撤退到福建汀州。当时后有追兵，前为茫茫大海，诗人报国有志，而战败退走，内心怎能不"惶恐"？而今身陷敌手，只身被押着渡过这零丁洋，想同崖山的军民抗元而又不可得，心里怎能不感到"零丁"？

尾联写捐躯报国的决心。意思是，人生在世，自古以来哪有不死的呢？只要能留得这颗赤诚的爱国忠心照耀在史册上就行了。文天祥实践了这一诺言。临刑前，他对吏卒说："吾事毕矣！"脸不变色，从容就义。这两句诗已成为中华诗史上千古不朽的名句。它一直在激励和鼓舞着仁人志士为祖国、为民族、为正义事业而奋斗、而献身。这首诗沉郁悲壮，气贯长虹，洋溢着浩然正气，是中华民族千古不朽的壮歌。诗中比喻贴切而形象，对偶工整而巧妙，构思神奇，很有艺术感染力。

毛泽东在一本清裘君弘《西江诗话》中圈点了《过零丁洋》这首诗。1964年前后，他让表侄孙女王海容读这首诗，并问："假如敌人把你捉去了，你怎么办？"回答说："人生自古谁无死，留取丹心照汗青。"毛泽东答道："对了。"1964年，为毛泽东开车的朱德奎得肺病住进了医院，毛泽东几次问起他的病情，知道他有悲观情绪，便手书了文天祥的"人生自古

谁无死，留取丹心照汗青"这两句诗送给他，勉励他战胜疾病。（陶有才）

【原文】

正气歌

　　余囚北庭⁽¹⁾，坐一土室。室广八尺，深可四寻⁽²⁾。单扉低小，白间短窄⁽³⁾，汙下而幽暗⁽⁴⁾。当此夏日，诸气萃然：雨潦四集，浮动床几，时则为水气；涂泥半朝⁽⁵⁾，蒸沤历澜⁽⁶⁾，时则为土气；乍晴暴热，风道四塞，时则为日气；檐阴薪爨⁽⁷⁾，助长炎虐，时则为火气；仓腐寄顿⁽⁸⁾，陈陈逼人⁽⁹⁾，时则为米气；骈肩杂遝⁽¹⁰⁾，腥臊汗垢，时则为人气；或圊溷浮尸⁽¹¹⁾，或腐鼠杂出，时则为秽气。叠是数气，当之者鲜不为厉⁽¹²⁾，而余以孱弱俯仰其间⁽¹³⁾，于兹二年矣⁽¹⁴⁾，无恙，是殆有养致然。然尔亦安知所养何哉⁽¹⁵⁾？孟子曰："我善养吾浩然之气"。⁽¹⁶⁾彼气有七，吾气有一，以一敌七，吾何患焉？况浩然者，乃天地之正气也，作《正气歌》一首。

天地有正气，杂然赋流形⁽¹⁷⁾。
下则为河岳，上则为日星；
于人曰浩然，沛乎塞苍冥⁽¹⁸⁾。
皇路当清夷⁽¹⁹⁾，含和吐明庭⁽²⁰⁾；
时穷节乃见⁽²¹⁾，一一垂丹青⁽²²⁾。
在齐太史简⁽²³⁾，在晋董狐笔⁽²⁴⁾，
在秦张良椎⁽²⁵⁾，在汉苏武节⁽²⁶⁾。
为严将军头⁽²⁷⁾，为嵇侍中血⁽²⁸⁾，
为张睢阳齿⁽²⁹⁾，为颜常山舌⁽³⁰⁾。
或为辽东帽⁽³¹⁾，清操厉冰雪⁽³²⁾；
或为《出师表》⁽³³⁾，鬼神泣壮烈；
或为渡江楫⁽³⁴⁾，慷慨吞胡羯⁽³⁵⁾；
或为击贼笏⁽³⁶⁾，逆竖头破裂⁽³⁷⁾。
是气所旁薄，凛烈万古存⁽³⁸⁾。

当其贯日月，生死安足论！

地维赖以立⁽³⁹⁾，天柱赖以尊。

三纲实系命⁽⁴⁰⁾，道义为之根。

嗟余遘阳九⁽⁴¹⁾，隶也实不力⁽⁴²⁾。

楚囚缨其冠⁽⁴³⁾，传车送穷北⁽⁴⁴⁾。

鼎镬甘如饴⁽⁴⁵⁾，求之不可得。

阴房阒鬼火⁽⁴⁶⁾，春院闷天黑⁽⁴⁷⁾。

牛骥同一皂⁽⁴⁸⁾，鸡栖凤凰食⁽⁴⁹⁾。

一朝濛雾露⁽⁵⁰⁾，分作沟中瘠⁽⁵¹⁾。

如此再寒暑⁽⁵²⁾，百沴自辟易⁽⁵³⁾。

哀哉沮洳场⁽⁵⁴⁾，为我安乐国。

岂有他缪巧⁽⁵⁵⁾，阴阳不能贼⁽⁵⁶⁾！

顾此耿耿存⁽⁵⁷⁾，仰视浮云白⁽⁵⁸⁾。

悠悠我心悲⁽⁵⁹⁾，苍天曷有极⁽⁶⁰⁾？

哲人日已远⁽⁶¹⁾，典刑在夙昔⁽⁶²⁾。

风檐展书读⁽⁶³⁾，古道照颜色⁽⁶⁴⁾。

【毛泽东圈评等情况】

毛泽东曾手书此诗中自"天地有正气"至"在汉苏武节"一段文字。

[参考]中央文献研究室整理：《毛泽东手书选集·古诗词（下）》，

北京出版社 1996 年版，第 166—167 页。

【注释】

（1）北庭，指元都燕京（今北京）。

（2）寻，古时八尺或七尺为一寻。

（3）白间，壁上涂白之处。三国魏何晏《景福殿赋》："皎皎白间。"
李善注："白间，青琐之侧，以白涂之，今犹谓之白间。"

（4）汙下，低湿肮脏。汙，即"污"字。

（5）半朝（cháo），半湿。朝，通"潮"，潮湿。

（6）蒸沤，蒸发出来的臭味。历澜，有翻腾的意思。风行水成纹谓之澜。

（7）爨（cuàn），烧火做饭。

（8）仓腐，仓中腐烂的粮食。寄顿，寄放，储藏。

（9）陈陈，指陈腐霉烂的气味。一说，陈陈即"阵阵"。

（10）骈（pián）肩，肩挨着肩。杂遝（tà），拥挤纷乱。遝，相及。

（11）圊溷（qīng hùn），厕所。

（12）鲜（xiǎn），少。厉，疾病。

（13）俯仰，低头和抬头，指生活。

（14）于兹，到现在。

（15）然尔，然而。

（16）浩然之气，刚直正大的意志。语出《孟子·公孙丑上》："我善养吾浩然之气。……其为气也，至大至刚，以直养而无害，则塞于天地之间。"

（17）赋，赋予。流形，各种形体。

（18）沛乎，充满的样子。苍冥，天空。

（19）皇路，国运，国家的政治局面。清夷，清平、太平。

（20）含和，含太平之气。吐，吐露。明庭，政治清明的朝廷。

（21）时穷，国家危急存亡之时。节乃见，气节才表现出来。

（22）垂，传留。丹青，画像。《汉书·苏武传》："竹帛所载，丹青所画。"

（23）太史，史官。简，竹片。句意为，齐国的太史秉笔直书（见《左传·襄公二十五年》）。

（24）董狐，春秋时晋国的史官。这里赞扬董狐书法严正，见《左传·宣公二年》。

（25）这句写秦时决心为韩国报仇的张良派大力士用重椎袭击秦始皇，见《史记·留侯世家》。

（26）汉朝使臣苏武，不屈于匈奴威逼，执节牧羊十九年终不屈服，见《汉书·苏武传》。

（27）严将军，严颜，三国时人，在益州牧刘璋手下做将军。守巴郡，忠贞不屈，见《三国志·蜀书·张飞传》。

（28）嵇侍中，嵇绍。侍中是官名。他以身护惠帝，血溅帝衣，见《晋书·嵇绍传》。

（29）张睢阳，即张巡，唐朝人，为睢阳（今河南商丘）太守，大骂反贼安禄山，牙齿都咬碎了，见《旧唐书·张巡传》。

（30）颜常山，唐朝颜杲卿，为常山太守，因拒降、大骂，被安禄山断舌而死，见《旧唐书·颜杲卿传》。

（31）辽东帽，三国时魏国人管宁，是当时的名士，隐居辽东，常戴一项白帽子，以表示和黑暗势力不相妥协，见《三国志·魏志·管宁传》。

（32）厉，严肃，这里有使人望而生畏、生敬之意。

（33）《出师表》，三国时蜀相诸葛亮出兵伐魏时的奏表。

（34）渡江楫，是晋时祖逖北伐时，渡江击楫，立誓平定中原的故事，见《晋书·祖逖传》。

（35）胡羯，指当时北方少数民族。

（36）击贼笏，唐德宗时，朱泚谋反，段秀实用笏猛击朱泚头部，并唾面大骂，遂被杀害，见《新唐书·段秀实传》。

（37）逆竖，叛乱的奸贼，指朱泚。

（38）旁薄，即"磅礴"。凛烈，庄严的样子。

（39）地维，古人认为地是方的，四角为地维。天柱，撑天之柱。《淮南子·天文训》："昔者共工与颛顼争为帝，怒而触不周之山，天柱折，地维绝。"又《神异经》："昆仑之山有铜柱焉，其高入天，谓之天柱也。"

（40）三纲，是封建社会最高的纲常伦理，即君为臣纲、父为子纲、夫为妻纲。

（41）遘，遭逢。阳九，指厄运。

（42）隶，徒隶，指作者自己。不力，没有能力。

（43）楚囚，俘虏，囚犯。语出《左传·成公九年》："晋侯观于军府，见钟仪。问之曰：'南冠而絷者，谁也？'有司对曰：'郑人所献楚囚也。'"

（44）传车，驿车。古代官办交通站的车辆。

（45）鼎、镬（huò），都是古代的大锅，这里指用鼎镬烹煮的酷刑。

饧，糖浆。

（46）阴房，牢狱。阒（qù），幽暗、寂静。

（47）闭（bì），关闭。

（48）皂，马槽。

（49）鸡栖，鸡窝，比喻牢狱。

（50）濛雾露，受雾露所侵，指感冒生病。濛，当作"蒙"。

（51）分（fèn），估量，揣度。瘠，瘦弱，枯骨。

（52）再寒暑，过两年。寒暑，指一年。

（53）沴（lì），疫气。辟易，退避。

（54）沮洳（rù）场，低下阴湿的地方。

（55）缪巧，智巧，妙法。

（56）阴阳，自然之气。贼，害。

（57）耿耿，光明之态，指忠心，即正气。

（58）"仰视"句，《论语·述而》："不义而富且贵，于我如浮云。"此暗用其意。

（59）悠悠，忧郁的样子。《诗经·唐风·鸨羽》："悠悠苍天，曷其有极！"痛苦哭天，谓天无极，悲亦无极。

（60）曷，何，哪里。极，尽头。

（61）哲人，杰出伟大的人物，此指前面说到的那些古人。

（62）典刑，榜样，模范。风昔，从前。《诗经·大雅·荡》："虽无老成人，尚未典刑。"刑，通"型"。型，土模。

（63）风檐，屋宇旁微风吹拂，故曰风檐，此指牢狱。

（64）古道，指古代那些具有正气的人的美德。照颜色，照耀在自己面前。

【赏析】

这是一首光华灿烂、充满浩然正气的诗篇。

这首诗作于元世祖忽必烈至元十八年（1281）的夏日。文天祥于宋末帝赵昺祥兴元年（1278）被俘，次年被押解到元大都（今北京），囚系于土室。这里环境污浊，文天祥艰苦备尝，但是他不管元统治者如何利诱、威逼，始终保持着民族气节。他认为支持他的精神力量，就是正气，即孟子所说的充塞于天地之间的至大至刚的浩然正气。

诗序写作者作《正气歌》的原因。他先用大段文字叙写元都监狱中恶劣的环境：狭小，低湿，幽暗，污浊，炎虐，腐臭，腥臊。然后写在这样恶劣的环境中生活，人很少不受害，而作者却以自己的"天地之正气"敌邪恶之七气，泰然自若。因此以正气发端，作《正气歌》。

诗的开头至"一一垂丹青"十句写浩然之气的根源。作者认为，天地间的正气，万物各有不同的承受。在地面，则为奔流浩瀚的大河和巍峨雄峙的高山；在天上，则为光华的太阳和璀璨的星辰；在人则为浩然之气。这种正气充塞于天地之间，无往而不在。当国家承平的时候，在圣明的朝廷上，有正气的人将执政立朝，为国家谋幸福；当国家遇到危难之时，有正气的人就表现出忠贞坚毅的气节，报效国家，在史册上留下自己的英名。

从"在齐太史简"至"道义为之根"二十四句列举前代十二位"时穷节见"的忠义之士的崇高行为，着重申述正气的威力。齐国的太史秉笔直书；晋国的董狐写史不隐；秦时决心为韩报仇的张良派大力士在博浪沙（今河南原阳南面）用重椎袭击秦始皇；汉朝的使臣苏武，不畏匈奴威逼，执节牧羊十九年，"节毛尽落"终不屈；三国时的严颜，"但有断头将军，无降将军"；晋时的嵇绍，以身护帝，血溅帝衣；唐时睢阳太守张巡大呼誓师，嚼齿尽碎；颜杲卿"守忠义"，不畏断舌，痛斥安禄山乱贼；魏国名士管宁，隐居辽东，头戴白帽，品德高尚纯洁如冰雪，不向当时的黑暗势力妥协；蜀相诸葛亮"鞠躬尽瘁，死而后已"的壮烈行为，惊天地，泣鬼神；晋代的祖逖，渡江击楫，誓复中原，意气昂扬，打败敌人；唐朝大臣段秀实，以笏击"逆竖"朱泚，英勇捐躯。这些正气磅礴凛烈，万古永存！当正气横贯日月之时，人们可以把生死置之度外！大地的四角，擎天的大柱，都是依靠正气而存在。纲常伦理要靠正气来维系，伦理道德都以正气为根本。可见，这正气最为可贵！

"嗟余遘阳九"至"求之不可得"六句写自己兵败被俘，决心为国捐躯。作者感叹自己遭逢国家大变乱的厄运，而身为朝廷仆役，未能力挽国运，实在惭愧。更不幸的是自己兵败被俘，沦为楚囚。但作者决心为国献身，要像楚人钟仪被晋国所俘，始终戴着南方的冠帽那样，不忘故国深情。即使受鼎镬之刑，也甘之如饴，决不退避。作者赤心报国，坚如磐石，一身浩然正气。

"阴房阒鬼火"至"苍天曷有极"十六句写在阴牢中依赖正气得以生存。作者所处囚牢，阴暗死寂，鬼火出没。即使在春天，囚牢紧闭，幽暗阴森。作者以骏马和凤凰自比，表明壮志难酬，辛酸不已。在恶劣的环境中，一旦得病死去，必将被弃置于沟壑之中。可作者在这里过了两年，却依然无恙，种种疫气竟一一退避。如此狭小阴湿的地方，却成了作者的安乐国。难道作者有什么智谋巧计使阴阳邪气不敢侵犯他吗？不是。只因为作者胸中有爱国之正气，把生死看作天上的白云。作者死且不惧，何惧邪气！然而作者心中的忧伤如"悠悠苍天"，"曷其有极"！死且不惧，又忧伤什么呢？作者忧心的是国破山河碎，悲伤的是百姓遭涂炭。

诗末四句点明作歌主旨：以先哲为榜样，爱国矢志不渝。上述的先哲虽然离开我们很远了，但他们为后人树立了做人的榜样。作者在牢房中展诵圣贤之书时，感到古代那些具有"正气"的人的美德照耀在自己面前，他们的浩然正气，激励着自己矢志爱国，成仁取义。

《正气歌》气势磅礴，感情真挚，充分表现了作者强烈的爱国思想、坚贞的民族气节和昂扬的斗争精神，诗中虽多论史论事，但真力弥漫，韵味深厚。句句肺腑言，声声热血情，感人至深，令人激奋。

毛泽东很爱读这首气壮山河、流传千古的著名诗篇《正气歌》，练习书法时，他曾手书从"天地有正气，……在汉苏武节"一段文字。（陶有才）

杜 常

　　杜常，字正甫，生卒年不详，卫州（今河南汲县）人，昭宪皇后族孙。宋英宗赵曙治平二年（1065）进士。神宗赵顼熙宁末为潍州团练推官，历都水监勾当公事、提举永兴军等路常平等事、河东转运判官。元丰中提点河北西路刑狱，移秦凤路，入为开封府判官。哲宗赵煦元祐六年（1091），为河北路转运使，知梓州。元符元年（1098），知青州。改郓州、徐州、成德军。徽宗赵佶崇宁中拜工部尚书。以龙图阁学士知河阳军。卒年七十九。以诗名于世。元脱脱等《宋史》卷三三〇有传。

【原文】

华清宫

　　历尽江南数十程[1]，晓星残月入华清。
　　朝元阁上西风急[2]，都向长杨作雨声[3]。

【毛泽东圈评等情况】

　　毛泽东曾三次手书这首《华清宫》诗。

　　　　[参考]中央档案馆编：《毛泽东手书选集·古诗词（下）》，
　　　　北京出版社1996年版，第79—83页。

【注释】

　　（1）数十程，数十个驿站的路程。程，指以驿站邮亭或其他停顿止宿地点为起讫的行程段落。

　　（2）朝元阁，在华清宫南骊山上，建于玄宗天宝二载（743），为华清宫景观之一。在今陕西临潼东南骊山上。

（3）长杨，汉宫名，在今陕西周至东南，离朝元阁五百余里。西汉扬雄有《长杨赋》。明杨慎《升庵诗话》引宋敏求语："长杨非宫名，朝元阁去长杨五百余里，此乃风入长杨树，叶似雨声也。"

【赏析】

华清宫为唐代离宫，在陕西临潼南骊山下。太宗贞观十八年（644）营建，始名汤泉宫。高宗咸亨二年（671）易名温泉宫。玄宗天宝六载（747）改华清宫，明皇岁幸于此，曾是玄宗与贵妃游乐的胜地。安史之乱后，天子罕复游幸。唐末圮废，后晋天福中改灵泉观，赐道士居之。晚唐诗人杜牧《过华清宫》诗有"长安回望绣成堆，山顶千门次第开"之句，极赞华清宫之雄壮奇丽之姿。杜常之《华清宫》诗，宋周弼《三体唐诗》以此首为压卷第一，并以杜常为唐末人。《全唐诗》《唐诗别裁》诗人小传亦云此。

这首诗是作者在历经长途跋涉，旅越数十个驿站的路程，终于披星戴月，冒着冷冷的晓风来到了西安华清宫。看到昔日繁华的宫殿，如今已是凄清的景色，在凛凛西风下一片荒凉，长阳宫的白杨树林也雨声潇潇，仿佛在讲述着历代王朝的兴衰和无情的更替！因此激发了诗人的无限感慨。

咏叹华清风景，抒发盛衰之感，唐人早有不少名篇。如杜牧的"一骑红尘妃子笑，无人知是荔枝来""霓裳一曲千峰顶，舞破中原始下来"（《过华清宫》），便是其中的佼佼者。在难以为继的情况下，要后来居上，就得推陈出新，独辟蹊径。杜常这首《华清宫》便是如此，它取景深远，意味无穷，创造了独特的意境，表现了深沉的感慨。

这是一首七绝。"历尽江南数十程，晓星残月入华清"，开头两句，概括交代这一趟行程，"晓风残月"写日夜兼行的氛围，也点出了凄迷的骊山景色，为历史悲剧的抒写作了铺垫。这是"未成曲调先有情"的起句。接着，最精彩的三、四两句出现了："朝元阁上西风急，都向长杨作雨声。"从朝元阁到长杨宫，一方面由唐溯汉，拉开了时间的距离，广阔的历史背景令读者生深邃之感。另一方面，汉、唐并称盛世，而此时汉家宫苑、唐朝殿阁，都只成了笼罩于西风残月之下的荒凉陈迹。这两句一笔勾出千百年盛衰兴亡的历史，含蕴丰赡。

末句"都向长杨作雨声"，因残月在天，西风"作雨声"，则未必就是真的雨声。联想唐代诗僧毛可上人《秋寄从兄贾岛》中的佳句"听雨寒更彻，开门落叶深"，西风飒飒，落叶萧萧，令人疑为冷雨阵阵。写景之妙，正在于这种象外句巧妙运用所取得的幻觉效果。何况，"长杨"又是一语双关，既可指长杨宫，也可指树木中的长杨。末两句似乎也是幻觉的描写，引人遐想。"超以象外，得其圜中"，是唐司空图《诗品》指点人们写诗、读诗的一种方法。"朝元阁上西风急，都向长杨作雨声。"风声，雨声，总是秋声；声声入耳，一曲心声而已。历史的垂戒，凭吊的感喟，都融铸在这首诗的意象中了。明杨慎《升庵诗话》引宋敏求语："长杨非宫名，朝元阁去长杨五百余里，此乃风入长杨树，叶似雨声也。"

实际上杜常非为唐末人，而为宋人。元·脱脱等《宋史·杜常传》云："杜常字正甫，卫州人，昭宪皇后族孙也。"《河上楮谈》云："临潼骊山，华清宫温泉在焉。中有萃玉屏，皆宋元及今人诗刻。内杜常诗四篇，前题'权发遣秦、风等路提点刑狱公事太常寺杜常'，后跋云'正甫大寺自河北移使秦、风，元丰三年（1080）九月二十七日过华清，有诗四首，词意高远，气格清古……'"《宋诗纪事》收杜常《题华清宫诗》。此诗前两句为"东别家山十六程，晓来和月到华清"和前所录诗之头两句差异较大。以杜常经历而言，此诗当更为可靠。

一首万口流传的好诗，有时却弄不清它的作者。这首《题华清宫》就曾被当作唐代作品而收入《全唐诗》和《唐诗别裁集》，而《千家诗》收录这首诗时，又标明为王建所作。其实此诗的作者是杜常，生活在北宋时期。据厉鹗《宋诗纪事》引《河上楮谈》，可知作者于神宗元丰三年（1080）九月二十七日宦游秦、风时，路过华清，留下此诗。（毕桂发）

金元诗

元好问

元好问（1190—1257），字裕之，号遗山，秀容（今山西忻州）人。祖系出自北魏拓跋氏，到中原改姓元。金宣宗兴定五年（1221）进士，曾任国史院编修，又历任镇平、内乡、南阳等地县令，继而入朝任吏部主事、左司都事、行尚书省左司员外郎等职。金亡不仕。工诗文，在金元之际颇负重望，以诗歌成就为最，被称为"一代宗匠"。论诗反对柔靡纤弱，主张"自然""真淳"。诗词风格沉郁，并多伤时感事之作。作有《遗山集》，编有《中州集》。

【原文】

游黄华山

黄华水帘天下绝(1)，我初闻之雪溪翁(2)。丹霞翠壁高欢宫(3)，银河下濯青芙蓉(4)。昨朝一游亦偶尔，更觉摹写难为功。是时气节已三月，山木赤立无春容(5)。湍声汹汹转绝壑，雪气凛凛随阴风(6)。悬流千丈忽当眼，芥蒂一洗平生胸(7)。雷公怒击散飞雹(8)，日脚倒射垂长虹(9)。骊珠百斛供一泻(10)，海藏翻倒愁龙公(11)。轻明圆转不相碍(12)，变见融结谁为雄(13)？归来心魄为动荡，晓梦月落春山空。手中仙人九节杖(14)，每恨胜景不得穷。携壶重来岩下宿，道人已约山樱红。

【毛泽东圈评等情况】

毛泽东读张景星、姚培谦、王永祺编选《元诗别裁集》卷二"七言古诗"时圈阅了这首诗。

[参考] 张贻玖：《毛泽东评点、圈阅的中国古典诗词》，
中国工人出版社 1992 年版，第 253 页。

【注释】

（1）水帘，即瀑布。

（2）雪溪翁，即王庭筠，金代文学家，字子端，熊岳人。读书黄华山寺，自号黄华山主，又号雪溪翁。

（3）高欢，字贺六浑，东魏大臣，渤海蓨（今河北景县）人，曾专擅东魏朝政，在黄华山上建造避暑宫殿，死后悬葬此山石岩中。

（4）银河，比喻瀑布。青芙蓉，青色的莲花，形容山峰的秀丽和它的泼黛凝青的颜色。

（5）此两句意谓虽已三月，但山上的树木还依然枯槁，没有丝毫春天的气息。三月，一作"二月"。

（6）此两句写水声、水气。汹汹的水流转泻深谷，发出响声；如雪的雾气扑面而来，寒气袭人。

（7）芥蒂，细小的梗塞物。宋陆游《龙桂》："伟观一洗芥蒂胸。"比喻心中的嫌隙或不快。

（8）雷公，比喻瀑流的响声。

（9）日脚倒射，日已西斜，阳光仿佛由下向上倒射。

（10）骊珠，即宝珠，传说出骊龙颔下，比喻瀑流。百斛，言珍珠之多。古以十斗为一斛，南宋末年改为五斗。

（11）海藏，指龙宫中的宝藏。

（12）轻明圆转，写瀑流跌落所呈现之状。

（13）变见融结，写瀑流情状变化无穷。

（14）九节杖，传说中仙人所用的一种手杖。晋葛洪《神仙传·王遥》："遥有竹篋……夜大雨晦暝，遥使钱以九节杖担此篋，将钱出，冒雨而行，遥及弟子衣皆不湿。"

【赏析】

"黄华山"，又叫林虑山，在彰德府（今安阳）林县（今林州）西二十里。山势峭拔奇伟，怪石嶙峋，树木翁郁，丛竹如云，悬瀑迷人，水声潺潺。有仙人峰、公主关、梳洗楼、挂镜台、悬瀑、青龙洞尾、高欢避暑宫、王母祠、古禅刹等胜景。元好问的这首诗，主要描写了黄华山瀑布的奇观。

这是一首七言古诗。前四句写作者游山前所闻黄华山景色秀丽，"水帘"奇绝。雪溪翁，即王庭筠。其字子端，熊岳（今辽宁盖平）人，金代书画家、文学家。读书黄华山寺，自号黄华山主、黄华老人，又号雪溪。水帘，即瀑布。黄华山北岩出瀑布。皮日休诗云："将泉作水帘。"高欢，字贺六浑，东魏齐神武皇帝，渤海蓚（今河北景县）人，曾在黄华山上建造避暑宫殿，死后悬葬此山石岩中。王庭筠《黄华山》诗："挂镜台前挂玉龙，半山飞雪舞天风。寒云直上三千尺，人道高欢避暑宫。""银河"用以喻瀑布。李白《望庐山瀑布》："飞流直下三千尺，疑是银河落九天。"青芙蓉，形容山峰的秀丽和它的泼黛凝青的颜色。李白《望庐山五老峰》云："庐山东南五老峰，青天削出金芙蓉。"诗人最初从雪溪翁那儿听到黄华山的水帘景观为天下之奇绝。天上的丹霞和青翠的殿壁相辉映，高欢宫显得格外壮美；奇幻的瀑布像银河落下一般，把青山洗濯得更加苍青。

接下十四句写作者游山，具体描写所见瀑布的奇观，与首句"黄华水帘天下绝"照应。百闻不如一见。"昨朝一游"，身临其境，黄华山确实美极了，"更觉摹写难为功"，竟不知从何处下笔。"是时气节已三月"，点出了作者游山的时间。"暮春三月，江南草长，杂花生树，群莺乱飞。"然而这里的三月，山上的树木还依然枯槁，未动春容，没有丝毫春天的气息。白居易《大林寺桃花》诗云："人间四月芳菲尽，山寺桃花始盛开。"黄华山的春天姗姗来迟，不仅因其地处江北，更重要的是山高气寒。"湍声汹汹转绝壑，雪气凛凛随阴风"二句，写水声、水气。汹汹的水流转泻绝壑，发出响声；如雪的雾气扑面而来，寒气袭人。接下八句，作者具体摹写悬流，抒发感受。抬起头来，但见悬流千丈，直挂眼前；一时畅快之感顿生，平生的大小烦恼和愁苦都被眼前的这道飞瀑冲洗得干干净净。芥蒂，比喻心中的嫌隙或不快。宋苏轼《送潞都曹》云："恨无乖崖老，一洗芥蒂胸。""雷公怒击散飞雹"，是说瀑布从陡峭的山崖上倾泻下来，水流飞散，跌落如雹。"雷公"用以喻瀑流的响声。唐徐坚《初学记》："雷声曰雷公。"这句写瀑流激荡喷涌而出之奇。"日脚倒射垂长虹"，写映带之色。山势高峻，日已西斜，阳光仿佛由下向上倒射，瀑布在日光的映照下，形成一道五彩缤纷的垂天长虹。接下来作者用"骊珠"和"海藏"比喻瀑流。骊珠，即宝珠，传说出骊龙颔下。《庄子·列御寇》："夫千金之珠，必在九重之渊，而骊龙颔下。"海藏，指龙宫中的宝藏。百斛，言珍珠之多。眼前的瀑流美极了，犹如百斛骊珠倾泻，又犹如把海底龙宫中的珠宝全翻倒出来，愁煞龙王。"轻明圆转"写瀑流跌落所呈现之状。"变见融结"写其变化无穷。如飞霆、如骊珠的瀑流，时而飘洒，时而聚结，明亮耀眼，千变万化，妙趣无穷，雄奇壮观。

诗末六句写游山后对山景的眷恋。游山归来后，仍魂系黄华山，心魄为之激动不已；拂晓月落，梦中春山空荡荡，心中为之惆怅不止。"手中仙人九节杖，每恨胜景不得穷"二句，是说黄华山佳处极多，常为不能游遍胜景而遗憾。传说汉武帝登少室山，见一女子以九节杖指日，闭目食日精。"九节杖"，为神话传说中仙人用的一种手杖，拄之而行，可遮风挡雨。杜甫《望岳》诗云："安得仙人九节杖，拄到玉女洗头盆。"诗末两句，写诗人下山之前，已经跟山寺中的道人相约，待到山樱红的时候，再携壶酒来，住宿岩下。眷恋山景之情尽在此。

这首诗条理清晰，富有想象。先写游山前所闻"水帘"之奇景，中叙游山，单描摹瀑流之景观，末尾写游山后的眷恋之情感。描写瀑流，运用了比喻、夸张等修辞手法，声、色、形俱现，令人耳目一新，情韵悠长，有独特的艺术魅力。（陶有才）

【原文】

颍 亭

颍上风烟天地回⁽¹⁾，颍亭孤赏亦悠哉⁽²⁾。

春风碧水双鸥静，落日青山万马来。

胜概销沉几今昔⁽³⁾，中年登览足悲哀。

远游拟续骚人赋⁽⁴⁾，所惜匆匆无酒杯。

【毛泽东圈评等情况】

毛泽东读张景星等编选《元诗别裁集》卷五"七言律"时圈阅了这首诗。

[参考] 张贻玖：《毛泽东评点、圈阅的中国古典诗词》，

中国工人出版社 1992 年版，第 253 页。

【注释】

（1）风烟，风与烟，指风光，景象。唐骆宾王《在江南赠宋五之问》："风烟标迥秀，英灵信多美。"

（2）悠哉，闲适之态。《世说新语·容止》："刘伶身长六尺。"刘孝标注引北魏梁祚《魏国统》："肆意放荡，悠焉独畅。"前蜀韦庄《对雨独酌》："荷锸醉翁真达者，卧云逸客真悠哉！"

（3）胜概，美景，美好的境界。唐李白《夏日陪司马武公与群贤宴姑熟亭序》："嘉名胜概，自我作也。"

（4）骚人，屈原作《离骚》，因称屈原或《楚辞》作者为骚人，也泛指诗人或忧愁失志的文人。南朝梁萧统《文选序》："骚人之文，自兹而作。"

【赏析】

写景诗，要写出自己独特的韵味，的确不易，而元好问的《颍亭》做到了这一点。颍亭，即颍水之滨的一座亭。颍水，源出嵩山西南麓，在今河南境内。此亭是金代诗人常聚会或送别之处，如李献能有《追忆颍亭泛舟寄阳翟诸友》诗，王渥有《颍亭》诗等。

这是一首七言律诗。诗的开头，就体现了意境阔远、感情深沉的特点，"颍上风烟天地回，颍亭孤赏亦悠哉。"这里的"风烟"，既是实指眼前之景，又是暗喻历史的风云。孤赏，写出了自己深沉凝重的感情。

诗的颔联，诗人紧承首联一个"愁"字写起，"春风碧水双鸥静，落日青山万马来。"这真是一幅充满写意情趣的恬静画面：春风、碧水、双栖的白鸥。"静"，是点睛之笔，走入画卷，柔情的和弦，让你入迷。"落日青山万马来"，写出了淡淡的喜悦，描绘出夕阳下的青山奇幻的景色，

这又是以"动"写"静"，以夕晖满天恰似万马奔腾，喻夕阳西下，给人以遗憾，更给人壮美的感受。

另外，这两句诗的色彩美也令人叹为观止。你看：苍翠的群山，青碧的流水，恬静的白鸥，漫天的红霞，组成一轴五彩斑斓的画卷。

"胜概销沉几今昔，中年登览足悲哀。"颈联中的胜概，即胜景，也即美好的境界。景是美丽的，但战乱的生活，蒙古骑兵的铁蹄，给诗人心灵留下了不可磨灭的创伤，作者由自身的遭遇想到了百姓的命运。"悲哀"什么呢？朝代的更替，山河的破碎。正像张养浩所写："兴，百姓苦；亡，百姓苦。"诗人悲哀自身的命运，更悲哀百姓的苦难！

这样的写景诗，渗透着个人深沉的感触，渗透着民族生活的苦难，渗透着历史沉郁的韵味。"足悲哀"三字，写出了今昔之变，写出了人世沧桑，许多辛酸苦辣的情感，尽皆囊括，这三字，可谓全诗的传神之处！清代赵翼《题遗山诗》说："国家不幸诗家幸，赋到沧桑句便工。"的确，元好问的诗就艺术上的概括力和真挚凄切的感情而言，从唐代杜甫以后，是少有人及的，他不愧是金代最杰出的诗人。

尾联"远游拟续骚人赋，所惜匆匆无酒杯。"大概想起李白"抽刀断水水更流，举杯消愁愁更愁"的诗句，诗人欲写尽人间苦难，欲写尽满腹辛酸，无酒助兴，使之苦不堪言。但"酒不醉人人自醉"，无酒杯，也许好一些，有了苦酒，不是更添愁绪吗？（吴建勋）

【原文】

寄刘继先

清霜茅屋耿无眠⁽¹⁾，坐忆分携一慨然⁽²⁾。
楚客登临动归兴⁽³⁾，谢公哀乐感中年⁽⁴⁾。
凄凉古驿人烟外，迤逦荒山雪意边⁽⁵⁾。
千树春风水杨柳，待君同系晋溪船⁽⁶⁾。

【毛泽东圈评等情况】

毛泽东读张景星等编选《元诗别裁集》卷五"七言律"时圈阅了这首诗。

[参考] 张贻玖：《毛泽东评点、圈阅的中国古典诗词》，中国工人出版社 1992 年版，第 253 页。

【注释】

（1）耿，心情不安，悲伤。唐杜甫《遣闷》："百年从万事，故国耿难忘。"

（2）分携，离别。唐李商隐《饮席戏赠同舍》："洞中屐响省分携，不是花迷客自迷。"

（3）楚客，本指屈原，亦泛指客居他乡的人。唐岑参《送人归江宁》："楚客忆乡信，向家湖水长。"这里指刘继先。

（4）谢公，指晋谢安。《晋书·王羲之传》载："谢安尝谓羲之曰：'中年以来，伤于哀乐。'"

（5）迤逦（yǐ lǐ），曲折连绵之状。

（6）晋溪，一作晋水、晋河，源出于山西太原西南悬瓮山下，东南注入汾水。元好问另有《晋溪》诗。

【赏析】

这首七言律诗是首赠友人诗，所寄赠对象刘继先。据《元遗山诗集笺注》（施国祁注），刘继先即刘述，字继先，金泰和七年（1207）生，早有大志，颖悟绝人。六岁从亲南渡，饥险备尝。后北渡返乡，刻意于学，无书不通，性不喜酒，好长啸、游山，人称有真隐之风。"当秋风木落之下，危坐终日，时作一曲，其声虽冲澹萧散，而其慨然之所不能忘者，亦时见之。"

首联，写诗人的幽思，兼写对刘继先的想念。由于和刘继先的分别，在清风吹送的茅屋之中，诗人无论如何也难以入睡，于是在静谧的夜晚，一个人独自坐起，想起和刘继先的离别，十分感慨。这两句意境清幽，感情淡然，与对友人的思念之情正好相合，同时也写出了思念友人时的环境。

颔联，写与刘继先的分别情景。刘氏在与诗人登高共赋之时，突然动了归意。"谢公哀乐感中年"，则是指刘公与诗人在登高时的情怀，也是楚客刘继先要归的原因。东晋宰相谢安曾对著名书法家王羲之说："中年以来，伤于哀乐。"这里作者正是借古人之"酒杯"，浇己之"块垒"。

颈联写送别的环境，其实也是抒情。其意境颇像王勃《送杜少府之任蜀州》中"城阙辅三秦，风烟望五津"之句，这种苍凉、廓大的环境，像送别友人时的心境一样。这里是凄凉的古驿站，是不见人烟的荒野，苍山连绵，雪意无边，只有迷茫的风火烟尘依稀可见。只有一片无边的荒原、临别的友人和积淤于胸的离情，让人感情激奋，又无可奈何！

尾联，则是集中描写诗人渴望重聚的心情。似是别语，又似是重约，更使诗歌加重了抒情的成分。在那春风拂柳、万水荡漾、百花盛开的春天，渴望"你""我"的再次重聚。到那时，你我同操桨橹、尽情畅游于晋溪之上，倾谈一下人生的苦乐。二句友情之浓、渴望之殷跃然纸上。

整首诗，"天才清赡，邃婉高古，沈郁太和，力出意外，巧缛而不见斧凿，新丽而绝去浮靡"（清顾嗣立《元诗选》初集甲集），其诗于元诗坛上，不失元好问其人其文的价值。（彭广明）

袁 易

　　袁易（1262—1306），字通甫，平江长洲（今江苏苏州）人，元前期诗人。宋亡时，他年仅十八岁，入元后，不求仕进。后曾任石洞书院山长，不久即罢归，隐居吴淞。他和著名词人张炎为知交，词风相近。其诗词出语清丽，物境心境融通。著有《静春堂集》。

【原文】

春雨漫兴

日日春阴只欲眠⁽¹⁾，强寻南陌复东阡⁽²⁾。

犹残碧树花多少，莫惜金尊斗十千⁽³⁾。

象管乌丝题往事⁽⁴⁾，玉箫锦瑟负华年⁽⁵⁾。

愁来只对西山坐⁽⁶⁾，卷起疏帘翠接天。

江上平芜望欲迷⁽⁷⁾，江边密雨细如丝。

冥冥白昼飞花急⁽⁸⁾，漠漠青林渡鸟迟⁽⁹⁾。

春事又当三月莫⁽¹⁰⁾，人生那得百年期⁽¹¹⁾？

谁能苦惜缠头锦⁽¹²⁾，唤起娇娆舞柘枝⁽¹³⁾。

【毛泽东圈评等情况】

　　毛泽东读清人张景星等编选《元诗别裁集》卷五"七言律"时圈阅了这两首诗。

　　　　[参考] 张贻玖：《毛泽东评点、圈阅的中国古典诗词》，

　　　　　　　　　中国工人出版社 1992 年版，第 253 页。

【注释】

（1）春阴，春季天阴时空中的阴气。南朝梁简文帝《侍游新亭应令诗》："沙文浪中积，春阴江上来。"

（2）陌（mò），田间东西或南北小路。阡（qiān），田间南北向或东西向的小路。阡陌泛指田间小路。《史记·秦本纪》："为田开阡陌，东地渡洛。"司马贞索隐引应劭《风俗通》："南北曰阡，东西曰陌。河东以东西为阡，南北为陌。"

（3）金尊，亦作"金樽"，酒尊的美称。十千，一万，极言其多。三国魏曹植《名都篇》："我归宴平乐，美酒斗十千。"

（4）象管，象牙制的笔管，亦指珍贵的毛笔。唐罗隐《清溪江令公宅》："蛮笺象管夜深时，曾赋陈宫第一诗。"乌丝，即乌丝栏（阑），指上下以乌丝织成栏，其间用朱墨界行的绢素，后亦指有墨线格子的笺纸。唐李肇《国史补》卷下："宋亳间，有织成界道绢素，谓之乌丝栏。"

（5）玉箫，玉制的箫或箫的美称。锦瑟，漆有织锦纹的瑟。唐杜甫《曲江对雨》："何时诏此金钱会，暂醉佳人锦瑟傍。"明末清初仇兆鳌注引《周礼乐器图》："饰以宝玉者曰宝瑟，绘文如锦者曰锦瑟。"负，背弃，辜负。华年，青春年华，指青年时代。唐李商隐《锦瑟》："锦瑟无端五十弦，一弦一柱思华年。"

（6）西山，今江苏、浙江二省间的太湖西山。

（7）江，吴淞江，又称吴江、松江，本源出今太湖，东入大海，明以后改入黄浦江。平芜，草木丛生的平旷原野。南朝齐梁江淹《去故乡赋》："穷阴匝海，平芜带天。"

（8）冥冥，昏暗。《诗·小雅·无将大车》："无将大车，维尘冥冥。"朱熹集传："冥冥，昏晦也。"

（9）漠漠，迷蒙之状。

（10）春事，春色，春意。莫，通"暮"。

（11）人生，指人的一生。百年期，指人寿百岁。《礼记·曲礼上》："百年曰期。"陈澔集说："人寿以百年为期，故曰期。"

（12）缠头锦，用作缠头的罗锦。古代歌舞艺人表演完毕，客以罗锦为赠，称"缠头"。宋李昉等《太平御览》八一五引《唐书》："旧俗，赏歌舞人，以锦置之头上，谓之'缠头'。"借指买笑寻欢的费用。

（13）娇娆，美人名，即董娇娆。一作"娇饶"。唐杜甫《春日戏题恼郝使君兄》："细马时鸣金騕褭衰，佳人屡出董娇娆。"柘枝，柘枝舞的省称。唐代西北民族舞蹈。自西域石国（今中亚塔什干一带）传来。最初为女子独舞，舞姿娇健，节奏变化，大多以鼓伴舞。后来有双人舞，名"双柘枝"。又有"女童藏于莲花形道具中，花瓣开放，出而对舞，女童帽施金铃，舞时转动作声"。宋时发展为多人队舞。唐沈亚子《柘枝舞赋》："而观者盖日曼然既罢，升鼓堂上，弦吹大奏，命为柘枝舞。"

【赏析】

《春雨漫兴》原作三首，这里选两首。"漫兴"指乘兴赋诗。这组诗当是诗人晚年隐居吴淞时所作。

这是两首七言律诗。我们先看第一首。"日日春阴只欲眠，强寻南陌复东阡。"首联描写兼叙事，是说整个春季天天阴雨连绵，使人昏昏欲睡，引不起游兴，诗人强打精神才勉强到田间小路走走看看以排遣胸中的郁闷。起首二句营造了一种悒郁不快的氛围，笼罩全诗。

"犹残碧树花多少，莫惜金尊斗十千。"颔联描写兼抒情，二句是说，这种阴雨绵绵的天气，"花落知多少"，使应该繁花满树的春天的树木变成了枝繁叶茂的"碧树"，偶尔可以见到残留的花朵，未免扫兴，只得以重金买酒排遣郁闷。

在诗人看来，这还不够，于是接着写道："象管乌丝题往事，玉箫锦瑟负华年。"颈联叙事，二句是说，只能用珍贵的毛笔在有墨线格子的笺纸上题诗叙写过去的事，赞美阳光明媚的春天，用玉制的箫和漆有花纹的瑟演奏乐曲，惋惜青春年华的白白逝去。这种不快心情越来越重，便成为一种愁丝恨缕。

那么应如何排遣呢？于是尾联写道："愁来只对西山坐，卷起疏帘翠接天。"末二句叙事而兼描写。西山，指太湖中的洞庭西山。二句是说，烦恼起来只有面对西山兀坐，因为这时把稀疏的帘栊卷起来，太湖中西山青翠的景色与天相接。湖光山色，水天相连，这种美景方能让诗人精神为之一振，愁怀稍解。这首诗写诗人用饮酒、赋诗、作乐、徘徊阡陌和对山兀坐等多种方法排遣春雨中兴起的愁怀，可谓神完气足。

再看第二首。"江上平芜望欲迷，江边密雨细如丝。"首联描写，写细雨蒙蒙之状。江，吴淞江，即吴江，今叫黄浦江。二句是说，诗人从吴淞江上眺望草木丛生的平原旷野，已是迷濛一片，江边密密的小雨细如丝线。上句写江上望平野，是远望，下句写密雨如丝，是近观，视角不同，所见各别，极其准确。

"冥冥白昼飞花急，漠漠青林渡鸟迟。"颔联描写，以花、鸟对写。二句是说，昏暗的白天里在风吹雨打之下花凋落得很快，迷蒙的青林之中鸟儿迟迟不肯落下。二句写雨意十足。

"春事又当三月莫，人生那得百年期。"颈联叙事而兼抒情。二句是说，春色又到了三月末，一年最美好的春季转眼又要过去了，人的一生哪能够活到一百岁呢？言外之意，即使人能活到一百岁，也才有一百个美好的春天，何况人很难活到一百岁，有一百个春天呢！惜春之情溢于言表。

既然是这样，那么，"谁能苦惜缠头锦，唤起娇娆舞柘枝。"尾联抒情，归结到人应及时行乐。缠头锦，用作缠头赠给歌妓的罗锦。柘枝，唐代自西域传来的舞蹈。二句是说，既然春光易逝，人生易老，谁还能够苦苦地怜惜赠给歌妓的缠头锦，而不去唤董娇娆之类的著名歌妓来跳柘枝舞取乐呢？以不惜重金买歌笑作结，正是及时行乐之意。这种及时行乐思想虽不高明，但我们也很难苛求前人。（毕桂发）

元　淮

元淮，字国泉，号水镜，生卒年均不详，元代诗人。原籍抚州临川（今江西临川）人。幼年随家迁邵武（今福建邵武）。宋末任军职，入元后继之，至元二十四年（1287）官至溧阳路总管，后退隐福建。诗风清淡秀雅。有《金囤集》。

【原文】

立春日赏红梅之作

昨夜东风转斗杓[(1)]，陌头杨柳雪才消。

晓来一树如繁杏，开向孤村隔小桥。

应是化工嫌粉瘦[(2)]，故将颜色助花娇。

青枝绿叶何须辨，万卉丛中夺锦标[(3)]。

【毛泽东圈评等情况】

毛泽东读清人张景星等编选《元诗别裁集》卷五"七言律"时圈阅了这首诗。

[参考] 张贻玖：《毛泽东评点、圈阅的中国古典诗词》，
中国工人出版社1992年版，第253页。

【注释】

（1）斗杓，即北斗柄，北斗七星状如斗，其中五、六、七三星为柄。转斗杓，指时光流逝。

（2）化工，自然的创造力，造物者。

（3）锦标，本指锦制之旗，用以奖励竞赛取胜之人，此犹言佼佼者。

【赏析】

这是一首咏红梅的七言律诗。红梅不同于其他品种的梅花,它开得比较迟,在初春之际。但红梅和其他梅花一样,都是"白雪为骨玉为魂"的特异之物,称得上百花中的佼佼者。不同的是红梅的花瓣呈红色,更显得娇艳宜人、惹人喜爱了。其他梅花可以说香胜于色,而红梅色香俱佳。诗人在诗中就抓住红梅的"红"这一特点对红梅大加赞赏。

前两联作者紧扣题中"立春"来写,写立春日所见景色。首联"昨夜东风转斗杓,陌头杨柳雪才消。"诗人开始没有直接写红梅,而是先写春寒料峭的初春景象。春风吹拂,大地苏醒,路边杨柳树上的积雪刚刚融化,春天即将来临,得春之先的梅花也许开放了吧。"斗杓",即北斗柄,北斗七星状如斗,其中五、六、七三星为斗柄,"转斗杓",指时光流逝。诗人远远望去"晓来一树如繁杏,开向孤村隔小桥"。虽然东风乍吹,冰雪初融,但作为春之信使的红梅已花开满树,引人注目了。比其姊妹花白梅等因"怕愁贪睡"开迟了一点,但它毕竟还是压倒群芳,"独占上春时",身处孤村而不甘寂寞,尽心尽力,开得绚丽灿烂,睹之令人陶醉。第二联描写了梅花开放的环境与全貌。"繁"与"孤"对比来写,意境优美。

后两联紧扣题中"赏"来写,赞赏红梅的娇艳宜人,美丽可爱。第三联写诗人隔桥相望"开向孤村"的红梅,其繁盛直逼杏花,但红梅之娇艳则比杏花更高一筹,更有风韵。它的娇美使造物者(化工)都为之感动,特意为其化妆添红,使其妙枝秀发,尽得风流。这里"瘦"与"娇"对比来写,使杏花比之有愧,从而更显出红梅的楚楚风韵,真可谓"朱唇点缀更风流"(麻九畴《红梅》)。这一联与苏轼红梅诗中"也知造物有深意,故与施朱发妙姿"一样,盛赞红梅之美,但不同的是苏轼赞美红梅之后,又写了美之毁灭"细雨裛残千颗泪,轻寒瘦损一分肌",给人以悲剧感,带有思辨色彩。而元淮则不同,他在赞赏红梅之后,仍以高昂的笔调进一步颂扬红梅"青枝绿叶何须辨,万卉丛中夺锦标"。不要说红梅置于绿叶中,就是把红梅置身于万花丛中仍不愧为佼佼者,仍领百花之风流,给人一种自信感,带有愉悦的色彩。

历代咏梅诗中不是写梅花"凌寒独自开"(王安石《梅花》)的傲霜斗

雪，就是写其"暗香浮动月黄昏"（宋林逋《山园小梅》）的缕缕清香，再不然就是写其"不同桃李混芳尘"（明王冕《白梅》）的脱俗清高，使原本开朗疏放的梅花在诗词中往往被描绘成一位高洁脱俗的君子，一位不畏严寒的猛士。而元淮这首咏梅诗不沿袭前人旧意，紧扣题中"赏"字来写，写出了诗人在欣赏梅花时那种轻松愉悦的心情，使历来被描写成高洁、冷静、庄重的可敬不可亲的梅花，给人以可爱可亲之感。且全诗浅显易懂，自然流利，不用典故，可以说在汗牛充栋的咏梅诗中别具一格。（岳淑珍）

王　恽

　　王恽（1227—1304），字仲谋，号秋涧，卫州汲县（今河南卫辉）人，元代诗人。曾官翰林院修撰兼国史院编修官、监察御史等职，后尝官河南、山东、福建等地。王恽诗学元好问，笔力坚浑，颇能反映社会现实。有《秋涧先生大全集》。

【原文】

过沙沟店

　　　　高柳长涂送客吟，暗惊时序变鸣禽(1)。

　　　　清风破暑连三日，好雨依时抵万金(2)。

　　　　远岭抱枝围野色(3)，行云随马弄轻阴(4)。

　　　　摇鞭喜入肥城界(5)，桑柘阴浓麦浪深(6)。

【毛泽东圈评等情况】

　　毛泽东读清张景星等编选《元诗别裁集》卷五"七言律"时圈阅了这首诗。

　　　　　[参考]张贻玖：《毛泽东评点、圈阅的中国古典诗词》，

　　　　　　　　中国工人出版社1992年版，第253页。

【注释】

　　（1）变鸣禽，变换了鸟的种类，指季节变换。谢灵运《登池上楼》："池塘生春草，园柳变鸣禽。"

　　（2）好雨，杜甫《春夜喜雨》："好雨知时节，当春乃发生。"抵万金，杜甫《春望》："家书抵万金。"言其珍贵。

（3）抱枝，被树环绕。

（4）行云随马，岑参《奉和杜相公发益昌》："朝登剑阁云随马，夜渡巴江雨洗兵。"

（5）肥城，县名，今山东肥城。

（6）桑柘，桑树和柘树，亦指农桑之事。

【赏析】

这是一首格调轻快的田园交响诗，诗中洋溢着喜悦的情怀，洋溢着欢快的气氛。沙沟，水名，在今山东长清南。《元史·王恽传》："至元十九年（1282）春，改山东东西道提刑按察副使。在官一年，以疾还卫。"此诗当作于是年夏。

这首交响诗的序曲拉开，一个特写镜头展示在读者眼前："高柳长涂送客吟，暗惊时序变鸣禽。"送客途中，恰值初夏，万木争荣，一片片绿荫里，百鸟争鸣，好一幅"百鸟争夏"图！

一个先声夺人的"百鸟争夏"，缓缓拉开交响诗的序曲。一个"变"字，用得极妙，既点出由春到夏的季节变换，又写出了夏日旖旎的风光给人留下的主观感受。"暗惊"二字，和同句的"变"字前呼后应，写出了惊中有喜，喜中有惊，季节的转换使人惊喜，迷人的夏日使人陶醉。

接着，风和雨联袂登场："清风破暑连三日，好雨依时抵万金。"这个颔联，借鉴前人的诗句，而又拓出新的意境。俗语：春雨贵如油。唐代大诗人杜甫在《春夜喜雨》中吟道："好雨知时节，当春乃发生。"他又在另一首诗中写道："烽火连三月，家书抵万金。"元代诗人王恽的这两句诗，大概是受杜诗的启示，但又拓出新意：多日清爽的夏风赶走暑气，及时的夏雨价值万金。初夏，正是麦子成熟前的灌浆期，这时下场透雨，价值不啻万金！风和雨，这大自然的精灵，是那样"依时"，那样善解人意，无怪乎诗人要为它们大唱赞歌了。

"远岭抱枝围野色，行云随马弄轻阴。"这里如管弦演奏，踏踏的马蹄，牵动你的情思；行云流水，牵动你的思绪，在绿荫里行走，走入那苍翠的远山，走入那秀色可餐的野岭。这又好像一个特写镜头，先由远而近，再由近及远，使人沉浸在美妙的田园风光里，沉浸在喜悦之海里。

"摇鞭喜人肥城界，桑柘阴浓麦浪深。"一个"喜"字，确为点睛之笔！诗人的心，是和农事联结在一起的，桑树柘树，长得茂盛，蚕事喜人；而麦浪在夏风中轻轻摇曳，好一派丰收在望的景象。写到这里，这首田园交响诗，戛然而止，给人留下无尽的遐思……（吴建勋）

马祖常

马祖常（1279—1338），字伯庸，元代文学家。生于光州定城（今河南潢川）。世为雍古部人，居靖州天山（今新疆境内），他的高祖在金末为凤翔兵马判官，子孙皆以马为姓。元仁宗延祐二年（1315），中进士，官至枢密副使。其诗以写田园生活及酬赠者为多，少数诗篇敢于触及现实，放言无忌，诗风绮丽清新，于四大家外自成一体，是元代卓有成就的诗人之一。有《石田文集》。

【原文】

追和许浑游溪夜回韵

溪水连云过竹间，溪声云影半潺潺[(1)]。
鹤来近屋童看熟，鹭下长松客对闲。
每待月痕侵石坞[(2)]，还期烟色认柴关[(3)]。
人生岂独官为贵，好向君王乞越山[(4)]。

【毛泽东圈评等情况】

毛泽东读清张景星等编选《元诗别裁集》卷五"七言律"时圈阅了这首诗。

[参考] 张贻玖：《毛泽东评点、圈阅的中国古典诗词》，
中国工人出版社 1992 年版，第 253 页。

【注释】

（1）潺潺，流水声。

（2）每待，一作"直待"。石坞，四边挡风的石头建筑物，此指作者

所居之处。

（3）柴关，柴门。唐刘长卿《送郑十二还庐山别业》："浔阳数亩宅，归卧掩柴关。"

（4）贺知章，字季真，山阴（今浙江萧山）人，唐诗人。证圣进士，官至秘书监。后还乡为道士。以宅为千秋观，又求周公湖数顷为放生池。诏赐湖剡川一曲。越山，越地的山川，绍兴为古越地，故云。

【赏析】

唐代诗人许浑有《泛溪夜回寄道玄上人》诗："南郊烟光异世间，碧桃红杏水潺潺。猿来近岭猕猴散，鱼下深潭翡翠间。犹阻晚风停桂楫，欲乘春月访松关。几回策杖终难去，洞口云归（涂）不见山。"追和，后人和前人的诗。这是一首对许诗的和诗，表达了隐士的思想情怀。"和……韵"既是和诗，又是步其韵而作的。作者马祖常，世为雍古部人，父徙家光州。元仁宗延祐初，应科举考试，拜监察御史，官至礼部尚书。从这首诗来看，表现了他对为官的看法——为官不如隐居生活好。

这是一首七言律诗。首联写景。溪水连接着云雾，经过竹林；溪水在云雾的影子中间发出轻轻的潺潺的声音。云雾笼罩着溪水，溪水又穿过竹林，静中有动，好一处山野景色。溪、云、竹林组合而成的这一幅画面，没有市镇的喧嚣，没有事务的烦扰，只有天籁的幽静安谧。此处居住的非隐士而为谁？

颔联写人。仙鹤飞来，走近茅屋，看见童子不认生；鹭鸟飞下长松，面对客人，悠闲而不惊动。屋前有童子，自有主人；客人前来访主人，自然关系非同一般。何以见得？鹤、鹭均是非凡之鸟，主人家喂养此鸟，给人以脱俗之感。鹤见童子，熟而不惊，是理所当然的。鹭见客人，悠闲如故，可见客人是常来之客。主人非俗人，来客亦非俗客。这两句不仅写了人与物的关系，而且以物衬托人，描绘出隐士的脱俗之情，表达了作者羡慕这种生活的情怀。

颈联两句写友情。一个"待"字和"期"字表现了诗人的旨趣。主人是每当月光升上石坞的时候归来，但凭着烟色可以认清自己的柴门。"每待"与"认柴关"揭示了诗人甘于清贫的情怀。

尾联两句写诗人对为官的态度。人生难道只能把做官当作高贵的事？从这两句来看，作者是不以做官为荣，不以向君王乞取山川为贵。诗人用反问句加强了否定的语气。作者直抒胸臆，对为官持这种观点，抱这样的态度，不管出于什么原因，都是可取的；能够否定"好向君王乞越山"，也是不一般的。当然诗人不像陶渊明那样弃官归田，更不像文天祥"人生自古谁无死，留取丹心照汗青"那样浩气凛然，而仅仅表现了一种情怀。

这首七律在艺术手法方面有独到之处。前六句都是具体描写，有生动的画面，在画面描述之中饱含着爱慕向往之情。在充分表达了向往的一面之后，用末句的反问语气突出了对为官的态度。两相对比，爱憎分明。

（张豫东）

【原文】

送宋显夫南归

琵琶沟北识君初，藉甚才华二十余[1]。
欲赋兔园干孝邸[2]，不因狗监进相如[3]。
潇湘路熟逢知己[4]，韦杜天低望故居[5]。
携幼归来拜丘垄[6]，南游莫恋武昌鱼[7]。

【毛泽东圈评等情况】

这武昌鱼还有典故的：岑参有"秋来倍忆武昌鱼，梦魂只在巴陵道"，马祖常有"携幼归来拜丘陇，南游莫忘武昌鱼"。看来武昌鱼历史悠久。

[参考]毛泽东1956年与厨师杨纯清的谈话，见杨纯清：《辣椒·娃娃菜和武昌鱼》，《毛泽东在湖北》，中共党史出版社1993年版，第314—315页。

【注释】

（1）藉甚，盛大，卓著。《史记·郦生陆贾列传》："陆生以此游汉廷公卿间，名声藉甚。"

（2）兔园，亦作兔苑，又作梁园，在今河南开封东南（一说在今河南商丘东）。汉文帝儿子刘武（梁孝王）的园囿。南朝梁何逊《兔园标物序》："惊时俱是梅。"干，干谒，即对人有所求而请见。孝邸，梁孝王刘武的官邸。邸，王侯府第。

（3）狗监，汉代内官名，主管皇帝的猎犬。《史记·司马相如列传》："蜀人杨得意为狗监侍上，上读《子虚赋》而善之曰：'朕独不得与此人同时哉！'得意曰：'臣邑人司马相如自言为此赋。'"裴骃集解引郭璞曰："主猎犬也。"相如，即司马相如，字长卿，蜀郡成都（今四川成都）人，西汉著名辞赋家。

（4）潇湘，今湖南湘江与潇水于零陵合流后称潇湘。南朝梁柳恽《江南》："洞庭有归客，潇湘逢故人。"

（5）韦杜，唐代韦氏、杜氏的并称。韦氏居韦曲，杜氏居杜曲，皆在长安城南，世为望族，时称"韦杜"。宋程大昌《雍录》卷七："杜县与五代都城谨相并附，故古事著迹此地者多也。语谓'城南韦杜，去天五天'，以其迫近帝都也。"

（6）丘垅，亦作"丘陇""丘垄"，坟墓。《礼记·月令》："（孟冬之月）茔丘垄之大小高卑厚薄之度，贵贱之等级。"孙希旦集解曰："墓域曰茔，其封土而高者曰丘垄。"

（7）武昌鱼，古武昌（今湖北鄂城）附近所产的团头鲂或团头鳊。三国吴嗣主孙皓从建业迁都武昌，丞相陆凯进谏，疏中引童谣："宁饮建业水，不食武昌鱼。"见《三国志·吴志·陆凯传》。

【赏析】

这是一首送别的七言律诗。所送的对象宋显夫，生平未详，大约是诗人的一位朋友。《石田先生文集》第三卷中先有一首七言律诗《次韵宋显夫》云："东观著书闲日少，还能信马御沟行。翠华阁迥天云近，海子桥长石栈平。冰泮水深船对屋，日迟春早树迷城。芳年似酒何人问？尽属而今坦率生。"诗首句云"东观著书"，东观是东汉都城洛阳南宫内观名。汉明帝诏班固等修撰《汉纪》于此，书成名为《东观汉纪》。帝、和二帝时为皇宫藏书之府，后因以国史编修之所。根据这个典故推测，宋显夫应该是一位学富五车的学者，充当编修国史之职。又据末句"尽属而今坦率生"云，宋显夫是一位坦白直率的人。"生"即先生的省略。从这首诗来看，宋显夫对在京城大都（今北京）充任国史编修官并不满意，所以除编务外便到京城名胜之处游玩饮宴，后来便离京返乡，诗人又写了这首《送宋显夫南归》为其送行。诗中对宋显夫的过人才华予以高度赞扬，并希望他不要贪恋故乡风物之美，而能再次出来为国效力。

"琵琶沟北识君初，藉甚才华二十余。"首联叙事。琵琶沟，无考。二句是说，当初在琵琶沟初次结识您的时候，您才二十多岁，已经表现出卓著的才华。此诗本为送别，起首二句却先叙旧谊，盛赞宋显夫之才华，开头新颖别致。"欲赋兔园干孝邸，不因狗监进相如。"颔联用典，以汉著名辞赋家司马相如比拟宋显夫。司马相如在景帝时为武骑常侍，因病兔，便到诸侯国梁国求见梁孝王刘武，与枚乘等辞赋家从刘武游于兔苑，为梁孝王赋《兔园赋》。所作《子虚赋》为武帝所赏识，并因武帝的狗监杨得意推荐，武帝用为郎。二句意谓，宋显夫像司马相如一样才华卓著，要凭自己的才华去寻找赏识自己的人，而以由狗监推荐得到任用为耻。大概正由于宋显夫正直坦率，不肯走门路，所以仕宦坎坷，得不到重用，便只好回归乡里。"潇湘路熟逢知己，韦杜天低望故居。"颈联叙事，写宋显夫南归。潇湘，本今湖南境内二水名，以此代指今湖南一带，这便是宋显夫的南归之地，也是他的故乡，所以"路熟""知己"很多，随处可见。"韦杜天低"句用典，是说宋显夫的家族在湖南，就像世居长安城南的韦氏、杜氏是京都世家一样，宋氏是当地望族。"携幼归来拜丘垄，南游莫恋武昌鱼。"末联抒情，对宋显夫提出希望。二句是说，宋显夫携妇将雏回归故里，当然要先去拜祭先人坟墓，家乡风物虽美，特别是有驰名的武昌鱼美味可饱口福，但一定不能贪恋家乡不出，言外之意是，如有机会一定要再出来做官，为国效力，揭出送宋显夫南归本意，正是此诗题旨。

1956 年 5 月 31 日至 6 月 3 日，毛泽东在武汉三次畅游长江。一次，毛泽东游长江后在轮船上吃饭，厨师杨纯清给他做了四菜一汤，其中有一盘清蒸武昌鱼。毛泽东喝了一小杯茅台酒，吃了一小碗米饭，武昌鱼全吃光了。

毛泽东回到武昌东湖住地，对杨纯清说："杨师傅哎，你做的武昌鱼蛮不错。这武昌鱼还有典故的：岑参有'秋来倍忆武昌鱼，梦魂只在巴陵道'，马祖常有'携幼归来拜丘陇，南游莫忘武昌鱼'。看来武昌鱼历史悠久。"

毛泽东说罢，从口袋里掏出一张条幅，对杨纯清说："杨师傅，我刚刚写完一首新诗给你，要不要？不吃你做的武昌鱼，我是写不出诗来的。"这就是那首《水调歌头·游泳》。

从这个故事，我们看到毛泽东对武昌鱼典故的熟知及对马祖常这首诗的赏识，以及他平等待人的伟大品格。（毕桂发）

戴表元

　　戴表元（1244—1310），字帅初，一字曾伯，自号剡源先生，庆元奉化（今浙江奉化）人，元代诗人。南宋咸淳中入太学，既而试礼部第十人，登进士乙科。曾任建康府教授，迁临安教授、行户部掌故国子主簿，皆以兵乱不就。元初，寓居于鄞（今浙江宁波鄞州区），授徒卖文自给。大德八年，出为信州教授，后辞官归隐。元武宗至大三年卒，年六十七。戴表元是至元、大德年间东南一带的文章大家。亦以文论著称，诗论与严羽相近，尊唐柳宗，主张"宗唐得古"。与赵孟頫交好。其诗多伤时悯乱、悲忧感愤之辞，风格平易清新。清人顾嗣立评论戴表元时说他"诗律雅秀，力变宋季余习"。著有《剡源集》。

【原文】

十月朔旦寄贵白兄弟

黄牛村前秋叶飞，青螺峰外海云归。
故人相思雪满鬓[1]，客子独行风举衣[2]。
乌鹊定占谁屋喜[3]，鲈鱼知比去年肥[4]。
当时歌酒江湖上[5]，百里音书今亦稀[6]。

【毛泽东圈评等情况】

　　毛泽东读清张景星等编选《元诗别裁集》卷五"七言律"时圈阅了这首诗。

　　　　[参考]张贻玖：《毛泽东评点、圈阅的中国古典诗词》，
　　　　　　中国工人出版社1992年版，第253页。

【注释】

（1）故人，老友，旧交。《庄子·山木》："夫子出于山，舍于故人之家。"雪，白发。前蜀韦庄《清河县楼作》："古人此地扬帆去，何处相逢雪满头。"

（2）客子，离家在外的人。东汉王粲《怀德》："鹳鹬在幽草，客子泪已零。"举，飘动。

（3）乌鹊，指喜鹊。古以鹊噪而行人至，因常以乌鹊预示行人将归。唐杜甫《喜观即到复题短篇》之二："待尔嗔乌鹊，抛书示鹡鸰。"仇兆鳌注："按《西京杂记》：乾鹊噪而行人至。"

（4）"鲈鱼"句，用鲈鱼脍典。南朝刘义庆《世说新语·说鉴》："张季鹰辟齐王东曹掾，在洛，见秋风起，因思吴中菰菜羹、鲈鱼脍，曰：'人生贵得适意尔，何能羁宦数千里以要名爵？'遂命驾便归。俄而齐王败，时人皆谓之见机。"后因以"鲈鱼脍"为思乡赋归之典。

（5）歌酒，犹歌筵，有歌唱劝酒的宴席。江湖，江河湖海，旧指隐士的居处，引申为退隐。唐贾岛《过唐校书书斋》："江湖心自切，未可挂头巾。"

（6）百里，一百里，喻距离甚远。《易·震》："震惊百里，不丧匕鬯。"音书，音讯，书信。唐宋之问《渡汉江》："岭外音书断，经冬复历春。"

【赏析】

诗题中"十月朔旦"，即农历十月初一早晨。"贵白"，即陈贵白，由作者另一诗作《邑中滞雨示陈贵白》中"故乡春尽不须嗟"句，可知他们是同乡。

这是一首怀人七律。诗人想念他的同乡友人，听到喜鹊叫声，疑是友朋归来，却又不是，原来喜鹊并不是为人报喜，而是因为占了别的鸟的巢而高兴。诗颇含蓄，传情缠绵。

"黄牛村前秋叶飞，青螺峰外海云归。"首联暗点题目，写诗人在故乡怀念羁旅在外的友人。"黄牛村"点明地点，"秋叶飞"点明时令。青螺峰，应指洞庭湖中的君山。唐刘禹锡《望洞庭》："遥望洞庭山水翠，白银盘里一青螺。"或谓青螺喻青山，泛指似青螺一般的山峰亦可通。海云，洞庭湖上的云，此借代陈贵白。海，指大湖。起首二句是说，在黄叶纷飞的黄牛村前，我正在期盼羁旅在青螺峰外的挚友陈贵白归来。

"故人相思雪满鬓，客子独行风举衣。"颔联叙事，客我对举。故人，系诗人自谓。客子，指陈贵白。二句是说，作为老朋友的我思念你头发都变白了，你作客他乡独来独往风飘飘吹动衣服。诗人思念之深，客子艰辛之状，生动如绘。

"乌鹊定占谁屋喜，鲈鱼知比去年肥。"颈联用典，仍是客我对举。上句用乌鹊报喜典故，说是自己听到乌鹊喳喳叫，以为是报告客子来归的喜讯，谁知是乌鹊为占了别的鸟的巢而高兴。下句说贵白滞留他乡，也知故乡的鲈鱼比去年更肥，暗用吴中张季鹰见秋风起思家乡"鲈鱼脍"典。写诗人误听乌鹊叫的错觉，更见思友之深情；写贵白知鲈鱼肥，更衬托出贵白思乡之切。

"当时歌酒江湖上，百里音书今亦稀。"尾联抒情。当时，写诗之时，即十月朔旦。歌酒，有歌唱劝饮的宴席。江湖上，指退隐之处，即诗人故乡。百里，喻距离甚远。二句是说，写这首诗时我正在家乡边听歌边饮酒，你远在天涯的书信现在也很稀少了。末联揭出寄诗原因，便是此诗题旨。（毕桂发）

郝 经

郝经（1223—1275），字伯常，泽州陵川（今山西陵川）人，元代诗人。金亡后，迁入顺天（今北京）。曾官江、淮等处宣抚副使和翰林侍读学士等职，充国士至南宋，被留十六年而归。元世祖至元十二年卒，年五十三，谥文忠。有《陵川集》。

【原文】

老 马

百战归来力不任[1]，消磨神骏老骎骎[2]。

垂头自惜千金骨[3]，伏枥仍存万里心。

岁月淹延官路杳[4]，风尘荏苒塞垣深。

短歌声断银壶缺[5]，常记当年烈士吟[6]。

【毛泽东圈评等情况】

毛泽东读清张景星等编选《元诗别裁集》卷五"七言律"时圈阅了这首《老马》。

[参考] 张贻玖：《毛泽东评点、圈阅的中国古典诗词》，
中国工人出版社 1992 年版，第 253 页。

【注释】

（1）任，堪，胜。

（2）骎骎（qīn），马疾行之状。《诗·小雅·四牡》："驾彼四骆，载骤骎骎。"毛传："骎骎，骤也。"神骏，良马。

（3）千金骨，价值千金的马骨。战国时郭隗以马为喻，劝说燕昭王

招揽贤士，说古代一位君王悬赏千金买千里马，三年后得一死马，用五百金买下马骨，不到一年，得到三匹千里马（见《战国策·燕策一》）。

（4）淹延，滞留。官路，官修的大路。杳（yǎo），渺茫。

（5）"短歌"一句，《世说新语·豪爽》："王处仲（王敦）每酒后，辄咏'老骥伏枥，志在千里。烈士暮年，壮心不已'。以如意打唾壶，壶口尽缺。"唾壶，吐痰用壶，相当于后代痰盂。

（6）烈士，有节气有壮志的人。《韩非子·诡使》："而好名义不仕进者，世谓之烈士。"

【赏析】

自古以来咏马诗甚多，著名的唐代诗人李贺便有《马诗二十三首》。其手法多以马喻人，而有所寄托。此诗亦是如此，诗句句写马，却分明有一个饱经艰辛、年华老去的才人在，抒写了他的壮心不已的情思。

这是一首七言律诗。"百战归来力不任，消磨神骏老骎骎。"首联叙事兼描写，暗点诗题，写老马的不凡经历。起首二句说，这匹老马是身经百战的战马，力气已不那么旺盛了，这匹消耗殆尽的良马虽然老了仍然跑得很快。二句便写出了老马的不平凡的经历。神骏系用典，晋王嘉《拾遗记·魏》："（其马号曰鹄）行数百里，瞬息而至，马足毛不湿。时人谓为乘风而行，亦一代神骏也。"

"垂头自惜千金骨，伏枥仍存万里心。"颔联用典，写老马之志。上句用燕昭王求贤故事典。《战国策·燕策一》载：燕昭王欲报齐仇，向郭隗请教怎样求贤，郭隗说："臣闻古之君人有以千金求千里马者，三年不能得。涓人言与君曰：'请求之。'君遣之，三月，得千里马，马已死。买其骨五百金，反以报君。君大怒曰：'所求者生马，安事死马而捐五百金？'涓人对曰：'死马且买之五百金，况生马乎？天下必以王能市马，马今至矣！'于是不能期年，千里马至者三。"这个典故原意是花费千金买千里马的骨头，比喻招揽人才的迫切。这里是诗人以千里马自喻。"伏枥"句亦是用典。三国魏曹操《步出夏门行·龟虽寿》云："老骥伏枥，志在千里；烈士暮年，壮心不已。"枥，马槽。烈士，指有雄心壮志的人。诗人借用这个典故，用来比喻老马，实是说自己虽年老而仍有雄心壮志。二句与其说是描写老马之态，不如说是抒写老马之志。

"岁月淹延官路杳，风尘苒苒塞垣深。"颈联描写，写老马之境遇。二句是说，这匹识途的老马在官修的大路上奔波得太久了，前途渺茫，风尘仆仆，时光过得虽快，但边境地区极其广阔，没有尽头。二句仍是表面写马，实写诗人，意谓长期的仕途生涯如今已走到尽头，一时还真有点割舍不得。

于是末联写道："短歌声断银壶缺，常记当年烈士吟。"尾联抒情，写老马壮心不已。二句亦是用典。《世说新语·豪爽》记载东晋大将军王敦酒后则吟咏曹操"老骥伏枥，志在千里；烈士暮年，壮心不已"诗句，并用"如意打唾壶，壶口尽缺"。王敦作为东晋的大将军，用这种行动来抒发他恢复中原的雄心壮志，诗人借用此典，写老马之情，比喻自己年虽老迈而雄风犹在的情怀。

全诗以老马为描写对象，依次写老马之经历、状态、境遇、抱负，塑造了一个良马的形象。实则以马喻人，抒发了诗人年虽老去而雄心不已的情怀，极富教育意义。（毕桂发）

【原文】

贤台行

古黄金台也，土人称为贤台。

高台突兀燕山碧，黄金泥多土犹湿。晓日曈昽赤羽旗[1]，燕王北面亲前席[2]。费尽黄金台始成[3]，一朝拜隗人尽惊[4]。谁知平地几层土，中有全齐七十城[5]。礼贤复仇燕始霸[6]，遂与诸侯雄并驾。七百年来不用兵[7]，一战轰然骇天下。二城未了昭王俎[8]，火牛突出骑劫诛[9]。台上黄金少颜色，惠王空读乐毅书。古来燕赵多奇士，用舍中间定兴废。还闻赵括代廉颇[10]，败国亡家等儿戏。燕子城南知几年[11]？台平树老漫荒烟。莫言骐骥能千里[12]，只重黄金不重贤。

【毛泽东圈评等情况】

毛泽东读清张景星等编选《元诗别裁集》卷二"七言律"时圈阅了这首《贤台行》。

[参考] 张贻玖：《毛泽东评点、圈阅的中国古典诗词》，
中国工人出版社1992年版，第253页。

【注释】

（1）曈昽（tóng lóng），太阳初出由暗而明的光景。《说文·日部》："曈，曈昽，日欲明也。"杨亿《禁直》："初日曈昽艳屋梁。"

（2）燕王，即燕昭王，战国时燕国君王，前311—前278年在位。北面，古代学生敬师之礼。《汉书·于定国传》："北面，备弟子礼。"前席，移坐向前。《史记·屈原贾生列传》："至夜半，文帝前席。"

（3）"费尽"句，相传燕昭王筑高台，置黄金于其上，延请天下贤士。

（4）隗，即郭隗，战国燕人。燕昭王欲得贤士，以报齐仇，便为郭隗筑宫而师事之，于是乐毅、邹衍、剧辛等，争趋燕，燕国大强（见《史记·燕世家》）。

（5）全齐七十城，燕国强大起来后，任用军事家乐毅为上将，统领燕、赵、楚、韩、魏五国兵伐齐，攻占齐国七十座城池（见《史记·乐毅列传》）。

（6）复仇，指向齐复仇。霸，称霸。

（7）七百年，指燕国从武王伐纣封召公奭于燕，到燕昭王派乐毅率军伐齐约有七百年。

（8）二城未了，指乐毅伐齐时只有莒、即墨二城未被攻占。殂，死。

（9）火牛，火牛阵，古代一种阵法。燕军被齐国的火牛阵打得几乎全军覆灭。骑劫，燕国将领，燕惠王派他接替乐毅，导致失败，乐毅攻占的七十座城池，齐又夺了回去。

（10）赵括代廉颇，《史记·廉颇蔺相如列传》载，战国时赵国名将赵奢的儿子赵括，自幼熟读兵书，谈起兵法头头是道。后来他替代赵国名将廉颇为将，在长平一战中，泥守兵法，不能灵活运用，被秦军射死，全军四十万人被俘，导致赵国败亡。

（11）燕子城，即燕国都城，其旧址在今河北易县东南。

（12）骐、骥，均良马名。

【赏析】

贤台，也叫招贤台、黄金台，为战国时燕昭王所建，故址在今河北易县东南。燕昭王求贤的故事，一直为人们所传颂，燕昭王也成为我国历代知识分子心目中的贤明君主。当怀才不遇时，他们常常怀念起这位古代的贤君。唐代诗人李白在受到权贵的排挤之后，就写道："燕昭延郭隗，遂筑黄金台。剧辛方赵至，邹衍复齐来。奈何青云上，弃我如尘埃。"（《古风十五》）郝经自幼苦读，知识渊博，诗文也写得很漂亮，为时人所重。但他被征召前的二十年，一直无施展才能的机会。郝经家在保州（今河北保定），距易山（今易县）黄金台不远，伤今怀古，感慨万千，写下《贤台行》是很自然的。

全诗分为三节，开头十二句为第一节，写燕昭王筑台求贤，使燕国走上强盛道路。"高台突兀燕山碧，黄金泥多土犹湿"是说，燕昭王为了招贤求士，在苍翠的燕山脚下筑起了高台，高台上放置了黄金。开端点题。"晓日瞳昽赤羽旗，燕王北面亲前席。"两句是说，当太阳刚刚升起来的时候，燕昭王面向北坐亲执弟子之礼，虚心向贤士求教。接下二句"费尽黄金台始成，一朝拜隗人尽惊"是说，费尽钱财筑起了招贤台，有一天燕昭王拜郭隗为师，人们都大吃一惊。为什么呢？因为燕昭王听了士人郭隗的话，为他建造了豪华的房子，拜他为师；又在招贤台上多置黄金，招徕天下贤士。这件事传开后，乐毅、邹衍等奇才异能之士纷纷投奔燕国，燕国因此走上了中兴之路。"谁知平地几层土，中有全齐七十城"两句是说，谁知道平地堆起几层土，居然可拿强齐的七十座城池。这两句将筑招贤台和攻陷齐国的七十座城池联系起来了，再次感叹了燕昭王的雄才大略。"礼贤复仇燕始霸，遂与诸侯雄并驾"两句是说，以礼待贤士使燕国复了仇并开始称霸，与诸侯强雄并驾齐驱。"七百年来不用兵，一战轰然骇天下"两句是说，燕国七百年来没有对外出过兵，一旦发生战争便震惊了天下各国。"七百年"指燕国从建国始至燕昭王时没有对外用过兵。武王伐纣后封召公奭于燕，从那时到乐毅伐齐约有七百余年，强调了筑台求贤的意义。

"二城"以下八句为第二节，写燕惠王弃贤，导致了惨败。"二城未了昭王殂，火牛突出骑劫诛"两句是说，齐国还有两座城池没有攻陷，燕昭王病死了，燕惠王即位后听信谗言，派骑劫接替了乐毅，燕军被齐军的火牛阵打得几乎全军覆灭，乐毅夺回的七十城又归于了齐国。"台上黄金少颜色，惠王空读乐毅书"两句是说，惠王听信了谗言，违背了其父之路，黄金台的颜色似乎暗淡了，惠王只能默读乐毅报燕王的书。这里将燕昭王任贤和燕惠王弃贤进行了对比。"古来燕赵多奇士，用舍中间定兴废"两句是说，自古以来燕赵多奇才，用之则兴，弃之则废，议论精辟。"还闻赵括代廉颇，败国亡家等儿戏"两句是说，还听说赵孝成王任用只会纸上谈兵的赵括代替廉颇作统帅，结果赵军全军覆没，燕国的悲剧在赵国重演了一次，这不是将"败国亡家"的大事当作儿戏吗？从旁作衬，更证明了"用舍中间定兴废"的普遍性，得出了人才用之则兴旺发达，舍之则颓废的结论。

末四句为第三节，吊古伤今，强调纳贤的意义。"燕子城南知几年？台平树老漫荒烟"两句是说，从燕昭王到元初已经过了近千年，现在招贤台已坍塌，台旁的树林已干枯，周围弥漫着荒凉的烟雾。"燕子城"指燕都，其遗址在今河北易县城东南。这里是以黄金台的萧条冷落来映衬尊贤重士风气的淡薄。结尾两句"莫言骐骥能千里，只重黄金不重贤"是说，不要说是能日行千里的良马，须知当今的君主只看重黄金不看重人才。这里所流露出的悲凉情感，不只是个人怀才不遇的感叹，也是对那个使人感到压抑的时代的忧伤。卒章显志，揭出题旨，惊醒世人。（东民）

陈 孚

陈孚（1240—1303），字刚中，号笏斋，台州临海（今浙江临海）人，元前期诗人，曾任翰林待制兼国史院编修等职，后因廷臣嫉之，遂放外任。陈孚为人正直，能体察民情，终因救灾劳瘁而卒。其诗任意挥洒，不事雕琢，五言简淡，七律整丽，深得唐人之风。有《观光稿》《交州稿》《玉堂稿》行世。

【原文】

永 州

烧痕惨澹带昏鸦⁽¹⁾，数尽寒梅未见花。

回雁峰南三百里⁽²⁾，捕蛇说里数千家⁽³⁾。

澄江绕郭闻渔唱⁽⁴⁾，怪石堆庭见吏衙。

昔日愚溪何自苦⁽⁵⁾？永州犹未是天涯。

【毛泽东圈评等情况】

毛泽东读清张景星等编选《元诗别裁集》卷六"七言律"时圈阅了这首诗。

[参考] 张贻玖：《毛泽东评点、圈阅的中国古典诗词》，
中国工人出版社 1992 年版，第 255 页。

【注释】

（1）烧痕，兵火洗劫后的惨淡荒败景象。澹，通"淡"。

（2）回雁峰，在湖南衡阳南，为南岳衡山七十二峰之首峰。清同治《衡阳县志》载："自唐以前，皆云南雁飞宿，不度衡阳，故峰受此号。"

（3）捕蛇说，指柳宗元的散文《捕蛇者说》。此句言当时永州百姓与柳文中的捕蛇者生活相差无几。

（4）澄江，指潇水，此水源出湖南道县潇山，从永州城下流过，至州城西北注入湘江。

（5）愚溪，原名冉溪或染溪，源出广西灌阳西南，经全州入潇水。柳宗元在《愚溪诗序》中将其更名为愚溪。此处指柳宗元。

【赏析】

"永州"，即今湖南永州零陵区。隋开皇九年（589）置州，辖境相当零陵、东安、祁阳及广西全州、灌阳等地。唐代永贞元年（805），著名文学家柳宗元因参加王叔文革新集团，被贬到零陵做永州司马，居永州十年，写下了《永州八记》《愚溪诗序》《捕蛇者说》《江雪》《渔翁》等杰出的散文和诗篇。永州与柳宗元结下了不解之缘。后人写永州的诗文，很少有不提及柳宗元的。本诗也不例外。诗的首联写永州惨淡荒凉，毫无春意。永州经过兵火洗劫，烧痕累累，一片惨淡、荒败景象，如果在这荒凉的所在有些许春意，也多少能给人以精神的慰藉。可是数了数株株寒梅，却不见有一枝含苞待放。这诗句很像欧阳修在《戏答元珍》中"春风疑不到天涯，山城二月未见花"的名句，读之使人顿生凄凉感伤之情。

颔联写永州地处遥远边陲的地理位置和永州人民的困苦生活。回雁峰在湖南衡阳南，为南岳衡山七十二峰的首峰。清同治《衡阳县志》载："自唐以前，皆云南雁飞宿，不度衡阳，故峰受此号。"零陵在衡阳西南约三百里处，诗中系实指，说永州在遥远的、大雁都飞不到的地方。对建都在大都（今北京）的元朝人来说，永州自然显得十分边远。柳宗元在永州写的《捕蛇者说》，通过描述蒋氏三代及其乡邻的悲惨遭遇，和以毒蛇之毒和赋敛之毒对比，揭露了中唐统治集团横征暴敛给人民造成的痛苦。"捕蛇说里数千家"，即是说永州的几千家百姓，仍然过着与《捕蛇者说》中的百姓相差无几的生活。作者对社会的批判，表现得是相当隐晦的。

后半部分，诗的格调与情绪有了变化，少了一些感伤和低沉，多了一些明快和昂扬。在一些有作为的诗人、作家的作品中，我们常能看到在同一篇作品中前后这种变化。积极向上，乐观进取，对人的启迪和鼓舞，是远远优于那些颓废感伤之作的。

颈联写永州虽然地处边远，却有自己独特的风姿与神韵，足以令人神往。"澄江绕郭"指的是潇水。此水源出湖南道县潇山，从永州城下流过，至州城西北的苹岛注入湘江。江水清澈潺湲，江面帆影片片，渔歌悠扬，为永州平添了几多画意诗情。柳宗元在《永州八记》里，写了几块独具风采的石头，千年来使人们对永州之石充满了无限憧憬。在此诗中，诗人告诉我们，永州的怪石奇景，不仅在郊外山间，而在永州衙署庭院里，也存放不少。堆放垒砌，奇丽壮观，呈现出一派园林风光，很有文化气息。由此看来，永州实在算不上一座边远荒城。

尾联借柳宗元的典故，说明柳州并非天涯海角的不毛之地，这里自有其可居可爱之处。愚溪，原名冉溪或染溪，源出广西灌阳西南，经全州入潇水。柳宗元在《愚溪诗序》中说："余以愚触罪，谪潇水上，爱是溪，入二三里，得其尤绝者家焉。古有愚公谷，今余家是溪，而名莫能定，土之居者犹龂龂然，不可以不更也，故更为愚溪。"中国从来就有以籍贯或居住地名指代人名的习惯，"愚溪"也就成了柳宗元的号。柳宗元被贬荒远的柳州后，心情抑郁，愤懑不平，诗文中常见牢骚与感伤情绪，所以陈孚才有"昔日愚溪何自苦"之句。从字面看，是在劝导柳宗元不要陷于痛苦之中不能自拔。永州虽远一点，但毕竟不是远不可及的"天涯"海角。其实，这是在劝导一切经受挫折、远离家乡的人，包括作者自己，一定要有豁达的胸怀，随遇而安的适应能力，能在逆境中保持积极达观，要有面对现实生活的勇气。《永州》这首诗，可以说是陈孚的言志之作。（东民）

赵孟頫

赵孟頫（1254—1322），字子昂，号松雪道人，一号水晶宫道人，湖州（今浙江湖州）人。本是宋太祖赵匡胤十一世孙，南宋末年当过真州司户参军，入元后，被推荐入朝，任兵部郎中，历迁集贤直学士、济南路总管等职，官至翰林学士承旨。他以书画著名，亦工于诗文，是元代前期最著名的诗人。其诗情韵高远，用典无痕，寄托悠深，深得杜诗之风格气韵。有《松雪斋诗文集》。绘画高古细润，尤以画马著称；书法自成一家，后人称为赵体。

【原文】

和姚子敬秋怀

搔首风尘双短鬓⁽¹⁾，侧身天地一儒冠⁽²⁾。

中原人物思王猛⁽³⁾，江左功名愧谢安⁽⁴⁾。

苜蓿秋高戎马健，江湖日短白鸥寒。

金尊绿酒无钱共⁽⁵⁾，安得愁中却暂欢⁽⁶⁾。

【毛泽东圈评等情况】

毛泽东读清张景星等编选《元诗别裁集》卷五"七言律"时圈阅了这首诗。

[参考] 张贻玖：《毛泽东评点、圈阅的中国古典诗词》，中国工人出版社 1992 年版，第 255 页。

【注释】

（1）搔首，有所思貌。风尘，喻世事艰辛。

（2）儒冠，本指儒生戴的帽子，此处代儒生，实自指。此诗首两句化用杜甫《将赴成都草堂途中有作先寄严郑公》诗："侧身天地更怀古，回首风尘甘息机。"指自己身为儒生，却对国家兴亡无能为力。

（3）王猛，字景略，前秦大臣，官至丞相，辅佐前秦苻坚整顿朝政，扩展领土。

（4）江左，长江以东之地，即今江苏一带。谢安，字安石，东晋著名的政治家，官至宰相。淝水之战时领兵抵抗苻坚的军队，取得重大的胜利。此句和上句隐晦曲折地表达了作者企美功名之念。

（5）金尊，酒器的美称。绿酒，美酒。

（6）却，反而，倒。

【赏析】

原作五首，这里选录一首。

这是一首和诗，也是一首感怀诗。姚子敬，赵孟𫖯的友人姚式，字子敬，号筠庵，吴兴人，善书画，高克恭荐为校官。赵孟𫖯有《送姚子敬教授绍兴》诗云："我友子姚子，风流如晋人。白眼视四海，清言无一尘。结交三十年，每见意自新。"

这首七言律诗首联两句，感年华易逝，叹自己不过一个儒生而已。"搔首风尘双短鬓"，双鬓头发，因风尘仆仆而更短了，有如"白发搔更短"之叹。"侧身天地一儒冠"，言我是个置身天地间的儒生，有如"辛苦遭逢起一经"之慨。从首联来看，这首诗的基调是悲叹与感伤的。

颔联两句言筹谋国事，人才缺少，思贤若渴。"中原人物思王猛"，即中原人思念像王猛那样的人才。王猛是十六国时前秦的大臣、名士，字景略，北海剧（今山东寿光东南）人。出身贫寒。他初次去见东晋将军桓温时，一边摸身上的虱子，一边谈天下大事，旁若无人。后来做了前秦苻坚的谋士，他辅佐苻坚整顿吏治，发展生产，加强国力，扩展领土，官至丞相，是个难得的人才，故言"思王猛"。"江左功名愧谢安"的意思是：江左能成就功名的人都惭愧不如谢安。江左，古地区名。谢安，东晋政治家，字安石，陈郡阳夏（今河南太康）人，年四十余才出仕，孝武帝时官至宰相。前秦苻坚率大军南下攻晋，他担任征讨大都督，部署弟弟谢石、侄儿谢玄等领兵抵抗，取得淝水之战的重大胜利。作者在元世祖时，任刑部主事，后官至翰林学士承旨。这两句诗表现了诗人担忧国事、思慕人才的慨叹。一"思"一"愧"，显示了仰慕之情。

颈联两句言战马有草虽健壮，但江湖天日渐短，连白鸥也觉得秋之寒冷。这两句似与国事无关，但暗中仍在写国事。国家强盛须秣马厉兵，而今战马虽然膘肥体健，然而无用武之地，怎么施展才能？因而在江湖上空度岁月，秋日渐短，天气渐寒，不过如此而已。可以看出，颔联、颈联四句意思是相联贯的，即言缺乏人才，马壮何用？这正是对首联两句的具体陈述，也是首联慨叹的具体原因。

尾联两句的意思是：金樽里盛有美酒，但因没有钱买而不能享用；更何况人们怎么能在忧愁之中去寻求暂时的欢乐呢？这句话说得委曲婉转，"金尊绿酒"究竟是"无钱共"呢，还是没有心思享用？"无钱共"是虚写，是婉转之笔，"安得愁中却暂欢"，才是真正不可享用的原因。那么，这"愁"是什么愁呢？从全诗来看，不是个人的"愁"，而是"忧国"之愁，"忧国"而无心"暂欢"。

总之，这首诗，从内容看表现了作者忧国忧民的思想感情，从艺术手法上采用含蓄、婉转的笔法，使这种忧国忧民之情真挚动人，耐人寻味。

（张豫东）

【原文】

见章得一诗因次其韵

水色清涟日色黄⁽¹⁾，梨花淡白柳花香。

即看时节催人事，更觉春愁恼客肠。

无酒难供陶令饮⁽²⁾，从人皆笑郦生狂⁽³⁾。

城南风暖游人少，自在晴丝百尺长⁽⁴⁾。

毛泽东读清张景星等编选《元诗别裁集》卷五"七言律"时圈阅了这首诗。

[参考] 张贻玖：《毛泽东评点、圈阅的中国古典诗词》，

中国工人出版社 1992 年版，第 253 页。

【注释】

（1）清涟，水清而有细波纹。语本《诗·魏风·伐檀》："河水清且涟猗。"后多连文。南朝宋谢灵运《过始宁墅》："白云抱幽石，绿筱媚清涟。"

（2）陶令，陶渊明。此处代指章得一。

（3）郦生，郦食其，秦汉之际人，曾为里监门吏。家贫，喜饮酒，人称"狂生"。此处是作者自况。

（4）晴丝，即游丝。

【赏析】

章得一，作者友人，生平未详。次韵，和诗的一种，不仅同韵，而且韵脚先后都与所作和诗作一样，也称"步韵"。这样的诗，往往受"次韵"的限制而使所要表达的内容也受限制。或是有感而发，或是为和而和的应景诗。

原作二首，选录一首。这首诗写游春时所见所感，表现了作者一定的情绪。

首联写景。水色清清，微波荡漾，春日温煦，阳光淡黄。写水，不仅写水的清澈，而且写出了水波的动态。写春日阳光，写出了特点。夏天，赤日炎炎，太阳呈火红色；春天的阳光，呈黄色，虽是暖色，但不像夏天那样强烈。抓住颜色来写，静中有动，写得生动。第二句，写梨花用"淡白"而不用"雪白"，写柳花不用动词"飘"而写其"香"，从视觉与嗅觉来写，诗人的观察体味都有独到之处，可谓生动之笔。

颔联两句写感受。春日郊游，正当耕种时节。"催人事"，什么人事？农事吗？不像。朝中事吗？有可能。究竟什么"人事"被时节所催，作者

虽未明言，但联系下一句可知端的。大概是令人烦恼的事吧，不然，怎么会"更觉春愁恼客肠"呢？春游应该是乘兴踏青，心情愉快舒畅的，作者却一反常态，写出了"愁""恼"的感受，其中必有缘故。这也为下文埋下了伏笔。

颈联两句用了两个典故，接"春愁恼客肠"。既有"春愁"，就须借酒消愁，可是无酒可饮，只有"春愁"难解了。作者借陶渊明以自况，说明确有"愁""恼"在心。陶渊明不为五斗米折腰，弃官归隐，以诗酒自娱，然仍怀有愤世嫉俗之情。作者借此抒怀，十分贴切。跟随的人不知其心中之"愁""恼"，因而反讥笑"郦生狂"。郦生名郦食其，汉朝人。家贫落魄，为里监门吏，人皆谓之狂生。作者用这个典故，又以郦生自况，含有自嘲意味。"狂生"非狂，不为人所理解而已。到此"愁"之因尽在不言中。

尾联两句，照应开头，再写春景。城南风暖，应该"游人盛"才是，然而却是游人少。一个"少"字，突出了"春愁""恼客肠"。可见诗人不是为了游春、赏春而郊游的，而是为了遣散"春愁"、消去烦恼才去郊外游逛的。"自在晴丝百尺长"一句是衬托诗人的"春愁"的。游人既少，自己又烦恼在心，只有那长长的柳丝在自由自在地飘荡，给人以孤寂之感。

这首诗的景物描写是具体生动的。乍看起来，鲜丽的春景似与所表达的情绪不相一致。但仔细品味，春日游乐当愉悦，无心赏景反添愁，倒也是常有的事，并且，利用这种反衬之法，使得所要表达的"愁"之情更为真切，更为感人。（张涛）

【原文】

次韵端文和鲜于伯几所寄诗

画舸西湖到处游，别来飞梦到杭州。

百年底用忧千岁⁽¹⁾，一日相思似几秋⁽²⁾。

苦忆东南多胜事，空吟西北有高楼⁽³⁾。

只今赖有刘公干⁽⁴⁾，时写新诗解客愁。

【毛泽东圈评等情况】

毛泽东读清张景星等编选《元诗别裁集》卷五"七言律"时圈阅了这首诗。

[参考] 张贻玖：《毛泽东评点、圈阅的中国古典诗词》，中国工人出版社1992年版，第254页。

【注释】

（1）底用，何用。此句化用《古诗十九首》之十五"生年不满百，常怀千岁忧"句意。

（2）此句化用《诗经·王风·采葛》中"一日不见，如三秋兮"之句。

（3）西北有高楼，即《古诗十九首》之五"西北有高楼"。

（4）刘公干，即刘桢，字公干，汉末文学家，"建安七子"之一。此处当指端文、鲜于枢等友人。

【赏析】

此诗当是作者仕元后作。端文，作者友人，身世未详。鲜于伯几，即元代诗人鲜于枢，字伯几，与赵孟頫交好，同为元代著名书法家。著有《困学斋集》。这是一首表达思念之情的和诗，也是七言律诗。

首联二句忆往事：过去我们在西湖，坐着画船到处游；分别以后，常常在梦中又到了杭州。"画舸""到处"，与谁同游呢？首句留有余地，后面自有说明。既然是"画舸"，又是"到处"游，想来总不会只有诗人与朋友吧。如果只是诗人与朋友，怎惹得"别来飞梦到杭州"？"飞梦"既是梦中，又是飞向，极言相思之迫切。相思如此迫切，怕不只是朋友之间的感情吧。

颔联二句的意思是：人活在世上，即使百年长寿又有什么用处，因而担忧寿命太长，活到千岁。可另一面，殷切思念之情，虽只度过一天，也好像是度过了几年一样。这两句，运用夸张手法来表情达意。为什么否定长寿呢？是"少年不努力，老大徒伤悲"吗？不是，是"青春不在，及时行乐"吗？看来有这样的意思。第四句是典故活用。《诗经·王风·采葛》

有句："彼采萧兮，一日不见，如三秋兮。"这几句是诗人想象他的心上人正在采萧艾，虽然离开她才一天，这一天却抵得上三年那么长。那么作者"相思"的是什么人？恐怕不只是他的朋友吧！

颈联两句接着进一步写相思。"东南"指杭州一带。"胜事"指欢乐的事，令人相思而难忘的事，所以叫人"苦忆"。"欢乐"的事为什么苦忆呢？不是回忆起来令人痛苦，而是回忆起来叫人苦苦相思之意。然而如今已成往事，只有"空吟西北有高楼"而已。"西北有高楼"句，见《古诗十九首》之五："西北有高楼，上与浮云齐。交疏结绮窗，阿阁三重阶，上有弦歌声，音响一何悲……不惜歌者苦，但伤知音稀。愿为双鸿鹄，奋翅起高飞。"这首诗是写男女相慕相思的。作者借此诗句以抒发相思之情，可见"苦忆"之深。

尾联两句写和诗的情由。朋友寄诗，诗人相和，借此以"解客愁"。刘公干，即刘桢，"建安七子"之一。他与王粲、陈琳、徐干、阮瑀、应玚、孔融相友善，性情旷达。作者借"建安七子"的友情喻彼此之间的友情。友情来自诗友，诗友可以赠诗答诗以解忧愁。

这首诗，写得既明朗又含蓄。说明朗，即抒发的是相思之情；说含蓄，即"多胜事"指的是什么事，"西北有高楼"所写何人，是男是女，不得而知，给人以不尽的联想。（英男）

冯子振

冯子振（1257—1337？），字海粟，自号怪怪道人，又号瀛洲客，潭州攸州（今湖南攸县）人，元前期诗人。曾官承事郎、集贤待制。博学多才，文思敏捷。诗文集失传，清顾嗣立编《元诗选》辑录七十余首，题为《海粟集》。

【原文】

登金山

双塔嵯峨耸碧空⁽¹⁾，烂银堆里紫金峰⁽²⁾。

江流吴楚三千里⁽³⁾，山压蓬莱第一宫⁽⁴⁾。

云外楼台迷鸟雀，水边钟鼓振蛟龙。

问僧何处风涛险？郭璞坟前浪打篷⁽⁵⁾。

【毛泽东圈评等情况】

毛泽东读清张景星等编选《元诗别裁集·补遗》"七言律"时圈阅了这首《登金山》。

[参考] 张贻玖：《毛泽东评点、圈阅的中国古典诗词》，
中国工人出版社1992年版，第254页。

【注释】

（1）嵯峨，山高峻之状。《楚辞·淮南小山〈招隐士〉》："山气茏葱兮石嵯峨，溪谷嶄岩兮水曾波。"

（2）烂银，喻江水在阳光的照耀下灿烂如银。从唐代卢仝《日蚀》中"烂银盘从海底出"句化来。紫金峰，即金山。

（3）吴楚，春秋时吴国和楚国，亦泛指春秋时吴楚故地，即今长江中下游一带。

（4）蓬莱第一宫，指金山寺，此喻金山寺美如蓬莱仙宫。

（5）郭璞，东晋文学家，金山下有其墓。《元诗选》中"篷"为"风"。

【赏析】

这是一首七言律诗，写诗人登金山所见景观。

金山，在江苏镇江西北。旧在江中，后沙涨成陆，与南岸相连。古有氏父、伏牛、浮玉等山名。唐时裴头陀于江边获金，改名金山，是镇江风景胜地。

首联突出写金山。上以碧空烘托，下以大江陪衬，极写金山之峻拔。其实，镇江金山并不高，本诗一再渲染，给读者留下深刻印象：阳光照耀下的江面，水波粼粼，银光点点，被云霞染成紫红色的金山屹然挺立。这二句是望山所见，色彩瑰丽，形象突出。

颔联是登上金山之后，先是俯视，写山下之江：滚滚大江横贯吴楚，一泻千里，从金山脚下东流而去；后又仰视，写山上之寺：在金山上建着一座寺院，庄严华美，如蓬莱仙宫。

颈联，诗人的视线又由远及近。远望，镇江城中的楼台鳞次栉比，云缠雾绕，以致鸟雀们飞来飞去找不到旧巢；近看，金山脚下江水激荡，如钟鼓齐鸣，惊扰着水中蛟龙。当然，这一联如理解为集中写金山寺也未尝不可：寺院的建筑群高耸入云，烟雾缭绕，使鸟雀迷惑，难寻旧巢；寺院的钟鼓，大声镗鞳，惊动了水中蛟龙。两种说法，见仁见智，似皆可通。

尾联，以问句点出金山地势险要，非同一般；并以郭璞的坟墓建在山下，说明金山历史悠久，历来为人重视。郭璞，晋人，字景纯，博学多才，词赋为东晋之冠，其墓在金山。"浪打篷"，《元诗选》本作"浪打风"，均指金山处江水流急，风高浪大。（郑延君）

王实甫

王实甫（1260？—1336？），名德信，大都（今北京）人，元代著名杂剧家。代表作为《西厢记》等。《全元散曲》仅录其小令一首，套数两篇。

【原文】

五　绝

待月西厢下⁽¹⁾，迎风户半开。

隔墙花影动⁽²⁾，疑是玉人来⁽³⁾。

【毛泽东圈评等情况】

毛泽东曾手书王实甫《西厢记》第三本第二折句即此诗。

［参考］中央档案馆整理：《毛泽东手书选集·古诗词（下）》，

北京出版社1996年版，第204页。

【注释】

（1）"待月"句，是说崔莺莺在西厢下耐心等待月亮东升。西厢，张君瑞赁居的普救寺西厢房。厢，正堂两边的房屋。

（2）"隔墙"句，暗喻张君瑞翻墙而过。隔，一作"拂"。

（3）玉人，容貌美丽的人。《晋书·卫玠传》："（玠）年五岁，风神秀异……总角，羊车入市，见者皆以为玉人。"此指张生。

【赏析】

这是崔莺莺约张君瑞幽会的请柬上写的一首诗，见于《西厢记》第三本第二折。诗题为编者所拟。

　　写这首诗前的情节大致是这样的：进京赴考的书生张珙（张君瑞）在游玩普救寺时偶遇在此寺赁居的相国小姐崔莺莺，一见钟情，便进行了热烈的追求，想尽一切办法，如赁居西厢，借故搭斋，月下吟诗等，并在孙飞虎兵围普救寺要强掠崔莺莺为妻时挺身而出，搬来白马将军解围。这一切都赢得了正在青春觉醒期的贵族小姐崔莺莺的好感。老夫人如果履行诺言，那么张生与莺莺可成就婚姻。但老夫人过河拆桥，赖去婚姻，让莺莺与张生兄妹相称。张生并未灰心，在红娘的帮助下，他在后花园弹《凤求凰》以挑莺莺之心，之后又让红娘传简给莺莺写了一首五言律诗："相思恨转添，漫把瑶琴弄。乐事又逢春，芳心尔亦动。此情不可违，芳誉何须奉？莫负月华明，且怜花影重。"在这首诗中，张生大胆地提出和莺莺踰墙幽会的要求。莺莺看了张生的赠诗后，便果断地写了这首诗酬答，答应张生幽会的要求。诗是一首五言绝句："待月西厢下，迎风户半开。隔墙花影动，疑是玉人来。"

　　在《西厢记》故事的最早版本唐元稹《会真记》中这首诗有个题目叫《明月三五夜》。接着描述道："是夕，岁二月旬有四日矣。崔之东有杏花一株，攀援可逾。既望之夕，张因梯其树而逾焉，达于西厢，则户半开矣。"二月旬有四日，即二月四日。既望，即十六日。阴历十五日为"望"。但二月十六日夜，张生攀红杏树逾墙而达崔莺莺卧室，未能成就好事，反被莺莺数落了一顿，张生复逾而出，于是绝望。

　　小说继续写道："数夕，张生临轩独寝，忽有人觉之。惊骇而起，则红娘敛衾携枕而至。张生拭目危坐久之，犹疑梦寐；然而修谨以俟。俄而红娘捧崔氏而至。至，则娇羞融冶，力不能运支体，曩时端庄，不复同矣。是夕，旬有八日也，斜月晶莹，幽辉半床。张生飘飘然，且疑神仙之徒，不谓从人间至矣。有顷，寺钟鸣，天将晓，红娘促去。……""旬有八日"，即农历二月十八日。这就是说二月十八日崔莺莺才主动到西厢与张生欢会。小说中描写较细致，崔张幽会的过程叙述清楚。王实甫《西厢记》中则有所不同：赁居西厢的是张生，不是崔莺莺家，崔家赁居的是西厢房旁的一所宅院。所以这首诗的意思是说：在月光下我在西厢房旁边的庭院中等待，清风吹得门户半开着。我看到隔墙杏花影子的摇动，便以为是我所钟爱的人来了。这是爱的召唤。后来因以"待月西厢"谓情人私相约会。但这次张生践约逾墙而到崔卧室时，崔莺莺又借故推却。张生又被打入了闷葫芦。

数日之后，崔莺莺又写一诗柬让红娘送给张生，原来是一首七言律诗："休将闲事苦萦怀，取次摧残天赋才。不意当时完妾命，岂防今日作君灾？仰图厚德难从礼，谨奉新诗权作媒。寄语高唐咏赋人，今宵端的云雨来。"是夕，莺莺由红娘抱着被子、枕头引路，到了张生书房，二人得遂云雨之欢。

这次幽会的邀约，莺莺虽然又反悔了，但这个举动是这位贵族小姐从犹豫、动摇、怯弱和顾虑中走向坚定、果决、勇敢和反抗道路的重要一步，对她性格的发展有重要影响。（毕桂发）

宋 无

宋无（1260—1340？），字子虚，旧以晞颜字行，名名世，晋陵（今江苏常州）人，元代诗人。幼年浪迹四方，元世祖至元二十四年（1287），曾举茂才，一生经历自世祖至惠帝全部元朝皇帝，终不肯仕元。以宋逸民诗人自居。其诗多伤怀故国，又多咏史。诗学李贺，风格幽峭奇丽而形象鲜明，思想深厚，工五言长律、七言绝句。有《子虚翠寒集》等。

【原文】

山 中

半岭松声樵客分，一溪春草鹿成群。

采芝人入翠微去⁽¹⁾，丹灶石坛空白云⁽²⁾。

【毛泽东圈评等情况】

毛泽东读清张景星等编选《元诗别裁集》卷八"七言律"时圈阅了这首《山中》。

[参考]张贻玖：《毛泽东评点、圈阅的中国古典诗词》，
中国工人出版社1992年版，第254页。

【注释】

（1）采芝人，采灵芝的人。典出汉末晋初皇甫谧《高士传》卷上《四皓》："四皓……乃退入蓝田而作歌曰：'莫莫高山，深谷逶迤。晔晔紫芝，可以疗饥。唐虞世远，吾将安归？'"后世乐府遂有歌辞《采芝操》。所以采芝人被视为高尚的人、遁世者。

（2）丹灶，方士炼丹用的炉灶。石坛，祭祀用的石砌台子。丹灶、

石坛，均道家所用之物。

【赏析】

这是一首七言绝句，其中所写的景象大多是动景，但给人们的感受却是那样的恬静。短短的四句诗，仅仅点出了一溪春水与山中所见，但读了这首诗，我们可体会到诗中既有山中全景，又有细节特写。

首句"半岭松声樵客分"是描写松林之景，但并没有从正面来写松林，只是用了一个"声"字，使读者有宽广的想象余地。这句是说：半山上松涛声声，砍柴人一入林就隐而不见了。一个"声"字，让人想象到风进入松林之中声音变得更为强烈，从而也从反面映衬了松林静谧之感。用一"分"字来写樵客，妙得很。樵客当然是来砍樵的，但他们一入松林都不见了，就连他们砍伐的斤斧声也被巨大的松涛声所淹没，从而增添了节奏感。诗中字面上虽出现了樵客二字，但画面上并没有见到樵客其人。这一句已经将诗人进入山中所得的第一见闻，完整而又形象地摄入了诗中。

第二句"一溪春草鹿成群"是写诗人的目光由高处转向了低处，由远而近。首句主要写耳闻之声，这一句主要是写眼中所见之景。这句意思是说，成群的鹿在小溪旁边的青草地上追逐跳跃。诗中写山中的小溪，但字面上却不见"水"字，而直接写到了小溪边的青草。"春草"二字，点明了时令，草的绿与草的繁茂，让季节也就不言而自明了。接下着笔写诗人见到了成群的鹿，这当然是因为有一溪春水和春草丛生了。这句诗采用的是白描手法，但诗味却浓而不淡。

第三句"采芝人入翠微去"是写山中气氛的不凡，充满了仙道的意味。"采芝人"典出皇甫谧《高士传》卷上《四皓》："四皓……乃退入蓝田而作歌曰：'莫莫高山，深谷逶迤。晔晔紫芝，可以疗饥。唐虞世远，吾将安归？……'"后世乐府遂有琴曲歌辞名曰《采芝操》。总之，"采芝人"一向被视为高尚的，也含有遁世者的意思。"翠微"语出西晋左思《蜀都赋》："郁菶菶以翠微，崛巍巍以峨峨。""翠微"，是说未到山顶在旁陂陀之处，亦是说山气青缥。"翠微"往往暗含清秘幽邃的意思。

末句"丹灶石坛空白云"是以景作结，紧承上句来引述道家的思想。

"丹灶"是方士炼丹所用的灶。"石坛"是为祭祀而设。"丹灶""石坛"都是道家的重要物件。全诗用"空白云"来作结，视线又由低处转而向上，含有悠然不尽的意思。

这首诗声情并茂，动静相映，互为衬托，构思巧妙，意境深幽。（东民）

【原文】

春 归

酿蜜筒香蜂报衙⁽¹⁾，杏梁泥歇燕成家⁽²⁾。
浮萍断送春归去⁽³⁾，尽向东流载落花。

【毛泽东圈评等情况】

毛泽东读清张景星等编选《元诗别裁集》卷八"七言律"时圈阅了这首《春归》。

[参考] 张贻玖：《毛泽东评点、圈阅的中国古典诗词》，中国工人出版社 1992 年版，第 254 页。

【注释】

（1）"酿蜜"句，是说蜜蜂酿成蜜，盛满蜂巢的圆筒，聚集于蜂王周围。报衙，本指旧时官吏升堂治事时，官衙鸣鼓以治众，此借指蜜蜂聚集于蜂王周围。衙，代指蜂巢。

（2）"杏梁"句，燕巢已筑就，燕子有了家。

（3）浮萍，一种水生漂浮植物，叶扁平，开白花，为猪和家禽的优秀饲料，亦可入药。浮萍断送，指捞出浮萍做饲料。

【赏析】

春归是个抽象的题目，要表现必须通过春天的载体。俗话说，万紫千红总是春。春天意味着百花齐放，阳光明媚。作者抓住春天特有的几种景象来描写春归，变抽象为具象，便生动形象了。

我们先看诗的前两句："酿蜜筒香蜂报衙，杏梁泥歇燕成家。"春天百花盛开，万紫千红，是勤劳的小生灵——蜜蜂采花酿蜜的好季节，待蜂巢中筒形蜂房酿满了蜂蜜，蜜蜂才肯聚集在蜂王周围歇息一下，这季节该是暮春了。燕子是春天的使者，初春伊始，它便从南方飞来，在人家居住的屋梁上衔泥筑巢，待燕巢筑就、雏燕孵出成了家，也该是暮春时节了。前两句抓住蜜蜂报衙、燕子成家这两种春天特有的生活现象，写出季节的推移，暗示春将归去。接着后两句又写道："浮萍断送春归去，尽向东流载落花。"暮春时节浮萍已经长成，飘浮于水面，落花纷纷坠落其上，顺流而来，表明春天已经归去了。后二句点题，揭出春归主旨。"断送"二字，明白无误地流露出诗人的惜春之情。此诗别开蹊径，不着痕迹，值得称道。（毕桂发）

许　谦

　　许谦（约 1270—1337），字益之，晚自号白云山人，世称白云先生，金华（今浙江金华）人。元代著名理学家，亦有诗名。早年受业于南宋理学家金履祥，尽得理学之妙。后致力学习，不出里闾，屡荐不仕。晚年在八华山讲学，门人甚众。诗风清淡，不事雕琢。有《白云集》。

【原文】

三月十五夜登迎华观

　　夜深来此倚阑干⁽¹⁾，千里楼台俯首看。
　　月到中天花影正⁽²⁾，露零平地草光寒⁽³⁾。
　　气清更觉山川近，意远从知宇宙宽⁽⁴⁾。
　　长啸一声云外落⁽⁵⁾，几家儿女梦初残。

【毛泽东圈评等情况】

　　毛泽东读清张景星等编选《元诗别裁集·补遗》"七言律"时圈阅了这首诗。

　　　　　[参考]张贻玖：《毛泽东评点、圈阅的中国古典诗词》，
　　　　　　　　　中国工人出版社 1992 年版，第 254 页。

【注释】

　　（1）阑干，即栏杆。

　　（2）中天，高空中，当中。

　　（3）零，雨徐徐而下。东汉许慎《说文·雨部》："零，徐徐雨也。"泛指雨雪霜露等的降落。《诗经·鄘风·定之方中》："灵雨既零。"毛传：

"零，落也。"

（4）从知，从而知道。从，从而，因而。宇宙，天地。《庄子·让王》："余立于宇宙之中，冬日衣皮毛，夏日衣葛绤；春耕种，形足以劳动；秋收敛，身足以休食；日出而作，日入而息，逍遥于天地之间。"

（5）长啸，大声呼叫。汉司马相如《上林赋》："长啸哀鸣，翩幡互经。"亦指撮口发出悠长清越的声音，古人常以此述志。三国魏曹植《美女篇》："顾盼遗光采，长啸气若兰。"

【赏析】

诗人于设帐之余，亦有诗文自娱之暇。在一个月白风清的春夜，诗人独自登上迎华观，并将所见所思录之于诗，即这首清高淡远之作。迎华观，道观名。今江苏宜兴城区南隅长桥北岸有"迎华驿"，宋无名氏有《题宜兴迎华驿》诗。疑迎华观亦在宜兴。

这是一首七言律诗。首联首句写登临，夜深倚阑；第二句写俯视，千里楼台尽收眼底，既暗示迎华观所处地理位置之高，又写出"十五夜"月光之明。当然，"千里楼台"乃许多楼台之泛指。颔联首句再次照应夜深，"月到中天"；次句写出三月节令特点，"露零平地"，而草上露珠寒光点点，亦暗指夜深月明。第三四句，诗人的视线均收回迎华观中，写花，写草，描绘了山中道观远离人间烟火的特定环境，也表现了诗人闲适无忧的心理状态。

颈联两句，诗人又将视线投向广阔的空间：天朗气清，万物如洗，这是视觉上的"近"；而山川无言，荡涤胸怀，使人无荣辱之烦恼，无名利之争斗，无毁誉之喜忧，这是感觉上的"近"。面对这令人心旷神怡之景，诗人不觉顿然有悟：宇宙广阔，容纳万物；个人微小，生命短暂；此时，诗人意骋神驰，颇有"沧海一粟"之感，更有胸怀坦荡、效法宇宙之思。

想到畅快处，诗人不由"长啸一声云外落"。尾联首句是说一夜登临，凝思沉想，诗人从月下山川中得到了哲学的启示，作了一番心灵的修养。此时思绪才回到人间："几家儿女梦初残"，次句是说时近黎明，人们该醒来了。全诗在空灵淡远中结束。

　　此诗起句平平，语不惊人。然诗中处处紧扣题目，写"三月"，写"十五夜"，写"登"，写"迎华观"，写所思所见。平起淡出，意境高远，不失为大家手笔。（郑延君）

张养浩

张养浩（1270—1329），字希孟，号云庄，元代济南历城（今山东济南）人。曾任监察御史、礼部尚书和陕西行台中丞等职。因为人正直敢言，常得罪权贵，遭排挤打击，故心系田园，曾辞官归隐多年。他以散曲著名，亦有诗作，诗风潇洒疏淡，少有苍凉色调。有诗集《归田类稿》。

【原文】

黄州道中

濯足常思万里流⁽¹⁾，几年尘迹意悠悠。

闲云一片不成雨，黄叶满城都是愁。

落日断鸿天外路，西风长笛水边楼。

梦回已悟人间世⁽²⁾，犹向邯郸话旧游⁽³⁾。

【毛泽东圈评等情况】

毛泽东读清人张景星等编选《元诗别裁集》卷五"七言律"时圈阅了这首诗。

[参考]张贻玖：《毛泽东评点、圈阅的中国古典诗词》，
中国工人出版社1992年版，第254页。

【注释】

（1）濯足，语出《孟子·离娄上》："沧浪之水清兮，可以濯我缨；沧浪之水浊兮，可以濯我足。"

（2）人间世，人世，世俗社会。

（3）犹向邯郸话旧游，唐人沈既济小说《枕中记》记，卢生在邯郸

客舍，道者授其一枕，卢生卧枕，梦其仕宦富贵，片刻醒来，道人云：人间之事不过如此而已。此句意谓作者早已看透官场，但不得不进入官场。

【赏析】

作者张养浩，历任监察御史、礼部尚书等职。因上疏谏元夕放灯得罪，曾一度辞官归隐。后被征为陕西行台中丞，治旱救灾，到官仅四月，即以劳瘁死。他的作品都是在归隐以后写的，其中一些有积极意义，如揭露现实的《山坡羊·潼关怀古》，关怀民众疾苦的"一枝花"套（《咏喜雨》）等，但也有不少作品宣扬远祸全身等消极思想。

这首七言律诗是在去黄州的途中写的，表达了一种忧愁的慨叹。

首联二句写自我愿望和要求。"濯足常思万里流"，表面上是说在河流里洗脚的时候，常常想到河水的万里长流。实际上是说不能只顾自己，不顾社会和别人。"沧浪之水浊兮，可以濯我足"，而万里长流的清清河水，岂能在其中洗自己的脚。"几年尘迹意悠悠"一句，直抒胸臆，写自己几年来风尘生涯浪迹，使得心意悠长而连绵不断，这似乎是有点忧国忧民的心意。这两句，概括了诗人几年来的经历和感受，并表达了不愿使社会因自己而变得污浊的心意。这是作者思想进步的一面。

颔联两句写壮志未酬而无可奈何的感慨。一片闲云是难以变成雨的，这个形象的比喻能够充分表达作者的思想感情。作者以"闲云"自喻，既看重自己，又轻视自己。说看重自己，是想变成雨而滋润大地万物；轻视自己，是把自己比作"闲云一片"，没有根基，势薄力单，而不是举足轻重的力量。从这一句看，作者表现了无可奈何的远祸全身思想，反而有些孤傲。于是，只感到眼前"黄叶满城都是愁"。秋风扫落叶，一片肃杀萧条景象，面对此情，只有"愁"而已。不过，这种"愁"，不是个人的"闲愁"，而是关心国事的"愁"，不满现实的"愁"。

颈联两句写路途中的凄凉感受。"落日"写夕阳西下，"断鸿"写断绝音信、消息，"天外路"是在天涯海角的路上；"西风"是面对西风，"长笛"是听着悠长的笛声，"水边楼"是居住在水边的楼上。这两句借物抒怀，给人以凄凉、孤独、寂寞的感受。一个人在迢迢的征途上，面对西风、落日，与家乡亲朋断绝联系，听着凄切的笛声，更会牵动内心的情思，更平添了许多无可名状的忧愁。

尾联两句，写已经省悟人间的事情，还是不过问世事为好。"梦回"写居官如做梦，"几年尘迹"如梦境，现在梦已醒了。"已悟人间世"对当时的朝廷里的事，当时社会上的事，已经省悟了。这句写得很含蓄，实际上是对现实的不满，对现实的揭露。不满现实，应该改变现实才是，但作者没有这种情怀与勇气，而是"犹向邯郸话旧游"，回避现实，旧地重游，使心情遣散遣散吧。从最后这两句看，确实表现了远祸全身的逃避现实的消极思想。

张养浩这首诗，虽然消极避世，不敢面对现实，但毕竟表现出某种程度的忧国情怀。就这一点来说，在元朝诗人中，还是可贵的。（英男）

杨 载

　　杨载（1271—1323），字仲弘，建宁浦城（今福建浦城）人。少孤，年四十犹未仕，以布衣召为国史院修官。元仁宗延祐二年（1315），复科举，遂登进士第。授饶州同知浮梁州事，迁宁国路总管府推官。与虞集、范梈、揭傒斯齐名，合称元中期四大诗人。作诗熔铸汉魏，模范盛唐，讲究字句的锤炼，故诗作有有句无篇之病。著有《杨仲弘集》《诗法家数》。

【原文】

赠孙思顺

　　　天涯相遇两相知，对榻清谈玉屑霏⁽¹⁾。
　　　芳草谩随愁共长，青春不与客同归⁽²⁾。
　　　薰风池馆蛙声老⁽³⁾，落日帘栊燕子飞。
　　　南浦他年重到日⁽⁴⁾，湖山应识谢玄晖⁽⁵⁾。

【毛泽东圈评等情况】

　　毛泽东读清张景星等编选《元诗别裁集》卷五"七言律"时圈阅了这首诗。

　　　　[参考]张贻玖：《毛泽东评点、圈阅的中国古典诗词》，
　　　　　　　　　　中国工人出版社1992年版，第253页。

【注释】

　　（1）清谈，清雅的谈论。汉刘桢《赠五官中郎将》之二："清谈同日夕，情盼叙忧勤。"玉屑霏，语本《晋书·胡毋辅之传》："胡毋辅之字彦国……与王澄、王敦、庾敳俱为太尉王衍所昵，号为四友。澄尝与人书

曰：'彦国吐佳音如锯木屑，霏霏不绝。'"后用"霏屑"指滔滔不绝的谈吐。霏，纷落之状。

（2）青春，指春天，此指青年时期，年纪轻。

（3）薰风，和暖的风，指初夏时的东南风。《吕氏春秋·有始》："东南曰薰风。"相传舜唱《南风歌》，有"南风之薰兮"句，见《孔子家语·辨乐》。

（4）南浦，泛指送别之地，此处指与孙思顺相见之处。

（5）谢玄晖，即谢朓，此处代指孙思顺。

【赏析】

这首七律是赠别诗，表达与朋友之间的情谊。

首联两句写相遇时的情景。"天涯"指远方，"两相知"写相互知心。"对榻"指卧榻相对，"清谈"即清雅的交谈。"玉屑霏"指滔滔不绝的谈吐。由首二句可知，诗人与孙思顺这两个知心朋友是在远方相遇的。第二句写初次见面谈心的情景倒很具体。两人面对面坐在床上，侃侃而谈。

颔联两句写春天思念朋友。芳草伴随着愁思与日俱增，芳草鲜美，应该娱目怡情的，然而却伴随着"愁"生长。一个"谩"字，表达自己的"愁"情恰到好处，连"芳草"也对人徒然繁茂了。"青春不与客同归"是说孙思顺归乡时年已老大，"青春"归来客不归，表达了对友人青春已逝的惋惜心情。

颈联两句，从侧面写景物，衬托无聊的心境。"薰风"指初夏的东南风。"池馆"指住所的池塘，"蛙声老"写青蛙的声音显得衰老了。"老"字用得好，形容单调，不好听，叫人听厌了。蛙声不会"老"，"老"的是诗人的心境和感受。"落日帘栊燕子飞"也是写无聊的心情。试想：当夕阳西下的时候，在帘子外面，燕子飞来飞去，只会给人以无聊之感。这两句用景物衬托思念友人的寂寞冷落之感，可以给人以体味。

尾联两句写他日再相会。"南浦"泛指送别的地方，即相遇的地方。"南浦他年重到日"即"他年重到南浦日"，"湖山应识谢玄晖"是说湖水青山应该也相识。谢玄晖即谢朓，南北朝时南齐陈郡阳夏（今河南太康）

人，曾做宣城太守。谢朓曾与当时几位诗人互为友好，此处用谢朓代指孙思顺，表达友好的情谊。

这首诗层次清楚，写时写景有序。先写曾经冬天相逢，最后写他年旧地再相会，首尾照应。中间四句写别后思念之情，为本诗的中心含意。（韩明英）

虞 集

虞集（1272—1348），字伯生，号道园，人称邵庵先生。祖籍仁寿（今四川仁寿），迁临川崇仁（今江西崇仁）。成宗大德初年到大都（今北京），任国子助教。仁宗时为集贤修撰。泰定帝时升任翰林直学士兼国子祭酒。文宗时官至奎章阁侍书学士。晚年告病回江西，卒谥文靖。元中期四大家之一，论诗推崇淡泊安静。有《道园学古录》。

【原文】

舟次湖口

江沙如雪水无声，舟倚蒹葭雁不惊[1]。

霜气隔篷才数尺，斗杓插地已三更[2]。

抛书枕畔怜儿子，看剑灯前慨友生[3]。

尚有乘桴无限意[4]，催人摇橹转江城[5]。

【毛泽东圈评等情况】

毛泽东读清张景星等编选《元诗别裁集》卷五"七言律"时圈阅了这首诗。

[参考] 张贻玖：《毛泽东评点、圈阅的中国古典诗词》，
中国工人出版社 1992 年版，第 253 页。

【注释】

（1）蒹，没有长穗的芦苇。葭，初生的芦苇。

（2）斗杓插地，即北斗星移近地面。斗杓，即斗柄。《淮南子·天文训》："斗杓为小岁。"高诱注："斗，第五至第七为杓。"

（3）友生，朋友，旧时对晚辈的称呼。《诗·小雅·常棣》："虽有兄弟，不如友生。"

（4）桴，木筏。孔子曾经说过，自己的理想如不能实现，宁可乘木筏到海里去。这是孔子不得志而发出的愤慨，作者用此典表达自己的心情。见《论语·公冶长》。

（5）橹，比桨长大的划船工具，安在船尾或船旁。江城，即江夏，今湖北武汉武昌。唐李白《与史郎中钦听黄鹤楼上吹笛》："黄鹤楼上吹玉笛，江城五月落梅花。"

【赏析】

这是一首七言律诗，写乘船外出旅游、表达闲情逸致的诗。次谓留宿。湖口，即今湖南岳阳北。

首联写景。江岸沙滩白如雪，江水平缓无声音；把船泊在芦苇里，大雁见船也不惊。从时节来看，应该是深秋。夏季多雨，江流湍急，自然会发出声响；深秋少雨，有雨也是细雨，江流平缓，自然不会发出声响。蒹葭是深秋才长成的，长出水面而且茂盛，才好把船泊在蒹葭里。同时，大雁深秋南归，停栖在江边蒹葭旁，也是常有的事。"无声"与"不惊"写出了景物的特点——静。

颔联写夜色。深秋天气，虽在江南湖口，也已有了"霜气"，可见天气寒冷了。诗人乘的船，当然是有篷的船，而且不会是用竹篾搭成的船篷，而是木篷船，或是画舫。只有如此，才会"霜气隔篷才数尺"，不然，霜气一定透过篾篷进入船舱了。斗杓，指北斗星的斗柄。"插地"是说进入了"坤"位，"乾"为天，"坤"为地，八卦代表天空的八个方位。而具体时间已是三更，天已半夜了。这两句写夜间的气候和具体的时间。

"抛书枕畔怜儿子，看剑灯前慨友生"，颈联句写思念亲人，惦记朋友。诗人平日居家时，亲人团聚，子女就在面前；现在外出了，自然会想念子女等亲人了。平日朋友来访，谈书论剑，现在身居异地，自然会记挂着朋友。至于"抛书枕畔""看剑灯前"不过是虚写而已，未必真的在夜间的船上读书彻夜，看剑三更。这样写，表达了作者的一种愉悦闲散的心情。

尾联二句写游兴未尽，还要继续游江城。桴是小船，指诗人所乘的船。既然还有"无垠"的心意乘船秋游，那就"催人摇橹转江城"吧，即再到武昌去游玩。从末两句来看，似是诗人晚年回归江南所作。辞官了，没有公事缠身了，也无家务纠纷，因而乘兴出游，而且游兴很浓。

这样的诗，从内容来讲，虽没有多少意义，但反映了诗人的心情，从中可以了解元诗的一斑。（东民）

【原文】

城东观杏花

明日城东看杏花，丁宁儿子早将车。

路从丹凤楼前过[(1)]，酒向金鱼馆里赊[(2)]。

绿江满沟生杜若[(3)]，暖云将雨少尘沙。

绝胜羊傅襄阳道[(4)]，归骑西风拥鼓笳。

【毛泽东圈评等情况】

毛泽东读清张景星等编选《元诗别裁集》卷五"七言律"时圈阅了这首诗。

[参考] 张贻玖：《毛泽东评点、圈阅的中国古典诗词》，中国工人出版社 1992 年版，第 253 页。

【注释】

（1）丹凤楼，即凤凰池，禁苑中的池沼。魏晋南北朝时设中书省于禁苑，掌管机要，接近皇帝，故称中书省为凤凰池。丹凤，头和翅膀上的羽毛为红色的凤鸟。

（2）赊，买物延期交款。

（3）杜若，香草名，多年生草木，高一二尺，叶广披针形，味辛香，夏天开白花，果实蓝黑色。《楚辞·九歌·湘君》："采芳洲兮杜若，将以遗今下女。"

（4）襄阳，即今湖北襄阳，古称襄阳郡，元朝改为襄阳路。羊傅，即晋朝的羊祜，晋武帝时镇守襄阳，政通人和，为民所称颂。死后追赠太傅，世称羊傅。

【赏析】

这首诗也是游乐诗，充满了诗人愉悦快乐的思想感情。但不是直接写观杏花，而是虚写，写想象中明日看杏花时的情景。题为《城东观杏花》，而始终却不见杏花。诗的写法有点像杜甫的《闻官军收河南河北》，杜甫写闻收复家乡后的喜悦，虞集写观杏花的乐趣，虽都是写想象中的情景，但思想内容却大相径庭，高下悬殊。

这首七言律诗首联写兴致。打算明日去城东观看杏花，今天就交代儿子早早准备车辆。这两句写得明白流畅，无甚难解之处，但诗人准备春游的兴致溢于言表，是值得人们体味的。用明白晓畅的诗句，恰好适于表达这样的思想感情。作者的思想感情像从笔端流出来一样，毫不做作，行云流水一般自然亲切。

颔联两句写途中乐趣。去的时候，车马要从丹凤楼前经过，买酒要到金鱼馆里去买。丹凤楼，顾名思义，是豪华的楼，是宾客满座的楼，是坐落在闹市的楼，也可想象，丹凤楼前的街衢大道，是人群熙攘的大道，是生意繁荣兴盛的大道。诗人写道车马要从闹市经过，无非是铺排繁华盛况，突出地表达春游的兴致之高而已。至于酒要到金鱼馆里去买，有美酒必有佳肴，金鱼馆当推其首。观杏花而且要饮酒，当然是其乐无尽的了。这两句写路经闹市，写得热闹排场而且具体，是春游兴致的一个方面。

颈联两句写郊外景色。"绿江"指江水呈绿色，正如"春来江水绿如蓝"。"满沟生杜若"写满水沟里长的都是春草杜若。这一句写了有代表性的春天的景物绿水和香草，颜色、气味都有了。"暖云"即春天的云，不像冬天那么寒冷。同时，暖云是暖空气饱和的云，即带雨的云，所以"将雨少尘沙"。郊外空气润湿，即将下起蒙蒙细雨，不热不冷，正适于春游。中间四句，市内郊外的景物都写了，具体生动。

尾联两句用比较笔法，突出了此时此地的盛况。"绝胜羊傅襄阳道"，此句用典。襄阳在湖北，古称襄阳郡，元朝改为襄阳路。羊傅，即晋朝的羊祜，镇守襄阳时，政通人和，为当时人民所称颂。诗人说胜过晋朝羊傅所治理的襄阳道，这是溢美之辞，表达了和乐之情。最后一句，写郊游归来时的盛况"西风拥鼓笳"。这两句是全诗的小结。（东民）

揭傒斯

揭傒斯（1274—1344），字曼硕，龙兴富州（今江西丰城）人。元代元仁宗延祐初年由卢挚推荐任翰林国史院编修，前后三入翰林，官至侍讲学士。元中期四大家之一，擅长五言古诗，诗风自然悠长；又常作古乐府，反映民间疾苦，富有民歌风味，于四家中独具特色。有《揭文安公全集》。

【原文】

高邮城

高邮城，城何长？城上种麦，城下种桑。昔日铁不如⁽¹⁾，今为耕种场。但愿千万年，尽四海外为封疆⁽²⁾。桑阴阴，麦茫茫，终古不用城与隍⁽³⁾。

【毛泽东圈评等情况】

毛泽东读清张景星等编选《元诗别裁集》卷二"七言古"时圈阅了这首诗。

[参考] 张贻玖：《毛泽东评点、圈阅的中国古典诗词》，
中国工人出版社 1992 年版，第 253 页。

【注释】

（1）铁不如，即铁也不如城之坚固，极言高邮城固若金汤。

（2）四海，犹言天下，全国各处。《书·大禹谟》："文命敷于四海，祗承于帝。"封疆，疆域，疆土。《周礼·地官·大司徒》："诸公之地，封疆方五百里。"

（3）城，都邑四周的墙。一般分两重，里面的叫城，外面的叫郭。隍，没有水的城壕。

【赏析】

这首诗，属于古体。句子长短不一，非常自由，颇似汉乐府诗。从诗的内容来看，是借物抒怀的。作者认为高邮城，作为金城汤池，用于战争攻守，不如变成田园，种麦种桑为好。作者这种认识观点，是反对和厌恶战争，赞成与羡慕和平环境下的田园生活的思想感情的体现。

第一句"高邮城，城何长"，虽用了问号，但感叹语气颇浓。高邮城多么长啊！是用它来对付敌方的吗？曾经是这样的，但现在却是"城上种麦，城下种桑"，变成了麦垄桑田了。这两句，开门见山，写目下的高邮城。

三四句用对比句子写高邮城的过去和现在。"昔日铁不如"，当然是"金城"。其实所谓"金城"，并不是说用金属或金子铸造的城墙，不过形容城的坚固而已。而作者说"铁不如"，不过是强调昔日是非常坚固的城墙，是利于坚守的地方。"今为耕种场"照应第二句"城上种麦，城下种桑"，对比第三句"昔日铁不如"。对比的用意是歌咏"今为耕种场"的。如果联系历史背景来看，宋、辽、金、元是战争连绵、争城夺地的朝代，人民受尽战乱之苦，渴望种植农桑的和平生活。诗人这样写不无道理，正反映了人民的愿望。

五六句写愿望。只希望千年万代，四海之内都是封疆。"封疆"指疆域、国土。"尽四海外"即四海之内。四海之内都是统一的封疆，即指统一的国家，统一的国土，不再分裂成不同的国家，不再彼此对抗而发动战争。这两句，表现了作者期望和平岁月的强烈意愿。

最后两句写作者所期望的和平生活。紧承上句，描述农桑景象。"桑阴阴，麦茫茫"，桑树一片片浓荫，麦田望不到边际。这里用了重叠形容词"阴阴""茫茫"，充满了作者的喜悦之情，给人以辽阔的境界，正如"天苍苍，野茫茫"之句给人的境界一样。最后一句"终古不用城与隍"，照应开头两句。"城"指"城墙"，"隍"指没有水的城壕。"终古"是"永远"的意思。永远不用城墙与城壕，像现在的高邮城一样："城上种麦，城下种桑"，而且使城池永远变成农桑的田野，"桑阴阴，麦茫茫"。总之，最后两句是诗的收束句，表达的思想感情自然而真切。

这首诗的思想内容是健康的，有积极意义的，在一定程度上反映了劳动人民的愿望。在表达方式上，也不拘泥于绝句或律诗的限制，用通俗的诗句，自然的语气，自由地表达了思想感情。因此，这首诗在元诗中是别具风格的。（韩明英）

黄　溍

黄溍（1277—1357），字文潜，又字晋卿，世称金华先生，义乌（今浙江义乌）人，元代诗人。元仁宗延祐二年（1315）进士，曾任江西儒学提举、国子博士，累官至侍讲学士同知经筵事。黄溍博览群书，精通经史，为文谨严、雍容。有《黄文献集》《日损斋稿》。

【原文】

龙潭山

二月清江照眼明，避风舟楫满回汀[(1)]。

断云挟雨时时黑[(2)]，密叶藏花树树青。

习隐未成陶令赋[(3)]，行歌聊共屈原醒[(4)]。

碧潭光景无消息[(5)]，坐看鱼儿点翠萍。

【毛泽东圈评等情况】

毛泽东读清张景星等编选《元诗别裁集》卷五"七言律"时圈阅了这首诗。

[参考]张贻玖：《毛泽东评点、圈阅的中国古典诗词》，中国工人出版社1992年版，第254页。

【注释】

（1）回汀（tīng），曲折的小洲。汀，水之平，引申为水边平地，小洲。《说文·水部》："汀，平也。"段玉裁注："谓水之平也。水平谓之汀，因之洲渚之平谓之汀。"

（2）断云，片云。

（3）习隐，《庄子·齐物论》："南郭子綦隐机而坐，仰天而嘘，荅焉似丧其耦。"后因以"习隐"谓习学隐遁，有超然物外、忘情一切之意。陶令，指东晋诗人陶渊明。陶渊明隐居田园后写有《感士不遇赋》。

（4）行歌，边行走边歌唱。《晏子春秋·杂上十二》："梁丘据左操瑟，右挈竽，行歌而出。"屈原被流放到沅湘间，曾"行吟泽畔"，感慨世人皆醉"我独醒"（见《史记·屈原贾生列传》）。醒，指屈原对楚国面临的形势有清醒的认识。

（5）光景，风光、景色。南宋朱熹《春日》："无边光景一时新。"消息，消减与增长，指生灭、盛衰。《易·丰》："天地盈虚，与时消息。"

【赏析】

这首七言律诗，是首记游诗。诗中生动地描绘了龙潭山的美丽风景，流露出归隐田园的愿望。龙潭山，在今浙江定海境内。此诗当写于诗人任宁海县丞期间。诗人另有《初至宁海二首》。

"二月清江照眼明，避风舟楫满回汀"，首联描写，先写山下之水和水中之船。二月点明时在初春。清江，当指浙江。浙江至宁海，即将入大海，水澄明清澈。舟楫，本指船桨，此代指船。回汀，指水边沙洲。躲避海风的渔船停满了沙洲边。这是写龙潭山下之景。

"断云挟雨时时黑，密叶藏花树树青"，颔联继续描写，写龙潭山景色。断云，即片云，不是浓云。故云来时便是阵雨，云去雨便停，所以是天空一阵阵的黑暗。早春二月绿叶都已长出，故说"密叶"。而此时花开者尚少，像故意躲藏在密叶之中一样。虽不是暮春，也是"绿肥红瘦"，所以说"树树青"。二句对仗工整，用词准确，将初春雨中龙潭山景写得极为生动。

"习隐未成陶令赋，行歌聊共屈原醒"，颈联用典，写诗人超然物外之意。晋诗人陶潜，只做了八十一天县令，便挂冠而去，归隐田园；战国时期楚国政治家、大诗人屈原被放逐后，行吟泽畔，游于江潭，最后愤而投汨罗江自杀。两人都是不与恶势力同流合污，愤而归隐或遭贬，却都保持了自己崇高的节操和人格。诗人用此二典，抒写归隐田园、洁身自好之志。

"碧潭光景无消息，坐看鱼儿点翠萍"，末联描写，写山中龙潭之景。碧潭，即指龙潭山中之潭。光景，风光景色。消息，消灭与增长之意。二句是说，龙潭上的景色并没有生长、盛衰，依然风光旖旎，我坐在潭边静静地看着水中鱼儿衔食翠绿的浮萍。以情结情，有超然物外之意，余味不尽。（毕桂发）

柳 贯

柳贯（1270—1342），字道传，自号乌蜀山人，浦江（今浙江浦江）人，元代诗人。大德间为江山县教谕，累至江西儒学提举。元惠宗至正间擢翰林待制，兼国史院编修官。诗文沉郁雍容，散文长于议论，宣扬封建伦理道德，颂扬元室统治；诗善写景物变化之态。与同郡黄溍、吴莱齐名，又与虞集、揭傒斯、黄溍称为儒林四杰。有《柳待制文集》。

【原文】

次韵鲁参政观潮

怒潮卷雪过樟亭⁽¹⁾，人立西风酒斾青⁽²⁾。
日毂行天沦左界⁽³⁾，地机激水出东溟⁽⁴⁾。
倒排山岳穷千变，阖辟云雷竦百灵⁽⁵⁾。
望海楼头追胜赏⁽⁶⁾，坐中宾客弁如星⁽⁷⁾。

【毛泽东圈评等情况】

毛泽东读清张景星等编选《元诗别裁集》卷五"七言律"时圈阅了这首诗。

[参考]张贻玖：《毛泽东评点、圈阅的中国古典诗词》，中国工人出版社1992年版，第254页。

【注释】

（1）雪，指浪涛。樟亭，在今浙江杭州南钱塘江北岸。
（2）酒斾（pèi），酒旗。斾，泛指旗帜。
（3）日毂，太阳。毂是车轮中心的圆木，代车轮。太阳如车轮而运转不息，故名。沦左界，落到西方。

（4）地机，指大地活动的枢要，此指钱塘江。宋姚宽《西溪丛语》卷上："观古今诸家海潮之说者多矣，或谓天河激涌，亦云地机翕张。"

（5）阖辟，合开。云雷，指潮声。𢣷，通"悚"，恐惧。百灵，百神。

（6）望海楼，在今浙江杭州旧城南凤凰山上。胜赏，美妙的享受。

（7）弁（biàn），古代贵族的一种帽子。

【赏析】

次韵，作旧体诗的方法之一，亦称步韵，即依照所和诗中的韵及其用韵的先后次序写诗。鲁参政，生平未详。参政，官名，元代在中书省、行中书省置有参政，为副职。

钱塘观潮，是自古以来一件胜事。写钱塘观潮的诗词佳作不胜枚举，这首七言律诗亦是其中之一。"怒潮卷雪过樟亭，人立西风酒斾青。"首联描写，写出诗人立身西风所见钱塘潮情状。雪指浪花。樟亭在今杭州南钱塘江北岸。西风，点明时令。观潮的最好时节是八月中旬。酒斾即酒旗。二句是说，愤怒的潮水卷着浪花滚滚滔滔而来，已经过了樟亭，清澈的潮水映得天地皆青，连酒楼上的酒旗也映成青色。

如果首联二句是状钱塘潮声势之雄伟，那么，接下两句是描写钱塘潮之所出："日毂行天沦左界，地机激水出东溟。"颔联继续描写，但着眼点是钱塘观潮的时间及其渊源所自。日毂，指太阳。太阳如车轮旋转，故云。左界，古以左西右东，故以左界指西方。地机，指大地活动的枢要。东溟，东海。二句是说，观潮的最佳时间是太阳快要落山之时，钱塘潮是由于大地的活动激发东海之水形成的。这联仍是诗人观潮所见。

"倒排山岳穷千变，阖辟云雷𢣷百灵。"颈联仍用描写，写钱塘潮的声势和威力。倒排山岳，即排山倒海，状潮之声势。"阖辟云雷"，状潮之威力。二句是说，钱塘潮如排山倒海一般而又千变万化，浪涛声声一开一合使百神恐惧。写钱塘潮声威极为生动有力。

以上六句从不同角度描写了钱塘潮，但这还不是观潮的极致。所以末联又写道："望海楼头追胜赏，坐中宾客弁如星。"尾联叙事，抒写观潮的愉悦之情。可以观赏钱塘潮的地方固然很多，但以立身杭州旧城南凤凰山下观看最好，才能获得最美妙的享受，所以聚集在这里的观者如云，人群中戴着贵族帽子的人多如天上的繁星，作者当时为其中其之一员，他得到最美的享受自不待言，愉悦之情溢于言表。（毕桂发）

【原文】

送张明德使君赴南恩州

几许炎州画里山⁽¹⁾，西风驱向马前看。

诗人旧志三刀喜⁽²⁾，边侯新乘一障安⁽³⁾。

时取椰浆斟玉液，饶将桂蠹荐雕盘⁽⁴⁾。

雪花定比常年大，燕寝香凝夜气寒⁽⁵⁾。

【毛泽东圈评等情况】

毛泽东读清张景星等编选《元诗别裁集》卷五"七言律"时圈阅了这首诗。

[参考] 张贻玖：《毛泽东评点、圈阅的中国古典诗词》，中国工人出版社1992年版，第254页。

【注释】

（1）几许，几多，多少。炎州，泛指我国南方各州郡，因南方炎热故称。

（2）诗人，作者自指。三刀喜，指张明德调任南恩州太守。典出《晋书·王濬传》，王濬夜里梦见悬三刀在住室梁上，不一会儿又加一刀。惊醒后很不快。主簿李毅拜贺曰："三刀为州字，又益一者，明府其益州乎？"果迁濬为益州刺史。这个传说，后来便成了官吏升迁的典故。

（3）边侯，边吏，边守。《韩非子·说林上》："子胥出走，边侯得之。"王先慎集解："侯，吏也。"障，边塞上防卫寇掠的小城，此指南恩州。

（4）桂蠹，寄生在桂树上的虫，比喻食禄之臣。荐，进献。雕盘，刻绘花纹的盘子。

（5）燕寝，古代帝王休息安寝的所在。

【赏析】

　　这是一首送别诗。诗中对张明德出任南恩州太守表示祝贺，并希望他能将地方治理好。张明德，生平未详。使君，是对州郡长官的称呼。南恩州，州名，治所在今广东阳江。

　　"几许炎州画里山，西风驱向马前看。"首联叙事，写张明德赴任南恩州。炎州，指南恩州。"几许""画里山"是说南恩州是个多山的地方，风景如画。西风，点明赴任时在秋季。"驱马"云云，谓张明德是走马上任。

　　"诗人旧志三刀喜，边侯新乘一障安。"颔联继续叙事。诗人，是诗人自指。旧志，曾经有志于。边侯，谓张明德是就任地方长官。"三刀喜"系用典。障，谓边塞上防卫寇掠的小城。二句是说，我过去曾羡慕官员的升迁而未能如愿，你如今就任南恩州使君就能凭借南恩州这个边塞小城捍卫南部边疆的安全。诗人与边侯对举，对仗工稳，写出了张明德赴南恩州就任的意义。

　　"时取椰浆斟玉液，饶将桂蠹荐雕盘。"颈联描写，写南恩州有特产奉献。椰浆，椰子浆，即椰子果实中的汁水。明李时珍《本草纲目·果三·椰子》："椰子浆。甘，温，无毒。"玉液，本喻美酒，此指椰浆。桂蠹，本指寄生在桂树上的一种虫，此喻只知食禄的官吏。《楚辞·东方朔〈七谏·怨世〉》："桂蠹不知所淹留兮，蓼虫不知徙乎葵菜。处湣湣之浊世兮，今安所达乎吾志？"王逸注："桂蠹以喻食禄之臣也。言桂蠹食芬香、居高显，不知留止，妄欲移徙，则失甘美之木，亡其处也，以言众臣食君之禄，不建忠信，妄行佞谄，亦将失其位，丧其所也。"二句是说，南恩州可以时取椰子汁代替美酒，这种地方特产是地方长官向上级进献的珍品，极写其物产丰美。

　　"雪花定比常年大，燕寝香凝夜气寒。"尾联抒情，写治理好南恩州的意义。元代大都即今北京，古属燕国之地。其地冬季极寒，唐李白有"燕山雪花大如席"（《北风行》）之句。上句暗用李白诗句。"燕寝"，谓古代帝王休息安寝的宫室。《周礼·天官·女御》："女御掌御叙于王之燕寝。"《礼记·曲礼下》："天子有后，有夫人"，唐孔颖达疏："《周礼》王有六寝，一是正寝，余五寝在后，通谓燕寝。"末二句是说，尽管今年冬天特别冷，雪花比往年大，但由于有张明德治理南恩州，皇帝在寒气袭人的寝宫里安然入睡。这是诗人对张明德的希冀，也是送其赴任南恩州的初衷。（毕桂发）

【原文】

次韵伯庸待制上京寓直书事因以为寄

举头凉影动明河(1)，问讯仙人八月槎(2)。
斗下孤光悬太白(3)，云间长御挟纤阿(4)。
霓裳催按新声遍(5)，凤诏需承曲宴多(6)。
一代词华归篆刻，龙文还欲映珊戈(7)。

松翠新裁似鹤翎(8)，手中云影落深青。
宫花忽动红千帐，禁柳齐分绿半欞(9)。
金掌擎秋调玉屑(10)，铜浑窥夜约银钉(11)。
不知太史朝来奏(12)，东壁光联第几星(13)？

乌桓落日稍沉西(14)，南极青山女堞低(15)。
马谷夏泉经雨涨(16)，龙堆秋草拂云齐(17)。
一函祠检将升玉(18)，万里丸封不用泥(19)。
爆直夜凉谈往事(20)，乘车犹欲避鸡栖(21)。

【毛泽东圈评等情况】

毛泽东读清张景星等编选《元诗别裁集》卷五"七言律"时圈阅了此组诗。

[参考] 张贻玖：《毛泽东评点、圈阅的中国古典诗词》，中国工人出版社 1992 年版，第 254 页。

【注释】

（1）明河，天河，银河。唐宋之问《明河篇》："明河可望不可亲，愿得乘槎一问津。"

（2）八月槎，传说古代有人见海上年年八月有浮槎来往，于是乘槎上天，到一处，见有房屋，内有织妇，又有人牵牛饮水，回来后到蜀地问术士严君平，才知所到之处是天河，牵牛人即是牵牛星。后以此典表现上天遨游等仙家事迹。见晋张华《博物志》卷十。

（3）斗，指北斗星。太白，星名，即金星，一名启明星。传说太白星主杀伐，故诗文中用以比喻兵戎。

（4）御，驭手，赶车人。纤阿，古代传说中擅长驾车的人。《史记·司马相如列传》："阳子乘，纤阿为御。"郭璞云："纤阿，古之善御者。"

（5）霓裳，霓裳羽衣曲的省称。原自西凉传入的新声，经唐玄宗润色，改为霓裳羽衣曲。

（6）凤诏，皇帝的诏书。梁元帝《陆倕墓铭》："两升凤诏，三待龙楼。"曲宴，犹私宴，多指宫中之宴。三国魏曹植《赠丁仪》诗："吾与二三子，曲宴此城隅。"黄节注："《魏志·后妃传》曰：'景初元年，帝游后园，召才人以上曲宴极乐。'曲宴犹私宴也。"

（7）龙文，龙形的花纹。琱（diāo）戈，同"雕戈"，刻镂之戈。

（8）松翣（shà），用柔嫩松皮制成的宫扇。翣，古代仪仗中用的大掌扇。

（9）禁柳，宫廷的柳树。

（10）"金掌"句，指金人承露盘。典出《三辅黄图》引《汉武故事》。

（11）铜浑，即"铜仪"，指浑天仪。我国古代观测天体位置的仪器。钉，当作"钢"（gāng，又读 gōng），灯。

（12）太史，古官名，掌管推步测算之事，此指伯庸待制。

（13）东壁，壁宿别名，为玄武七宿之一。《晋书·天文志上》"二十八舍"："东壁二星，主文章，天下图书之秘府也。"后因以用东壁指藏书之所。

（14）乌桓，亦作"乌丸"，我国北方少数民族之一，汉匈奴之余部，后居今辽宁一带。

（15）南极，南方，极远之地。王充《论衡·寒温》："火位在南，……南方则热。"女堞，女墙，城上呈锯齿状的矮墙。

（16）马谷，即马谷山侧的洞穴。在今山东无棣北六十里，有马谷山，山西南半腰有洞广二丈多，深不可测，相传古有龙马从此出，故名马谷。

（17）龙堆，沙漠名，即白龙堆，因其形状像一有头无尾的土龙而得名，其地在古代西域境内（见《汉书·匈奴传》），约在今新疆罗布泊与甘肃敦煌之间。

（18）函，封套。祠，祭祀，此指祭词。检，封书题签。古代书信以竹木简为之，书成，穿以皮条或丝绳，于绳结处封泥，在泥上钤印，叫作"检"。

（19）丸封不用泥，即丸泥封关。典出《后汉书·隗嚣传》："（王）元遂说嚣曰：今天水完富，士马最强……请以一丸泥为大王东封函谷关，此万世一时也。"意思是函谷关形势险要，只用少数兵力即可扼守。

（20）僄（bào）直，官吏在官府连日值宿。宋王禹偁《赠浚仪朱学士》有"何时僄直来相伴，三人承明兴渐阑"句。

（21）鸡栖，鸡栖息之所，即鸡窝。语本《诗·王风·君子于役》："鸡栖于埘，日之夕矣，羊牛下来。"《后汉书·陈蕃传》："车如鸡栖马如狗，疾恶如风朱伯厚。"

【赏析】

　　次韵，亦称步韵，即依照所和诗中的韵及其用韵的先后次序写诗。伯庸，生平未详。待制，官名，元代在翰林院置待制，为典守文物之官，位在直学士之下。上京，即元上都，在今内蒙古正蓝旗闪电河北岸，蒙古忽必烈营建。元许有壬有《上京十咏》诗，张养浩有《上都道中》诗。寓直，寄宿于别的署衙当值。晋潘岳《秋兴赋》："余春秋三十有二，始见二毛，以太尉掾兼虎贲中郎将，寓直于散骑之省。"唐李匡乂《资暇集》卷中："'寓直'二字，出于潘岳之为虎贲中郎将。晋朝未有将校省，故寄直散骑省。"后泛称夜间于官衙值班。唐宋之问《和姚给事寓直之作》："寓直光辉重，乘秋藻翰扬。"书事，记事。这组诗是诗人读了伯庸待制寓直上京纪事诗之后的和作，诗中描写了上京宫廷生活，对国泰民安予以颂扬。

这是一组七言律诗。我们先看第一首诗。诗中描写了上京寓直时仰观天象及所闻宫中饮宴歌舞。"举头凉影动明河，问讯仙人八月槎。"首联叙事，写寓直所见天象。明河，即银河。二句说，深秋八月之夜，诗人在上京寓直仰观天河有凉影移动，便自然而然问道这是不是八月槎到来了。八月槎，是传说中八月里按期通往天河的船筏。二句写伯庸待制寓直时的闲情逸致，引入八月槎的神话故事，写得十分优美。"斗下孤光悬太白，云间长御挟纤阿。"颔联描写，继续写仰视夜空所见所想。斗，北斗星。太白，太白星。北斗星、太白星都是著名的星宿。所以伯庸看了银河之后，便把目光移往这两颗星了。由于北斗星指方向，太白星主杀伐，对于一个以武力拓疆扩土的元王朝便至关重要了。于是诗人便由兵戎之事联想到战车及驾驭战车的驭手。纤阿便是古代善驭的人。以上两联写寓直时仰观天象所见，以下便转到对所闻宫中乐舞的描写了。"霓裳催按新声遍，凤诏需承曲宴多。"霓裳，霓裳羽衣曲的省称。唐白居易《琵琶行》："轻拢慢捻抹复挑，初为《霓裳》后《六幺》。"霓裳羽衣曲，为唐代著名法曲，此代指乐曲。按，弹奏。新声，新作的乐曲，新颖美妙的乐音。凤诏，皇帝的诏书。晋陆翙《邺中记》："石季龙与皇后在观上，为诏书五色纸，著凤口中，凤既衔诏，侍人放数百丈绯绳，辘轳回转，凤凰飞下，谓之凤诏。凤凰以木作之，五色漆画，脚皆用金。"曲宴，犹私宴，多指宫中之宴。二句是说，宫中奉皇帝的诏命需要参加的宴会很多，宴会上催促弹奏乐曲把新制作的乐曲都演奏一遍。伯庸寓直当然不能赴宴，只能是耳闻了。"一代词华归篆刻，龙文还欲映珊戈。"末联叙事，写寓直所见。词华，谓文采。归，终，最后。篆刻，雕刻。龙文，龙形的花纹。珊戈，刻镂之戈，亦为戈之美称。二句是说，一代文采最终表现在珊戈之上刻镂的龙形花纹。宋陆游《书事》云："自笑书生无寸效，十年枉是枕珊戈。"二句有不被重用之慨。第一首通过伯庸寓直时所见所闻，抒发了不能立功以报效国家的慨叹。

　　第二首是直接描写宫中生活的。"松翣新裁似鹤翎，手中云影落深青。"首联描写，先写宫中仪仗。松翣，指宫扇。鹤翎，鹤的羽毛。云影，指宫扇之影。二句是说，用柔嫩松皮制成的宫扇就像鹤翎，仪仗队员手中的大掌扇的影子呈现一种深青色。二句描写宫中仪仗，肃穆端庄。"宫花忽动红千帐，禁柳齐分绿半槏。"颔联叙事兼描写，写宫中景物，抓住花、柳这两种最有特征性的景物来写。二句是说，清风吹来，宫花摇动，红遍千个护花帷幕，宫中杨柳整齐地送来半窗青绿。对仗工稳，描写生动。以上两联写白昼宫中风物，以下转入对夜里宫中景物的描写。"金掌擎秋调玉屑，铜浑窥夜约银钉。"颈联用典，写宫中夜景。金掌，铜制的仙人手掌，为汉武帝作承露盘擎盘之用。汉武帝迷信神仙，于建章宫筑神明台，立铜仙人舒掌捧铜盘承接甘露，冀饮以延年。后三国魏明帝亦于芳林园置承露盘。《汉书·郊祭志上》："其后又作柏梁、铜柱、承露仙人掌之属矣。"颜师古注："《三辅故事》云：建章宫承露盘高二十丈，大七围，以铜为之，上有仙人掌承露，和玉屑饮之。"铜浑，铜浑仪之省称，即浑天仪。宋朱弁《曲洧旧闻》卷八："元祐四年三月己卯，铜浑仪新成，盖苏子容所造也，古谓之浑天仪。"唐骆宾王《秋晨同淄州毛司马秋九咏·秋云》："南陆铜浑改，西郊玉叶轻。"二句意谓，入夜以后，宫中灯火辉煌，仙人高举承露盘承接自天而降的甘露以调和玉屑，浑天仪观测着天体的变化，一派富贵景象、神秘气氛。"不知太史朝来奏，东壁光联第几星？"尾联叙事，写伯庸上早朝情景。太史，古史官名，此指伯庸待制。东壁，星宿名，主文章，后因用以指藏书之所。二句是说，不知道您几时上早朝，当时东壁星光芒联着第几星？这首诗写寓直所见宫中夜景，富丽堂皇，一派歌舞升平景象。

第三首写寓直谈以往之事，歌颂天下太平。"乌桓落日稍沉西，南极青山女堞低。"首联描写，写南北方的和平景象。乌桓，古代我国少数民族，居今辽宁一带，指代北方。南极，南方极远之地，指代南方。女堞，女墙。二句意谓，国家的乌桓所居的北方之地太阳就要落山，南方的青山和城上女墙都极低矮。夕阳慢慢落下，用于防守的女堞修得不高，说明没有战乱，天下太平。"马谷夏泉经雨涨，龙堆秋草拂云齐。"颔联继续描写，写东方和西方也无战乱。马谷，马谷山侧的洞穴，在今山东无棣境内，指代东方。龙堆，沙漠名，即白龙堆，其地在今甘肃敦煌与新疆罗布泊之间，指代西方。马谷夏泉经雨而涨，龙堆秋草高于云齐，两种自然景观，说明东西方也是一片和平景象。"一函祠检将升玉，万里丸封不用泥。"颈联用典。祠，祭名，春祭。《诗·小雅·天保》："禴祠烝尝。"毛传："春曰祠，夏曰禴，秋曰尝，冬曰烝。"《尔雅·释天》："春祭曰祠。"《说文·示部》："春祭曰祠。品物少，多文词也。从示司声。仲春之月，祠不用牺牲，用圭璧及皮币。"升玉，即指祭祀时献上圭璧等玉器。丸封，即丸泥封关之意，意谓用一个小泥丸就能把函谷关封闭，比喻形势险要，只用少数兵力即可固守。这里"不用泥"，是说连一丸泥也不用，极力形容关隘险固。二句意谓，只要天子一封祭祀诏书，祭祀时献上玉器，像函谷关那样的险要关隘连一丸泥也不用就可以牢牢守住，极言天下太平。"儤直夜凉谈往事，乘车犹欲避鸡栖。"末联叙事，交代寓直书事来由。儤直，官员在官府连日值宿。鸡栖，鸡窝，此指鸡宿之时。二句是说，以上所叙寓直之事都是我连日在官府值宿时谈及的，寓直应该在鸡栖之前早去。交代寓直书事的来由，勉以勤于公事作结，使这首诗首尾完足，结构严谨。

（毕桂发）

萨都剌

　　萨都剌（1300—?），字天锡，号直斋，答失蛮氏，因祖父留镇云、代，遂居雁门（今山西代县），元代诗人。泰定年间进士，曾任镇江录事司达鲁花赤、福建闽侯道廉访司知事、燕南河北道廉访司经历、淮西江北道经历等职。晚年寓居武林，尝游历山水，后入方国珍幕，卒。其诗词清丽婉转，又兼奔放豪迈，自成一家。有《雁门集》。

【原文】

过广陵驿

秋风江上芙蓉老，阶下数株黄菊鲜。

落叶正飞扬子渡[(1)]，行人又上广陵船[(2)]。

寒砧万户月如水[(3)]，老雁一声霜满天。

自笑栖迟淮海客[(4)]，十年心事一灯前。

【毛泽东圈评等情况】

　　毛泽东读清张景星等编选《元诗别裁集》卷五"七言律"时圈阅了这首诗。

[参考] 张贻玖：《毛泽东评点、圈阅的中国古典诗词》，中国工人出版社1992年版，第254页。

【注释】

　　（1）扬子渡，古渡口名，在今江苏扬州南，由此南渡京口（今江苏镇江）。

　　（2）广陵，郡名，郡治故城在今江苏扬州北。

（3）砧（zhēn），捣衣石，此指捣衣声。

（4）栖迟，淹留。淮海，今江苏北部一带地处淮河至黄海之间，故称淮海。扬州在长江北岸，亦属淮海地区。淮海客，作者自指。

【赏析】

广陵，即今江苏扬州。驿，驿站，古代传递文书、官员来往及运输等中途暂息、住宿的地方。

诗人勤奋为官，工于诗词。他南下北上，几经广陵，以广陵为题写下了很多诗篇。元顺帝元统二年（1334）秋八月，诗人北上至真定就任燕南宪司照磨，途中与王伯循、朱舜咨等友人游京口、广陵等地，在广陵留下了"落叶正飞扬子渡，行人又上广陵船。过江载得秋多少，老雁一声霜满天"，"寒砧万户月如水，老雁一声月满天"的佳作名句。十三年后，南下再经广陵，又写下了《过广陵驿》这一诗作，诗中描写广陵的景色，回忆往事，即借用了自己十多年前的名句。

这是一首七言律诗，诗的前六句都是在描写广陵驿周围的景物。首联二句，写秋风、芙蓉（即荷花）、驿边的台阶、菊花。秋风阵阵吹过，荷花已失去往日的"照眼鲜明"、争奇斗艳，呈现出一种残败的气象，驿边阶下，数株金菊，在秋风中摇曳，散发幽幽清香，流露出一种旺盛的生机。荷花和黄菊相映衬，渲染了一种清幽淡远、萧疏冷旷的深秋景色。颔联、颈联四句，诗人直接采用十三年前的诗句，从视觉和听觉两个方面，再现了暮色苍茫中遥远而亲切的情景，清江月夜里清脆、凄厉的鸣声，既是对十三年前路过此地时所见到景色的追忆，更是对眼前环境的抒写，深秋，扬子渡口，枯黄色的树叶在凉风中飘零，纷纷扬扬，铺撒了一路，岸边三三两两的行人，踩着落叶，又陆陆续续踏上了停泊在江边驿口的渡船；皎洁的月光，清江的两岸，千家万户的捣衣声和高飞天际的孤雁的鸣叫声糅在一起，动极而静，情趣悠渺。十三年前后的景物依旧，使人产生出一种"物是人非"之感。

尾联两句，点出诗题，使全诗的意境得到升华。诗人在对广陵驿口景物环境描写、铺排之后，笔锋一转，回到了对主观情感的抒发。十三年，多么短暂，然而又是何等漫长。短暂的人生能有几个"十三年"，漫长的岁月，诗人又经历了多少风霜磨砺和沧桑变幻？"自笑栖迟淮海客"，一句自嘲，涵盖了多少人生的甘甜和苦涩；"十年心事一灯前"，一句虚笔勾描，把十年来心中的感慨、思虑深深埋藏，既不着痕迹，又隽永耐人寻味。

《过广陵驿》为诗人晚期创作的成功之作，表现了清丽峻拔、自然飘逸的诗风。（李景文）

【原文】

赠弹筝者

银甲弹冰五十弦⁽¹⁾，海门风急雁行偏⁽²⁾。

故人情怨知多少？扬子江头月满船⁽³⁾。

【毛泽东圈评等情况】

毛泽东读清张景星等编选《元诗别裁集》卷八"七言绝"时圈阅了这首诗。

[参考]张贻玖：《毛泽东评点、圈阅的中国古典诗词》，中国工人出版社1992年版，第254页。

【注释】

（1）银甲，银制的假指甲，用以弹筝、琵琶等弦乐器，也叫"拨"。唐杜甫《陪郑广文游何将军山林》之五："银甲弹筝用，金鱼换酒来。"弹冰，以指拨弦，弹奏出清脆的声音。宋高观国《喜迁莺》："宝瑟弹冰，玉台窥月。"五十弦，唐宋筝十弦，近代增至十六弦，现在有十八弦、二十弦、二十五弦等。五十弦，原指瑟，唐李商隐《锦瑟》有"锦瑟无端五十弦"句，此借指筝。

（2）海门，在今江苏镇江、扬州之间。唐杜牧《寄题甘露寺北轩》："天接海门秋水色，烟笼隋苑暮钟声。"雁行（háng），飞雁的行列。古筝的弦柱斜列，如飞雁一样，故称雁行。

（3）扬子江，即今江苏扬州附近长江，唐时为扬子县所辖，后亦用以通称长江。

【赏析】

萨都剌踏入仕途后，长期过着游宦生活，足迹遍布半个中国。任职期间他深入民间，接触社会实际，勤政爱民，为父老称道。这些经历给他提供了大量的写作素材，使他在诗词创作上取得了较高的成就。

据萨氏后裔清代萨龙光考，此诗系赠扬州著名弹筝艺人沈生。沈生常向学者文人求赠诗词，虞集、张翥等都曾为其作词。后人推测这首诗可能也是沈生求赠之作。从字面上看这首诗题材并非多么重大，艺术上也显不出多么高超，但读后让人感到它仍不失为一首好诗。

银甲，银制的假指甲，套在手指上，供弹筝（或其他弦乐）用；五十弦，常用来泛指乐器。第一句用白描手法勾勒了一幅艺人弹筝的画面。诗人没有把目光局限在筝上，他极目远眺——海门风急雁行偏。海门，今江苏镇江、扬州之间；风急，急到什么程度呢？雁行偏，把飞雁的行列吹偏斜了。诗人用这一句借景喻声，形容筝声急骤，犹如疾风。接下来诗人感叹：老朋友的感情有多少呢？故人，亦作"知音"解。最后诗人落笔在"扬子江头月满船"，这一句有地点（扬子江头），有时间（月夜），有具体场所（船），如果说这就是弹筝的时间、地点的话，那么诗人的设问也就有了明确指向了。

全诗看似平淡无奇，细析却质真意明，颇具匠心。它分为两个层次，先写艺人弹筝，后写诗人的感慨。就深层内容的心理积淀而言，诗人所写的弹筝的音响效果，无疑寄托了壮志未酬的真情实感，正所谓"潜气内转，心音外激"，使人产生强烈的共鸣。诗人在经过颠沛流离的生活之后，深知知音难求，所以在结尾处特别指出知音之所在，喜悦之情溢于言表。

诗言志。诗人在这首诗里没有过多地表白自己，而是把读者带入作品所创造的艺术境界中，让读者在联想中寻绎，以领略诗人的志趣情味。唯其鲜于直抒胸臆的笔墨，才更显出"含不尽之意，见于言外"的深长所在。（英男）

【原文】

秋夜闻笛

何人吹笛秋风外，北固山前月色寒⁽¹⁾。

亦有江南未归客⁽²⁾，徘徊终夜倚阑干⁽³⁾。

【毛泽东圈评等情况】

毛泽东读清张景星等编选《元诗别裁集》卷八"七言绝"时圈阅了这首诗。

[参考] 张贻玖：《毛泽东评点、圈阅的中国古典诗词》，

中国工人出版社 1992 年版，第 254 页。

【注释】

（1）北固山，在今江苏镇江东北，有南、中、北三峰，北峰三面临江，形势险要，故称"北固"。

（2）江南未归客，滞留江南而不能归乡的客人，此是作者自指。

（3）阑干，也作"栏杆"。

【赏析】

这首七绝是诗人在京口任录事长期间所作。京口，古城名，故址在今江苏镇江。全诗寥寥数语，通过白描的手法，以写秋夜听笛为题，抒写了客居他乡、形影孤单、思向京师的思归心情，读起来朗朗上口，品起来耐人寻味。

"何人吹笛秋风外"，是写秋天的一个夜晚，诗人耐不住他乡作客的寂寞，走出门来，沐浴着清静的月色，在大自然中寻求慰藉。一阵阵笛声在秋风的吹送下徐徐传来，在秋天的月夜里是那样的遥远，仿佛是在无影无踪的秋风之外，然而，又是那样的悠扬、深沉，好像是在向诗人倾吐心中的哀怨，引发起诗人的好奇心：这动听的笛声出自什么人呢？

"北固山前月色寒"，北固山，为京口三山之一，其势壮观。这一句

点明诗人当时所在的地点，即京口；所处的时间：深秋的月夜。秋夜，天高地旷，月光如水银泻地，千里一派洁白。诗人踩着月色，听着笛声，思绪万千，感叹人生的短暂，自诉仕途的劳累，哀伤他乡客居的冷清，诗人被这种失落的情绪所包围，更加感到皎洁的月色也是寒冷的。一个"寒"字，虽说描写的是月色，实则是诗人此时此刻身处他乡的幽愁暗恨的真实流露。这种形象而又含蓄的表达，显得洒脱而又蕴藉。

"亦有江南未归客，徘徊终夜倚阑干。"徘徊，来回漫步；倚，靠着；阑干，用竹木等做成的遮拦物。前两句诗人只是作客观的描写，字里行间委婉地表达了"寒"的心情。而这后两句诗人则是直抒胸臆，剖析自己的内心世界，哀伤自己身居异地、作客他乡的凄苦。诗句直述诗人自己也是一位旅居江南京口、尚未回归的游子，那种流落他乡的孤寂、那种思念家人的期盼、那种郁郁不得志的怨愤相互交织在一起，像一条无形的带缠绕着他，使他在繁忙的公务之后仍无法解脱，使他在周围人们已进入梦乡、大地一片宁静的深夜仍无法睡去，不得不在楼头栏杆旁彻夜徘徊，排解心中的忧愁。寥寥数句，就勾勒出了一个活生生的思归客旅者的形象。

这首短诗，只有四句，由笛声引发出来，有景有情，情景交融；是诗是画，诗情画意尽在于此。诗人用通俗易懂的语言、婉转清丽的意境、精巧的构思，淋漓尽致地描绘了一幅士子宦游图。（李景文）

【原文】

相逢行赠别旧友治将军并序

予迁官出闽[1]，舟行抵兴田驿二十里许[2]，俄闻击鸣金鼓，应响山谷间。随见旌旗导前，兵卒卫后，中有乘马者，氄袍帕首[3]，徐行按辔，屡目吾舟。吾病久气馁，不能无惧心也。顷之，兴田驿吏以行舆见迓[4]，遂舍舟乘舆。向之旌旗兵卒，移导舆前，马从舆后，舆行马鸣，途中未敢交一语。迫莫[5]，至邸舍，烛光之下，氄袍者进曰："某乃建之五夫巡检官[6]。闻使君至，候此将一月矣。某尝三识使君面，自都门一别[7]，今已五载，使君岂遗忘之耶？"仆惊谢曰："将军何人也？"答曰："某即使君旧友云中也。"

熟视久之，恍如梦寐。云中复能纪予阙下丰采时否邪⁽⁸⁾！历历关河，旧游如隔世。乃对烛光，夜道故旧。明日，复同游武夷九曲⁽⁹⁾，煮茶酌酒，临流赋诗，出入丹崖碧嶂间，心与境会，天趣妙发，长歌剧饮，相与为乐。酒阑兴尽⁽¹⁰⁾，秋风凄凄，落木雨下，闽关在望，复作远行。予始见君而惧，次得君而喜，终会君而乐，又得名山水以发挥久别抑郁之怀。乐甚而复别，别而复悲，悲复继之以思也。嗟夫！人生聚散，信如浮云，地北天南，会有相见。因赋诗，复为《相逢行》以送之⁽¹¹⁾。

一年相逢在京口，笑解吴钩换新酒。城南桃杏花正开，白面青衫鞭马走。一年相逢白下门⁽¹²⁾，短衣窄袖呼郎君。朝驰燕赵莫吴楚，逸气自觉凌青云。一年相逢在阙下，东家塞驴日相假。有如臣甫去朝天⁽¹³⁾，泥滑沙堤不敢打。都门一别今五年，今年相逢沧海边。千山木叶下如雨，雁声堕地秋连天。将军毵袍腰羽箭，拥马旌旗照溪面。小官不识将军谁，卧病孤舟强相见。岂知此地逢故人，摩挲老眼开层云⁽¹⁴⁾。旧游历历似隔世，夜雨岂不思同群！郎君别后瘦如许⁽¹⁵⁾，无乃从前作诗苦。溪头月落山馆深，剪烛犹疑梦中语。人生聚散亦有时，且与将军游武夷。弓刀挂在洞前树，洞里仙童来觅诗。稽首武夷君⁽¹⁶⁾，借我幔峰顶，分我紫霞浆⁽¹⁷⁾，与子连夜饮。左手招子乔⁽¹⁸⁾，右手招飞琼⁽¹⁹⁾，举觞星月下，听吹双凤笙。我酌一杯酒，持劝天上月，劝尔长照人相逢，莫向关山照离别。凤笙换曲曲未终，天风木杪吹晨钟。拂衣罢宴下山去，又隔云山千万重。

【毛泽东圈评等情况】

毛泽东读清张景星等编选《元诗别裁集》卷二"七言古"时圈阅了这首诗。

[参考] 张贻玖：《毛泽东评点、圈阅的中国古典诗词》，
中国工人出版社 1992 年版，第 254 页。

【注释】

（1）迁官，调动官职。古时调动官职叫"迁"，一般指升职。闽，福建的简称。

（2）兴田驿，在今福建崇安东南的新田镇。

（3）毳（cuì）袍，即毳衣，古代冕服之一，自天子至男爵都可服用。

（4）行舆见迓，用车来接。舆，本指车厢，即以指车，也转义指轿子。迓（yà），迎接。

（5）莫，通"暮"。

（6）建，福建。

（7）都门，都城。

（8）阙下，宫阙之下，帝王所居之所，借指朝廷。

（9）武夷，武夷山，在今福建、江西交界处，主峰在福建崇安西南。

（10）酒阑，《史记·高祖本纪》："酒阑。"裴骃集解："谓饮酒者半罢半在，谓之阑。"

（11）《相逢行》，一名《相逢狭路间行》，乐府清商曲名，内容写富贵人家的奢华排场。

（12）白下，东晋陶侃讨苏峻，在建康滨江要地筑白石垒，后人在此筑白下城，故址在今江苏南京金川门外，此指南京。

（13）甫，指唐代诗人杜甫。

（14）摩挲，模糊。宋陆游《睡起遣怀》诗："摩挲困睫喜汤熟，小瓶自山茶香。"

（15）"郎君"二句，用杜甫作诗苦典故。唐孟棨《本事诗·高逸》："白（李白）才逸气高，与陈拾遗齐名……尝言：'兴致深微，五言不如四言，七言又其靡也，况使束于声调俳优哉！'故戏杜曰：'饭颗山头逢杜甫，头戴笠子日卓午。借问何来太瘦生，总为从前作诗苦。'盖讥其拘束也。"后遂用作表示诗作刻板平庸或诗人拘泥格律或刻苦写作的典故。

（16）武夷君，指武夷山神。

（17）紫霞浆，指仙人饮的酒。

（18）子乔，王子乔，传说中的仙人名，见《列仙传》。

（19）飞琼，许飞琼，传说中的仙女名，西王母的侍女，是一个能弹善舞的女仙，见《汉武帝内传》，此指歌女。

【赏析】

萨都剌是元代的重要诗人，也是一个少数民族写汉诗并卓有成绩的诗人。他的一生，坎坷不得志，五十多岁才中进士，但此后也没有任过什么要职，所以他终生郁郁不欢，他深为自己怀才不遇而不平，在他的诗作中也往往流露出这种岁月蹉跎的情绪。

据序"予迁官出闽"，这首诗大约写在元至元四年（1338）秋天，这也和诗中"千山木叶下如雨，雁声堕地秋连天"句相符。这首诗，既表现了诗人与故友相见时的欢乐和分离后的苦楚，同时也表现了诗人对自己遭遇心怀的不满以及对人生际遇的祝愿。

从开头到"泥滑沙堤不敢打"为第一节，这几句写从前三次和故人相见的情景。第一次相逢在春暖花开时，二人谈笑畅饮，策马赏花；第二次相逢在夏季，二人携手同游"燕赵楚吴"；第三次相逢在阙下，他因"泥滑沙堤"而"不敢打"。从这部分可以看出，他们二人的友情是深厚的，这在序中诗人自己也作了说明，他们相逢时是何等的快意。同时在这部分中，也流露出诗人对元朝统治者的不满，他说自己借用东家的蹇驴，喻自己仕途的坎坷和地位的卑微，以致老友相见，如履薄冰，畏首畏尾不敢迈步。从"都门一别今五年"到"剪烛犹疑梦中语"是第二部分。"都门"以下四句写这次与故友相见的时间和地点。"将军"下二句写出将军的威武与显赫，这也和下句"小官"形成对照。"小官"以下四句，是说不知道这显赫的将军是谁，又因自己是小官，故不敢攀，当将军来时，自己强撑病体在孤舟上与他相见，想不到碰到故友，故搓揉双眼，眼前豁然开朗。"旧游历历似隔世"下六句，写往事与对故友的思念以及相逢后的问候和畅叙。"人生聚散亦有时"以下为第三部分，写同故友携手同游武夷时的情景。在星光下，子乔、飞琼（二人均是春秋时神话中传说的人物）各在左、右，听着美妙的音乐，与故友酌饮通旦，真有一醉方休之势。"我酌一杯酒"下四句写出诗人心中的愿望，但诗人也知道"人生聚散亦有时"，所以"凤笙换曲曲未终",美妙的音乐还没有结束,"天风木杪"便"吹晨钟",新的一天又要开始了,且"予迁官出闽"而"闽关在望",诗人只好"拂衣罢宴下山去",无奈又将与友人地北天南,"隔云山千万重"。

萨都刺一生多行旅,踏遍荆、楚、燕、赵、闽、粤、吴,他也留下了大量的记游诗和山水诗。这首诗虽是一首写相逢的诗,但始终也不乏写景,在这写景之中,也融进了诗人的欢喜与悲愁,虽然在他的山水诗中绝少有抒愁之作,但在这首诗中,在相逢喜悦的字里行间我们似乎可以感觉到这一点,在那悲楚的心里,虽左招子乔,右招飞琼,虽"与子连夜饮",但他还是想到了即来的痛别,他酌酒一杯,"持劝天上月……长照人相逢,莫向关山照离别。"

此诗写景使人赏心悦目,写情情趣盎然,全诗清新自然,虽写悲思,但不落俗套,虽写愤然,但芒不外露。(张民德)

张翥

张翥（1287—1368），字仲举，号蜕庵，晋宁襄陵（今山西临汾西北襄陵）人，元代诗人。少负其才，豪放不羁，后闭门读书，昼夜不辍。以隐逸荐为国子助教，参与修宋、辽、金史，起为翰林国史院编修官，累迁翰林学士承旨致仕。其诗长于近体，七律尤多，格律严整，内容多"忧时伤乱"。有《蜕庵集》。

【原文】

闻归集贤远引奉简一章

故旧相看逐逝波，思归无路意如何？
将军每叹檀公策⁽¹⁾，朝士徒悲穆氏歌⁽²⁾。
南海明珠来贡少，中原战马出征多。
先生自说将高举⁽³⁾，不遣冥鸿到尉罗⁽⁴⁾。

【毛泽东圈评等情况】

毛泽东读清张景星等编选《元诗别裁集·补遗》"七言律"时圈阅了这首诗。

[参考] 张贻玖：《毛泽东评点、圈阅的中国古典诗词》，
中国工人出版社 1992 年版，第 254 页。

【注释】

（1）檀公，即檀道济，南朝宋高平金乡人。晋末参与刘裕军事，数有战功。宋文帝八年伐北魏，三十余战，多捷，因粮尽退兵，用"唱筹量沙"计，全军而返。后被文帝杀死。此指归集贤。

（2）朝士，泛指中央的官员。穆氏，唐德宗时的旧宫人，供奉宫中，被称为当时"第一歌"。唐刘禹锡《听旧宫人穆氏唱歌》："休唱贞元供奉曲，当时朝士已无多。"

（3）高举，高蹈，指隐居。《楚辞·卜居》："宁超然高举以保真乎？"

（4）不遣，不教，莫使。冥鸿，高飞的鸿雁，语出《法言·问明》"鸿飞冥冥"，用来比喻避世之士。罻（wèi，又读yù）罗，罗网。罻，小网。

【赏析】

这是一首送别诗，诗中对归集贤的远游表示慰勉和不平。归集贤，生平不详，从诗中内容来看当是一位富有韬略的将军。远引，远去，远游。奉简，致书。奉，敬辞，用于自己的动作涉及对方时。章，首。

"故旧相看逐逝波，思归无路意如何？"首联叙事，写归集贤意欲回归故里。故旧，旧交，旧友。《论语·泰伯》："君子笃于亲，则民兴于仁；故旧不遗，则民不偷。"逝波，犹逝川，指一去不返的江河之水。语本《论语·子罕》："子在川上曰：'逝者如斯夫！不舍昼夜。'"后用以比喻流逝的光阴。唐贾岛《送玄岩上人归西蜀》："去腊催今夏，流光等逝波。"思归，希望回故乡。汉张衡《思玄赋》："悲离居之劳心兮，情惆惆而思归。"二句是说，老朋友眼睁睁地看着光阴一去不返，想回归故乡却没有办法，愁绪怎样排解呢？"思归无路"暗示远游之意。

"将军每叹檀公策，朝士徒悲穆氏歌。"颔联用典，写归集贤是位卓有战功的将军，却不见容于朝廷。将军，官名，泛指高级将领，或对军官的尊称。此指明归集贤的身份。檀公策，指南朝宋檀道济用"唱筹量沙"之计全军而返的谋略，是说归集贤是位卓有战功又富于谋略的将军。朝士，朝廷之士，泛称中央官员。穆氏歌，指唐德宗时宫人穆氏，时有"第一歌"之称。唐刘禹锡《听旧宫人穆氏唱歌》："曾随织女渡天河，记得云间第一歌。休唱贞元供奉曲，当时朝士已无多。"贞元为唐德宗年号，以后几帝治绩皆不如德宗，故此诗"朝士已无多"，感叹今不如昔。二句意谓像归集贤这样有谋略的将军，正是治国安邦的朝士，却不见用，所以诗人"徒悲穆氏歌"。诗人对归集贤不见容于朝廷十分不平。

"南海明珠来贡少，中原战马出征多。"颈联叙事，写朝廷战事颇多，正需要归集贤这样有谋略的武将。南海，海名，即南海。明珠，光泽晶莹的珍珠。东汉班固《白虎通·封禅》："江出大贝，海出明珠。"贡，进贡，进献方物于帝王。《书·禹贡》："任土作贡。"孔颖达疏："贡者，从下献上之称。"中原，地区名，狭义的中原指今河南一带，或指整个黄河流域而言。二句是说，当时南方来进献的南海明珠越来越少，黄河流域的战马出征的机会越来越多。言外之意，当时天下并不太平，正是有谋略的武将为国效命之秋，而归集贤却报国无门。那么，唯一的办法就是"远引"了。

"先生自说将高举，不遣冥鸿到罻罗。"尾联抒情，写归集贤将远引。先生，指归集贤。高举，谓远行。冥鸿，高飞的鸿雁。汉扬雄《法言·问明》："鸿飞冥冥，弋人何篡焉。"李轨注："君子潜神重玄之域，世网不能制御之。"后因以"冥鸿"喻避世隐居之士。二句是说，先生你自己说要远行，做一个避世隐居之人，不教自己陷入罗网。结以远游避祸，表现了对老朋友命运的关切，才是奉简本意。（毕桂发）

【原文】

郡城晚望览临武台故基

全晋山川气象开⁽¹⁾，满城烟树拥楼台。

土风旧有尧时俗⁽²⁾，人物今无楚国材⁽³⁾。

千嶂晚云原上合⁽⁴⁾，两河秋色雁边来⁽⁵⁾。

昔时胜赏空陈迹⁽⁶⁾，落日登临画角哀⁽⁷⁾。

【毛泽东圈评等情况】

毛泽东读清张景星等编选《元诗别裁集》卷五"七言律"时圈阅了这首诗。

[参考] 张贻玖：《毛泽东评点、圈阅的中国古典诗词》，中国工人出版社 1992 年版，第 254 页。

【注释】

（1）全晋，整个山西。晋，山西的简称。

（2）尧时俗，相传尧都于平阳。

（3）楚国材，楚材晋用之意（见《左传·襄公二十六年》），指引用别国人才。

（4）千嶂，形容山峰很多。嶂，耸立如屏障的山峰。宋范仲淹《渔家傲》："千嶂里，长烟落日孤城闭。"

（5）两河，黄河和汾河。雁边，雁门关边境一带。雁门关在太原北，秋天来得早，由北至南，而及临汾。

（6）胜赏，名胜之地。

（7）画角，古管乐器，传自西羌，形如竹筒，本细末大，以竹木或皮革等制成，因表面有彩绘，故称。发声哀厉高亢，古时军中多用以警昏晓，振士气，肃军容。帝王出巡，亦用以报警戒严。

【赏析】

作者生长在南方，原籍山西，这首诗作于作者回乡扫墓期间。郡城指平阳（今山西临汾），当时称晋宁路。这首诗描写了郡城山川的雄伟气象，抒发了诗人今不如昔的感慨。

这是一首七言律诗。"全晋山川气象开，满城烟树拥楼台。"首联描写，写郡城平阳的山川之雄伟和都市繁华。晋本古国名，公元前 11 世纪周分封的姬姓诸侯国，后逐渐壮大，据有今山西大部、河北西南部、陕西一角和河南北部，后便成为山西的简称。二句是说，诗人登上临武台故基，放眼望去，整个山西的山脉河流渐次展开，尽收眼底，平阳城中绿树雾霭拥抱着亭台楼阁。二句写景，上句廓大，放眼"全晋"；下句具体，注视"全城"，视角有异，但都极雄壮。

"土风旧有尧时俗，人物今无楚国材。"颔联叙事，写人物、风俗之变迁。土风，谓当地的风俗。晋袁宏《后汉纪·明帝纪上》："夫民之性也，各有所禀。生其山川，习其土风。"尧时俗，即尧天、尧年之意，古传说尧时天下太平，比喻太平盛世。先秦有古逸诗《击壤歌》云："日出而作，日入而息，凿井而饮，耕田而食，帝力于我何有哉！"这首诗描写的上古平民自给自足的生活，悠然自得的形象，反映了帝尧时期的平民的淳朴生活，是对帝尧的歌颂，对理想社会的向往。楚国材，即"楚材"，亦作"楚才"，楚地的人才，亦泛指南方的人才，这里又有楚材晋用之意。《左传·襄公二十六年》："声子通使于晋，还如楚。令尹子木与之语，且曰：'晋大夫与楚孰贤？'对曰：'晋卿不如楚，其大夫则贤，皆卿材也。如杞梓、皮革，自楚往也。虽楚有材，晋实用之。'"后因以"楚材晋用"指引用别国人才或自己的人才外流为别国所用。二句是说，郡城民风已不如尧时淳厚，人物已没有南方的人才。上句写民风不古，下句写人才使用存在偏见。元统治者歧视汉人，汉人在蒙古人之南，故可视为是诗人对元代统治者的用人政策的大胆批评。

"千嶂晚云原上合，两河秋色雁边来。"颈联描写，写郡城秋色。二句是说，众多山峰中涌起的云霞在高原上汇合成一片，黄河和汾河岸边秋天的景色从地处边疆的雁门关而来。二句点明诗人登临武台的季节和时间。

"昔时胜赏空陈迹，落日登临画角哀。"尾联抒情，写今不如昔的感慨。胜赏，谓名胜之地。画角，古管乐器名，发声哀厉高亢。二句是说，郡城过去的名胜如今都成了陈旧的遗迹，夕阳西下时登上临武台故基只听得悲哀的画角声。画角，古时军中多用以警昏晓，振士气，肃军容。画角悲鸣，暗喻天下并不太平，故诗人感慨颇深。以景结情，写来含而不露，意味深长。（毕桂发）

吴师道

吴师道（1283—1344），字正传，婺州兰溪（今浙江兰溪）人。元代中期诗人。元英宗至治元年（1321）进士，授高邮县丞，曾任建德县尹、国子助教，后官至礼部郎中。长于五七言古诗，诗风清新俊逸，著有《吴礼部诗话》，诗文集传有《吴礼部集》。

【原文】

赤壁图

沉沙折戟怒涛秋⁽¹⁾，残垒苍苍战斗休。

风火千年消伯气⁽²⁾，江山一幅挂清愁。

丈夫不学曹孟德⁽³⁾，生子当如孙仲谋⁽⁴⁾。

机会难逢形胜在，狂歌吊古谩悠悠。

【毛泽东圈评等情况】

毛泽东读清张景星等编选《元诗别裁集·补遗》"七言律"时圈阅了这首诗。

[参考] 张贻玖：《毛泽东评点、圈阅的中国古典诗词》，

中国工人出版社 1992 年版，第 254 页。

【注释】

（1）沉沙折戟，断戟沉埋在沙里，形容失败惨重。唐杜牧《赤壁》："折戟沉沙铁未销，自将磨洗认前朝。东风不与周郎便，铜雀春深锁二乔。"

（2）伯气，犹霸气，"伯"通"霸"。

（3）丈夫不学曹孟德，曹孟德即曹操。《晋书·石勒载记》载，石勒

曰："大丈夫作事当磊磊落落，决不学曹孟德、司马仲达欺人孤儿寡妇，以狐媚取天下也。"

（4）生子当如孙仲谋，此句是曹操称赞孙权的话。《三国志·吴书·孙权传》注引《吴历》记曹操见吴国舟船、器仗、军伍整肃，慨叹说："生子当如孙仲谋，刘景升儿子若豚犬耳。"

【赏析】

诗人来到当年孙权、刘备大败曹操的赤壁，遥想当年战事，感慨万千，写下这首题画诗《赤壁图》以抒己怀。

这是一首七言律诗。"沉沙折戟怒涛秋，残垒苍苍战斗休。"首联首句化用唐人杜牧《赤壁》诗中"折戟沉沙铁未销"句诗意。当年曹操挟天子以令诸侯，率号称百万之众，进击江南，要统一天下。当时的孙权、刘备各据一方，各自力难抵曹，为了共同的命运，孙、刘二人携手联合，在赤壁与曹操展开决战，结果以曹操的败北而告终。那是场什么样的战斗啊，只杀得天昏地暗，飞沙走石。事隔千年，当年怒涛翻滚，折戟沉沙的战斗场面已不复存在，只有当年的战垒如今还破败残缺地耸立在苍苍的天色之中。首联两句写出了当年战斗的激烈与余留残垒的凄悲。

"风火千年消伯气，江山一幅挂清愁"，颔联是说从赤壁大战到今已过千年，然而这千余年来，军阀间的战争没有停息过，连续不断的战争，除削弱各派军阀间的势力外，给人民带来的只是无数的灾难，给国家带来的只是衰败破落，使国家的大好河山变成残垣破垒，支离破碎。一派凄切冷清的景象，通过这两句诗清晰地展现在读者面前。

颈联"丈夫不学曹孟德，生子当如孙仲谋"。曹孟德，是三国时的政治家、军事家、诗人，他统一了中国北方，在北方兴修水利，使农业生产得到发展。他用人唯才；他精通兵法，著有《孙子略解》等；他善诗歌，今有《曹操集》，可谓是一代枭雄，一代骄子。可诗人却说"丈夫不学曹孟德"，或许正是他兵败赤壁之故，因他刚愎自用，因他"霸道"，以致在赤壁惨败于孙刘联手之下。孙仲谋，即孙权，三国时吴国君主，他先是和刘备联合，大败曹操，后又在争战中击败刘备。

诗人言"生子当如孙仲谋"或许就是对此而言。人生在世,难得百事如愿,最重要的是审时度势,利用时机去安排自己的命运。

"机会难逢形胜在,狂歌吊古谩悠悠",尾联两句是说赤壁形胜常在,但赤壁之战的际遇是很难碰到的,在凭吊赤壁大战遗址和回想当年战事时,难道我们不应该很好地反思一下当时的历史吗?

此首《赤壁图》言简意赅。在怀古之中,诗人不知是当"学曹孟德",还是"当如孙仲谋",要读者在阅读之中去寻找答案。(张民德)

【原文】

野中暮归有怀

野田萧瑟草虫吟⁽¹⁾,墟落人稀惨欲阴⁽²⁾。

白水西风群雁急⁽³⁾,青林暮雨一灯深。

年丰稍变饥人色,秋老谁怜倦客心⁽⁴⁾?

酒禁未开诗侣散⁽⁵⁾,菊花时节自登临。

【毛泽东圈评等情况】

毛泽东读清张景星等编选《元诗别裁集·补遗》"七言律"时圈阅了这首诗。

[参考]张贻玖:《毛泽东评点、圈阅的中国古典诗词》,中国工人出版社1992年版,第254页。

【注释】

(1)萧瑟,形容风吹树木的声音。宋苏轼《仙都山鹿》:"长松千树风萧瑟,仙宫去人无咫尺。"亦作凋零、冷落、凄凉解。《楚辞·九辩》:"悲哉!秋之为气也。萧瑟兮,草木摇落而变衰。"

(2)墟落,村落。南朝梁范云《赠张徐州稷》:"轩盖照墟落,传瑞生光辉。"

(3)白水,泛指清水。晋潘岳《在怀县作》之二:"白水过庭激,绿槐夹门植。"

（4）秋老，犹秋深。倦客，作者自谓。

（5）酒禁未开，饮酒的禁令未曾开释，此泛指元朝统治者各种苛刻的法令。

【赏析】

这首七言律诗，是作者日落从野外归来时，有感于秋暮之惨淡而作的抒怀诗。

"野田萧瑟草虫吟，墟落人稀惨欲阴。"首联叙事，开头就描绘出一幅凄凉的秋暮图，在阴郁萧索的田野中，从荒草中传出秋虫凄切的呻吟声，破败的村落，人烟已罕见，一派破落景象，一片惨淡的景色。

"白水西风群雁急，青林暮雨一灯深。"颔联描写，意谓秋已深，天气一天冷似一天，要到温暖的南方去越冬的大雁一队队地在秋风中从白水上空飞过；暮雨之后，暮色苍苍的树林中，一盏孤灯在黑暗中闪着幽光。在这里诗人用群雁和一灯比照，在萧索的秋风中，大雁成群结队去南方寻找自己温暖舒适的生存空间，而一灯只能孤独地在暮色苍苍的树林深处闪烁。孤独和愁思交织在一起，使人有一种说不出的惆怅。

"年丰稍变饥人色，秋老谁怜倦客心？"颈联议论，是说使人感到宽慰的是，今年收成较好，人们可以吃顿饱饭，稍微改变一下面黄肌瘦的颜色，在这愁煞人的寒秋，这颗长期客居在外疲惫不堪的心也得到了一点安慰。

"酒禁未开诗侣散，菊花时节自登临。"尾联抒情，上句说，在凄凉之中，诗人欲借酒消愁，无奈于不准饮酒的禁令未曾开释，诗友们又各自散去。这里诗人借"酒禁未开"，可能泛指元朝统治者各种苛刻的法令，元朝的统治者比历代的统治者更严苛，规定了许多禁令，如汉人不得聚众行猎和迎神赛会，不得执弓矢，甚至连养狗养鸡都不许可，而蒙古贵族不仅不受此限，他们还可以专盐酒之利。"酒禁未开"是诗人对元朝统治者种种苛刻法令不满的表露。末句说，在菊花盛开的时节诗人只有自己一人登高临远，排遣自己的愁怀，寂寞悲凉之意，见于言外。

此题为"野中暮归有怀"，诗人通过对凄清暮秋景色的描写，抒发了惆怅、孤独、愤然的心理，同时也寄托了诗人对未来美好生活的期望。（张民德）

【原文】

城外见杏花

曲江二十年前会⁽¹⁾，回首芳菲似梦中⁽²⁾。
老去京华度寒食⁽³⁾，闲来野水看东风。
树头绛雪飞还白⁽⁴⁾，花外青天映更红。
闻说琳宫更佳绝⁽⁵⁾，明朝携酒访城东。

【毛泽东圈评等情况】

毛泽东读清张景星等编选《元诗别裁集》卷五"七言律"时圈阅了这首诗。

[参考] 张贻玖：《毛泽东评点、圈阅的中国古典诗词》，
中国工人出版社 1992 年版，第 254 页。

【注释】

（1）曲江，指钱塘江，本名浙江，因潮水经浙山下曲折而东入海，故又名曲江。诗人家居兰溪，即在钱塘江岸边。

（2）芳菲，香花芳草。唐李峤《二月奉教作》："乘春重游豫，淹赏玩芳菲。"

（3）京华，京城，指元代都城大都（今北京）。作者晚年作礼部员外郎为京官。寒食，节日名，在农历清明前一日或二日。相传春秋时晋文公负其功臣介之推。介愤而隐于绵山。文公悔悟，烧山逼令出仕，之推抱树焚死。人民同情介之推的遭遇，相约于其忌日禁火冷食，以为悼念。以后相延成俗，谓之寒食。

（4）绛雪，比喻红色花朵，此指杏花。宋刘克庄《汉宫春·秘书弟

家赏红梅》："挤醉倒，花间一霎，莫教绛雪离披。"

（5）琳宫，仙人所居之处，亦作道观、殿堂之美称。

【赏析】

诗人春天到城郊野游，见到吐艳的杏花，有感于杏花的妖艳，而写下这首诗。

这是一首七言律诗。"曲江二十年前会，回首芳菲似梦中"，首联叙事，意谓诗人在城外见到杏花，回想起二十年前曾在故乡曲江岸边观赏杏花的情景。那时曲江岸边花草茂盛，杏花芬芳，那美丽的景色使人心旷神怡，回想起这一切，就好像在梦中一样。二十年在历史的长河中，只是短短的一瞬间，而在人的一生中，却也可算是漫长的一程，诗人已经到了暮年，故见到杏花就又想起二十年前曲江岸边的盛景。

"老去京华度寒食，闲来野水看东风"，首联二句自然引出这二句颔联，意谓过去的日子再也不会重现，如今人已老了，却在繁华的京城，去过寒食节。在春暖花开时节可以到郊外去欣赏一下大自然的美景，可以陶醉在野水与东风之中。

"树头绛雪飞还白，花外青天映更红"，颈联描写，意思是说，树上的红杏花瓣变白随风飘转时，而在蔚蓝色天的映衬下红杏花才显得是分外红艳。"闻说琳宫更佳绝，明朝携酒访城东"，尾联抒情，二句是说，听别人说琳宫这个地方风景更佳妙绝伦，所以诗人也想明天带着佳酿美酒去城东领略一下这佳丽风光。

这首诗，诗人从城外的杏花联想到二十年前曲江岸边百草茂盛的盎然春景，他或许从中感觉到了岁月无情的流逝，或许厌倦了污浊的官场生活，想从大自然中去寻找悠闲舒适的世外桃源的生活，这是对腐败的元朝统治者无力的抗争，从而也表现出诗人对理想境界的追求。全诗语言朴实流畅，意境深邃。（张民德）

周 权

周权（1286？—1345），字衡之，号此山，处州丽水（今浙江丽水）人，元末诗人。元仁宗延祐五年（1318）进京，袁桷赏识其才并荐于朝廷，未被采纳。一生未曾做官，以清高脱俗自许。其诗简淡和平，语多奇隽。有《周此山诗集》。

【原文】

渔 翁

转棹收缗日未西⁽¹⁾，短篷斜阁断沙低⁽²⁾。

卖鱼买酒归来晚，风飐芦花雪满溪⁽³⁾。

【毛泽东圈评等情况】

毛泽东读清张景星等编选《元诗别裁集》卷八"七言绝"时圈阅了这首诗。

[参考] 张贻玖：《毛泽东评点、圈阅的中国古典诗词》，

中国工人出版社 1992 年版，第 254 页。

【注释】

（1）转棹收缗，掉转船头，收起钓丝。棹，船桨。缗，钓丝。

（2）短篷斜阁，小船随意停搁。短篷，指小船。宋陈造《自适》："渺渺湖天入短篷，心期祇许白鸥同。"阁，通"搁"；断，阻隔，隔开。

（3）风飐（zhǎn），风吹物使颤动摇曳。

【赏析】

　　这是一首记游诗。这首七绝借渔翁的形象把自己那种向往"自撷香芹煮涧水""数亩宽闲吾老圃"山水田园生活的意趣和飘逸洒脱的精神境界生动地描绘了出来，通过渔翁这个文学形象表达了诗人的人生乐趣与人生追求。

　　这首七绝，题为"渔翁"，但作者并没有在渔父驾舟垂钓上费墨，而只写了他垂钓归来和卖鱼买酒途中的情景，可谓构思巧妙。

　　"转棹收缗日未西，短篷斜阁断沙低。"前两句写了渔父打鱼归途的情景。棹，指船桨。转棹，就是掉转船头。缗，钓丝，收缗，就是收起钓鱼竿。日未西，点明了"转棹收缗"的时间。篷，指船篷，杜牧《独酌》诗中有"何如钓船雨，篷底睡秋江"之句，此处指船。阁，同"搁"，此处指船搁浅。这两句诗仿佛电影中的一组优美图画，简练自然，没有浓重的色彩来渲染、烘托，我们能看到的只是渔父在日未西下之时，就掉转船头，把自己的小船随意搁在溪边，画中人物的背景是波光荡漾的溪水。可谓"简淡和平"（顾嗣立语），不加修饰。然而，渔父为什么在日未西下之时正是垂钓的大好时间就"返航靠岸"了呢？

　　"卖鱼买酒归来晚，风飐芦花雪满溪。"三四句给我们作了回答：原来渔父急于把自己钓到的鱼卖了换酒吃。这两句诗又好像推在我们面前的一组美妙画面，如果说上一组画面简练的话，那么，这组图画就很明艳了，明艳之中给人一种飘逸感。卖鱼归来的渔父迎着绚烂的晚霞、清爽的秋风向远离喧嚣的溪边走去。这时，溪边的芦花纷纷扬扬像雪花一样漂浮在水面上，也飘洒在渔翁身上。在这里作者写秋景只抓住了具有典型性的芦花来写，没有写秋风中的万木凋零。秋风中的芦花在晚霞中飘飘扬扬，给人一种飘逸洒脱的感觉，渔翁的形象也在此得到了升华，诗人笔下的渔翁不是郑板桥笔下"卖得鲜鱼百二钱，余粮炊饭放归船"、为了生计的渔父，而更多的像柳宗元诗中"孤舟蓑笠翁，独钓寒江雪"、骨子里透出清高孤傲的渔者，不同的是柳之"渔翁"带着一种寂静寥廓的情调，而周之"渔翁"给人以逍遥飘逸的趣味。

　　这首诗不用华丽的辞藻，也无典故，自然流畅，简淡和平，写尽了渔

翁潇洒自由的乐趣，可称得上是一首颇佳的渔父诗。（岳淑珍）

【原文】

晚　春

轻车繁吹尚纷纭[1]，衮衮香浮紫陌尘[2]。

杜宇青山三月莫[3]，桃花流水一溪云。

东风旗旆亭中酒[4]，小雨阑干柳外人[5]。

何许数声牛背笛[6]，天涯芳草正斜曛[7]。

【毛泽东圈评等情况】

毛泽东读清张景星等编选《元诗别裁集》卷五"七言律"时圈阅了这首诗。

[参考]张贻玖：《毛泽东评点、圈阅的中国古典诗词》，
中国工人出版社1992年版，第254页。

【注释】

（1）轻车，轻快的车子。繁，多。吹，传送。北周庾信《哀江南赋》："豺牙密厉，虺毒潜吹。"纷纭，杂乱之状。

（2）衮衮（gǔn），尘雾频起之状。宋罗大经《鹤林玉露》卷四："彼牵黄臂苍、驰猎于声利之场者，但见衮衮马头尘，匆匆过隙影耳，乌知此句之妙哉！"紫陌，指京师郊野的道路。东汉王粲《羽猎赋》："济漳浦而横阵，倚紫陌而竝征。"

（3）莫，一本作"雨"，此从《元诗别裁集》作"莫"。

（4）旗旆（pèi），旗帜，此指酒旗。旆，泛指旗帜。《诗经·商颂·长发》："武王载旆，有虔秉钺。"毛传："旆，旗也。"

（5）阑干，即栏杆。

（6）何许，何处。

（7）天涯，天边。芳草，香草。曛（xūn），夕阳的金辉。

【赏析】

以暮春为主题的诗词在中国文学史上很常见，并且历代的暮春诗词大多带着伤春情绪，不是"流水落花春去也"的哀叹，就是"无可奈何花落去"的伤愁。而周权这首诗虽然同样是以暮春为题，但不同的是它没有给人以哀愁之感，作者用宽缓悠然的笔调描绘了暮春优美的自然景色，意境恬淡静雅，在历代暮春诗中可谓独具一格。

这是一首七言律诗。"轻车繁吹尚纷纭，袞袞香浮紫陌尘"，首联作者紧扣题目描写了乘车春游途中所见的暮春景象：春风吹拂，万花纷谢，小径红稀，绿肥红瘦，花香不绝如缕，阵阵袭来。无意的落花也许飘进诗人的车中，落在诗人身上，诗人成了花中之人，真是妙不可言。本来，落花无数容易唤起人们对好花不能长红，韶光不能永驻，春光将逝的寂寞惆怅之感，使诗歌染上一层淡淡的哀愁，而在这两句诗的描写中我们可以看出，作者纯用一种欣赏的笔调来写，使人觉得自然而轻松。

以下三联作者纯是描写自己游春所见的各种风光。

"杜宇青山三月莫，桃花流水一溪云"，颔联写雨中的山中之景。杜宇，是传说中的古代蜀地君主，死后化为杜鹃，后人因称杜鹃为杜宇。杜宇于暮春啼叫，口中流血，啼声凄厉，令人思归。春雨中的青山，如烟似雾，幽静异常，而杜鹃的啼叫打破了山中的幽静。"杜宇青山三月莫"，给人一种清冷的感觉，而作者把笔锋一转，"桃花流水一溪云"，化清冷为明艳：桃花在细雨中片片飘落，随着溪水远远漂去，远远望去就像天空中飘浮的云朵。这一联对仗工整，动静结合，色彩绚丽，杜宇声声，溪水潺潺，春雨丝丝，桃花片片。丝毫没有"断肠片片飞红"（南宋辛弃疾《祝英台近·晚春》）和"无边丝雨细如愁"（北宋秦观《浣溪沙》）之感，相反倒有一种朦胧飘逸、超凡脱俗的美感，活像一幅恬静雅致的山水图，置身其间，使人流连忘返。

如果说上两句是远处宏观，烟雨朦胧，那么"东风"两句则是近处微观，历历在目。"东风旗斾亭中酒，小雨阑干柳外人"，颈联写亭中饮酒。"旗斾"，指酒旗，旧时酒店的标志，多用青布或白布缀于竿头，挂在店门前招引顾客。山路旁诗人看到了春风中飘荡的酒旗，原来此处有卖酒人家，也许诗人会借酒助游春之兴，悠然地吃上几杯呢。丝丝细雨中，垂柳环抱的亭台阑干旁有人在安然地欣赏雨中的暮春美景。这一联和上一联虽然都是写景，但与上联不同，上一联纯是描写自然风光，这一联在自然风光中有了人的活动，打破了一味写景的单调局面，诗情画意中糅进了别有风味的酒家活动情致和赏春人的高雅脱俗，平添了人间应有的温馨与意趣。

第二联和第三联景物描写给人以美的享受，它的句法结构尤其令人称绝：诗人用了温庭筠《商山早行》中"鸡声茅店月，人迹板桥霜"的句法结构，两联四句诗中，没有一个动词和修饰语，四句诗直以境界会意，或者说，全靠句中所描写的客观事物之间的相互联系去展现诗人所要揭示的那种恬静飘逸的意境。用字简练而感染力强。

"何许数声牛背笛，天涯芳草正斜曛"，尾联继续写景并交代了时间。山中气候变化多端，忽而雨，忽而晴，刚才还是细雨蒙蒙，现在却已夕阳普照。牧童的笛声打破了山间的宁静，是从什么地方传来牧童的笛声呢？诗人放眼望去，整个旷野山间都在夕阳的余晖中。这时的诗人似乎和大自然融为一体，陶醉在大自然温暖的怀抱之中。至此，诗人暮春闲游、恬然自得的情态也活灵活现了。

这首七律为我们描绘了一组暮春时节的游春图，随着诗人的游踪，展现出一幅幅具有不同特点的优美画面，具有浓郁的山水田园情调，虽写暮春景色，却没有"满眼落花多少意，若何无个解春愁"（宋王令《春游》）之感，有的是"独游吾有趣，何必问栖栖"（南宋刘克庄《郊行》）的野游情趣。此诗意境清雅自然，文笔纡徐平和，描写暮春山中景物和谐静谧又不显得冷清空寂。此外，这首诗纯用白描手法，没有一句议论抒情，但作者那种从自然中寻找乐趣，潇洒自得的情致溢于字里行间，诗人驾驭语言文字的能力可见一斑。（岳淑珍）

黄镇成

黄镇成（1287—1362），字元镇，邵武（今福建邵武）人。元末诗人。元文宗至顺间屡荐不就，隐居著书，后政府奏授江西儒学副提举。其诗多描绘山水风光，自然天成。有《秋声集》。

【原文】

舟过石门梁安峡

书画船头载酒回(1)，沧洲斜日隔风埃(2)。
一双白鸟背人去，无数青山似马来。
天际雨帆梁峡出，水心云寺石门开。
同游有客如高李(3)，授简惟惭赋岘台(4)。

【毛泽东圈评等情况】

毛泽东读清张景星等编选《元诗别裁集》卷五"七言律"时圈阅了这首诗。

[参考]张贻玖：《毛泽东评点、圈阅的中国古典诗词》，
中国工人出版社1992年版，第254页。

【注释】

（1）书画船，北宋书画家米芾曾任江淮发运，于船上揭牌，称"米家书画船"，后亦以此泛称文人学士的游船。宋黄庭坚《戏赠米元章》之一："沧江静夜虹贯月，定是米家书画船。"

（2）沧洲，水边，古代常用以指隐士的居处。

（3）高李，指唐代大诗人高适、李白的并称。唐杜甫《昔游》："昔

者与高李，晚登单父台。"

（4）岘台，即岘山，一名岘首山，在今湖北襄阳汉江西岸。唐李白《襄阳曲》："岘山临汉江，水绿沙如雪。"

【赏析】

这是一首写景记游的七言律诗。石门，即湖南石门，在澧水中游，梁安峡是县内一地名。

首联写诗人与朋友诗酒泛舟，游玩归来。时值日落，夕阳隔着水汽和尘埃，轮廓朦胧，光线柔和。"书画船头"用典，泛指文人学士的游船。沧州，水边。此联写得轻松随意，奠定了全诗基调。

二、三联着重写景，对仗工稳。一对白色的水鸟逆着船行的方向渐飞渐远，这是回首所见。转过头来，则看到另一番景象：无数青山似万马奔腾迎面而来，写出船行之速。以青山扑面衬船行之快，极有动态美。第三联照应题目，描写石门梁安峡。由于船是顺流而下，好像从天而降，直穿梁安峡而出。"雨帆"二字既写梁安峡风云骤变、浪高水急，也写诗人与朋友们乘舟急驰的豪迈心胸。此联身手不凡，连写梁安峡、石门、水寺三景，颇有气势。船自梁安峡穿出，寺在雾中隐现，石门水中敞开，交代清楚，特色分明。两句对仗巧用自然之景，涉笔成趣；既像精心构撰，又似顺手拈来。

尾联记游。诗人谦虚地说：同游的朋友皆非庸俗之辈，都是如李白、高适一流的名家，因此我用以上拙陋的诗句描写这美妙的石门梁安峡风景，是很自惭的。"岘台"亦是用典，此处指石门梁安峡。其实，不难看出，诗人对自己这首诗不无得意。而且，能写出本诗的二、三两联，诗人也完全不必自惭了。（郑延君）

杨维桢

杨维桢（1296—1370），字廉夫，号铁崖、东维子，又自号铁笛道人。绍兴诸暨（今浙江诸暨）人。元末诗坛领袖。元泰定四年（1327）进士，历任天台尹、江浙行省四务提举和建德路总管府推官。晚年居松江。张士诚据浙西，屡召不赴。元亡后，因不愿做官而辞归。诗作中最著名的为古乐府、竹枝词、宫词，香奁诗亦有名。诗风瑰奇秀丽，文字过于藻饰，号为"铁崖体"，对元末明初的诗坛影响很大。有《东维子文集》《铁崖先生古乐府》。

【原文】

钱塘怀古率堵无傲同赋

天山乳凤飞来小⁽¹⁾，南渡衣冠又六朝⁽²⁾。
劫火自焚杨琏塔⁽³⁾，箭锋犹抵伍胥潮⁽⁴⁾。
磷光夜附山精出⁽⁵⁾，龙气秋随海雾消。
惟有宫人斜畔月⁽⁶⁾，多情还自照吹箫。

【毛泽东圈评等情况】

毛泽东读清张景星等编选《元诗别裁集》卷五"七言律"时圈阅了这首诗。

[参考] 张贻玖：《毛泽东评点、圈阅的中国古典诗词》，
中国工人出版社1992年版，第254页。

【注释】

（1）天山，即祁连山。乳凤，雏凤，代指北方少数民族。

（2）此句指晋元帝渡江，建都建业（今南京），史称东晋；东晋与吴、宋、齐、梁、陈合称六朝。

（3）杨琏塔，杨琏，元代僧人，元世祖时为江南释教总统，其间杀害平民，抢掠财物，作恶多端，在钱塘、绍兴一带发掘故宋赵氏诸陵及大臣冢墓，死后建塔。

（4）伍胥，即伍子胥。伍胥潮，语出《吴越春秋·夫差内传》：“吴王乃取子胥尸，盛以鸱夷之器，投之于江中……子胥因随流扬波，依潮来往，荡激崩岸。”后因以“伍胥潮”谓怒潮。

（5）山精，传说中的山间怪兽。《淮南子·氾论训》：“山出枭阳。”汉高诱注：“枭阳，山精也。人形，长大，面黑色，身有毛，足反踵，见人而笑。”

（6）宫人斜，古代宫人的墓地。唐王建有《宫人斜》诗：“未央桥西青草路，宫人斜里红妆墓。”宋宋敏求《春明退朝录》卷上：“唐内人墓谓之宫人斜，四仲遣使者祭之。”

【赏析】

这是杨维桢的一首登钱塘怀古之作。钱塘，即今浙江杭州。堵无傲，即元代诗人堵简，作者友人。

杨维桢是元明之际诗坛“怪才”，尤擅长乐府，其诗时人号称“铁体”“铁崖体”。14世纪上半叶最后数年，进士出身并做过县令的杨维桢在宦途失意之后，浪迹繁华的姑苏城一带，手持铁笛，与乐师歌女出入于歌榭舞场。其人嵚崎倔强，精通音乐、书法，兼善乐器，能作曲，被称为“横绝一世之才”，说他“学问渊博，才力横轶，掉鞅词坛，笼罩当代”（《列朝诗集小传》甲前集《铁崖先生杨维桢》），可见其在元代诗坛影响不可忽视。

这首七言律诗一是忆写了江城一带动荡不安的历史，一是描写了钱塘面临的气势和个人在此的感慨。

首联中，天山之凤，代指北方少数民族。北方民族称高山为祁连山，即“天”之意。“南渡衣冠又六朝”指西晋贵族南渡长江，在长江一带建立东晋，从此揭开六朝的历史局面。总写历史的变化与动荡。

颔联中，把两个有名的历史人物写进了诗篇：

杨琏，元代僧人，元世祖时为江南释教总统，其间杀害平民掠夺财物，无恶不作，死后建塔，然无情的战火却将它烧了个精光，为后人所耻笑。

伍胥，春秋楚人，父兄因罪被楚平王杀害，私奔入吴，被封申地后，与孙武共佐吴王阖闾伐楚。五战入郢，时平王已死，于是伍胥掘坟得尸，残酷地鞭尸三百，但他后来又被赐死，落了个悲剧的下场。鞭人者，后也饮刃而亡：历史就是这样往复无常，残酷无情。

以上四句诗一方面在写历史，另一方面我们还应看到诗中表现的那种狷直傲物、嘲笑历史的思想感情，历史本来就是在反反复复、因因果果中发展的，但诗中更多地表现了诗人以老庄的超脱和冷静观看世界的特点。《赠梓工王辅序》，明显地表现出他受到道家思想的严重影响，有着"尧舜与许由虽异，其得于自然一也"的自然思想。在他看来，伍胥也好，杨琏也好，六朝也好，不过是历史一瞬间的现象罢了。

颈联，则写钱塘一带景象的气势。这里边作者采用了渲染和夸张的艺术手法。在夜中明暗闪烁的磷火之中，有山中精灵与魂神出没，加深了景物的萧森与恐怖。在绵延无边的清秋海雾之间，有神龙在出没。实际上，诗人在写前边动荡历史的基础上抒发的是对是非颠倒、变异剧遽的人生和社会的评价，表现了个人在失意之后的冷静心境。

尾联，在感情上又重返自然和冷清。在这寂静的夜晚，只有宫人斜（唐代宫女坟墓，据宋张侃《拙轩集》）静静地陪伴着月光和多情月光下的一个吹箫老人。

旷远的意境，深邃的寓意，自然的语气，历史传说的恰当运用，构成了该诗的艺术特点，在元代诗坛上，不失为一篇佳作。（彭广明）

【原文】

寄卫叔刚

二月春光如酒浓，好怀每与故人同[(1)]。

杏花城郭青旗雨[(2)]，燕子楼台玉笛风[(3)]。

锦帐将军烽火外[(4)]，凤池仙客碧云中[(5)]。

凭谁解释春风恨？只有江南盛小丛[(6)]。

【毛泽东圈评等情况】

毛泽东读清张景星等编选《元诗别裁集》卷五"七言律"时圈阅了这首诗。

[参考] 张贻玖：《毛泽东评点、圈阅的中国古典诗词》，
中国工人出版社1992年版，第254页。

【注释】

（1）好怀，愉快的心情。

（2）青旗，指酒旗。唐元稹《和乐天重题别东城》："唤客潜挥远红袖，卖炉高挂小青旗。"

（3）燕子楼，楼名，在今江苏徐州，相传为唐贞元时尚书张建封之子张愔的爱妾关盼盼居所。张死后，盼盼念旧不嫁，独居此楼十余年。后以"燕子楼"泛指女子居所。

（4）锦帐将军，指友人卫叔刚。此句谓卫叔刚不是战斗在战场上的将军，而是风流倜傥的好手。锦帐，锦制的帷帐。

（5）凤池仙客，当是自指。凤池，凤凰池之省称，本为皇帝禁苑中的池沼，后来成为最高行政机关中书省的美称，即指朝廷，此处反用其义。仙客，对道士的尊称。杨维桢自号"铁笛道人"。

（6）盛小丛，唐宣宗大中年间（847—859）越地绍兴名妓。

【赏析】

这是杨维桢赠寄友人卫叔刚的一首七言律诗。

后人如张雨、胡应麟、钱谦益在评及杨诗时，多认为其诗纵横排奡（ào）、奇诡幽丽，多受李白、李贺的影响，这基本上概括了他乐府诗的特点，然而像这首风格缠绵、基调悱恻之作，又是杨诗的另一特点。

这首寄送诗用艳丽的春天作铺垫，形成横向的客观描写，又用作者与卫叔刚之间的感情构成了主观的纵向描写，其景、其情交融如同水乳。

首联，着重描写春景，点出友人。意思是，在这如美酒般醇香的春天里，怡然的心怀与故人相同。关键是作者这里把有形有色视觉上的春景比喻成味觉上的浓酒。这种通感手法的应用，正如同"问君能有几多愁，恰似一江春水向东流"的艺术效果一样，使人通过多种感觉体味到了春天的美景，进而在感情上达到了共鸣。

颔联，进一步渲染春景中的美景。在春雨中，城郭上飘荡的青旗飞卷着杏花，燕子在笛声悠扬的细雨中栖落于楼台。写法如同他的《漫兴诗》其六中"南邻酒伴辱相呼，共访城东旧酒垆。柳下秋千间络索，花间唤起劝胡卢"一样渲染、烘托，如柳永，似陆机，而又像李（白）杜（牧），亦妙亦俏。

颈联，写作者与卫叔刚两人由于各自的生活原因而被阻隔在千里之外，其原因正如王勃的"与君离别意，同是宦游人"，一个是战场烽火之外的"将军"，即风月场中的行家里手，一个是游于碧云之中的凤池（唐以前指中书省，以后指宰相之职）仙客。可见，在这大好春光之中，虽同有一样的"好怀"，千里之外却无缘相会。

尾联，则抒发了怨春之情。作者借唐代越地名妓盛小丛的故事，写尽自己的缠绵之情。其意为：谁能说尽这春风一度的离情别恨呢？只有江南善歌多情的盛小丛啊。对卫叔刚放荡不羁的生活提出了委婉的批评。（彭广明）

郑廷玉

郑廷玉，彰德（今河南安阳）人，工曲，元杂剧家。所作杂剧今知有二十二种，现存《看钱奴》《后庭花》《忍字记》《金凤钗》《楚昭公》五种，一说《崔府君断冤家债主》也是他所作。

【原文】

五言绝句

天子重英豪，文章教尔曹[(1)]。
万般皆下品[(2)]，惟有读书高[(3)]。

【毛泽东圈评等情况】

"古诗云：'天子重英豪，文章教尔曹。万般皆下品，惟有读书高。'"

[参考]毛泽东1926年5月15日在第六届农民运动讲习所的讲话，《毛泽东思想与新中国》，广东人民出版社1985年版，第195页。

【注释】

（1）尔曹，你们，汝辈。《后汉书·赵憙传》："尔曹若健，远相避也。"

（2）万般，总括之词，各式各样。品，等级。

（3）惟有，只有。

【赏析】

此诗见郑廷玉《金凤钗》杂剧第二折。《金凤钗》，《录鬼簿》《孤本元明杂剧》作《宋上皇御断金凤钗》。《太和正音谱》《元曲选目》俱作《金凤钗》。此剧叙书生赵鹗状元及第又被除名，周桥卖诗，谏议大夫张天觉微行遇之，鹗即卖与此诗，张赠以金凤钗十支。这首诗表现的偏重读书、贱视百业的思想是封建阶级的偏见。

这是一首五言绝句。首句"天子重英豪"。天子，即帝王。古代以为君权乃神所授，故称帝王为天子。语出《诗·大雅·江汉》："明明天子，令闻不已。"《史记·五帝本纪》："于是帝尧老，命舜摄行天子之政，以观天命。"英豪，即英雄豪杰。《三国志·魏志·郭嘉传》："（孙策）新并江东，所诛皆英雄豪杰，能得人死力者也。"这句说帝王要成就大业，所以十分看重那些才能勇武过人的英雄豪杰。不仅重视，而且还要用"文章"来培养他们，以求符合自己治国安邦的需要。所谓"文章"，是指礼乐制度。《礼记·大传》云："考文章，改正朔。"郑玄注："文章，礼法也。"孙希旦集解："文章，谓礼乐制度。"《论语·泰伯》："巍巍乎其有成功也，焕乎其有文章。"朱熹集注："文章，礼乐法度也。"尔曹，你们，指英雄豪杰。次句"文章教尔曹"，是说要使这些英雄豪杰为帝王的治国平天下的事业服务，必须用封建的礼乐制度来教育他们。为达此目的，就必须让这些英雄豪杰多"读书"，所以末二句便说："万般皆下品，惟有读书高。"万般，总括之词，指社会百业。下品，犹下等。魏晋士族门第低的称为下品。《晋书·刘毅传》："上品无寒门，下品无世族。"二句是说，社会百业都是下等，只有读书才是最上等。这首诗出自封建社会的一个书生之手，有这种看法，不足为奇，但后来便成了知识分子读书做官、贱视百姓的阶级偏见，便不足为法了。

毛泽东1926年5月15日在第六届农民运动讲习所讲授"农村教育"这一课程时，具体分析了农村教育的阶级属性。据学生冯文江听课笔记记录，毛泽东指出："古诗云：'天子重英豪，文章教尔曹，万般皆下品，惟有读书高。''儒为国家宝，鱼为席上珍'，这都是贵族式教育的影响。"毛泽东引用此诗说明封建贵族教育的阶级本质，可谓一语中的，十分恰切。

（毕桂发）

李　裕

李裕（1294—1338），字公饶，婺州东阳（今浙江金华）人，元末诗人。元文宗至顺元年（1330）进士，曾任陈州同知转道州推官。其诗作多乐府，亦有律诗，推崇唐李贺诗风。著有《中行斋稿》，已失传，今存诗三十五首。

【原文】

送赵鹏举之西台掾

掾曹骑马赴西台⁽¹⁾，迢递关河几日回⁽²⁾？
秋草自随人去远，夕阳长共雁飞来。
乱云荒驿迷秦树，落叶残碑有汉苔。
最忆年年寒食节⁽³⁾，华筵谁向曲江开⁽⁴⁾？

【毛泽东圈评等情况】

毛泽东读清张景星等编选《元诗别裁集》卷六"七言律"时圈阅了这首诗。

[参考] 张贻玖：《毛泽东评点、圈阅的中国古典诗词》，
中国工人出版社 1992 年版，第 255 页。

【注释】

（1）掾曹，即曹掾，掌管某一部门的官吏，此处代指赵鹏举。

（2）迢递，遥远之状。三国魏嵇康《琴赋》："指苍梧之迢递，临回江之威夷。"

（3）寒食节，农历节气名，时在每年农历清明节前一日或二日。

（4）曲江，即曲江池，在今陕西西安东南曲江镇一带，唐时为著名游宴之处，元时称京兆。

【赏析】

这是一首送别的七言律诗。赵鹏举，生平不详，可能是作者的朋友，西台是元代在京兆（今西安）设置的陕西行御史台的简称。掾，本指副官佐贰吏，这里借指掾吏办公的官署。赵鹏举要到西台去做掾吏，因此，作者写了这首诗来送别他。

首联首句"掾曹骑马赴西台"叙写作者送别朋友的原因。"掾曹"的"曹"意为古时分职治事的官署或部门。"掾曹"即曹掾，某一部门的官吏，这里是要符合律诗的平仄规则而倒装（"掾"仄声，"曹"平声。律诗的平仄有"一三五不论，二四六分明"之说）。"掾曹"以赵鹏举将要担任的官职来借称其人。这句是说赵鹏举骑马奔赴西台去做某一部门的官吏。首联第二句"迢递关河几日回"，迢递，形容远貌。关河，指阻断交通的关塞河流。几日回，是何时回，含回无期之意。这句承上句说，赵鹏举千里迢迢，赴陕做官。陕西古称关中，与中原地区距离遥远，相隔千山万水，交通十分不便，此一去归期难料，朋友之间想要再见，已不易了。诗的首联对赵鹏举游宦远方，朋友之间被迫分别表示关切，流露出依依惜别之情。

"秋草自随人去远，夕阳长共雁飞来。"颔联描写诗人送别朋友时的情景。在一个秋日的傍晚，诗人和朋友送别。他目送着朋友渐走渐远，消失在一望无际的连天衰草之中。朋友远去了，诗人伫立在两人分别之处，长久地遥望朋友远去的方向，他再也看不见朋友的身影了，只见一行行大雁披着夕阳的余晖从远方天际飞来。

"乱云荒驿迷秦树，落叶残碑有汉苔。"颈联是诗人对朋友远赴之地关中景象的想象。朋友走远了，诗人的思绪也随之一起驰向远方。他想象着朋友到关中所看到的景象：乱云飘浮、废弃而荒凉的驿站隐现在如烟似雾、在秦代就生长于此的古树林里，汉代的断碑残刻横七竖八地躺倒在潮湿的土地上。飘零的落叶覆盖其上，长满了厚厚的绿苔。这一联作者通过对关中荒凉景象的描绘，流露出对朋友到远方做官的隐隐忧伤之情。

"最忆年年寒食节，华筵谁向曲江开？"尾联是作者对朋友的慰藉之词。关中虽然荒凉，但有风景名胜曲江可以游览。从此以后，年年寒食节时赵鹏举都可在曲江池畔，摆设盛美的筵席，娱宾遣兴，玩赏春景，过着悠闲的生活。这里作者以对朋友安慰作结，收束全诗。

这首七言律诗写出了作者送别朋友时的凄凉伤感心情，表达了作者对朋友的思念和关切。在写作手法上这首诗给人印象最深的是中间两联。它们不仅对仗工稳，而且创造出了深沉的意境，能够唤起读者积淀在心中的类似审美体验，使读者产生身临其境之感，与作者的感情产生共鸣。诗的颔联，通过撷取注入作者主观感情的物象秋草、夕阳、远行人和长空的雁行，描绘出了一幅深远苍凉的"秋夕送别图"。颈联"乱云荒驿迷秦树，落叶残碑有汉苔"也是一幅惟妙惟肖的关中景物图。在这两联中，作者无一处抽象写情的字眼，全是对具体景物的描绘，正是通过这种具体描绘，作者塑造出了感人至深的意境，淋漓尽致地抒发了所抒之情。细细体味之后，我们不得不承认作者的所有景语皆情语，不得不为作者所创造的意境所感染，不得不佩服作者选词炼句、融情于景的高超技巧。这也许就是这首诗吸引人注意的原因所在吧。（韩顺有）

贡师泰

贡师泰（1298—1362），字泰甫（父），宁国宣城（今安徽宣州）人。元末诗人。以国子生中江浙乡试，授太和州判官，荐应奉翰林文字。出为绍兴路总府推官，迁宣文阁授经郎，累拜监察御史。元惠宗至正十四年（1354），擢吏部侍郎，历礼部尚书、平江路总管、户部尚书等职。至正二十二年（1362），召为秘书郎，行至杭之宁海，得疾而卒。其文章得体，诗格高雅。有《玩斋集》。

【原文】

风泾舟中

白发飘萧寄短蓬[1]，春深杯酒忆曾同[2]。
落花洲渚鸥迎雨，芳草池塘燕避风。
烽火此时连海上[3]，音书何日到山中[4]？
故人别后遥相望，夜夜空随斗柄东[5]。

【毛泽东圈评等情况】

毛泽东读清张景星等编选《元诗别裁集·补遗》"七言律"时圈阅了这首诗。

[参考] 张贻玖：《毛泽东评点、圈阅的中国古典诗词》，
中国工人出版社1992年版，第254页。

【注释】

（1）飘萧，鬓发稀疏之状。唐杜甫《义鹘行》："飘萧觉素髮，凛欲冲儒冠。"短蓬，即彩虹。雨停后，大气中由于光的折射而形成的一种自

然现象。宋周密《癸辛杂识续集·短蓬》："杨大芳尝为明州高亭盐场。场在海中，或天时晴霁，时见如匹练横天，其色淡白，则晴雨中分，土人名之曰短蓬，亦蜃气之类也。"但此解与诗意不切，疑当作"短篷"，指小船，方与诗意切合。"寄短篷"，犹言坐在小船中，首句点题。

（2）曾同，作者之友，即下文中的"故人"。

（3）烽火，战火。海上，指诗人所在之地"风泾"。

（4）山中，指故人曾同所在之地。

（5）斗柄，北斗七星其状如斗，其中五、六、七三星称为斗柄。斗柄东指诗人所在地风泾。

【赏析】

贡师泰，长于政事，也有政绩，元末以诗文擅名。晚年在平江守城，抵御张士诚部队，难扭乾坤，失败逃亡。后又为漕运奔忙，可称官宦、诗旅一生。风泾，镇名，在今浙江嘉善东北。就这首诗的内容来看，可能是作者晚年在元末战乱时有感而作，作者借风雨舟中怀念故人，抒发自己身世飘零之感。

这是一首七言律诗。首联"白发飘萧寄短篷，春深杯酒忆曾同"。首句作者慨叹身世飘零，深感自己无所依靠，寄身小舟的潦倒。著一"白发"说明作者已飘泊大半生，到了晚年仍过着这种不安定的生活。第二句作者由慨叹身世转入怀人。每到暮春时节，往往想起曾经有过"桃李春风一杯酒"（黄庭坚《寄黄几复》）时的好朋友曾同，而现在自己却是过着"江湖夜雨十年灯"（同上）孤寂无靠的飘泊生活，每到暮春时节就更加想念自己的朋友，无可奈何之余就借酒浇愁。起联作者既不用描写开头，亦不用抒情开头，而是用叙述的方法起笔，自然简洁。

"落花洲渚鸥迎雨，芳草池塘燕避风。"颔联写作者舟中所见。洲渚，指水中陆地。水中的小洲上落满了花瓣，鸥鸟迎着风雨自由自在无拘无束地翱翔；长满青草的池塘周围，为了躲避风雨的燕子在自己温暖的巢中嬉戏。这一联对仗工整，写景五彩缤纷，鲜花青草，鸥鸟燕子，动静结合，仰俯适宜，给人以自由、美好、温馨的感觉。此情此景和作者的飘泊生活形成了鲜明的对比，就更增加了诗人的身世之感和思友之情，诗人以"乐"写"哀"，有很强的艺术感染力。

"烽火此时连海上，音书何日到山中？"颈联转写现实。当时元末战乱之火正遍地燃烧，我的书信何时能转到故人的家乡？表面上看来是朋友不知道其现在之境况，而实际上是说，他一点也不知道故人的消息与境况，因而更加思念故人。这一联结以问句，表现诗人急切的思友之情，给人以悲凉深沉之感。

"故人别后遥相望，夜夜空随斗柄东。"尾联抒发对朋友的思念之情。"斗柄"，北斗七星形状如斗，其中五、六、七三星称为斗柄。诗人因思念朋友而不知道朋友的音信，更不能和朋友诉说自己苦衷，在斗柄之东的他唯一能做到的就是在夜深人静孤独寂寞之时远远地望着朋友所在之地，为朋友送去一份真诚的祝福。尾联写得朴素动人。

此诗虽是写诗人在暮春天气风雨舟中所见所感，但诗人并没把残春的景色描写得很凄凉，相反却写得迷人明艳，给人的感觉则是凄清、孤独，这主要得力于诗人构思之巧妙，以"乐"写"哀"，这样写更能衬托出诗人身世飘零之感与思念朋友之情。诗风凄清深沉，朴素迷人，是一首颇佳的七言律诗。（岳淑珍）

傅若金

傅若金（1304—1343），字与砺，本字汝砺，临江新喻（今江西新余）人。元末著名诗人。早年家贫力学，以织席为生。入京后，被虞集等人推荐，出使安南，归授广州路儒学教授。其诗或简洁清秀，或雄浑悲壮，深得老杜诗风。有《清江集》。

【原文】

送唐子华嘉兴照磨

闻君秋思满南湖[1]，行李今晨发帝都。

幕府初乘从事马[2]，江城还忆步兵鲈[3]。

树浮白日山侵越，潮蹴青天海入吴。

闲暇冯高动诗兴[4]，须成一醉扫新图[5]。

【毛泽东圈评等情况】

毛泽东读清张景星等编选《元诗别裁集》卷六"七言律"时圈阅了这首诗。

［参考］张贻玖：《毛泽东评点、圈阅的中国古典诗词》，
中国工人出版社1992年版，第255页。

【注释】

（1）南湖，今浙江嘉兴著名风景区，分东西两湖，连似鸳鸯交颈，又称鸳鸯湖。湖心岛有烟雨楼等名胜古迹。

（2）幕府，古时军旅无固定住所，以帐幕为府署，故称幕府，此处指唐子华所去的衙署。从事，官名，州刺史之佐史，此指唐子华。

（3）江城，即嘉兴。步兵鲈，即西晋张翰（时号江南步兵）感秋风而辞官归乡的事。典出《晋书·张翰传》和《世说新语·识鉴》篇。

（4）冯，通"凭"，凭借或依靠。

（5）扫，即画。

【赏析】

唐子华（1296—1364），名棣，字子华。元归安（今浙江湖州，一说吴兴）人。青年时以诗文书画著称，被荐为州学教授、巡检等职。后因作画，得元文宗赏识，被任命为嘉兴路提控案牍兼照磨（主管文书、照刷卷宗的官吏）。后升任休宁县尹，兰溪州知州，以吴江知州致仕。工画山水，师法郭熙，得赵孟頫指点。存世作品有《霜浦归渔》《秋山行旅》《村人聚饮》等图。本篇即唐棣到嘉兴路（今浙江嘉兴）任照磨时傅若金为他写的送行诗。

这是一首七言律诗。"闻君秋思满南湖，行李今晨发帝都。"诗一开头，首联点出了送行地点和唐棣所去之地。"秋兴"的"兴"，读去声，因秋而发兴，故曰秋兴。杜甫曾有名作《秋兴八首》。唐棣因在大都皇宫嘉禧殿作画，很得皇帝青睐，故而方有嘉兴路照磨之任命。此时的子华，自然是踌躇满志，意气洋洋，秋兴很高了。南湖，为嘉兴著名风景，分东西两湖，连似鸳鸯交颈，又称鸳鸯湖。湖面五百二十五亩，湖心岛有烟雨楼等名胜古迹。因为唐棣要到嘉兴做官，他的兴致和欢快，已经像南湖之水慢慢充溢心胸了。故诗人才称其为"秋兴满南湖"。帝都，即元代京城大都（今北京）。这里是唐棣出发、诗人为其送行之地。唐棣此次出京，乃春风得意之举，所以送行诗充满了欢乐的基调，而没有一般送行诗中常写的那种离愁别绪、怅惘哀伤。

"幕府初乘从事马，江城还忆步兵鲈。"颔联两句是说，此次照磨之命，对唐棣真乃是赏心乐事。幕府，古时军旅无固定住所，以帐幕为府署，故称幕府，后也称衙署为幕府。从事，官名。汉制，州刺史之佐吏如别驾、治中、主簿、功曹等，均称为从事史。历代职官，名义相袭，虽有变易，大体不异。唐棣所任照磨一职，也为路总管的佐吏，自然可以以从事称之。江城，即指嘉兴。嘉兴地处杭州湾北部，杭嘉湖地区，湖泊星罗棋布，江河纵横其间，故称"江城"。"步兵鲈"，典出《晋书·张翰传》和《世说新语·识鉴》篇：西晋张翰，字季鹰，时号江南步兵，吴郡人。在洛阳做官，见秋风起，便思念家乡的莼菜羹和鲈鱼脍。他说："人生贵得适意尔，何能羁宦数千里以要名爵？"于是，便辞官回家。后来士大夫把思乡归隐称为莼鲈之思。此处是说，由于唐棣要到江城区，使人想起了江南步兵张翰贪恋的鲈鱼脍，此去可以饱尝家乡的美味了。这里颇有点对比的意思：张翰为了家乡鲈鱼味美，便弃官归里；唐棣回故乡却是上任做官，不但可吃到美味的鲈鱼，还可乘坐官府的马驰骋，实在是令人愉快的事。傅若金这两句诗，还是从杜甫《宿府》一诗中"清秋幕府井梧寒，独宿江城蜡炬残"两句衍化出来的。妙用巧取，了无痕迹。青年时曾以编席、针织为业的傅若金，在学习、继承前辈大家的诗艺上，是很下了一番功夫的。

"树浮白日山侵越，潮蹴青天海入吴。"颈联写嘉兴路形势险要，山河壮丽，进一步说明唐棣任职的可喜可贺。嘉兴路旧属吴越之地，诗中的"越"和"吴"均泛指嘉兴路所辖之地，约指当今浙江大部分地区。这里山清水秀，林木葱茏，红日当空，如在绿荫枝头浮动；拥湖滨海，水天一色，潮头像要踏上青天似的。在这两句诗里，"浮""侵""蹴""入"几个动词用得十分精当，它使画面飞动了起来。元代另一位著名诗人丁鹤年有"潮蹴海西流"（《登北固山多景楼》）之句，与此可谓有异曲同工之妙。

"闲暇冯高动诗兴，须成一醉扫新图。"尾联对唐棣到嘉兴任职后的业余艺术创作生活表示祝愿和向往。冯，通"凭"，凭借或依靠。扫，即画。唐棣是诗人，是画家，诗人推想他到嘉兴之后，在公务之余，闲暇无事的时候，一定会游山玩水，登高临远，抒怀赋诗；或开怀畅饮，乘酒意微醺，研墨铺纸，挥毫描绘新的画卷。在诗人笔下，唐棣的艺术创作生活可谓风流倜傥，潇洒飘逸。古人对艺术家的生活总是描写得非常浪漫，认为只有这样才有诗情画韵，才具有才子风范。在傅若金笔下，唐棣也很有点李白、吴道子遗风了。

送别诗虽然写的都是亲人、朋友间的离别之情，但也要看一看离别何事，所走何方，决不能把所有离别都写得离愁凄凄，别绪哀哀，因为那不真实。人们由于在不同原因、不同环境下离别，其心理状态绝不可能是一样的。"仰天大笑出门去，我辈岂是蓬蒿人"（李白《南陵别儿童入京》）写的是别情，"一看肠一断，好去莫回头"（白居易《南浦别》）写的也是别情，其情绪差异何止天壤之间！傅若金这首送别诗，格调昂扬，情绪欢快，豪放飘逸，对朋友前程似锦的远行，表现出了真诚的祝福。（毛冰）

【原文】

上 蔡

上蔡城头黄叶多，闻鸡看剑起长歌⁽¹⁾。
徒怜丞相东门犬⁽²⁾，犹忆将军半夜鹅⁽³⁾。
树底衣裳沾雾雨，马前灯火动星河⁽⁴⁾。
凉风满路吹行驿，那似金门听玉珂⁽⁵⁾。

【毛泽东圈评等情况】

毛泽东读清张景星等编选《元诗别裁集》卷六"七言律"时圈阅了这首诗。

[参考] 张贻玖：《毛泽东评点、圈阅的中国古典诗词》，
中国工人出版社1992年版，第255页。

【注释】

（1）闻鸡看剑，《晋书·祖逖传》："（祖逖）与司空刘琨俱为司州主簿，情好绸缪，共被同寝。中夜闻荒鸡鸣，蹴琨觉曰：'此非恶声也。'因起舞。"

（2）东门犬，用秦丞相李斯临刑前犹思牵犬逐兔的典故。

（3）半夜鹅，据《新唐书》载，唐宪宗时，李愬讨伐据蔡州（上蔡）叛乱的吴元济，"夜半至悬瓠城，雪甚，城旁皆鹅鹜池，愬令击之，以乱

军声"。以鹅叫声掩盖军队行进声，智取获胜。

（4）星河，天河，银河。

（5）金门，即金马门，汉代宫门，因门旁立有铜马而得名，泛指宫门。玉珂，马络头上贝制的装饰物，振动时有声。

【赏析】

上蔡，河南县名。此诗为作者途经上蔡时所作。

这是一首七言律诗。诗一开头首联首句点明了上蔡的季节景物特色和诗人的满怀豪情。"上蔡城头黄叶多"这是诗人登城所见。林木莽莽，树叶一片金黄，时值深秋，一派中州秋光。次句"闻鸡看剑起长歌"，这是诗人抒发豪情。他虽然是旅途经过上蔡，但却精神振奋，豪情满怀，闻鸡起舞，仗剑高歌，表现出诗人非凡的英雄气概。诗人所创的意境，是相当雄奇阔大的。

接着颔联两句是述古。上蔡是块古老的土地，公元前11世纪，周王朝分封诸侯国，周武王的弟弟叔度，因附逆武庚叛乱，被周公放逐，后改封其子蔡仲于此建都，是为蔡国，隋和唐代前期为蔡州治所所在地。这里曾发生过许多历史动变，出了不少历史名人。诗人的怀古不过是撮其一二要者罢了。"徒怜丞相东门犬"，李斯，上蔡人，秦国丞相，帮助秦始皇吞并六国，实现统一，建立了盖世之功。秦始皇死后，秦二世执政，赵高诬李斯之子李由与盗勾结谋反，父子均被腰斩于市。李斯临刑时对其子说："再欲与若复牵黄犬，俱出上蔡东门逐狡兔，岂可得乎？"后人以为李斯贪恋富贵和权位，不能功成身退，以致招致杀身之祸，酿成历史悲剧，令人遗憾和感叹！唐代诗人胡曾也有一首以《上蔡》为题的诗："上蔡东门狡兔肥，李斯何事忘南归？功成不解谋身退，直待云阳血染衣。"傅若金的诗句，与此诗意思是相似的。"犹忆将军半夜鹅"，唐元和九年（814），彰义军（淮西）节度吴少阳死，子吴元济自立，不肯听命于唐王朝，唐宪宗发兵讨伐，未能获胜。元和十二年，宰相裴度到郾城督师。唐邓节度使、将军李愬在裴度指挥下雪夜进入蔡州，"夜半雪愈甚。行七十里，至州城。近城有鹅鸭池，愬令击之以浑军声。四鼓，愬至城下，无一人知者"（《资治通鉴·唐纪五十六》)。裴度平定淮西之乱，是唐王朝制服藩镇叛乱的转折点，故常被后世作为借鉴。"将军半夜鹅"即指李愬入蔡州之举。裴度平蔡州时，淮西节度使治所虽然在汝南而不在上蔡，诗人来到这座做过蔡州州城又是蔡州辖区的县城，还是怀念起了历史上的英雄李愬的机智和勇猛。在写怀念历史人物和事件时，看似平淡叙来，仔细诵读，即可见出是很牵动感情的。

颈联两句写眼前感触和景色。由于时间是深秋季节的黎明，晨雾漫漫，白露为霜，诗人骑马从树下经过，沾湿了衣裳和头巾，就像被雨淋过似的。又因黎明即起，天未大亮，一些起早经营的店铺作坊均都掌灯劳作，诗人骑在马上，点点灯火在远处晃动，犹如星河一般。这里描绘上蔡县城黎明时的景色，朦胧潮湿，诗人的情绪也随之转变得有点低沉，很自然地就引出了尾联两句"凉风满路吹行驿"的感慨。深秋早晨的风，萧瑟凄清，奇寒刺骨，诗人骑马独行，直感满路皆风，心里不免产生些许羁愁，自然也就会引起联想，做出对比，次句觉得"那似金门听玉珂"了。金门，又叫金马门，汉代宫门，因门旁立有铜马而得名，后世也以之代指京城。玉珂，马络头上贝制的装饰物，亦用以指马。这句诗说，一个人骑马在这上蔡城外独行，冷清清，凉浸浸，真不如在京城宽阔的大街上纵辔而驰啊！

《上蔡》这首诗，蕴含比较丰富，感情也有起伏，封建时代的知识分子的内心常常充满矛盾，由此也可看出一些端倪。（毕桂发）

【原文】

兴安县

乱峰如剑不知名，篁竹萧萧送驿程$^{(1)}$。
转粟未休离水役$^{(2)}$，负戈犹发夜郎兵$^{(3)}$。
百蛮日落朱旗暗，九岭风来画角清$^{(4)}$。
空使腐儒多感慨$^{(5)}$，西南群盗几时平？

毛泽东读清张景星等编选《元诗别裁集》卷六"七言律"时圈阅了这首诗。

[参考]张贻玖：《毛泽东评点、圈阅的中国古典诗词》，

中国工人出版社1992年版，第254页。

【注释】

（1）篁竹，竹名。晋戴凯之《竹谱》："篁竹坚而促节，体圆而质坚，皮白如霜粉，大者宜行船，细者为笛。"

（2）转粟，即运送谷物。汉司马相如《喻巴蜀檄》："郡又擅为转粟运输，皆非陛下之意也。"离水，一名"漓水"、漓江，即今广西漓江。

（3）夜郎，古国名，包括今云南、四川、贵州部分地区。

（4）画角，古管乐器，传自西羌，形如竹筒，本细末大，以竹木或皮革等制成，因表面有彩绘，故称。

（5）腐儒，迂腐的儒者。《荀子·非相》："故《易》曰：'括囊，无咎无誉。'腐儒之谓也。"

【赏析】

这也是一首以县名为题的七言律诗。"兴安县"，三国时东吴设置，治所在广西贺县东北，属桂林府所辖。元顺帝时，傅若金奉命随使臣出使安南（今越南），本诗为途经此地时有感而作。

首联写景，写出了兴安县地理位置的险峻和清幽。兴安县地处桂林东南，这里群峰耸峙，层峦叠嶂，峻嶒巉岩，似莽莽剑林，直插太空。在这群山环抱之中，绿竹处处，一片片，一丛丛，微风吹来，萧萧飒飒。地势险峻，环境独特，清幽冷落，别有一番景象。诗人骑在马背上，在这崇山峻岭中前行，是很容易引起许多心事和感慨的。

颔联写途经此地便联想到朝廷在西南地区的用兵。转粟，即转运军粮；离水，即漓江，在今广西东北部。夜郎，古国名，主要地区在今贵州西部及北部，包括云南东部及四川南部部分地区。元朝后期，反对蒙古贵

族统治的起义此起彼伏，西南少数民族地区也不例外。诗中所写的向离水运粮，往夜郎派兵，都是为了镇压少数民族起义，元朝统治者已被弄得焦头烂额、顾此失彼了。

颈联写途中暮夜景色。广西、云南、贵州、四川的部分地区，少数民族聚居，古代，对南方这些兄弟民族，均统称之为"蛮"。兴安县也属于"百蛮"之区。北人初到这山高林密的少数民族地区，不但感到荒凉，还会觉得有点恐怖。诗人眼中的元朝政府军队伍，虽然旗帜鲜明，一旦太阳落山，便是黑咕隆咚，一片昏暗，什么都不见了。部队栖营此地，从各个山头（九岭言山峰众多）吹来阵阵山风，清冷凄厉，砭肌刺骨；军营中号角呜呜，似浩叹哀鸣。诗人创造这样一个意境，实在是他凄凉心情的一种外化。作为元朝统治者中的一员（虽然是下级官员），傅若金当然希望他们的王朝能够江山永固，长治久安。但作为一个有现实主义精神的诗人，他清醒地看到，由于元帝国的黑暗腐败，对人民强取豪夺，已经激起了全国人民的愤怒与反抗，元朝的统治已经朝不虑夕，岌岌可危。元政府派兵镇压各地起义，也不过是知其不可为而为之，难以挽回败亡的命运。诗人面对着既不愿看到又无法避免看到的现实，充满了担心、伤感和惋惜的情绪。这首诗可以说就是这种情绪的抒发。

如果说，前面的抒情寄兴还比较含蓄的话，诗的尾联就写得相当直露了："空使腐儒多感慨，西南群盗几时平？"自认是腐儒的诗人，为什么忧心忡忡，感慨不已？因西南地区"群盗"蜂起，且平定无日。他明明知道，这忧心，这感慨毫无用处，不过是"空使"自己悲叹一回罢了。傅若金这首诗，无异是对元帝国必将灭亡的命运提前唱出的一支挽歌。（东民）

迺 贤

　　迺贤（1309—1364？年），字易之，一名纳新，别号河朔外史。本突厥葛罗禄氏，葛罗禄译成汉语为马，故又称马易之。世居金山（今新疆北部阿尔泰山）之西。迺贤生于南阳（河南南阳），后定居明州（浙江宁波）。元末著名诗人。曾任东湖书院山长，官至国史院编修。诗作中古体、律诗、乐府都有佳作，诗风或清新俊逸，或豪放自然，极受时人称赏。有《金台集》。

【原文】

答禄将军射虎行并序

　　答禄将军，世为乃蛮部主。归国朝，拜随颍万户。平金有功，事载国史。其出守信阳⁽¹⁾，射虎之事尤伟。曾孙与权举进士，为秘书郎官，与余雅善，间言其事，因征作歌⁽²⁾。虎既剖，简明镞正贯于心中。

　　将军部曲瀚海东⁽³⁾，三千铁骑精且雄。久知天命属真主⁽⁴⁾，奋身来建非常功。世祖神谟涵宇宙⁽⁵⁾，坐使英雄皆入彀⁽⁶⁾。十年转战淮蔡平，帐下论功封太守。信阳郭外山嵯峨，长林大谷青松多。白额於菟踞当道⁽⁷⁾，城边日落无人过。将军闻之毛发竖，拔剑誓天期杀虎。弯弓走马出东门，倾城来看夸豪武。猛虎磨牙当路嗥，目光眈眈斑尾摇⁽⁸⁾。据鞍一叱双眦裂，鸟飞木落风萧萧。金弰雕弓铁丝箭，满月弦开正当面。雕翎射没锦毛摧，崖石崩腾腥血溅。万人欢笑声震天，剖开一箭当心穿。父老持杯马前拜，祝公眉寿三千年⁽⁹⁾。将军立功期不朽，奇事相传在人口。可怜李广不封侯⁽¹⁰⁾，却喜将军今有后。承平公子秘书郎，文场百步曾穿杨⁽¹¹⁾。咫尺风云看豹变⁽¹²⁾，鸣珂曳履登朝堂。

【毛泽东圈评等情况】

毛泽东读清张景星等编选《元诗别裁集》卷二"七言古"时圈阅了这首诗。

[参考]张贻玖：《毛泽东评点、圈阅的中国古典诗词》，
中国工人出版社1992年版，第254页。

【注释】

（1）信阳，即今河南信阳。

（2）秘书郎，官名，掌管典籍或起草文书。间言，偶尔言及。因征，应……之邀。因征作歌，即应与权之邀而作此诗。

（3）部曲，古时军队的编制单位，此处指部队。瀚海，指北海，在蒙古高原东北，一说指今内蒙古之呼伦湖、贝尔湖。

（4）真主，指封建社会所谓的真命天子，此处指元世祖。

（5）神谟，神妙的谋划。《三国志·吴志·周鲂传》："朝廷神谟，欲必致休于步度之中。"

（6）入彀，指进入弓箭射程之内，用以比喻受笼络、就范，此处指元世祖善于纳贤。

（7）於菟，虎之别名。

（8）睒睒（shǎn），目光闪烁之状。北周卫元嵩《元包经·孟阴》："睛睒睒，步乏乏。"

（9）眉寿，长寿。《诗·豳风·七月》："为此春酒，以介眉寿。"毛传："眉寿，豪眉也。"孔颖达疏："人年老者必有豪眉秀出者。"高亨注："眉寿，长寿也。"

（10）李广，汉名将李广部下因军功而封侯的人很多，而李广本人抗击匈奴，战功显赫，却未见封侯。后以李广不封侯慨叹封高不爵、命途多舛。唐王勃《滕王阁序》："冯唐易老，李广难封。"

（11）此句用典。《史记·周本纪》："楚有养由基者，善射者也，去柳叶百步而射之，百发而百中之。"此处借以赞美与权之文才。

（12）豹变，谓如豹纹那样发生显著的变化。幼豹长大蜕毛，然后疏

朗焕散，其毛光泽有文彩。《易·革》："上六，君子豹变，其文蔚也。"孔颖达疏："上六居'革'之终，变道已成，君子处之，虽不能同九五革命创制，如虎文之彪炳，然亦润色鸿业，如豹文之蔚缛。"亦谓人的行为变好或地位显贵。《三国志·蜀志·后主传》："降心回虑，应机豹变。"

【赏析】

这首诗是迺（nǎi）贤有感于答禄将军射虎之事而作。答禄将军，其名不详，从诗序中可知他是诗人好友答禄与权的曾祖父。答禄与权，元明之交人，仕元为河南北道廉访司金事，明洪武中召为御史，后为翰林修撰。诗人偶尔听与权谈其曾祖射虎之事，并应与权之邀写下了这首七古。诗中颂扬了答禄将军的武功即射虎为民除害的壮举，赞美了其曾孙与权的文才。

这首长诗可分为四节。前八句为第一节，写答禄将军转战有功，受封太守；次八句为第二节，写白虎当道，将军誓天杀虎；再次八句为第三节，写将军射虎的经过。最后十二句为第四节，写将军射虎后父老乡亲的欢欣并称赞其曾孙与权之文才。

第一节从"将军部曲瀚海东"到"帐下论功封太守"。部曲，古时军队的编制单位。瀚海，指北海，在蒙古高原东北；一说指今内蒙古之呼伦湖、贝尔湖。真主，指真命天子，这里指元世祖。前四句用高度概括的笔墨赞扬了答禄将军率领自己的部队努力作战，奋不顾身，屡建战功的事迹。神谟，指神妙的谋划。入彀，指进入弓箭射程之内，用以比喻受笼络、就范，此处指元世祖善于纳贤。后四句诗人称颂世祖的用人政策：任人唯贤，使天下英雄豪杰聚于一宫，为自己所用，遇到了这样的明君，"建非常功"的答禄将军自然要论功封官"帐下论功封太守"。这一部分交代简洁明了，下笔气势不凡，为下文的射虎之事做了很好的铺垫。

第二节从"信阳郭外山嵯峨"到"倾城来看夸豪武"。前四句先写了老虎对乡民的危害。信阳，今河南信阳。嵯峨，指山势高峻。将军的封地信阳郭外山高路险，又森林茂密，沟壑纵横，环境险峻。於菟，虎的别名。在这样险峻的环境下，又有白额老虎出没其中，所以每当夕阳西下之后，就没有人敢在此行走。诗人以描写环境之险来烘托将军之勇。后四句写答禄将军闻听此事后的态度。作者在这里用"毛发竖"来形容其愤怒，又用"誓天期杀虎"来表现其决心与勇气。"弯弓走马出东门，倾城来看夸豪武"，写将军骑着骏马，拿着弓箭，威武地走在前面，后面跟随着倾城而出的老百姓来看自己的太守为民除害。这两句诗场面壮观，又突出了答禄将军的英勇形象。这是过渡句，下一层意思就很自然地写将军射虎的过程。

第三节从"猛虎磨牙当路噑"到"厓石崩腾腥血溅"，作者详细地描写了将军射虎的经过，给读者以身临其境之感。"猛虎磨牙当路噑，目光睒睒斑尾摇"，极写虎的凶猛可怕。睒睒，指目光闪烁，这里指老虎寻觅吞食对象时那种贪婪凶狠的目光。老虎张着血盆大口在大道中间吼叫，眼睛放射出可怕的凶光，带有斑纹的尾巴在不停地摇动。"据鞍一叱双眦裂，鸟飞木落风萧萧"，用高度夸张的手法极写将军之盛怒。眦裂，眼眶为裂，形容愤怒到了极点。这两句和上两句形成强烈比照，写答禄将军在马鞍上看到猛虎当路吼噑的情景，愤怒得眼眶都快要裂开了，他这种愤怒的情形使鸟为之惊飞，木为之振落，犹如一股冷风吹过。"金弰雕弓铁丝箭，满月弦开正当面"写将军搭箭弯弓，正对猛虎，把自己的一腔愤怒都寄于这一"铁丝箭"上，结果"雕翎射没锦毛摧，厓石崩腾腥血溅"。将军有百步穿杨之箭法，张弓开箭，正中猛虎，带有羽毛的利剑射入虎体，凶猛的老虎疼痛难忍，在崖石上窜崩，腥血飞溅。诗人在这一部分中极写老虎的凶猛可怕来烘托将军的勇猛威武，凶猛的老虎最终死于勇猛将军之箭下，这样，将军之勇猛不写自明。

第四节从"万人欢笑声震天"到"鸣珂曳履登朝堂"。前六句写将军射虎后父老的欢悦。太守英武，为民除害，百姓感激之情无法表达，发自内心地"持杯马前拜"，祝将军"眉寿三千年"。后六句赞美了将军之后与权的文才。"可怜李广不封侯，却喜将军今有后。"作者引用汉代事迹。李广，汉武帝时名将，被匈奴称之为"飞将军"，一生作战七十余次而没有得到封侯，唐代诗人王维在其《老将行》中写道："卫青不败由天幸，李广无功缘数奇。"可以说其功不亚于答禄将军，但远远没有得到应有的封赏。更为可悲的是李广之子李敢由于大将军卫青恨其父而击伤之，后因此被骠骑将军霍去病射杀；其孙李陵领兵作战，被匈奴十几倍于己的兵力所包围，最后救兵不到，其兵尽没，抱着"无面目报陛下"之遗憾而降匈奴，被汉武帝"族陵妻子"，李氏家族自是名败。而答禄将军生逢明君，封为太守；后代才能出众，被任为秘书郎，有"文场百步曾穿杨"的本领。百步穿杨，形容善射，箭法高超。《史记·周本纪》："楚有养由基者，善射者也，去柳叶百步而射之，百发而百中之。"作者这里用"百步穿杨"这个典故有两方面的作用：一方面赞美其友与权在文场上的才能，另一方面又称颂了答禄将军的射箭本领，与权的文才犹如其曾祖父的射箭本领，百发百中。这样写和上文射虎一节相呼应，互相映衬。最后两句"咫尺风云看豹变，鸣珂曳履登朝堂"，写答禄将军射虎后的英姿。猛虎被除，将军身跨骏马，伴着马身上玉饰的叮当声回到公堂，如果再有风云变幻，将军还会像射虎那样奋不顾身。这两句以写答禄将军射虎的英姿作结，和第二部分"弯弓走马出东门"相照应，结构严谨。最后一部分在写将军射虎后百姓的欢悦之中不露声色地称赞了其友与权的才能，可见作者笔法之高妙。

这首七古塑造了一位勇武善射的将军形象，同时又巧妙地赞美了将军之后与权的文学才能。以叙述为主，议论描写恰到好处。文笔详略得当，简洁有力，气魄宏大，豪放自然。（岳淑珍）

【原文】

秋夜有怀明州张子渊

云表铜盘挹露华⁽¹⁾，高城凉冷咽清笳。
弓刀夜月三千骑，灯火秋风十万家。
梦断佳人弹锦瑟，酒醒童子汲冰花。
起看归路银河近，愿借张骞八月槎⁽²⁾。

【毛泽东圈评等情况】

毛泽东读清张景星等编选《元诗别裁集·补遗》"七言律"时圈阅了这首诗。

[参考] 张贻玖：《毛泽东评点、圈阅的中国古典诗词》，

中国工人出版社 1992 年版，第 254 页。

【注释】

（1）云表，即华表。铜盘，即汉代建章宫的铜柱和承露盘。此句指京都大都（今北京）。

（2）八月槎，《汉书》载张骞到河源。后人把他与"八月槎"的传说（见张华《博物志》）混在一起，遂有张骞泛槎到天河的传说，此处喻作者对故乡朋友的思念之深。

【赏析】

迺贤早年因其兄宦游江浙而随之前往，后定居明州（今浙江宁波）。二十余岁时曾到京师觅官，在大都（今北京）逗留时间较长，但未获官职。他在《京城燕》诗中，把自己比作京城燕："主家帘幕重重垂，衔芹却向檐间飞。"他仕途很不得志，但很有诗名，和当时善书画的韩与玉、善古文的王子统称为"江南三绝"。这首七言律诗可能是作者在京城觅官时所作。张子渊，其名不详，从题目来看，可能是作者在明州的好友。

"云表铜盘挹露华，高城凉冷咽清笳。"首联紧扣题目中的"秋夜"来写，从大处落墨，写京城秋夜的景色。前句诗人用汉代故事：云表，即华表；铜盘，汉代建章宫有铜柱，上有承露盘。此句写京都大都。京城秋夜已深，露珠已降，整座都城被凉冷的秋夜所包围，给人一种凄凉的感觉。第二句作者用加一层的写法来写，在这凄凉的秋夜里，又传来了凄清的胡笳声，更使人觉得悲凉。起联虽然没有直接写对朋友的思念，但通过对高城秋夜景色的描写，渲染出一种悲凉、凄切的气氛。

"弓刀夜月三千骑，灯火秋风十万家。"颔联紧接首联又从另一个角度描写京城的秋夜景象。在高城的周围，有无数全副武装的卫兵守护着京

城，在戒备森严的京城中居住着众多的人家，这里"三千"和"十万"都不是定数，言"兵""家"之多。"灯火万家"给人一种浓厚的温馨之感，使在外游宦之人更加思念家乡，思念朋友。这一联对仗工整，与上一联悲凉气氛形成鲜明对比。虽然诗人不言思乡思友，但思乡思友之情溢于字里行间，比直接描写更显得深沉有力。

"梦断佳人弹锦瑟，酒醒童子汲冰花。"颈联写作者所见所闻。由于被思乡思友之情所困扰，又是在这清冷的深秋之夜，诗人无法入眠，即便是一时睡去，但立即又被思友之梦所惊醒，而醒后一切如旧，唯一能听到的是远处传来佳人优美的弹奏声；于是诗人就借酒浇愁，用酒来使自己暂时忘掉烦恼，但酒醒后看到的是一群天真的孩子在玩冰花。这一联诗人通过描写自己的所见所闻，写出了那种在外游宦欲归不能的痛苦心情。

前三联诗人紧扣"秋夜"二字来写，描写了秋夜中的京城景色和自己的所见所闻，未一词涉及"怀"字，但作者为尾联的抒发怀人之情进行了层层铺垫：首联诗人渲染了悲凉、凄切的气氛，颔联写了万家灯火的温馨，颈联流露出"梦断""酒醒"后的孤独。前三联的层层铺垫，为下文的抒情准备了充足的力量，所以尾联写起来自然而水到渠成："起看归路银河近，愿借张骞八月槎。"作者为了更好地抒发思乡思友之情，借用了八月槎这个神话典故。槎，指木筏。据张华《博物志》载，天河与海通，有一居海边的人见每年八月，有浮槎去来，不失期。这人有奇志，立飞于槎上，乘槎而去。《汉书》载张骞到河源。后人把两者混在一起，遂有张骞泛槎到天河的传说。此处意为愿借张骞槎回到故乡，见到自己日夜思念的朋友，诉说自己的所见所闻、所感所想。用神话典故恰当地表达了自己对朋友的思念之情。

这首诗清丽俊逸，工整而有唐风，非一般怀人之作可比，是其律诗中的名篇。（岳淑珍）

陈 基

陈基（1314—1370），字敬初，台州临海（今浙江临海）人。元末诗人。元惠宗至正元年（1341），受业于黄溍，从至京师，曾任经筵检讨，后入张士诚太尉府戎幕，为学士院学士。张士诚政权的书檄起草，多出自他手。张士诚政权亡后，朱元璋容其前过，使作《元史》。其诗多写从军生活，颇能反映元末乱离现实，有《夷白斋稿》。

【原文】

淮阴杂兴

千里相逢淮海滨，一枝谁寄岭梅春⁽¹⁾。
老来易感山阳笛⁽²⁾，年少休轻胯下人⁽³⁾。
失侣雁如秦逐客⁽⁴⁾，畏寒花似楚遗民。
每过百战疮痍地⁽⁵⁾，立马西风为损神。

【毛泽东圈评等情况】

毛泽东读清张景星等编选《元诗别裁集·补遗》"七言律"时圈阅了这首诗。

[参考] 张贻玖：《毛泽东评点、圈阅的中国古典诗词》，
中国工人出版社 1992 年版，第 254 页。

【注释】

（1）此句用典。南朝宋时陆凯与范晔交善，自江南寄梅花一枝至长安赠晔，并写诗云"江南无所有，聊寄一枝春"。此处反用其意。

（2）山阳笛，晋向秀经山阳（今江苏淮安）故居，听到邻人吹笛，

发声嘹亮，不禁追念亡友嵇康、吕安，因作《思归赋》。后"山阳笛"就成为怀念旧友之代名词。

（3）胯下人，淮阴是汉代名将韩信之家乡，韩信少时不遇，在家乡曾受胯下之辱。

（4）秦逐客，秦始皇时因事下诏逐客，李斯亦在被逐之列，遂写《谏逐客书》以劝秦王。此处"逐客"和下句中的"遗民"当是自指。

（5）疮痍，创伤，比喻灾害困苦。汉桓宽《盐铁论·国疾》："然其祸累世不复，疮痍至今未息。"疮痍地，指淮阴。

【赏析】

《淮阴杂兴》是一组记游怀古的七言律诗，共四首，本诗是其一。

首联写来到淮阴的缘由与感慨。第一句言诗人千里迢迢，来到淮海之滨的淮阴，向往之情溢于言表。第二句用典。南朝宋时陆凯与范晔交善，自江南寄梅花一枝至长安赠晔，并写诗曰："折花逢驿使，寄与陇头人。江南无所有，聊寄一枝春。"此处反其意而用之：我在淮阴并无故友，有谁为我寄来一枝岭上春梅呢？进一步表明，作者来淮阴不是为了访友，实为慕淮阴之名。

颔联再次用典。晋向秀经山阳故居，听到邻人吹笛，发声嘹亮，不禁追念亡友嵇康、吕安，因作《思归赋》（见《晋书·向秀传》）。后"山阳笛"就成为怀念旧友之典。这一句是因下一句而起。淮阴乃千年古县，是汉代韩信的家乡。韩信少时不遇，在家乡曾受胯下之辱。诗人用两个典故，说明人老易念旧友，年少休轻视人，因为凭一时一事不能概况人的一生。

颈联既扣准秋季眼前景，又咏怀秦楚往事。当年李斯曾因秦始皇驱逐客卿而写了著名的《谏逐客书》，而今眼前的失侣之雁，叫声凄惨，恰如秦时被逐之客卿，而在秋风中瑟缩的花朵，又极似当年楚国的遗民，无依无靠，前途黯淡。此联将古事今景融为一体，对仗工整，感慨颇深。

尾联合乎记游咏古的一般格式。淮阴历经风雨，堪称"百战疮痍地"，诗人在西风中勒马凝思，不禁黯然神伤。全诗在感古伤今的咏怀中结束。（郑延君）

张 宪

张宪（1320？—1373？），字思廉，号玉笥生。绍兴山阴（今浙江绍兴）人。元末诗人。生活于战乱之时，负才自放，浪游四方，至京师，不遇而还。张士诚占领吴中后，接受元王朝的官职，招张宪为太尉府参谋，后迁枢密院都事。张士诚败亡，他改变姓名，寄食寺院以终。其诗多怀古伤时之作，诗风纤巧。有《玉笥集》。

【原文】

留别赛景初

暖云将雨骤阴晴，四月罗衣尚未成。

万点愁心飞絮影，五更残梦卖花声。

方空越白承恩厚⁽¹⁾，绣裾诸于照道明⁽²⁾。

自笑穷途不归去，空怀漫刺阆闾城⁽³⁾。

【毛泽东圈评等情况】

毛泽东读清张景星等编选《元诗别裁集》卷五"七言律"时圈阅了这首诗。

[参考] 张贻玖：《毛泽东评点、圈阅的中国古典诗词》，

中国工人出版社1992年版，第254页。

【注释】

（1）方空（kǒng），即方孔縠（hú），古时一种细而薄的方孔纱。《后汉书·章帝纪》："癸巳，诏齐相省冰纨、方空縠、吹纶絮。"李贤注："方空者，纱薄如空也。或曰：空，孔也，即今之方目纱。"越白，古代会稽

产的一种优质白布。

（2）绣襦（jué），古代妇女所穿的彩色半臂上衣。《后汉书·光武帝纪上》："时三辅吏士东迎更始，见诸将过，皆冠帻，而服妇人衣，诸于绣，莫不笑之，或有畏而走者。"唐李贤注："《前书音义》曰：'诸于，大掖衣也，如妇人之襦衣。'字书无'襦'字，《续汉书》作'襦'……即是诸于加绣，如今之半臂也。"诸于，亦作"诸衧"。古时妇女穿的宽大上衣。《汉书·元后传》："是时政君坐近太子，又独衣绛缘诸于。"颜师古注："诸于，大掖衣，即襦衣之类也。"二者均借指男子华丽的服饰。

（3）刺，名帖。阖闾城，即今江苏苏州，春秋时乃吴国国都。阖闾为吴王名。

【赏析】

张宪是元末著名诗人之一，曾随张士诚军。张败，宪"走杭州，寄食报国寺，旦暮手一编，人不得窥。死后视之，其平生所作诗也"（《列朝诗集》）。此诗大约是在张士诚败亡后，作者离开苏州前，留赠好友赛景初的。

赛景初，元末明初人，回族。元末明初贾仲明《录鬼簿续编》载其为曲作家，擅书法，并说他"遭世多故，老于钱塘西湖之滨"。

这是一首七言律诗。首联首句写暮春时节，暖云作雨，阴晴不定，既突出季节特点，似亦指政治气候及作者随之忽喜忽悲的心情。二句点明具体月份，时已四月，春末夏初，而诗人的应季衣服还没有着落。罗衣，本指纱、罗等制成的夏衣，此指春夏时穿的较薄的衣服。颔联两句紧扣"四月"着重写景：杨花柳絮漫天飞舞，正是春光融融之时，但客居的诗人心中并无暖意，脸上也无喜色。相反，在他看来，这点点花絮都像是他郁闷的心的碎片，或者说，他的愁心化成了飞扬的万点杨花柳絮。从诗中不难看出，是"骤阴晴"的天气使然，是人生多艰使然，是经济拮据使然。这是白天之景之情。夜晚，诗人辗转夜深，朦胧入睡，又在五更时分被卖花的吆喝声惊醒，再难成眠，此写夜晚之景之情。这二句结合四月的季节特征，以景写情，融情于景。"万点愁心""五更残梦"等用语，与"骤阴晴"互相呼应，使诗意郁闷躁热，恰如暮春的湿热气候和诗人的抑郁心情，读后不仅没有春夏的暖意，反而增添愁闷之感。

颈联两句写赛景初为张宪置办夏衣。方空，古时一种细而薄的方孔纱。越白，古代会稽（今浙江绍兴，古属越地）产的一种优质白布。二者在此比喻赛景初所制夏衣质地优良。绣襨（jué），古代一种长及半臂的披风、披肩式服饰。诸于，亦作"诸衧"，古时妇人的外衣，此处借指男子华丽的服饰。诗人用"方空越白""绣襨诸于"比喻赛景初为其置办的衣装，不仅用料讲究，而且像女子服装一样做工精细、装饰华美，以致光彩耀目，穿在身上照得道路都格外明亮。两句诗以感激的心情、夸张的手法描写了赛景初赠衣一事。

尾联，诗人以自嘲的口吻写道：客居不遇，前途坎坷，仍不还乡，连我自己也感到好笑；但我实在害怕离别之后徒然地回忆我们在苏州手持名帖随时交往的情景啊！此句从反面写出诗人与赛景初友情之深厚。刺，名帖。阖闾城，今苏州，春秋时乃吴国国都，吴王名阖闾，故以之称，亦作"阖庐城"。还没有离别，就设想到别后的思念，写出留恋之情；而诗题又是"留别"，表现出分离的无奈。

张宪曾师事杨维桢，负才不羁，薄游四方，生当乱世，有志难展，故以诗言志。本诗写暮春之景，叙置衣之事，抒留别之谊，皆寓意融情，非浅薄之作。可见张宪平生阅历颇丰，诗歌功力深厚。（郑延君）

张　昱

张昱（1289—1371），字光弼，号一笑居士，晚年号可闲老人，吉安庐陵（今江西吉安）人。元末诗人。左丞杨完镇江浙，用为参谋军府事，迁杭省左右司员外郎。左丞死，昱弃官不做。张士诚礼致之，不就。入明，明太祖征至京师，悯其老，曰："可闲矣！"厚赠遣归，因更号可闲老人。以律诗见长，诗风苍莽雄伟，沉郁悲长。有《庐陵集》。

【原文】

过歌风台

世间快意宁有此，亭长还乡作天子(1)。沛宫不乐复何为？诸母父兄知旧事(2)。酒酣起舞和儿歌，眼中尽是汉山河。韩彭受诛黥布戮(3)，且喜壮士今无多。纵酒极欢留十日，感慨伤怀涕沾臆。万乘旌旗不自尊(4)，魂魄尤为故乡惜。从来乐极自生哀，泗水东流不再回(5)。万岁千秋谁不念，古之帝王安在哉？莓苔石刻今如许(6)，几度秋风灞陵雨(7)。汉家社稷四百年，荒台犹是开基处(8)。

【毛泽东圈评等情况】

毛泽东读清张景星等编选《元诗别裁集》卷三"七言古"时圈阅了这首诗。

[参考] 张贻玖：《毛泽东评点、圈阅的中国古典诗词》，中国工人出版社1992年版，第255页。

【注释】

（1）此句谓刘邦原是沛县泗水亭的亭长，现在变成了汉王朝的开国天子。

（2）旧事，指青年时刘邦不光彩的往事。沛宫，在沛县东南。汉高祖十二年（前195）十月，刘邦击英布途中，"过沛，留。置酒沛宫"，"沛父兄诸母故人日乐饮极欢，道旧故以为乐"（《史记·高祖本纪》）。

（3）韩，指韩信。彭，即彭越，昌邑人，于汉多建奇功，后被人告谋反，夷三族。黥布，又名英布，六安人，从刘邦灭项羽于垓下，由于韩信、彭越被杀，布不自安，发兵造反，后败走长江，为番阳人所杀。

（4）万乘（shèng），周制，天子地方千里，能出兵车万乘，因以万乘指天子。自尊，此处指无禁忌。

（5）泗水，发源于山东中部泗水东的蒙山东南麓，后淤积废弃，今仅存其名，古时此水流经沛县。

（6）莓苔石刻，应作霉苔石刻，指歌风台上所刻的《大风歌》的石碑已长满了霉苔。台上原有亭，亭中有篆文石碑，东面一碑相传为曹喜或蔡邕所书，西面一碑为元大德年间摹刻。如许，如此。

（7）灞陵，本作霸陵，汉文帝陵，故址在今陕西西安东。

（8）开基，开国奠基。

【赏析】

歌风台，在江苏沛县南古运河西岸。《史记·高祖本纪》："十二年（前195）十月，高祖已击布（淮南王英布）军，会布走甄，令别将追之。高祖还归，过沛，留。置酒沛宫，悉召故人父老子弟纵酒，发沛中儿得百二十人，教之歌。酒酣，高祖击筑，自为歌诗曰：'大风起兮云飞扬，威加海内兮归故乡，安得猛士兮守四方！'令儿乃和习之。高祖乃起舞，慷慨伤怀，泣数行下……沛父兄诸母故人日乐饮极欢，道故旧为笑乐。十余日，高祖欲去。沛父兄固请留高祖。高祖曰：'吾人众多，父兄不能给。'乃去。"沛县人为了纪念汉高祖这次衣锦荣归，特修建了这座歌风台。此处"歌"为动词，唱的意思，歌风台即汉高祖唱《大风歌》的地方。

这是一首七言古诗。全诗共二十句，每四句是一层意思，而全诗又可分为前后两个部分。前十二句着重就高祖还乡事件本身进行评骘，后八句则是对朝代兴亡、沧桑巨变、历史演进抒发感慨。

第一层，写刘邦衣锦还乡时快意中还有不快的矛盾心情。"世间快意宁有此！"首句下笔颇为突兀。这里的设问指的是什么事呢？下句做了明快的回答："亭长还乡作天子。"汉高祖刘邦，秦代沛县丰邑中阳里人。秦时，沛是县，丰是沛县辖区的一个邑镇，刘邦就生在这个邑镇的中阳里。年轻时，曾在沛县东部的泗水亭做亭长。秦代制度，十里设一亭，十亭设一乡。亭长，犹如后来的保甲长一类的职务。由一个职位最低下的亭长摇身一变成了汉王朝的开国"天子"，这种变化无异于天上人间，其巨大反差足以令人目瞪口呆。而今，能够在故乡父老乡亲面前展示一下"天子"的荣耀、排场和威势，其快乐、其满足恐怕是无与伦比的。可惜，美中尚有不足，那就是家乡父老兄弟、婶子大娘（诸母）对他的底细太熟悉了。青年时的刘邦，贪财好色，嗜酒喜赌，赊借拐骗，讹诈欺蒙，斗狠使气，狡尖油猾。即使做了皇帝之后，刘邦这种流氓嘴脸仍不时有所流露："未央宫成。高祖大朝诸侯、群臣，置酒未央前殿。高祖奉玉卮，起为太上皇寿，曰：'始，大人常以臣无赖，不能治产业，不如仲（刘邦的二哥）力。今某之业所就，孰与仲多？'"刘邦对他自己过去的地痞无赖行径，颇不光彩的历史，恨不能埋入万丈深渊，不让有一个人知道。当然，他也知道这是办不到的。所以，当他衣锦荣归，显示表现自己的威风和得意时，总有那么一点阴影在他眼前晃动。诗人对回到故乡的高祖的心态，体察是相当入微的。

第二层，写刘邦当了皇帝后诛杀功臣的事。中国历史开基立业的帝王，他们在逐鹿疆场、夺取政权的过程中，往往都团结了一大批出类拔萃、能征惯战的杰出人物，和他们建立了情同手足的亲密关系。一旦王朝建立，这些人便成了开国元勋、创业功臣。他们与皇帝的关系便由平等亲密的朋友变成了等级森严的君臣。皇帝对这些功臣往往心存疑惧，怕他们功高震主，篡权夺位，于是便出现了历史上许多有名君主诛杀功臣的事。汉高祖刘邦，就是在建立了强大的统一大帝国之后，诛杀功臣的始作俑者。秦二世时，政治黑暗腐败，人民苦不堪言。陈胜、吴广在大泽乡揭竿，群雄并起，逐鹿中原，楚、汉垓下一战，大败项羽，取得了"眼中尽是汉山河"的胜利。之后，却令人痛心地发生了"韩彭受诛黥布戮"的悲剧，实在令人扼腕叹息。韩信，淮阴人。初从项羽，后归刘邦，拜为大将军。伐魏，举赵，降燕，破楚将龙且于潍水，定齐地。汉五年与汉师会围项籍于垓下，籍走自杀，信封楚王，与萧何、张良称"汉兴三杰"。六年，有人告信谋反，高祖伪称游云梦，执之，降为淮阴侯。十一月，被吕后诱杀于未央宫。彭越，昌邑人。常渔钜野泽中，秦末聚众起兵，汉高祖二年春，归刘邦，略定梁地，多建奇功，封为梁王，都定陶。后被人告谋反，夷三族。黥布，又名英布，因犯法被黥面，故称黥布。六安人。秦末率骊山刑徒起事，归附项羽，封九江王。奉项羽令，追杀义帝于郴县。楚、汉相争时，随何说之归汉，封淮南王，从刘邦灭项羽于垓下。由于韩信、彭越被杀，布不自安，于高祖十一年发兵反。高祖亲征，破布军于蕲西，布败于长沙，为番阳人所杀。这几位在汉帝国创建过程中立过殊功，并被封了"王"的人，都被诛杀了，试想，只要他们的存在使刘邦感到对自己有威胁，他们还怎能平安地活在世上呢？所以诗人很有深意地写了一句："且喜壮士今无多。"这里的壮士，自然不是指一般的英雄好汉，而是像韩信、彭越、英布那样的功臣。壮士无多，本来不是值得称颂的事，前边却要冠以"且喜"，无疑，这是对刘邦的揶揄和讽刺，也是对他的谴责和批判。

第三层，写刘邦在故乡的种种作为和他对故乡的依依深情。刘邦虽然做了万乘之君、开国天子，还乡时车驾延绵，旌旗蔽日，仪仗威严，使人不敢仰视。但刘邦毕竟也是人，他还有普通人的正常感情。当一踏上家乡的土地，乡音、乡情，熟悉、贴近、亲切，一时似乎忘了自己万人之上的尊贵，纵酒畅饮，泪下沾襟，放浪形骸，一无禁忌。对故乡的留恋与惜别，完全发自内心深处，并非做官样文章。作者之所以要写刘邦这种恋念故土之情，是为了多侧面地表现这个人物，因而更显得刘邦形象丰满生动，有血有肉，真实可信。

以上三层，以记叙高祖还乡经过为主，粗线条地勾勒了几件典型事例和心理状态，比较含蓄地寓褒贬于其中，丰富了作品的思想内涵。

第四层，由汉代的兴亡感叹江山易主、朝代更迭的历史巨变。乐极生悲，盛极而衰，这似乎是一切事物发展的规律。历史发展，朝代演变也不例外。泗水发源于山东中部泗水东的蒙山东南麓，为淮河下游第一大支流，后被黄河、运河所夺或占用，淤积废弃，今仅存其名。因古时此水流经沛县，故以"泗水东流不再回"说明历史车轮难以回转之意。像刘邦这样汉帝国的"一代天骄",虽然"万岁千秋"被人念叨,但毕竟也难逃人们的共同命运:灰飞烟灭,成一抔黄土,留几块白骨。无怪诗人要慨叹"古之帝王安在哉"了!在这一层里,诗人感叹历史兴亡,这和许多怀古诗都是近似的。

第五层,由感叹历史沧桑巨变,再回到眼前的歌风台来,不但点明了诗题,而且指出了此台的历史意义。莓苔石刻,指歌风台上所立刻着《大风歌》的石碑。如今沛县文化馆内,尚保存有两块"大风歌碑",一块碑石残缺,字迹模糊,不知何代何时所刻;另一块是元大德十年(1306)所立,据传是按照汉代原碑摹刻。诗人所见的石碑,长满了霉苔,似应是汉代原件,绝非大德年间的新刻,故才有"今如许"的思古幽情。灞陵,在西安东北,汉文帝陵墓。经过千年风雨侵袭、剥蚀,古陵早已坟台孤冷,荒草萋萋。四百年的汉家社稷,仅留下这些许陈迹。歌风台虽然已经撂荒,但毕竟是汉帝国开国奠基皇帝的热土故地,可以说就是一面历史的镜子。它留给后人许多经验教训,供人思索,催人振奋,戒人警惕!

四、五两层借"歌风台"抒发感慨,既有对历史车轮滚滚向前的叹息,并有对这客观规律的服膺。历史虽然已成陈迹,但它总还是给后人留下了点什么。这两层颇有点历史辩证法的色彩,是很耐人寻味的。

《归田诗话》称这首诗"豪迈跌宕,与题相称"。题目是"歌风台",所谓与题相称,就是说很有点《大风歌》的味道。此诗确实是气魄宏大,豪放不羁,纵横捭阖,跌宕多姿;记叙、描写、抒情,有机结合起来,和谐自然,完美统一。在怀古诗中,不愧是一首优秀之作。(英男)

【原文】

西山亭留题

马头曾为使君回⁽¹⁾,北望新亭道路开⁽²⁾。

于越地形缘海尽⁽³⁾,勾吴山色过江来⁽⁴⁾。

英雄有恨余湖水,天地忘怀入酒杯。

珍重谢家林下客⁽⁵⁾,玉山何待倩人推⁽⁶⁾?

【毛泽东圈评等情况】

毛泽东读清张景星等编选《元诗别裁集》卷六"七言律"时圈阅了这首诗。

[参考] 张贻玖：《毛泽东评点、圈阅的中国古典诗词》，

中国工人出版社 1992 年版，第 255 页。

【注释】

（1）使君，汉时称刺史为使君，亦尊称奉命出使的人，此处代指岳飞。

（2）新亭，又名中兴亭，在今江苏南京西南，此即西山亭。

（3）于越，一作於越、越国，夏至战国初国，越王勾践始都于会稽（今浙江绍兴），后为楚所灭。

（4）勾吴，西周、春秋时的国，初置都藩篱（今江苏无锡东南梅里），后移都吴（今江苏苏州）。此句和上一句写杭州占尽了吴越形胜，有山有水，壮丽险峻。

（5）谢家林下客，指南朝诗人谢灵运。谢幼年时曾寄养于外，族中人称其为"客儿"，世称"谢客"。由于他性喜游山玩水，耽于林下，故有此称。林下客，即林下士，指隐士。林，退隐之处，此处当是自指。

（6）"玉山"句，点出南朝宋刘义庆《世说新语·容止》："嵇叔夜之为人也，岩岩若孤松之独立；其醉也，傀俄若玉山之将崩。"后因以"玉山倒"形容人酒醉欲倒之态。唐李白《襄阳歌》："清风朗月不用一钱买，玉山自倒非人推。"倩人，请托别人。倩，请，恳求。

【赏析】

张昱早年曾从虞集学诗，在江浙一带衙门做过官。后他的上司左丞杨完病死，便弃官不出，退居杭州西湖之寿安坊。超然物外，以诗酒自娱。他写了不少歌颂西湖风光，抒情寄兴的作品，《西山亭留题》便是其中一首。"西山亭"，指西湖岸边，栖霞岭下岳飞墓旁的亭子。

这是一首七言律诗。首联两句，写诗人及后世对岳飞英灵的仰慕。第一句中的使君，在汉代是对刺史的称谓，汉以后对州郡长官也尊称"使

君"；对奉命出使的人也如是称。岳飞是奉命伐金的领兵元帅，自可称其为使君。"马头曾为使君回"，这里的使君自然是岳王庙和岳王墓。诗人从此经过，敬慕之情油然而生，不住回首仰望，依依难舍。出现在眼帘的是新近修葺的山亭，门前宽阔的道路。由此可见，历史上对民族做出过突出贡献的人，历来是受到后人敬仰和永久纪念的。

　　颔联两句写杭州西湖的地形、地貌和湖光山色。于越和勾吴，即春秋时的越国和吴国。杭州占尽了吴越的形胜：濒临东海，面对钱塘，雄踞长江之南，山如青黛，湖似皓月，何等险峻，何等壮丽。这里写西湖的形胜和秀丽，自然有对岳飞墓起烘托作用的效果。

　　颈联两句表现了诗人对民族英雄岳飞冤死的同情，并抒发自己的感叹。"英雄有恨余湖水"，岳飞的平生之志就是收复中原，直捣黄龙，迎回二帝，"从头收拾旧山河"。可惜他壮志未酬，被赵构、秦桧以十二块金牌从前线召回，并以"莫须有"的罪名杀害于风波亭，造成了历史上的千古奇冤，留下了永难磨灭的"余恨"。如今，岳王坟面对西子湖，只见水光潋滟，历史已经被时光的波涛涤荡得非常淡漠了。"天地忘怀入酒杯"，这一句是说作者自己。天地忘怀就是忘掉天地间的一切。什么清浊不分，黑白颠倒，是非不辨，历史也好，现实也罢，全都视而不见，听而不闻，只是到酒杯中去寻找自己的天地，讨个一醉方休。当然这是对元代后期那个黑暗社会，既看不惯，又无可奈何，只有借酒浇愁的消极情绪的流露。但它毕竟还隐含着作者的一点愤懑与不满，曲折地表现了现实社会的一个侧影。

　　尾联借用典故，赞颂岳飞英名用不着荐拔歌颂，自会彪炳史册，垂范后世。谢家林下客，指的是南朝诗人谢灵运。灵运幼时寄养于外，族中人称其为"客儿"，世称"谢客"，由于他性喜游山玩水，耽于林下，故称为"谢家林下客"。张昱此时寓居西湖，每日也以游山玩水为务，行为颇类谢客，故而以之自况。玉山系用嵇叔夜典故。这两句总的意思是告诫自己说：你这位喜欢游山玩水的诗人啊，还是谨慎自重一点吧，不要老是喝酒醉得一塌糊涂。张昱颂岳飞之作，除了此诗之外，还有《岳鄂王墓上作》等篇。诗中用这样的句式，不过是对岳飞更进一层的赞颂罢了。

元代是入主中原的蒙古贵族建立的王朝，岳飞是抵抗金兵入侵中原的民族英雄，在元代写歌颂岳飞的诗，很容易引起当局的疑忌，从而带来不可预料的灾祸。张昱这首诗，写得曲折含蓄，并不把想说的话和盘托出，这既是他的聪明，又成了此诗在艺术表达上的一个特点。（杨宝玉）

【原文】

送丁道士还丰陵

丁令还家骨已仙(1)，更无城郭有山川。

未添白发三千丈，又见铜驼五百年(2)。

荒草茫茫连故国，孤云冉冉下寥天。

澧兰歌送潺湲水(3)，极望涔阳思惘然(4)。

【毛泽东圈评等情况】

毛泽东读清张景星等编选《元诗别裁集》卷六"七言律"时圈阅了这首诗。

[参考]张贻玖：《毛泽东评点、圈阅的中国古典诗词》，中国工人出版社1992年版，第255页。

【注释】

（1）丁令，即丁令威。东晋《搜神后记》卷一云：丁令威本辽东人，学道后化鹤归辽，落城门华表柱上。有少年欲射之，鹤飞鸣作人言："有鸟有鸟丁令威，去家千年今始归。城郭如故人民非，何不学仙冢垒垒。"后常用以比喻人世的变迁，此处代指丁道士。骨已仙，言丁道士已修成了仙风道骨。

（2）铜驼，典出《晋书·索靖传》，用以形容亡国后的残破景象。

（3）澧兰歌，当指《楚辞·九歌·湘夫人》。《湘夫人》有云："沅有芷兮澧有兰，思公子兮未敢言。荒忽兮远望，观流水兮潺湲。"醴，即澧，湖南水名。潺湲，流水声。

（4）涔阳，泛指今湖南澧县东北涔水以北之地。

【赏析】

这是一首为友人送别的七言律诗。丁道士，名不详，从字面看可能是沣陵人，故诗的题目用了一个"还"字。丰陵，当作沣陵，即沣州，今湖南沣县。

这位道士姓丁，与神话传说中化鹤的丁令威同姓，故首联引用了这个典故。晋《搜神后记》卷一："丁令威，本辽东人，学道于灵虚山，后化鹤归辽，集城门华表柱。时有少年，举弓欲射之，鹤乃飞，徘徊空中而言曰：'有鸟有鸟丁令威，去家千年今始归。城郭如故人民非，何不学仙冢垒垒。'"后代诗人词家常用此典，以喻世事沧桑变幻。本诗把丁道士比作丁令威，因为他们有几个相同之处：他们都姓丁；他们都是道士；他们都归还故乡；他们都看到了故乡的沧桑巨变。在诗人笔下，丁道士和丁令威，已经合而为一了。他还告诉丁道士说，你虽然已经修成了仙风道骨，但回到沣陵所看到的，并不是"城郭如故人民非"，而是"更无城郭"只"有山川"。这一巨大变迁，这一片废墟，颇令人目不忍睹。为什么会有这样的变化，诗中没有写出，也无法写出，只有结合当时的时代，由读者自己去体会了。

颔联引用典故，想到丁道士会因看到故乡的荒芜破败而痛苦悲伤。"未添白发三千丈"，是说丁道士一定会为故乡的变化而伤悲，头发都会愁白的。现在白发尚未生出，先看到的却是"铜驼五百年"。铜驼，典出《晋书·索靖传》："靖有先知远量，知天下将乱，指洛中宫门铜驼，叹曰：'会见汝在荆棘中耳！'"此典形容亡国后的残破景象。陆游《醉题》诗有句云："只愁又踏关河路，荆棘铜驼使我悲！"铜驼乃东汉时所铸，置于洛阳宫门之外。《邺中记》："二铜驼如马形，长一丈，高一丈，足如牛，尾长二尺，脊如马鞍，在中阳门外，夹道相向。"徐陵《洛阳道》诗："东门向金马，南陌接铜驼。"张昱引用铜驼之典，有对元代社会动乱，造成经济凋敝、农村荒芜的深深感慨。

"荒草茫茫连故国，孤云冉冉下寥天"一联，是对沣陵景色的具体描绘：在丁道士的故乡，荒草连着荒草，一望无际；蓝天辽阔，孤云飘飘，天地相接，除了荒凉还是荒凉。这就是沣陵，这就是"堂堂大元"统治下的土地。

尾联又回到了送别的题目上。诗人说，我现在唱一支美好的歌为你送行，祝你的舟船在潺湲的河流里行驶，能够一路顺风。当我极目遥望涔阳，怅然若失的情绪即刻涌满了我的心胸。涔阳，指今澧县东北涔水以北之地。屈原《九歌·湘君》："望涔阳兮极浦，横大江兮扬灵。"庾信《哀江南赋》："辞洞庭兮落木，去涔阳兮极浦。"有关注释指出，涔阳浦在沣州，或说在洞庭湖与长江之间。诗中所说的涔阳，自然是丁道士要去的地方。诗人遥望涔阳而心情抑郁，一是朋友要去那里，带来了离别之苦；二是朋友要去的涔阳实非繁荣的乐土，此番归去，前途未卜，令人悬心。诗人对友情的重视在诗中表现得相当充分，他关心民瘼的感情多多少少也有些流露。

张昱的诗很有一些深度和蕴涵。这首为友人送行的诗，既有对朋友的关心，又有离愁别绪带来灰暗心情的表露，还有对社会黑暗现实的侧面暴露。诗人在抒情和写景时很有节制，感情显得比较平静，自非"怒目金刚"式的"战鼓"，大概可以算作"温柔敦厚"诗教熏陶出来的诗人对传统的继承吧。（东民）

【原文】

赠沈生还江州

乡心正尔怯高楼(1)，况复楼中赋远游(2)。

客里登临俱是感，人间送别不宜秋。

风前落叶随车满，日下浮云共水流。

知汝琵琶亭畔去(3)，白头司马忆江州。

【毛泽东圈评等情况】

毛泽东读清张景星等编选《元诗别裁集》卷六"七言律"时圈阅了这首诗。

[参考] 张贻玖：《毛泽东评点、圈阅的中国古典诗词》，中国工人出版社 1992 年版，第 255 页。

【注释】

（1）怯高楼，犹言正如登高楼远望怀思乡心。尔，如此，这样。

（2）赋远游，指登楼写送别诗。远游，到远方游历。《论语·里仁》："子曰：'父母在，不远游。游必有方。'"

（3）琵琶亭，唐代著名诗人白居易曾被贬为江州司马，并在此任上写《琵琶行》一诗，后人因以名亭。

【赏析】

这是张昱为沈生送行的七言律诗。这位沈生，其年岁应小于张昱。他是江州（今江西九江）人，与张昱在异地结交，成了挚友。如今要归还故里，张昱写此诗为他送行，真情实意洋溢字里行间，绝非一般应酬之作可比。

这首诗虽然是为沈生还江州而赠送给他的，但作者则是从自己的感情体验入手，写出了离别带来的惆怅和萧索，使人感到了诗人与沈生友谊的深厚，难舍难分。

诗一开头首联就说，我思乡的情绪正浓，因此很怕登高望远，何况今天不但登上了高楼，还要为远行的好友赋诗送行，怎能不使人倍觉伤感呢！我们知道，古代交通不便，离家远行的游子免不了车马舟楫之累，淹留异地他乡，长久不得归，便成了远行者的常事。他们追怀故土，思念亲人，并往往为之痛苦落泪。羁旅愁思，怀亲念远就成了古代诗歌的一个重要题材。这类诗词又往往与登高联系起来。例如"花近高楼伤客心，万方多难此登临"（杜甫《登高》）；"不忍登高临远，望故乡渺邈，归思难收"（柳永《八声甘州》），等等，都是登高思乡的名句。张昱在写此诗前两句时，用了"况复"一词，就把思乡和离别两种苦况交织到了一起，显得感情更加深沉。

领联两句写的是送别的环境和送别的时间。环境是客里，即诗人客居之地。古代中国人有着很强的家庭观念，他们一旦远离故土，流寓外地，便会产生飘泊无定、缺靠少依的孤寂心理。朋友的相交，自可减少客况的苦涩，客里送别，自会感慨万端，愁绪萦满心头。送别的时间是秋天，这是一个很不适宜离别的季节。"悲哉，秋之为气也！萧瑟兮草木摇落而变衰，憭栗兮若在远行，登山临水兮送将归，泬（xuè）寥兮天高而气清，寂寥兮收潦而水清。"这是宋玉在《九辩》中对秋天的感叹，确实对历代文人有着极大的影响。"夫秋，刑官也，于时为阴；又兵象也，于行为金。是谓天地之义气，常以肃杀而为心。天之于物，春生秋实，故其在乐也，商声主西方之音，夷则为七月之律。商，伤也，物既老而悲伤；夷，戮也，物过盛而当杀。"欧阳修在《秋声赋》中对秋所下的定义，不但过于严苛，甚至有点恐怖。由此可以看出，在古代文人眼中，秋天就是一个萧瑟悲凉、冷落凄清、衰败哀伤的季节，无怪古代诗词中伤春悲秋成了一个大主题了。张昱把送别的季节——秋天称为"不宜"之时，无非也是说明它能加重人们的精神痛苦。

颈联两句写送别时的景色。秋风飒飒，落叶缤纷，沈生所乘的车子已经远行，落叶覆满车盖，展现出一派萧瑟；举目向远处望去，太阳即将落山，高天浮云冉冉，似与江水相接，沧茫溟暗，无际无边。"一切景语皆情语"，这里的景物描写，确实给离别创造了一个悲伤的氛围，加重了诗的悲剧气氛。

尾联两句写出了沈生所还之地——江州，明确地点出了题目。唐元和十年，著名诗人白居易被贬为江州司马，第二年秋天，送客到长江岸边的浔浦口，闻舟中有琵琶声，作《琵琶行》一诗，后人因以名亭。故诗中有"知汝琵琶亭畔去"之句。"白头司马忆江州"，这是个倒装句式，并非"白头司马"在"忆江州"，而是作者从今后就不能不时刻思念"白头司马"曾经所在的江州了。诗以绵绵不断的深情作结，真是饶有余味。

（东民）

潘　纯

潘纯，字子素，庐州合肥（今安徽合肥）人。元末诗人，生卒年均不详。潘纯愤世嫉俗，曾著文以讽当世，终被统治者杀害。工诗，有《子素集》。

【原文】

题岳武穆王坟二首

海门寒日澹无晖[1]，偃月堂深昼漏稀[2]。
万灶貔貅江上老[3]，两宫环珮梦中归[4]。
内园羯鼓催花发[5]，小殿珠帘看雪飞。
不道帐前《胡旋舞》[6]，有人行酒著青衣[7]。

湖水春来自绿波，空林人迹少经过。
夜寒石马嘶风雨，日落山精泣薜萝。
江左长城真自坏[8]，郢中明月竟谁歌[9]？
惟余满地苌弘血[10]，草色年深碧更多。

【毛泽东圈评等情况】

毛泽东读清张景星等编选《元诗别裁集》卷六"七言律"时圈阅了此二首诗。

[参考] 张贻玖：《毛泽东评点、圈阅的中国古典诗词》，
中国工人出版社 1992 年版，第 255 页。

【注释】

（1）海门，犹海口。南宋都城临安（杭州）临近钱塘江口，此处代指临安。

（2）偃月堂，《新唐书·李林甫传》载：李有一形似半月之堂，号月堂，他常在此处密谋害人。后人就以此来比喻奸臣嫉害忠良之地。

（3）灶，古代军队的基本建制单位。万灶，形容军队人数众多。貔貅（pí xiū），古代传说中的两种猛兽，此处比喻勇猛之士。

（4）两宫，指太后和皇帝或皇帝和皇后，亦指太上皇和皇帝或两后，因其各居一宫，故称两宫。此指被金人掳走的徽钦二帝。

（5）内园，皇宫禁苑。羯鼓，古代羯族的乐器。相传唐明皇好羯鼓，曾经在宫廷内临轩击鼓，柳杏正发芽含苞，唐明皇笑对宫女曰："此一事，不唤我作天公何？"

（6）胡旋舞，唐时由西域康国传入的少数民族舞蹈，以各种旋转作为主。唐段安节《乐府杂录·俳优》："舞有骨鹿舞、胡旋舞，俱于一小圆毡上舞，纵横腾踏，两足终不离于毡子上，其妙如此也。"

（7）青衣，古代帝王、后妃的一种礼服。汉以后，以青衣作为卑贱者之服，故称女婢为青衣。三国魏曹操《与太尉杨彪书》："有心青衣二人，长奉左右。"

（8）江左长城，南朝时勇猛善哉的檀道济被捕时，气愤地对宋文帝说："乃坏汝万里长城！"（见《宋书·檀道济传》）后以"自坏长城"喻杀害栋梁之材。此处喻岳飞。

（9）邺中明月，三国时，曹操封魏公，都于邺。他举贤任能，重视人才。曾作《短歌行》，诗中云："明明如月，何时可掇？"表明他招纳贤才的急切心情。

（10）苌弘血，传说周代的忠臣苌弘无辜被杀，蜀人把他的血收藏起来，三年后凝化为碧玉。弘，《元诗别裁集》作"宏"，误。

【赏析】

潘纯，字子素，是元代一位不满异族统治、具有民族气节的诗人。他对元朝统治者采取不合作态度，玩世不恭，愤世嫉俗，曾著文以讽当世，最终为当时的蒙古族统治者杀害。潘纯的诗委婉地表现了他的民族意识，《题岳武穆王坟二首》是其代表作。

这两首七言律诗是诗人凭吊杭州南宋抗金名将岳飞坟墓后抒发感慨之作。

第一首诗咏叹南宋统治者置北宋被金攻灭的奇耻大辱于不顾,偏安江南,耽于享乐。

首联揭露南宋朝廷朝政的黑暗。"海门寒日澹无晖",描写出一幅惨淡凄凉、毫无生气的图景:从海口升起的太阳既无光也无热,清寒暗淡。南宋都城临安(杭州)临近钱塘江口,这里以海门代指临安。寒日指南宋小朝廷的君主。这句以象征手法写南宋君主的昏庸懦弱。"偃月堂深昼漏稀"句用偃月堂典故,隐指南宋朝廷里奸臣当道,陷害忠良。《新唐书·李林甫传》载:唐代李林甫有一个形似半月的堂,号月堂,他常在此处阴谋策划陷害人,如果他笑着从里面走出来,受害者一定要全家遭殃。后人就以偃月堂来比喻奸臣嫉害忠良的地方。这里指南宋朝廷里秦桧等类似李林甫的权奸。秦桧和他的妻子王氏在东窗设计害死了岳飞。漏是指漏壶,古人滴水计时的工具。昼漏指白天的时间。昼漏稀是指白天短。奸臣们整日在暗室里密谋陷害忠良,他们甚至觉得白天的时间不够长。

颔联表达了诗人对南宋空有雄师百万,而不能北渡长江、淮河,收复失地,迎回徽、钦二帝的感叹和愤慨。灶,古代军队把同灶共食的士兵作为一个基本建制单位。万灶,形容军队人数众多。貔貅,古代传说中的猛兽,此处用来比喻勇猛之士。"万灶貔貅江上老"是说,南宋的数十万精兵没有牺牲在收复中原的战场上,却都老死在防备金人南下的长江防线上了。"两宫环珮梦中归"句中的两宫指被金人掳走的徽、钦二帝。环佩,是佩玉。这句是说,由于中原不能收复,徽、钦二帝只有在梦中才能回到故都汴京了。

颈联描述南宋君主荒淫享乐的生活。内园指皇宫禁苑。羯鼓,古代羯族的乐器。这里是用唐明皇羯鼓催花的典故。相传唐明皇曾经在宫廷内临轩击鼓,廷下柳杏正发芽含苞。唐明皇笑着对宫女说:"此一事,不唤我作天公何?"诗人把南宋君主比作荒淫享乐的唐明皇,指斥他们只知在春天里赏花玩柳,在冬天里卷起珠帘看雪,根本不关心雪耻复国。

尾联描写二帝在北方作为金人俘虏过着奴隶般屈辱生活的情景。胡旋舞是唐时由西域传入中原的少数民族舞蹈。青衣，古代帝王、后妃的一种礼服，汉以后，以青衣作为卑贱者之服，故称奴婢为青衣。晋刘聪曾使怀帝着青衣行酒以辱之。这联承上联说，南宋的君主只知自己在临安享乐，却不管徽、钦二帝在北方金人的帐幕里正遭受侮辱。他们被迫穿着青衣为一边观赏舞乐一边饮酒的胡人们倒酒，过的是终日以泪洗面的亡国之奴仆般的生活。尾联和颈联的描写，形成鲜明的对比，诗人的伤痛之情溢于言表。

这首七言律诗，抒写了诗人沉痛悲愤的情怀，谴责了南宋统治者的昏庸腐败，借古伤今，流露出作者对元代异族统治的反抗情绪。

第二首诗赞颂抗金英雄岳飞，控诉南宋统治者杀害岳飞的罪行。

首联，描写岳飞墓周围的景色。岳飞在宋高宗绍兴十一年十二月二十九日（1142 年 1 月 27 日）被奸臣秦桧等阴谋杀害后，葬于杭州西湖畔栖霞岭下。百余年后，诗人来到杭州瞻仰岳飞坟墓，看到的是一片凄清荒凉的景象，只有西湖的湖水和空寂的树林陪伴着英雄的孤魂。

颔联，写岳飞蒙冤被害，忠魂不屈。阴冷的夜晚，岳飞墓前的石马在风雨中嘶鸣不已；落日的黄昏，栖霞岭上的精怪在缠绕着岳飞坟墓的薜荔、女萝前悲泣。这联通过对石马、山精的描写，表达了诗人对岳飞壮志未酬、无辜被害的无限同情和对奸臣陷害忠良的愤慨。

颈联，指出南宋统治者不重视人才，杀害岳飞是自坏长城。南朝宋时檀道济是一位能征善战的猛将，为刘裕建立刘宋王朝立下了大功，后来被宋文帝杀害。檀道济被捕时，气愤地对宋文帝说："乃坏汝万里长城！"后人因以"自坏长城"比喻杀害国家可以倚重的贤才，破坏国家的安全。岳飞正是南宋的"长城"，南宋统治者杀害他，是自坏长城。岳飞死后，南宋再也没有出现他那样的人才，最后不得不在蒙古人的进攻下灭亡。三国时，曹操封魏公，都于邺。曹操在历史上是一位重视人才、善于用人的统治者。他曾作《短歌行》，诗中写道："明明如月，何时可掇？忧从中来，不可断绝？"表明他招纳贤才、求贤若渴的急切心情和未得贤才难断的忧思。"邺中明月竟谁歌"句，诗人以曹操比南宋统治者，暗示出他们连古代的政治家曹操也不如。曹操爱惜人才，而南宋统治者却将国家栋梁岳飞害死。

尾联借用苌弘化碧的典故赞颂岳飞的爱国主义精神：岳飞虽然死了，但是他那精忠报国的爱国主义精神将长存人间，永远激励着后人为国家民族的利益而奋斗。

这首诗通过对南宋抗金英雄岳飞的怀念和歌颂，表现了作者可贵的民族气节。（韩顺有）

周 棐

　　周棐，字致尧，四明（今浙江宁波）人，生卒年均不详。元末诗人。曾为宣公书院山长（今浙江嘉兴），工诗，有《山长集》。

【原文】

西津夜泊

　　　　孤帆夜落石桥西，桥外青山入会稽。
　　　　卧听海潮吹地转，起看江月向人低。
　　　　一春衰谢怜皮骨[(1)]，万国艰虞厌鼓鼙[(2)]。
　　　　何处客船歌《水调》[(3)]，令人归思益凄迷[(4)]。

【毛泽东圈评等情况】

　　毛泽东读清张景星等编选《元诗别裁集》卷六"七言律"时圈阅了这首诗。

　　　　　[参考]张贻玖：《毛泽东评点、圈阅的中国古典诗词》，
　　　　　　　　　　　　中国工人出版社1992年版，第255页。

【注释】

　　（1）皮骨，皮和骨，形容身体极端消瘦。

　　（2）艰虞，艰难忧患。万国艰虞，指很多地方的百姓生活艰辛。鼓鼙，古代军中常用的乐器，指大鼓和小鼓，借指征战。

　　（3）《水调》，曲调名。唐杜牧《扬州》之一："谁家唱《水调》，明月满扬州。"自注："炀帝凿汴渠成，自造《水调》。"《水调》及《新水调》，皆商调曲。唐曲共十一叠，前五叠为歌，后六叠为入破。

（4）凄迷，悲伤，怅惘。唐陆龟蒙《采药赋》："江仆射之孤灯向壁，不少凄迷。"

【赏析】

这是一首羁旅抒情的七言律诗。

描写旅途见闻的诗一般被称为羁旅诗。在唐诗中为数不少，且不少诗出于江浙一带，这些诗往往融景物描写、旅途感受以及人生体会于一体。至元代，也有发展，尤以马致远散曲《秋思》著名。同时期的周巽这首《西津夜泊》则以律诗的形式写出了自己在会稽（今浙江绍兴）一带的见闻和感受。

诗歌首联，写出了自己夜泊的地点以及周围的环境。诗人乘着孤舟在苍茫的暮色之中，来到会稽的一座小石桥旁，这就是自己要度过这不平静夜晚的地方了。周围青山朦胧，春意可掬，一派江南水乡特点，其情调也如杜牧的《泊秦淮》。只不过杜牧是在抒发一种国家危亡的怨恨，而周巽抒发的是一种惜春之情罢了。

颔联，则是写见闻：在就寝时听到的大海波涛之声，如同雷鼓，震得山摇地转，于是在这海浪之中，诗人无论如何也难以入睡了，便起床塞窗窥视，唯见清冷的月光静静地洒落在江上。这里有点像谢灵运《登池上楼》"衾枕昧节候，褰（qiān）开暂窥临。倾耳聆波澜，举目眺岖嵚"，又有点像孟浩然的《宿建德江》"野旷天低树，江清月近人"句，只不过各自的感受不同罢了。

颈联，则开始写情。一个春天，诗人瘦得只剩皮包骨头。于是在此基础上，诗人进一步写道，由于社会动荡，战火频仍，时世艰难，人民厌倦那代表战争的鼙鼓之声。而这里提到的鼙鼓之声正是使春谢于作者心中的真正原因。

尾联，依然继续抒情。正像杜牧的"商女不知亡国恨，隔江犹唱《后庭花》"一样，茫茫的江面之上，从漂泊的客船里传来了《水调》那清婉的歌声，此情此景更让这个羁于旅途的客人平添了许多乡思，积淤于胸，凄迷难解。恐怕这是任何人都会有的，作者正是把这种常人普遍具有的情感放在自己独特的环境和行程之中，更增添了感情色彩及动人的力量。

从整首诗中可以看出不少作家诗歌的影子，也许是继承，也许是独创，但艺术功底不可低估，在元诗并不十分景气的环境里，本诗可谓独树一帜。（彭广明）

许　恕

许恕（？—1374），字如心，江阴（今江苏江阴）人。元末诗人。至元中，荐授澄江书院山长，旋弃去。适逢乱，乃遁迹卖药于海上，与山僧野人为侣。其诗诗意沉郁，音节高朗。有《北郭集》。

【原文】

次承文焕黄山醉归诗韵

黄山之南江水西，麦秋天气野阴低[1]。

隔溪雨过催花落，绕屋云归伴鹤栖。

涤荡新愁烦浊酒[2]，扶持残醉有枯藜[3]。

寄来妙句能相忆，那得樽前手共携[4]？

【毛泽东圈评等情况】

毛泽东读清张景星等编选《元诗别裁集》卷六"七言律"时圈阅了这首诗。

[参考]张贻玖：《毛泽东评点、圈阅的中国古典诗词》，

中国工人出版社1992年版，第255页。

【注释】

（1）麦秋，麦熟的季节，通指农历四、五月。《礼记·月令》："（孟夏之月）靡草死，麦秋至。"陈澔集说："秋者，百谷成熟之期。此于时虽夏，于麦则秋，故云麦秋。"

（2）浊酒，用糯米、黄米等酿制的酒，较混浊。

（3）枯藜，指藜杖。唐姚合《道旁亭子》："南陌游人回首去，东林

过者杖藜归。"藜，灰菜，一年生草本植物。嫩叶可吃，老茎可作杖。

（4）那得，怎得，怎能。樽前，酒樽之前，即宴席之前。

【赏析】

这是许恕的一首记游抒怀的七言律诗。

许恕与友人文焕饱览黄山之后，又饮酒至酣，遂赋此诗。可以看出，其诗风颇有唐韵，孟（浩然）王（维）之辞，李白情怀，溢于诗章。

首联，题写黄山周围环境。黄山之南，江水以西，阴沉沉的天空中，阵阵乌云笼罩着夏秋之交的大地。同时这环境又是作者心境的写照，虽有友人同乐于黄山，然社会阴云如同眼前的阴云，使人平添许多"新愁"。这样，作者的贪杯"残醉"也就不显唐突了。

颔联与首联不同。首联写周围大的背景，而这两句则是写近景，眼前的景色。仅一溪之隔的对面，刚刚落下的雨凋落了满谷的野花。酒庐前后缭绕不断的白云陪伴着已栖息于枝头的白鹤。其情之超脱，其景之飘逸，颇有点陶渊明的诗味。雨属自然，人归自然，满山的白云和那安详的鹤鸟也一样归入自然。这和"狗吠深巷中，鸡鸣桑树颠"有何两样！

颈联写情。由于环境的诱发，作者不能不在这时产生许多忧思。"野阴"和"催花落"的雨水使他产生了压抑，安详的山川和绕屋的白云又使他欣喜。于是举起酒杯，扫荡着"新愁"，用藜杖支撑着微醉的身躯，颇有飘然欲仙之感。

尾联继续写情。作者与文焕分别在即，记诗叙情，势在必然，但作者却用非常超脱的语言说出：即使寄来妙语佳句能够互相记忆，哪能像今天这样樽前清酒，共叙情怀？其情真切朴实，其人洒脱超然，均跃然纸上。

综观全诗，写景则气势超俗，抒情则坦荡无羁，体现了许恕独特的诗风。（彭广明）

陆 仁

陆仁，字良贵，号樵雪生、乾乾居士，河南人，寓居昆山太仓（今江苏昆山），生卒年均不详。元末诗人。明经好古，工诗文，能书。有《乾乾居士集》。

【原文】

题金陵

丽正门当天阙高⁽¹⁾，景阳台下草萧萧⁽²⁾。

江围大地蟠三楚⁽³⁾，石偃孤城见六朝⁽⁴⁾。

落日不将遗恨去，秋风能使旅魂消。

忘情只有龙河柳⁽⁵⁾，烟雨年年换旧条。

【毛泽东圈评等情况】

毛泽东读清张景星等编选《元诗别裁集》卷六"七言律"时圈阅了这首诗。

[参考] 张贻玖：《毛泽东评点、圈阅的中国古典诗词》，

中国工人出版社 1992 年版，第 255 页。

【注释】

（1）丽正门，元金陵城南中门。

（2）景阳台，在今江苏南京城区东北隅。

（3）三楚，地名，秦汉时分战国楚地谓东楚、西楚、南楚，合称三楚，相当今淮河流域及长江中、下游一带。

（4）六朝，三国吴、东晋和宋、齐、梁、陈，相继建都建康（吴名

建业，今南京），史称六朝。

　　（5）龙河，又名龙湾，在金陵城西北隅。

【赏析】

　　这是一首咏史抒情的七言律诗。诗题《咏金陵》，其中江陵即为今江苏南京。

　　陆仁，字良贵，号樵雪生。据载，其人沉静缄默，明经好古，工诗文，馆阁推重，称为陆河南。其生平时间与杨维桢差不多，这样看来，动荡怪谲的社会无形中会在这位好古诗人笔下得到反映，那么这篇诗歌就是借金陵都城的兴衰变化表达诗人一种关心国家和民族兴亡的感叹。

　　首联，作者用白描的手法刻画出金陵一番衰微的景象。丽正门静静地对着苍天高高地矗立着，景阳殿（南朝陈景阳殿，其址在南京玄武湖侧）中已长满了萋萋荒草。其写法如同杨维桢《钱塘怀古率堵无傲同赋》中"南渡衣冠又六朝"等句子。写历史的变化时，只抓住代表朝代特征的事物的迁化，更具有一种感人的文学意味。

　　颔联，继续描写金陵的环境和历史演变。浩渺的长江在三楚（湘鄂一带）之地苍苍莽莽地流过，一直到眼前的金陵。长江是历史的见证，与历史同在，似乎在故国的遗址和散乱的石丛中，又看到了变化频繁的六朝时期。

　　六朝时期，江南一带变化很大，经济发展很快。但朝代更替频繁，政治黑暗，时局急剧动荡，而这一切又都集中发生在金陵（西晋时名建康），登高观金陵，无形中会联想到这一切的一切，似乎不只是他一人。杨维桢浪迹江浙一带时，也多次借金陵抒情。

　　颈联写情，动荡的历史，衰微的气象，无形中使读者产生了一种深深的"旅愁"。昏黄的夕阳本来就已使人产生一种暮愁，所以不可能排遣掉诗人心中产生的"遗恨"，而随着那萧瑟的秋风，自己飘泊不定的神魂早已被吹得无影无踪了。这里作者之愁颇类李白诗中的情感，流连山水，秋恨满怀，而此刻却如一川流水，无始无终，使人魂魄俱失。

　　尾联继续抒情。以上景物皆使人生情，而在这里只有龙河畔柳却无知无感，忘情地生长着，年年在蒙蒙烟雨中抽出新条。

这首诗把客观外界无知的东西写进富有感情的诗境之中，不是杨柳无情，而是它始终在历史的沧桑之中，也已倦意满腹了。这点如同后主李煜词中的"雕栏玉砌应犹在，只是朱颜改"的意境、手法。

诗人用现实中的历史古迹和忘情的龙河柳作为全诗画面的纵向景物，而横向出现的则是时隐时现的历史，这样就把金陵城织进一个动态的历史变化和静态的客观事物之中，既有山水诗的美感，又有抒情诗的真情。

全诗意境廓大，语调雄浑，言辞清峻，难怪能流传至今。（郭广明）

谢宗可

谢宗可（约1300年前后在世），字号均不详，金陵（今江苏南京）人。生平未详。元代诗人。有《咏物诗》百首传诵。今不存。清陈衍《元诗纪事》录其诗六首。

【原文】

睡　燕

补巢衔罢落花泥，困顿东风倦翼低[(1)]。

金屋昼长随蝶化[(2)]，雕梁春尽怕莺啼。

魂飞汉殿人应老[(3)]，梦入乌衣路转迷[(4)]。

却怪卷帘人唤醒，小桥深巷夕阳西。

【毛泽东圈评等情况】

毛泽东读清张景星等编选《元诗别裁集》卷五"七言律"时圈阅了这首诗。

[参考] 张贻玖：《毛泽东评点、圈阅的中国古典诗词》，
中国工人出版社1992年版，第255页。

【注释】

（1）"补巢"二句，化用李商隐《无题》"东风无力百花残"诗意。困顿，疲惫，劳累。

（2）金屋，暗用金屋藏娇典故（《汉武故事》）。蝶化，即化蝶，典出《庄子·齐物论》。

（3）汉殿，汉武帝时后宫八区中有昭阳殿，成帝时赵飞燕所居。王

昌龄《长信宫词》："玉颜不及寒鸦色，犹带昭阳日影来。"又含人老色衰之叹。

（4）乌衣，即乌衣巷。参见唐刘禹锡《乌衣巷》诗。

【赏析】

自古咏燕子的诗词何止千万，诗人却别出心裁，描写"睡燕"，实属不易。

这是一首七言律诗。首联："补巢衔罢落花泥，困顿东风倦翼低。"燕子是春天的使者，初春来时已将巢筑就，现巢已残破待补，说明已经过一段时间。"落花""困顿东风"更是暮春之景。看来这是一个"东风无力百花残"（李商隐《无题》）的季节。二句是说，燕子把落花酿成的春泥，衔来修补温暖的小巢，直劳累得连东风也鼓不起它的双翼。这是写睡前燕子辛勤的劳作。为了睡个好觉，把雏燕孵化好，这是值得的。

"金屋昼长随蝶化，雕梁春尽怕莺啼"，颔联用典，写燕子入睡。金屋是用金屋藏娇典故。《汉武故事》："帝以乙酉年七月七日生于猗兰殿。年四岁，立为胶东王。数岁，长公主嫖抱置膝上，问曰：'儿欲得妇不？'胶东王曰：'欲得妇。'长公主指左右长御百余人，皆云不用。末指其女问曰：'阿娇好不？'于是乃笑对曰：'好！若得阿娇作妇，当作金屋贮之也。'"原指汉武帝要用金屋接纳阿娇作妇，此指经过修补的巢窝犹如藏阿娇的金屋，燕子睡得更舒适安稳。蝶化，亦作化蝶，指庄子梦化为蝴蝶的故事。《庄子·齐物论》："昔者庄周梦为胡蝶，栩栩然胡蝶也。自喻适志与！不知周也。俄然觉，则蘧蘧然周也。不知周之梦为胡蝶与？胡蝶之梦为周与？"这里是说，燕子睡在修补好的巢里还可以做个好梦。二句是说，暮春三月，白昼正长，正好春睡，趁此良机学一回庄周梦化蝴蝶，最是快意，最怕的是在雕梁画栋之上的巢里被乱飞的群莺的啼叫惊破了好梦。幸好，黄莺还算知趣，它没有惊醒燕子的美梦。

"魂飞汉殿人应老，梦入乌衣路转迷"，颈联叙事，继续写睡燕之梦。上句用汉成帝皇后赵飞燕典故。《汉书·外戚传下·孝成赵皇后》：孝成赵皇后，本长安宫人，成阳侯赵临之女。初学歌舞，以体轻号曰飞燕。先为婕好，许后废，立为后，与其妹昭仪专宠十余年。此以"飞燕"谐音指代睡燕。乌衣亦是用典，指乌衣巷。地名，在今江苏南京南。三国吴时在此置乌衣营，以士兵着乌衣（黑色衣）而得名。东晋时王、谢等望族居此，因而著名。唐刘禹锡《乌衣巷》："朱雀桥边野草花，乌衣巷口夕阳斜。旧时王谢堂前燕，飞入寻常百姓家。"二句连用二典，意谓睡燕的梦魂飞入西汉的未央宫中去探望玉颜已老的赵飞燕皇后，然后又到东晋王、谢等世家大族聚居的乌衣巷盘旋一番，不知不觉便迷失了往昔熟悉的路径。二句仍是写睡梦之中情事。

尾联方写梦醒："却怪卷帘人唤醒，小桥深巷夕阳西。"虽说是傍晚了，可燕子仍然酣睡未醒，当被佳人卷帘的动作惊醒时还深以为怪，抬起惺忪的睡眼，那静静的小桥，幽深的小巷，淡淡的夕阳，说明已到了夕阳西下之时。虽说已被唤醒，却还在似梦非梦之中，睡意余犹未尽，诗意亦未尽。此可谓咏燕佳作。（毕桂发）

明

诗

张以宁

张以宁（1301—1370），字志道，古田（今福建古田）人，元、明诗人。元泰定四年（1327）进士，曾在黄岩、六合任官。顺帝时官至翰林侍读学士承旨。明初例徙南京，召为侍进学士。洪武二年（1369）秋，奉使安南，次年卒于安南归途中。

【原文】

峨眉亭

碧酒双玉瓶，独酌峨眉亭。

不见李太白，惟见三山青(1)。

秋色淮上来(2)，苍然满云汀(3)。

安得十五弦(4)，弹与蛟龙听(5)？

【毛泽东圈评等情况】

毛泽东读清沈德潜、周准编选《明诗别裁集》卷一时圈阅了这首诗。

[参考] 张贻玖：《毛泽东评点、圈阅的中国古典诗词》，

中国工人出版社1992年版，第256页。

【注释】

（1）三山，在今江苏南京西南长江东岸，又名护国山。唐李白《登金陵凤凰台》诗："三山半落青天外，二水中分白鹭州。"（二水，一作"一水"）。"不见"二句，诗人以李白自指。

（2）淮上，淮河之上，指靠近长江的江淮地区。

（3）苍然，苍翠的样子。云汀，云气弥漫的小洲。唐杜甫《奉酬薛

十二丈判官见赠》："羽毛净白雪，惨澹飞云汀。"

（4）十五弦，指瑟，拨弦乐器，有五十弦、二十五弦、十五弦等种，今有二十五弦、十六弦二种。

（5）蛟龙，古代传说中的动物，小的叫蛟，大的叫龙。此是偏义用法，指龙。龙为君象，即想得人主的赏识，使自己施展才华。

【赏析】

诗题峨眉亭，亭名，一作蛾眉亭，又称捉月亭，位于采古矶（今安徽马鞍山西南长江东岸）。世传唐代大诗人李白游至采石，酒醉后在水中捉月，故名捉月亭。月牙弯弯，形似美女蛾眉，故又名蛾眉亭。传为李白初葬之地。一说指今南京的采石山。这首诗便是作者游访采石矶峨眉亭，缅怀大诗人李白所作。

这是一首五言律诗。"碧酒双玉瓶，独酌峨眉亭"，首联两句陈述古代知识分子解忧的办法，就是以酒浇愁，所以劈头便说到酒。酒是碧色，又盛在双玉瓶中，是颇能引起饮兴的，然而作者却独酌在峨眉亭。著一"独"字，便流露出孤独寂寞之感。点出所酌地点，也引出了题目。这两句看似平常，但从酒色、酒器中看出作者谢职官僚的身份，从独酌中看出作者心情的苦闷。接着颔联说"不见李太白，惟见三山青"。作者是元代虞集、揭傒斯等著名文人逝世后最有才能的作家，"擅名于时，人呼小张学士"（《本传》），所以他自伤怀才不遇。此时独坐峨眉亭上，不由得想起曾写《峨眉山月歌》的李白来了。李白也是怀才不遇啊！李白先是供奉翰林，被"赐金还山"，变相赶出长安；后为永王璘幕府，被"流放夜郎"，晚年困居当涂，也曾到过这里的峨眉山。千古诗仙，如今不见了，所能见到的只有峨眉山的满山青色罢了。如此看来，古今文人的遭遇大略相同，自己也就不必慨叹了。可是"秋色淮上来，苍然满云汀"二句，颈联说到秋色从淮河上南来，苍苍茫茫，弥漫了长江上的汀洲，一派萧瑟的气象，又不禁令人有悲秋之意。前面点出峨眉亭这一地点，这里点出秋季这一时间，二者互为补充。最后尾联说"安得十五弦，弹与蛟龙听"。篇首以酒消愁，篇末以琴解闷。言怎样能够得到一张十五弦琴，把心事弹给水中的蛟龙听也好啊！因无知音可以倾诉而心酸。若再进一层想，这最后一句可能更有深意。杜甫《梦李白二首》第一首的结尾说"水深波浪阔，无使蛟龙得"。当时李白因永王璘事件被囚浔阳狱，杜甫十分关心李白的安全。作者此时在罢官期间，也非常担心自己的命运，所以弹琴给蛟龙听，岂不是希望自己也不要为蛟龙所得吗？总之，结句所表达的作者的感情是十分复杂的，非常耐人寻味。

本诗前两句，以酒抒情；次两句，以古抒情；再次两句，以景抒情；最后两句，以琴抒情。语言平易而内涵深广。清代诗评家沈德潜对此诗评价颇高，评其下半首云："'秋色淮上来'二十字，何减太白。"（宋尔康）

【原文】

送重峰阮子敬南还

君家重峰下，我家大溪头⁽¹⁾。

君家门前水，我家门前流。

我行久别家，思忆故乡水。

况乃故乡人，相见六千里⁽²⁾。

十年在扬州，五年在京城。

不见故乡人，见君难为情⁽³⁾。

见君情尚尔⁽⁴⁾，别君奈何许⁽⁵⁾。

送君遽不堪⁽⁶⁾，忆君良独苦。

君归过江上，为问水中鱼：

别时鱼尾赤⁽⁷⁾，别后今何如？

【毛泽东圈评等情况】

毛泽东读清沈德潜、周准编选《明诗别裁集》卷一时圈阅了这首诗。

[参考] 张贻玖：《毛泽东评点、圈阅的中国古典诗词》，

中国工人出版社 1992 年版，第 256 页。

（1）"君家"二句，化用宋李之仪《卜算子》词："我住长江头，君住长江尾。日日思君不见君，共饮长江水。"大溪头，在福建古田城南。作者《别胡长之》云："我家玉溪溪上头。"则大溪头又名玉溪。

（2）相见六千里，在远离故乡六千里的京城相见。

（3）难为情，不易控制自己的感伤情绪。

（4）情尚尔，感情尚且这样。尔，如此。

（5）奈何许，怎么办。古乐府："奈何许，石阙生口中，衔碑（悲）不得语。"许，语助词，无义。

（6）遽不堪，就不能忍受。遽，就，遂。

（7）鱼尾赤，用《诗经·周南·汝坟》："鲂鱼赪尾，王室如毁。"赪，赤色。

【赏析】

阮子敬是作者的同乡，要南归古田。作者在大都（今北京）为其送行，因作此诗。

全诗用第一人称，显得非常亲切。全诗可分为四节。前四句为第一节，叙写与行人的关系：你家住在重峰山下，我家住在大溪水头；你家门前的水顺流直下，流经我家的门口。两人共饮一溪水，是亲密的同乡。这是化用宋代李之仪《卜算子》词"我住长江头，君住长江尾。日日思君不见君，共饮长江水"的句式。清朱彝尊《静志斋诗话》卷二：此诗仿太白可称合作，又引李桢"君家吟溪此，我家郡北西。君家梁间燕，我家梁间栖"，周忱"我家白沙渚，君家桐江头。我家门前水，亦向桐江流"诗句，谓"当皆从此出，可知是作脍炙当时"。

次八句为第二节，叙写与行人的相逢。言我离家很久，"十年在扬州，五年在京城"，已经整整十五年了。作者于元泰定（1324—1328）年间由黄岩判官进六合尹，坐事失官，滞留江淮间十年。元顺帝时征为国子助教，后官翰林学士，知制诰，在京城大都（今北京）又五年。

因为久别家乡，所以经常思念家乡的山山水水，更不要说故乡的人了。今天和你相见，竟是在远离家乡六千里的京城，真是难以表达自己惊喜的感情啊！离家的时间久，离家的道路远，不见故乡的水，又不见故乡的人，今日意外见到亲密的同乡，其欢乐可想而知。作者这样说，固然是内心情感的真实流露，若从艺术角度看，却都是为相见之乐作铺垫的。

再次四句为第三节，叙写与行人的分别。言见到你是这样的喜悦，那么送别你又是多么的难受啊！相见越喜悦，分别就越难受。今天送君越急促和难受，日后忆君就越感孤独和痛苦。这里，作者把离情别绪逐层深入地抒发出来，从相见说到相别，从相别说到别后，从喜悦说到难受，从难受说到痛苦。层层递进，感情真挚而手法巧妙。

最后四句为第四节，叙写对行人的嘱咐。言你这次南归，要经过大溪，请你替我问问水中的鱼：我离别家乡时，那鱼尾是红色的，我离别家乡后，现在那鱼尾又怎样了？鱼尾赤，用《诗经·周南·汝坟》"鲂鱼赪尾，王室如毁"意。两句意谓，我离别故乡时天下汹汹，不知现今变成了怎样的局面。作者这几句话，好像有些痴，其实，这正表明了他对故乡的深切怀念。

这首诗在送别诗中自成一格，极具特色。具体表现在：用通俗的语言，说出内心的话，平易而情深；用重复、回环的句式，表达缠绵眷恋的情愫。本诗连用八个"君"字，写出"见君""别君""送君""忆君"，自然而流畅。（宋尔康）

【原文】

送同年江学庭弟学文归建昌

白发江夫子[1]，青云信独稀[2]。
故人长北望，令弟又南归[3]。
庭树乌先喜[4]，江帆雁共飞。
东湖春柳色，到日上君衣。

【毛泽东圈评等情况】

毛泽东读清沈德潜、周准编选《明诗别裁集》卷一时圈阅了这首诗。

[参考] 张贻玖：《毛泽东评点、圈阅的中国古典诗词》，中国工人出版社 1992 年版，第 256 页。

【注释】

（1）夫子，本为古代对男子的敬称，后用作对学者的称呼，如宋理学家朱熹，被人称为朱夫子。

（2）青云，青色的云，比喻高官显爵。《史记·范睢蔡泽列传》："须贾顿首言死罪，曰：'贾不意君能自致于青云之上。'"

（3）令弟，对他人之弟的敬称。

（4）乌，乌鹊，即喜鹊，古代以为鹊噪而行人至，因常以乌鹊预示远人将归。

【赏析】

作者于元泰定年间以《春秋》举进士，与江学庭是同年（同科录取）。学庭的弟弟学文归建昌，作者送之，因作此诗。江学庭，南城（今江西南城东南），元明之际人，元泰定进士，任至国子祭酒。以文章事业推重当时，后进仰之若山岳。卒谥文正。建昌，同名地很多，据诗中所提到的"东湖"看，应是江西南昌。

这是一首五言律诗。首联，言江学庭白发皤皤，年事已高（江夫子，敬称，是对老朋友的尊重）；如此高龄，在功名路上显露的人，如今实在是太稀少了。这两句，前者是对江学庭长寿的赞美，后者是对江学庭不遇的安慰，表达得含蓄而得体。

颔联，言江学庭（故人，美称，表现出对老朋友的亲切）常常引颈北望，不仅是对弟弟的挂念，也是对作者的惦记。话虽简单，意却双关。现在令弟南归，你们昆仲又可团聚，我的情况不再赘述，就由令弟转达了。又省去了许多不必要的笔墨。

以上两联，是说给江学庭的，切题目的前半段；以下两联，是说给江学文的，切题目的后半段。

颈联，言江学文此次南归，未到之前，家中树上的乌鹊（古代诗歌往往乌鹊连称，这里的乌，即乌鹊）向家人先行报喜了，含有行人"平安到家"之意。江学文走的是水路，风吹帆进，其快如飞。江上行人南归，天上群雁南翔，结伴而行，不觉寂寞，含有行人"一路顺风"之意。

尾联，言江学文到家乡的时候，东湖的春柳已经一片青翠，与其春装相互映衬。户外阳光明媚，一派生机；院内家人团聚，其乐融融。真是春到人间啊！

这首送行诗兼写两人，一个是久未谋面的老友，一个是即将分别的老友之弟，既须照顾前者，又须照顾后者，是很难着笔的。但作者既对前者作了慰问，又对后者作了祝愿，显示了立意谋篇的巧妙。同时，语言平易含蓄，内涵极为丰富。（宋尔康）

【原文】

过辛稼轩神道

长啸秋云白石阴，太行天党气萧森⁽¹⁾。

英雄已尽中原泪⁽²⁾，臣主元无北伐心。

岁晚《阴符》仙蠹化⁽³⁾，夜寒雄剑老龙吟⁽⁴⁾。

青山万折东流去⁽⁵⁾，春暮鹃啼宰树林⁽⁶⁾。

【毛泽东圈评等情况】

毛泽东读清沈德潜、周准编选《明诗别裁集》卷一时圈阅了这首诗。

[参考] 张贻玖：《毛泽东评点、圈阅的中国古典诗词》，

中国工人出版社 1992 年版，第 256 页。

【注释】

（1）太行，山名，绵延在山西、河北、河南三省交界的大山脉。天党，即上党，太行山最高处，以其地势高，与天为党，故名。宋苏轼《浣

溪沙·送梅庭老赴上党学宫》："上党从来天下脊。"辛弃疾年轻时任抗金义军耿京掌书记，随耿京抗金，活跃在太行山区。萧森，萧条衰败。唐杜甫《秋兴八首》有"巫山巫峡气萧森"句。

（2）"英雄"二句，是说辛弃疾痛心山河残破，流尽失陷中原之泪，而南宋君主却苟且偷安。英雄，指辛弃疾。伐，一作"渡"。

（3）岁晚，一作"年晚"。《阴符》，即《太公阴符》，又名《太公兵法》，传为太公姜尚所著。汉张良于下邳桥上得黄石公所授《太公兵法》，后佐刘邦定天下，封留侯（《史记·留侯世家》）。仙蠹化，被蠹虫蛀蚀。

（4）雄剑，即龙泉剑，宝剑名。梁简文帝《七励》："拭龙泉之雄剑，莹魏国之宝刀。"老龙吟，晋王嘉《拾遗记》："帝颛顼有曳影之剑……未用之时，常于匣如龙虎之吟。"

（5）"青山"句，辛弃疾《菩萨蛮·书江西造口壁》："青山遮不住，毕竟东流去。"

（6）宰树林，墓道旁树木。宰，坟墓。《公羊传·僖公三十二年》："若尔之年者，上之木拱矣。"《左传·僖公三十二年》作"尔墓之木拱矣"。

【赏析】

"神道"，墓前道路，谓神行之道。《汉书·霍光传》："太夫人显改光时所有茔制而侈大之。起三出阙，筑神道。"《后汉书·中山简王焉传》："大为修冢茔，开神道，平夷吏人冢墓以千数。"李贤注："墓前开道，建石柱以为标，谓之神道。"这首诗是作者经过辛弃疾的墓地时而作。辛弃疾死于江西铅山，葬在铅山南阳原山中，旧有金字碑立驿路旁，曰"稼轩先生神道"。

这是一首七言律诗。首联，上句言辛弃疾生擒叛徒张安国，南归南宋王朝，虽曾在地方和中央做过官，但抗金之志难申，且长期罢官，闲居于上饶和铅山，只有填词赋诗，长啸云泉，以解愁闷。他的《一剪梅》词中就有"白石江头曲岸西，一片闲愁，芳草萋萋"的句子。作者开首便叹惜辛弃疾被南宋朝廷闲置不用。次句言当年辛弃疾为抗金义军首领耿京掌书记，时耿京称天平节度使，统领山东、河北忠义军马，进行抗金斗争，活跃在太行山区。而今这些地方全被金人所占领，太行天党（即上党）已变得幽寂萧杀、毫无生气了。次句的"气萧森"来自杜甫《秋兴》"巫山巫峡气萧森"。首联的两句有因果关系，首句是因，次句为果。

颔联，言抗金的英雄们（主要指辛弃疾）因为中原沦陷，人民惨遭异族蹂躏，或上表泣陈，或赋诗悲诉，真是血泪已尽。辛弃疾的《九议》《十论》及数不清的爱国诗篇，都是为抗击敌人、收复失地而发的。然而南宋君臣根本无北伐之意，只图屈辱求和、苟安一隅。这就是辛氏被罢官、太行气萧森的真正原因，与首联密切相连。

颈联，言辛弃疾到了暮年，虽满腹韬略，也无所用。《阴符》，即《阴符经》，一说为兵家书，失传；一说为道家书，太公、鬼谷子、张良等有注释。这里指兵书。意谓兵书因不打仗，被长期弃之不用，以致被蠹虫蛀蚀。辛词"却将万字平戎策，换得东家种树书"（《鹧鸪天》），与此意相通。又因不打仗，挂在墙上的宝剑也在夜寒时发出老龙般的呻吟声。辛词"短灯檠，长剑铗，欲生苔。雕弓挂壁无用，照影落清杯"（《水调歌头》），与此意相通。这两句承上，具体写辛弃疾出将入相的文韬武略和英雄无用武之地的悲哀。

尾联，化用辛词《菩萨蛮》"青山遮不住，毕竟东流去"和《贺新郎》"绿树听鹈鴂，更那堪，鹧鸪声住，杜鹃声切。啼到春归无行处，苦恨芳菲都歇"的词意，抒发对辛弃疾的哀悼之情，言历史的发展、国家的兴亡，如东流之水，不可阻挡。但一代词人、爱国志士，竟赍志而没、长眠地下，只有那春暮的杜鹃在墓地的树林中为之啼血，此情此景，怎不令人悲伤辛酸啊！

一首七律，概括了辛弃疾悲壮的一生，表达了作者敬仰悼伤之意，是一首很好的凭吊诗。（宋尔康）

【原文】

严陵钓台

故人已乘赤龙去[1]，君独羊裘钓月明[2]。

鲁国高名悬宇宙，汉家小吏待公卿[3]。

天回御榻星辰动[4]，人去空台山水清[5]。

我欲长竿数千尺[6]，坐来东海看潮生。

【毛泽东圈评等情况】

　　毛泽东读清沈德潜、周准编选《明诗别裁集》卷一时圈阅了这首诗。

　　[参考] 张贻玖：《毛泽东评点、圈阅的中国古典诗词》，

中国工人出版社1992年版，第256页。

【注释】

　　（1）故人，老朋友，此指刘秀。已乘赤龙去，指刘秀当上了皇帝。《后汉书·光武帝纪》：强华"自关中奉《赤伏符》至鄗，符曰'刘秀发兵捕不道，四夷云集龙斗野，四七之际火为主'"。注云："四七，二十八也。自高祖至光武初起，共二百二十八年，即四七之际也。汉火德，故火为主也。"火，赤色。赤龙，火龙。

　　（2）君，指严光。独羊裘，独披羊裘。裘，用羊皮制成的衣物。钓月明，在明亮的月光下钓鱼。

　　（3）"鲁国"二句，意思是说，严光归隐江湖，像鲁国的孔圣人那样名高天下，而且视汉朝的公卿大僚如同小吏。鲁国，古国名。公元前11世纪周分封的诸侯国，在今山东西南部，建都曲阜。孔子为鲁国人。当严光被接到馆舍时，旧友侯霸已为司徒，位列三公，写信邀他相会，严光对来人说："人主尚不见，当见人臣乎？"（见皇甫谧《高士传》）。范仲淹《严先生祠堂记》："得圣人之清，泥涂轩冕。"宇宙，天下。

　　（4）"天回御榻"句，严光与刘秀御榻同眠，上应星辰的移动。《后汉书·光武帝纪》载："复引光入……因共偃卧，光以足加帝腹上。明日，

太史奏客星犯御座甚急。帝笑曰：'朕故人严子陵共卧耳。'"

（5）"人去"句，严光死后，空余钓台，唯有山清水秀如旧。范仲淹《严先生祠堂记》："云山苍苍，江水泱泱，先生之风，山高水长。"

（6）"我欲"一句，东海垂钓，归隐江湖之意。典出《庄子·外物》：神人任公子做大钓巨绳，用五十头牛作钓饵，在东海垂钓，一年后钓到一条大鱼，使全国的百姓都吃得饱。后用此典形容气魄巨大的举动，也用以指远游他乡。此处兼有二者之意。

【赏析】

严陵，即严光，字子陵，与汉光武帝刘秀为少小同学。刘秀登上帝位后，严光隐姓埋名，披羊裘钓于泽中。后刘秀访得之，严光拒不出仕，耕钓于富春山。严陵钓台，又叫严陵濑、严子濑，在今浙江桐庐西南钱塘江侧富春山，有东、西二台。历代文人咏此台者，不计其数。

这是一首七言律诗。首联，上句指光武帝刘秀乘赤龙而去，当上了皇帝。《后汉书·光武帝纪上》：强华"自关中奉《赤伏符》至鄗，符曰'刘秀发兵捕不道，四夷云集龙斗野，四七之际火为主'。"注云："四七，二十八也。自高祖至光武初起，共二百二十八年，即四七之际也。汉火德，故火为主也。"火，赤色，这就是赤龙的来源。下句指严光，言严光隐姓埋名，独披羊裘，在月明之下钓鱼。一个贵为帝王，一个甘作贫民。

颔联，意思是说，严光归隐江湖，"得圣人之清，泥涂轩冕"（范仲淹《严先生祠堂记》），名高天下，简直可与鲁国孔圣人相比。孔夫子以道德传世，名扬宇宙，成为百王之师；严光清高，其心出日月之上，名垂千古。他不但拒绝光武帝的邀请，而且视汉家的公卿如同小吏。当他被用"安车玄纁"接到华贵的馆舍时，旧友侯霸已为司徒，位列三公，写信请他晚上去见。他对来人说："君房（霸字）素痴，今为三公，宁小差否（难道好一点了吗）？"来人说："不痴。"他说："天子征我三乃来。人主尚不见，当见人臣乎？"（皇甫谧《高士传》）这难道还不痴吗？颈联，前一句说光武帝与严光同眠御榻，上应星辰的移动。《光武帝纪》载："复引光入……因共偃卧，光以足加帝腹上。明日，太史奏客星犯御座甚急。帝笑曰：'朕故人严子陵共卧耳。'"表明光武帝与严子陵的深厚友谊。范仲淹说："微先生不能成光武之大，微光武岂能遂先生之高哉？"唯其如此，更见严子陵不慕功名富贵、不屈帝王权势的高贵品质。后一句是说严光死后，空余钓台，唯有山水清白如旧。但他所坐过的钓台、所隐居的山水，被人们万古所传颂。他的高尚人格，永远为人们所敬仰。仅就宋代文人来说，范仲淹的歌词"云山苍苍，江水泱泱，先生之风，山高水长"，就是对严光高风亮节永不泯灭的赞颂。李清照的《钓台》"巨舰只缘因利往，扁舟也是为名来。往来有愧先生德，特地通宵过钓台"，就是把严光作为不慕名利的一面镜子来景仰。

尾联，是在前三联对严光不畏权势、不慕名利的事迹和品德概括的基础上，抒发作者个人的情感。诗人仰慕先贤，决心效法，顿生隐逸之念，但他垂钓的地点不是在富春江，而是在东海万顷碧波之上。他要用"数千尺"长的钓竿，在东海岸边观"海潮生"，钓长鲸。古代认为海鲸可以鼓浪，古诗中也有"削长鲸""射长鲸"的句子，作者既用钓竿，当然是要"钓长鲸"了。这一联写得形象生动，意境开阔。

这首诗是对严光的正面歌颂，不像明代有些文人，借严光事另发议论，流露消极思想，所以《明诗别裁集》对此诗的评价是："明人咏严陵者，以此章为最。"（宋尔康）

【原文】

有　感

马首桓州又懿州⁽¹⁾，朔风秋冷黑貂裘⁽²⁾。
可怜吹得头如雪，更上安南万里舟⁽³⁾。

【毛泽东圈评等情况】

毛泽东读清沈德潜、周准编选《明诗别裁集》卷一时圈阅了这首诗。

[参考]张贻玖：《毛泽东评点、圈阅的中国古典诗词》，
中国工人出版社1992年版，第256页。

【注释】

（1）桓州，州名，金置，治所在清塞（今内蒙古正蓝旗西北），明废州，置桓州驿。懿州，州名，辽置，治所在宁昌（今辽宁阜新东北），明初废。此诗作于废州之前，故仍用二州名。

（2）秋，一作"吹"。黑貂裘，一种名贵的皮袍。《战国策·秦策》："（苏秦）说秦王书十上，而说不行，黑貂之裘敝，黄金百镒尽。"

（3）安南，即越南。洪武二年（1369），张以宁奉使安南。

【赏析】

诗题只两个字"有感"，又是一首绝句，只四句。看起来很简短，但其内涵却十分复杂，感慨也非常深广。在明初朱元璋的统治下，他不敢明白表露心迹，只能笼统作个概括，甚至连题目也含糊其词。李商隐的《无题》，也属于这一类。

诗的前两句，写他在元朝时的经历。桓州，在今内蒙古多伦县境。懿州，在今辽宁黑山县境。一在北方，一在东北，都是边远地区。作者骑马到这两个地方，原因不详，但被元朝派往却是肯定的。东北严寒，秋风已冷，作者是南方（福建古田）人，不惯北寒，所以对北风严寒的侵袭，印象特别深刻。

诗的后两句，写他在明朝时的事情。作者此时年事已高，虽具体岁数不可知，但从元泰定年间举进士到明洪武元年（1368）被送至应天，这其间就有四十余年，若以二十岁中进士计算，此时作者已经六十多岁了。在北方四十余年，北风劲吹，光阴似水，皓发满首，可到了南京仅只一年光景，就又乘上"万里舟"，奉命出使安南了。

诗人生活在元朝六十多年，曾奉命到过寒冷的东北方；生活在明朝才一年，便又奉命到炎热的南方。下了"马"，脱了"黑貂裘"，便乘上"万里舟"，由北到南，由冷到热，天涯海角，四处奔波。更令人难堪的是，诗人身事两朝，经历了天翻地覆的变化，尝尽了世态炎凉的滋味。诗中用"可怜"二字，承上启下，既总结了过去，又联系到现在。别看他只记录了一生所到过的几个地方，实际上是他一生中的关键所在。苏轼临死时，题李公麟为他画的像"问汝平生功业？黄州惠州儋州"，便是这种表达手法。不过，苏轼的表达比较旷达，而本诗作者的表达比较哀伤而已。

（宋尔康）

刘　基

刘基（1311—1375），字伯温，青田（今浙江青田）人。元至顺年间进士，曾任江西高安县丞等职，不久归隐。至正八年曾入台州方国珍之幕，因与上司主见不合，被罢职，悠游绍兴山水间，后又出仕元朝。之后，与宋濂同被朱元璋征聘，成为朱元璋的重要谋臣，参与机要，自此成为开国功臣，官至御史中丞兼太史令。明太祖洪武元年（1368）八月即告老还乡，但不久又被召还。洪武三年（1370）授弘文馆学士，以佐命功封为诚意伯。刘基为明初三大家之一，诗与高启齐名，文与宋濂并驾。所作五言古诗沉郁朴拙，律诗颇有盛唐气象。有《诚意伯文集》。

【原文】

太公钓渭图

璇室群酣夜⁽¹⁾，璜溪独钓时⁽²⁾。

浮云看富贵⁽³⁾，流水淡须眉。

偶应非熊兆⁽⁴⁾，尊为帝者师。

轩裳如固有⁽⁵⁾，千载起人思。

【毛泽东圈评等情况】

毛泽东读清沈德潜、周准编选《明诗别裁集》卷一时圈阅了这首诗。

[参考] 张贻玖：《毛泽东评点、圈阅的中国古典诗词》，中国工人出版社1992年版，第255页。

【注释】

（1）"璇室"句，写殷纣王君臣酣饮。璇室，以旋玉文饰之室。《淮南子·本经训》："帝有桀、纣，为璇室、瑶台、象廊、玉床。"

（2）璜溪，即磻溪，在今陕西咸阳东南，源出终南山，北流入渭河。姜尚曾垂钓于渭水，避世隐居，以待明主。

（3）"浮云"二句，姜尚看待富贵就像看浮云一样，对谋取私利的"丈夫"视同流水。浮云看富贵，用《论语·述而》"不义而富且贵，于我如浮云"句意。须眉，指男子，即丈夫。《孟子·公孙丑下》以垄断私利为"贱丈夫"，以别于《滕文公下》中"富贵不能淫，贫贱不能移，威武不能屈"的大丈夫。此用前者之意。

（4）"偶应"二句，写太公得遇文王。《史记·齐太公世家》载："西伯（文王）将出猎，卜之，曰：'所获非龙非螭，非虎非罴，所获霸王之辅。'"西伯与姜尚语，大悦，"载与俱归，立为师"。太公运筹帷幄，佐文王"三分天下有其二"，佐武王灭纣而得天下，成为有名的"帝王师"。虎，《宋书·符瑞志》作"熊"，故"非熊应兆"成为典故。

（5）轩裳，代称有高位的人。唐沈佺期《洛阳道》："白日青春道，轩裳半下朝。"

【赏析】

太公，即姜尚，钓于渭水，后为周文王所聘，助武王伐纣，这是历史上有名的真人真事。从题目看，这首七言律诗像是题画诗。

首联，写避世隐居。"璇室"，以琁玉文饰之室。《淮南子·本经训》："帝有桀、纣，为璇室、瑶台、象廊、玉床。"这两句是说，当殷纣王宫室内君臣酣饮之夜，正是姜尚在璜溪（磻溪）独自钓鱼之时。纣王荒淫豪奢，"以酒为池"，所以这里特意点出"酣"饮。姜尚垂钓于渭水，避世隐居，等待明主，所以这里特意点出"独"钓。开首两句。以对仗兴起，表示两句意思关联的密切，也交代了姜尚垂钓的时代背景和原因。

颔联，写不慕富贵。"浮云看富贵"，用《论语·述而》"不义而富且贵，于我如浮云"的意思，言姜尚看待富贵就像看待浮云一样，表示轻视。

"流水淡须眉",有两种不同的理解。一种是指男子,即丈夫。《孟子·公孙丑下》以垄断私利为"贱丈夫",《滕文公下》以"富贵不能淫,贫贱不能移,威武不能屈"为"大丈夫"。这句中的"须眉"当然指的是前者,是说姜尚对谋取私利的"贱丈夫"看得像流水一样,不足挂齿;另一种是指姜尚垂钓渭水,任凭岁月随流水逝去,须眉由黑变白,由密变稀,以至年老,也不愿为乱世所用。不管采用哪一种解释,都表明了姜尚思想品德的高尚。

颈联,写得遇西伯,《史记·齐太公世家》载:"西伯(文王)将出猎,卜之,曰:'所获非龙非螭,非虎非罴,所获霸王之辅。'""虎",《宋书·符瑞志》作"熊",故"非熊应兆"成为常见的典故。西伯与姜尚语,大悦,"载与俱归,立为师"。太公胸怀大略,运筹帷幄,佐文王"三分天下有其二",佐武王灭纣而得天下,成为有名的"帝王师"。

尾联,写发人深思。轩裳,古代高大而有帷幕的车,供大夫以上的官员乘坐。本联的意思是,这高官所乘之车,好像早就为姜尚准备好了一样,虽然已经事过千载,但是的确发人深思啊!作者"起思"什么呢?从颈联上句的"偶"字可以揣测一二。在刘基看来,怀才之士纵然退隐林泉,也会因偶然的机会而被重用,而无才之辈即使身居高位,也不会有所建树。刘基本人在元代就很不得志,及遇朱元璋才大展经纶,被誉为当代"子房",也被尊为帝王师。所以,诗人发出无限感慨。

本诗前三联,叙写太公事迹;后一联,抒发个人感慨,是借事抒情之作。清沈德潜在《明诗别裁集》中评价颇高:"通首格高,隐然有王佐气象。"(宋尔康)

【原文】

感 兴

天弧不解射封狼[1],战骨从横满路旁。
古戍有狐鸣夜月[3],高冈无凤集朝阳[3]。
雕戈画戟空文物[4],废井颓垣自雪霜。
漫说汉廷思李牧[5],未闻郎署遣冯唐[6]。

【毛泽东圈评等情况】

毛泽东读清沈德潜、周准编选《明诗别裁集》卷一时圈阅了这首诗。

[参考] 张贻玖：《毛泽东评点、圈阅的中国古典诗词》，

中国工人出版社 1992 年版，第 255 页。

【注释】

（1）天弧，指弧星。封狼，大狼，指狼星。《史记·天官书》注："弧九星，在狼东南，天之弓也，弧矢向狼。"此句指朝廷不懂得主动出击。

（2）古戍，指边疆古老的城堡、营垒。狐，喻坏人、小人。有狐鸣夜月，《史记·陈涉世家》："又闻令吴广之次所旁丛祠中，夜篝火，狐鸣呼曰：'大楚兴，陈胜王。'"后因以用狐鸣指起事者动员群众的措施。

（3）凤，凤凰，比喻良将。朝阳，指良时。《诗经·大雅·卷阿》："凤皇鸣矣，于彼高冈；梧桐生矣，于彼朝阳。"南宋朱熹注："凤凰者，贤才之喻；朝阳者，明时之喻。"

（4）雕戈，刻镂之戈。画戟，有彩画的戟。戈和戟，都是古代作战的武器，现在却成了文物，说明武备松懈。

（5）汉廷，汉朝，此指明朝。李牧，战国时赵国名将，守代及雁门，大破匈奴，又曾大破秦军。

（6）冯唐，西汉文帝时任郎中署长，曾劝文帝不可对边将轻赏重罚，并指出对云中太守魏尚处理不当。文帝遂派他持节去云中郡赦魏尚之罪，并拜为车骑都尉。此句意谓，应当派像冯唐那样的朝臣去边关慰问边将。

【赏析】

这是一首写边塞生活的七言律诗。

首联，写我方不主动出击，招致惨重损失。天弧，指弧星. 封狼，即大狼，指狼星。《史记·天官书》注："弧九星，在狼东南，天之弓也，弧矢向狼。"本联以天上的弧星射向狼星来比喻人事，意思是说，我军不懂对入侵之敌要主动进攻，终于陷入被动，以致死骨纵横，堆满路旁。

额联，写敌方犹在窥边，我方却缺乏将才。古代边塞有飞狐口，这里

所说"有狐鸣夜月",即"天阴月黑狐野嗥"（苏轼诗句），暗示敌方夜间叫嚣，又欲侵边。而我方呢，却是"高冈无凤集朝阳"。《诗经·大雅·卷阿》："凤皇鸣矣，于彼高冈；梧桐生矣，于彼朝阳。"朱熹注："凤凰者，贤才之喻；朝阳者，明时之喻。"本联意思是说，敌方蠢蠢欲动，居心犯边，而我方却没有良将会聚明时，这就出现了极其危险的局面。

颈联，写我方徒有武器，而不能捍卫国土。上句言戈戟雕画，看起来很漂亮，但只能当文物来欣赏，而不把它作为武器来使用，这就把我军只重外表，不讲实用，毫无战斗力的情况揭露得十分深刻。下句言由于敌军的烧杀掳掠，村落变为废墟，颓井残垣无人修理，一任霜雪覆盖，这就把敌军长驱直入所造成的战争灾难，描写得非常具体。

尾联，写朝廷虽思名将，而无具体措施。李牧，战国时期赵国名将，守代及雁门，大破匈奴，又曾大破秦军。冯唐，西汉文帝时任郎中署长。文帝欲求像廉颇、李牧这样的名将防御匈奴，冯唐劝他不可对边将轻赏重罚，并指出对云中太守魏尚处理不当。文帝遂派冯唐持节去云中赦魏尚罪，并拜为车骑都尉。本联的意思是说，朝廷虽然想起用像李牧这样的良将去镇守边疆，但从未听说过派像冯唐这样的朝臣去边关慰劳守将。全诗以讽谕作结，突出了主题。

本诗引用古书、运用典故，都很妥帖，描写也生动传神。（宋尔康）

宋 讷

宋讷，字仲敏，滑县（今河南滑县）人，元末明初诗人。元惠帝至正进士，任盐山知县。明初征为国子助教，历官翰林学士、文渊阁大学士，迁祭酒，卒谥文恪。有《西隐集》。

【原文】

壬子秋过故宫

一

离宫别馆树森森⁽¹⁾，秋色荒寒上苑深⁽²⁾。
北塞君臣方驻足，中华将帅已离心⁽³⁾。
兴隆有管鸾笙歇⁽⁴⁾，劈正无官玉斧沉⁽⁵⁾。
落日凭高望燕蓟⁽⁶⁾，黄金台上棘如林。

二

万国朝宗拜紫宸⁽⁷⁾，于今谁望属车尘⁽⁸⁾？
名闻少室征奇士⁽⁹⁾，驿断高丽进美人⁽¹⁰⁾。
朝会宝灯沉转漏，授时玉历罢班春⁽¹¹⁾。
街头野服儒冠老，曾是花砖视草臣⁽¹²⁾。

三

万年海岳作金汤，一望凄然恨自长。
禾黍秋风周洛邑⁽¹³⁾，山河残照汉咸阳⁽¹⁴⁾。
上林春去宫花落⁽¹⁵⁾，金水霜来御柳黄⁽¹⁶⁾。
虎卫龙墀人不见⁽¹⁷⁾，戎兵骑马出萧墙⁽¹⁸⁾。

四

清宁宫殿闭残花⁽¹⁹⁾，尘世回头换物华⁽²⁰⁾。

宝鼎百年归汉室⁽²¹⁾，锦帆终古似隋家⁽²²⁾。

后宫鸾镜投江渚⁽²³⁾，北狩龙旗没塞沙⁽²⁴⁾。

想见扶苏城上月⁽²⁵⁾，照人清泪落悲笳。

【毛泽东圈评等情况】

毛泽东读清沈德潜、周准编选《明诗别裁集》卷一时圈阅了这组诗。

[参考] 张贻玖：《毛泽东评点、圈阅的中国古典诗词》，中国工人出版社 1992 年版，第 256 页。

【注释】

（1）离宫别馆，正宫之外帝王出巡时居住的宫室。汉司马相如《上林赋》："于是乎离宫别馆，弥山跨谷。"此处指故宫。

（2）上苑，皇帝家的园林。

（3）"北塞君臣"二句，指元朝君臣放弃大都，逃往北塞；原来归附元朝的中华将帅对元朝已离心离德。史载，元顺帝出亡前后，海南、海北诸郡，江左、江右诸路都纷纷叛元归明。

（4）兴隆，笙名，元世祖所制。

（5）劈正，斧名，以玉为之。朝会时一人执之立于陛下，取正人不正之意。

（6）燕蓟，战国时燕国都城蓟，因城西北有蓟丘而得名，故址在今北京西南。此指元大都。

（7）紫宸（chén），宫殿名，天子所居，唐宋时皇帝接见群臣、外国使者朝会庆贺的正殿，唐大明宫第三殿为紫宸殿。后泛指宫廷，用作帝王、王位的代称。此指元代皇帝。

（8）属车尘，侍从的车马扬起的灰尘。属车，帝王出行时的侍从车。秦汉以来帝王出行属车八十一乘，法驾属车三十六乘，分左中右三列行进。

（9）"少室"句，听说少室山有奇异之士，便派人去征召。少室，山名，在今河南登封北，属嵩山，自古多仙人隐士。

（10）高丽，即高句丽，古国名，故地在今朝鲜境内，元时为属国。

（11）"授时玉历"，即授时历，历法名，元初许衡、王恂、郭守敬等创制。其法以365.2425日为一年，与近代观测值仅差26秒。元用授时历，明用大统历取而代之。班，回。

（12）花砖，有花纹的砖。唐时内阁北厅前阶有花砖道。视草臣，审察制诏草稿的重臣。视草，古代词臣奉旨修正诏谕一类公文，亦泛指皇帝起草诏书。

（13）"禾黍"句，即禾黍之悲，又称黍离之悲，指对故国的怀念，表示国破家亡的悲伤。典出《诗经·王风·黍离》序。周洛邑，东周都城洛邑（今河南洛阳）。

（14）残照，夕阳。李白《忆秦娥》："西风残照，汉家陵阙。"汉咸阳，指汉代都城长安（今陕西西安）。咸阳为秦都，秦汉联称，故说咸阳。

（15）上林，上林苑，在今陕西蓝田以西、周至以东终南山北麓，北界越渭河达兴平一带。上林为皇家园林，供打猎用。秦置，汉武帝扩建。

（16）金水，金水河，又名玉河，在今北京。元引入京城，历禁苑，因水来自西方，西方属金，故名金水河。

（17）虎卫，守卫王宫和国门的勇士，此指虎卫之地。龙墀，即丹墀，古代宫殿前的红色石阶。刘禹锡《杨柳枝》词之三："凤阙轻遮翡翠帏，龙墀遥望鞠尘丝。"

（18）戎兵，指明军。萧墙，古代宫室内当门的小墙，即屏。《论语·季氏》："吾恐季氏之忧……而在萧墙之内也。"此指宫殿。

（19）清宁宫，元宫殿名。

（20）物华，美好的景物。

（21）宝鼎，权力的象征。春秋时，楚子至洛，问鼎的轻重大小，意欲霸占天下。元入主中原近百年，被明灭亡，宝鼎又回到汉人政权手中。汉室，此借指明王朝。

（22）锦帆，隋炀帝杨广南游江都所乘的龙舟，此指元朝的御舟。隋家，隋朝，此借指元朝。

（23）鸾镜，指妆镜。典出《太平御览》卷九一六引南朝宋范泰《鸾鸟诗》序："昔罽宾王结置峻祁之山，获一鸾鸟，王甚爱之，欲其鸣而不致也。乃饰以金樊，飨以珍馐。对之逾戚。三年不鸣。夫人曰：'闻鸟见其类而后鸣，何不县镜以映之！'王从言。鸾睹形感契，慨然悲鸣，哀响中宵，一奋而绝。"后即以鸾镜指妆镜。

（24）北狩，到北方狩猎，此指元顺帝出逃。龙旗，又作"龙旂"，画蛟龙图纹之旗，古代王侯作仪仗用。

（25）扶苏城，在今陕西绥德。扶苏为秦始皇长子，被派往朔方监军，故称。

【赏析】

宋讷在元惠帝至正中举进士，曾为盐山知县。明洪武二年（1369），诏征编修礼乐诸书。事毕，不仕归。后为国子助教，文渊阁大学士，祭酒。这组诗原作八首，《明诗别裁集》选四首，写于壬子（明太祖洪武五年）秋，因过故宫而作。故宫，指元大都（即今之北京）。

这是一组七言律诗。先看第一首。首联，写宫苑的凄凉。行宫别馆里长满了茂密的树木，上苑也充满了深秋荒寒的色彩。开首点明"故宫""深秋"，紧扣题目，以领起所咏的四首诗。

颔联，写人心的涣散。上句说元顺帝弃大都北走，逃往北塞。下句说中华将帅已经对元朝离心离德。史载，在元顺帝出亡前后，海南、海北诸郡，江左、江右诸路都纷纷叛元归明。明军进入大都，灭掉元朝。

颈联，写礼乐的消失。兴隆，笙名，元世祖所制。劈正，斧名，朝会时，一人执立于陛下，取正人不正之意（均见《明诗别裁集》原注）。言那"兴隆"鸾笙虽有管在，但声音已经停歇，那"劈正"玉斧因无官执立，已弃置不用。因元朝灭亡，旧日的音乐、礼仪都已销声匿迹。

尾联，写故国的荒芜。季节是秋天，时间是日暮。此时此刻登高远望，燕蓟一带万象萧条，就连当年燕昭王招揽贤士的黄金台上现在也遍布荆棘，如同树林。

全诗以颔联为因，其他三联为果。因为元朝的覆灭，所以有首联的宫苑凄凉、颈联的礼乐消失、尾联的故国荒芜。不以首联为因，而以颔联为因，结构比较奇特。

再看第二首。

首联，言元朝盛时，各国都来朝宗，进贡方物，拜谒紫宸（紫宸，唐宫殿名，借指元宫殿）。自从顺帝北逃，元朝灭亡，现在还有谁能看到侍从的车马所扬起的飞尘呢？

颔联，言过去元朝曾听说少室山有奇士，便派人征召，如今已无法这样做了。过去高丽国（今朝鲜）不断向元朝进奉美女，如今来往的驿道已经断绝。

颈联，言过去朝会时，大明殿的灯漏（见《元史·志一》）以金宝为之，光彩夺目，可现在，已经是宝灯熄灭、玉漏停转了。过去的授时玉历（元用授时历，见《元史·志四》）每当春回，开始新纪，可现在这种纪年方法也停止使用了。

尾联，言现在街头身着平民服装、头戴一般读书人帽子的老者，你不要以为他们只是一些普通的知识分子，他们在元朝曾经是入值内阁的学士，审察制诏草稿的重臣啊、

这首诗把元朝亡国前后的巨大变化，从人事的各个方面加以对比描写，抒发故宫虽在，而人事全非的感慨。在写法上，前六句都是从过去说到现在，而最后两句，却是从现在说到过去，显得灵活而不板滞。

再看第三首。

首联，言元朝把大海高山作为金城汤池之固，希望万年不变。可人心离散，仅只百年便土崩瓦解了。举目一望，江山易色，遍地凄凉，怎能不凄然而悲、永怀亡国之恨呢？这两句是全诗的总摄，下面三联分述望到的情况。

颔联，言元朝的灭亡，同历史上周朝、汉朝的灭亡是一样的，只是令人空有余悲而已。西周覆灭后，大夫行役，见到镐京故宫长满禾黍，因有"彼黍离离"的诗句。东周覆灭后，再过洛邑，同样也有禾黍秋风之悲。汉朝覆灭，昔日繁华销尽，只有咸阳一带的山河，对着残照的夕阳。正如李白《忆秦娥》词中所说"西风残照，汉家陵阙"。

明
诗

颈联，言今天的元代故宫，如同西汉的上林苑一样，因春去而宫花落地。宫外的金水河（即玉泉）绕大内而去，宫内的柳叶因秋深霜来而变黄。到处是一派残败、萧瑟的景象。

尾联，言元代故宫守卫虎卫之地和龙墀之上的人们都不见了，他们投降的投降，逃跑的逃跑，所见到的是武装的明军骑着战马，出入在宫殿之内（"萧墙"，指宫殿之内，见《论语·季氏》）。

本诗二、三联，着重从物象上写故宫的残破；第四联，则着重从人事上写故宫的变化，均照应首联的"凄然"。

最后看第四首。

首联，言元朝的清宁宫殿，过去是玉树琼枝、百花竞艳，如今却是群花凋零、宫门紧闭。这一"残"一"闭"，说明了故宫的寥落。不仅故宫如此，整个世界眨眼间都改换了温和美好的景象，彻底改朝换代了。

颔联，言元朝入主中原，拥占宝鼎已有百年，现被大明灭亡，宝鼎终又回归汉室。元朝皇帝游玩时所乘坐的御舟（锦帆，隋炀帝南游江都所乘的龙舟，这里借指元朝的御舟），到头来也像隋代皇帝所乘的龙舟一样，因为国家的覆灭而不能再乘坐了。

颈联，言元朝后宫嫔妃所用的鸾镜，被投入江渚，破裂沉底；元顺帝北走所打的龙旗，也弃之不管，被埋没在边塞的黄沙中。史载，元顺帝北逃至应昌（现属内蒙古）病死。明洪武初，李文忠克应昌，虏元皇孙后妃以还。元朝彻底被消灭。

尾联，言可以想象到如今扶苏城上的明月，正在悲哀的胡笳声中，照着为元朝的覆灭而流泪的人们。扶苏，秦始皇长子，被派往朔方，为蒙恬监军。这里所说的扶苏城，指扶苏监军的地方，泛指今内蒙古一带。

本诗以"换"字领起，二、三联是"换"的具体说明，最后一联以"泪""悲"收。它既是本诗的收拢，也是这四首诗的总收拢。

这四首诗为一组诗，都是围绕"过故宫"这一中心着笔的，但又各有重点，独立成章。它们把元朝盛时的繁华景况，特别是亡后的萧条荒凉，从各个方面加以描写，互相补充印证，使内容更丰富、主题更突出，充分显示了组诗的优越性。就每首诗而言，章法句法也各具特点。最值得指出的是：作者在用语方面，有些是实指，如"兴隆""灯漏""授时历""清宁殿"等，有些是泛指，如"劈正""花砖""宝鼎""龙旗""萧墙""鸾镜"等。作者在用典方面，都是诗中常见的，如"禾黍秋风""山河残照""上林宫花落""金水御柳黄"等。把宫廷用语和历史典故组织在一起，浑然成篇，显示了作者遣词造句的深厚功力。（宋尔康）

汪广洋

汪广洋（？—1379），字朝宗，原籍高邮（今江苏高邮）人，流寓太平（今安徽当涂），明诗人。朱元璋渡江，召为帅府令史，累进中书右司郎中，拜陕西、江西参政。封忠勤伯，曾两度出任右丞相。后被贬广南赐死。有《凤池吟稿》。

【原文】

送许时用归越

旧擢庚寅第(1)，新题甲子篇(2)。

老来诸事废，归去此身全。

烟树藏溪馆(3)，霜禾被石田(4)。

鉴湖求一曲(5)，吾计尚茫然(6)。

【毛泽东圈评等情况】

毛泽东读清沈德潜、周准编选《明诗别裁集》卷一时圈阅了这首诗。

[参考] 张贻玖：《毛泽东评点、圈阅的中国古典诗词》，中国工人出版社 1992 年版，第 256 页。

【注释】

（1）"旧擢"句，许时用于庚寅年科举及第。庚寅，元至正十年（1350）。因在元朝，故说"旧"。擢（zhuó）第，科举时代的考试登第。

（2）甲子，古人称六十岁为花甲子，此指许时用六十岁而有归越之举。

（3）溪馆，临河的书塾房舍。

（4）石田，多石而不可耕种的田地，指贫瘠的土地。

（5）鉴湖，又名镜湖，在今浙江绍兴。曲，此处用作河湾之地的计量单位。此句用典，唐代贺知章是山阴人，与时用是同乡。他辞官为道士，以宅为千秋观，又求周宫湖数顷为放生池，"诏赐镜湖剡川一曲"（见《新唐书·贺知章传》）。此句是说，许时用好像贺知章一样求得了鉴湖一曲作为归隐之地。

（6）吾计，我的计策，指退复之计。茫然，模糊不清之状。

【赏析】

这是一首送别的五言律诗。

首联，写赞美之意。许时用于庚寅年科举及第，故用一个"旧"字。许时用年满六十岁后又赋新篇，表示是在明朝所写，故又着一"新"字。这就把许时用的经历、身份全写出来了。送行时，劈首写此两句，自然是溢美之词，但其中的感情却是比较复杂的，似乎也含有惋惜之意。

颔联，写劝慰之言。意思是，岁数大了，什么事都办不成了，即使想建功立业，也只能是心有余而力不足，所以也就不必再想了。况且元明之交，社会混乱，能够保全性命，已属幸事。这两句话，看似平常，却是朋友的由衷之言、劝慰之词，非常真挚感人。

颈联，写家居之乐。言临溪的馆舍隐藏在迷茫的烟树之中，蒙霜的禾稼覆盖在石砌的沃土之上，这样的生活环境是多么的幽雅、静谧啊！在这里，可以摆脱尘网的困扰，过着安逸的生活，可以怡悦心神，颐养天年，真是求之不得啊！你这次回归故里，的确令人羡慕，让人神往。

尾联，写自身归隐之计。许时用家在剡县，与鉴湖邻近，所以作者也想在许时用的家乡鉴湖求得一处，作隐居之地。可是作者的这种打算不仅至今没有实现，而且要实现这种愿望还渺茫无期呢。这里，作者暗用一个典故：唐代贺知章是山阴人，与许时用是同乡。他辞官为道士，以宅为千秋观，又求周宫湖数顷为放生池，"诏赐镜湖（又名鉴湖）剡川一曲"。值得注意的是，作者在对许时用赞美、劝慰、羡慕之后，用贺知章的故事说出自己归隐的打算，这就从古人、从自己两个方面证明许时用归家之得。表面是说自己的打算，实际也是对行客的安慰。写法极为巧妙。

本诗语言平易亲切，不事雕琢；用典含而不露，非常恰切。（宋尔康）

【原文】

登南海驿楼

海气空濛日夜浮⁽¹⁾，山城才雨便成秋。
冯唐头白偏多感⁽²⁾，倚遍天南百尺楼⁽³⁾。

【毛泽东圈评等情况】

毛泽东读清沈德潜、周准编选《明诗别裁集》卷一时圈阅了这首诗。

[参考] 张贻玖：《毛泽东评点、圈阅的中国古典诗词》，
中国工人出版社 1992 年版，第 256 页。

【注释】

（1）空濛，亦作空蒙，迷茫、缥缈之状。日夜浮，杜甫《登岳阳楼》："吴楚东南坼，乾坤日夜浮。"

（2）冯唐，西汉人，历事文帝、景帝、武帝三朝，年九十还是郎官，故说"头白偏多感"（见《汉书·冯唐传》）。此是诗人自指。诗人任过左、右丞相，也做过地方官，此次被贬广东行省参政，感慨良多。

（3）百尺楼，泛指高楼，用刘备向陈登问计典故。见《三国志·魏书·陈登传》。"汜（许汜）曰：'昔遭乱过下邳，见元龙（陈登）。元龙无客主之意，久不相与语，自上卧大床，使客卧下床。'备（刘备）曰：'……君求田问舍，言无可采，是元龙所讳也。何缘当与君语？如小人，欲卧百尺楼上，卧君于地，何但上下床之间邪？'"此句是说倚遍百尺高楼却无人理会。

【赏析】

《明史·本传》载：汪广洋曾三次遭贬，第一次贬海南，第二次贬广东，第三次贬广南，舟次太平，即赐死。如此看来，他这首诗当写于第二

次被贬广东之时。

这首七言绝句头两句，主要写贬地的环境。他的贬所是面临大海、背靠山峦的城市。远望大海，空阔迷濛的海气，不分昼夜都在浮动。若逢雨天，湿气弥漫，凉意袭人，秋意盎然。这就从视觉、感觉两个方面，写出这座城市的地理位置和天气变化，既是写实，也是作者内心凄凉的烘托。秋是凄凉、衰落的代名词，而作者遭贬时也心灰意冷，自然的秋意和主观的心冷浑然一体。

后两句，主要写遭贬的感情。冯唐在西汉文、景二帝时不被重用，武帝即位，欲用之，冯唐已九十多岁，不能为之所用，故历来有"冯唐易老"的感慨。作者遭贬时年岁已老，故以冯唐自喻。"偏多感"三字，字数虽少，却包含着丰富的内容：他当过谏官，参与过军务，做过地方官，也任过左、右丞相，他曾遭杨宪谗害，也曾受明太祖褒扬，被比作子房、孔明……如今却被"左迁广东行省参政"，一生升沉荣辱，感慨良多。只用"偏多感"三字，也不仅仅是因为律诗的容量小，不能铺陈，还因为朱元璋忌刻滥杀，他只能含蓄表达。他内心的层层愁苦，无法排遣，只有无言地遥望南天，倚遍百尺楼头。这神情，这动作，表达了蕴藏在心底的多少怨愤和哀伤啊！

诗的前两句，写景中而寓情；诗的后两句，抒情中而带景。诗句多化用前人语句而又浑然一体。如日夜浮，即化用杜甫《登岳阳楼》"乾坤日夜浮"句；百尺楼，化用唐王昌龄《从军行》之一"烽火城西百尺楼，黄昏独立海风秋"句意；才雨便成秋，则化用民谚"四季无寒暑，一雨便成秋"。（宋尔康）

宋　濂

宋濂（1310—1381），字景濂，号潜溪，浦江（今浙江浦江浦阳镇）人，明诗人。元末除翰林编修。明初征聘，授皇太子经。仕至翰林学士承旨知制诰，主修《元史》。后因长孙宋慎牵涉胡惟庸案，全家谪茂州，中途病死于夔州。明武宗正德中追谥文宪。有《宋学士文集》。

【原文】

送许时用还剡

尊酒都门外⁽¹⁾，孤帆水驿飞⁽²⁾。
青云诸老尽⁽³⁾，白发几人归？
风雨鱼羹饭，烟霞鹤氅衣⁽⁴⁾。
因君动高兴，予亦梦柴扉。

【毛泽东圈评等情况】

毛泽东读清沈德潜、周准编选《明诗别裁集》卷一时圈阅了这首诗。

[参考] 张贻玖：《毛泽东评点、圈阅的中国古典诗词》，
中国工人出版社 1992 年版，第 256 页。

【注释】

（1）"尊酒"句，指在都门之外设宴为许时用饯行。尊酒，杯酒。都门，京都城门。

（2）水驿，水路的转运站。姚合《送徐州韦僙行军》："山程度幽谷，水驿到夷门。"

（3）青云，青色的云，比喻高官显爵。李中《邮亭早起》诗："旧友青云贵，殊乡素发新。"

（4）"风雨"二句，是说许时用归隐田园后的生活。鱼羹，鱼做成的糊状食物。鹤氅衣，鸟羽所制成的裘。《世说新语·企羡》："尝见王恭乘高舆，披鹤氅裘。"

【赏析】

这是一首送别的五言律诗。剡，古县名，西汉置，治所在今浙江嵊州西南。

"尊酒都门外，孤帆水驿飞。"首联写饯别。首句点明饯别的地点是在"都门外"（即今南京城外）；饯别的方式是传统的"尊酒"送行，尊通"樽"。次句点明客行的道路是"水驿"，许时用要回剡县，需沿江而下，所以说"孤帆"疾去如"飞"。这一方面是写实，另一方面也是写意。言即刻就会"孤帆远影碧空尽，唯见长江天际流"了，离情别绪，一泻无遗。

"青云诸老尽，白发几人归？"颔联写感慨。言当年在青云路上科考得意的诸位老人，能白发归乡的，已经没有几个人了。这是感慨，同时也是为许时用庆幸。许时用于元至正十年（1350）考试及第（见汪广洋《送许时用归越》首句"旧擢庚寅第"），在元明换代、社会大乱的情况下，能够安然无恙，返回故里，确非易事。这是老朋友的由衷之言，也是真情的自然流露。

"风雨鱼羹饭，烟霞鹤氅衣。"颈联写羡慕行人还乡之乐。言许时用此次还剡，可以过着自由自在的闲适生活。在斜风细雨中，戴笠穿蓑，品尝鱼羹饭；在万里烟霞中，披着鹤氅衣，欣赏自然美景。既无宦场的扰攘，也无案牍的困劳，该是何等惬意！

"因君动高兴，予亦梦柴扉。"尾联写自己亦动归家之意。言因为你还乡的闲适，也引起我归里的兴致，于是梦想起我那故园的"柴扉"来了，它是那么遥远，又是这么贴近。许时用家在浙江剡县，宋濂家在浙江金华，相去不远。剡溪、浦江，又都是名胜之地。因剡溪而联想到浦江，自在情理之中。这时，宋濂为官已久，想辞官还家，过隐逸生活，亦应出自肺腑，绝非应酬之语。

这首诗感情真挚，语言流畅，对仗工稳，毫无矫饰之感，自是五律中的上乘之作。（宋尔康）

魏　观

魏观（生卒年不详），字杞山，蒲圻（今湖北赤壁）人。明代诗人。元末隐居蒲山。洪武初就征，历仕至国子祭酒、两知苏州府事，后以谮被诛。著有《蒲山集》四卷。

【原文】

都昌怀旧隐

江雾仍为雨，山花故作容。

秋风余鼠雀，寒水落鱼龙。

慷慨心虽壮，羁栖力已慵⁽¹⁾。

白云莼浦上⁽²⁾，怅望最高峰。

【毛泽东圈评等情况】

毛泽东读清沈德潜、周准编选《明诗别裁集》卷一时圈点此诗。

[参考] 张贻玖：《毛泽东评点、圈阅的中国古典诗词》，
中国工人出版社 1992 年版，第 256 页。

【注释】

（1）羁栖，淹留他乡。唐杜甫《熟食日示宗文宗武》："消渴游江汉，羁栖尚甲兵。"慵，懒惰，懒散。

（2）莼浦，生长莼菜的水滨。莼，多年生水草，叶片椭圆形，浮在水面，嫩叶可以做汤。浦，水边，河岸。

【赏析】

作者于元末曾隐居蒲山，有遁世之志。这首诗可能是他在明代做官以后，怀念都昌旧时的隐者而作。都昌在长江以南、江西鄱阳湖畔。

这是一首五言律诗。诗的前四句，写旧隐之景。首联两句，写旧隐之美。言江雾迷蒙，细雨如丝；山花烂漫，争奇斗艳。上句写"江雾"，下句写"山花"。可知都昌春日细雨娇花，山清水秀，风景很美。颔联两句，写旧隐之静。言秋风一起，落叶满山，唯余鼠雀；寒潭水清，鱼龙沉落，微泛涟漪。可知都昌秋天满山黄叶，鱼龙潜藏，环境很静。都昌既美且静，的确是个隐居的好地方。

颈联两句，写旧隐之人。言旧时隐者虽托身山林，但意气慷慨，胸襟开阔，绝非等闲之辈。只是如今老了，心志虽壮，但长久羁栖林泉，体力恐怕已经慵懒。这两句把旧时隐者的胸怀、才气作了概括的描写，透露出作者对隐没一生的无限感慨。

诗的尾联两句，写怀念之情。言作者乘船经过都昌，舟泊在纯莲荡漾的河浦之上，白云朵朵飘浮在蓝天之中，再加之百花盛开的山景，真是一幅绝妙上好的图画，连舟中的诗人也融入画图之中。作者此时此刻的感情是极其复杂的，除怀念旧隐之外，似有厌倦仕途、重登高山归隐的念头。这种含蓄的结尾，确实发人深思，余味无穷。杜甫《缚鸡行》结句是"注目寒江倚山阁"，写出一个神态，为千古所称道；本诗的结句也写出一个神态，似从杜甫诗句蜕变而来。

本诗写景能切合当地固有的景色，抒情能深藏而不露，是为特色。（宋尔康）

高 启

高启（1336—1374），字季迪，自号青丘子，长洲（今江苏苏州）人。明诗人。明初授翰林院国史编修，与修《元史》。后授户部右侍郎，辞不受。尝赋诗有所讥讽，被朱元璋腰斩于南京。与杨基、张羽、徐贲并称"吴中四杰"。文学主张兼师众长，诗风清新俊逸，风格多样。有诗集《高太史大全集》，文集《凫藻集》附《扣舷集》词。毛泽东认为高启是"明朝最伟大的诗人"。

【原文】

梅花九首之一

琼姿只合在瑶台(1)，谁向江南处处栽？

雪满山中高士卧(2)，月明林下美人来(3)。

寒依疏影萧萧竹(4)，春掩残香漠漠苔(5)。

自去何郎无好咏(6)，东风愁寂几回开？

【毛泽东圈评等情况】

1961年11月6日的信

田家英同志：

请找宋人林逋（和靖）的诗文集给我为盼，如能在本日下午找到，则更好。

毛泽东

十一月六日上午六时

1961 年 11 月 6 日的信

田家英同志：

有一首七言律诗，其中两句是：雪满山中高士卧，月明林下美人来，是咏梅的。请找出全诗八句给我，能于今日下午交来则最好。何时何人写的，记不起来，似是林逋的，但查林集没有，请你再查一下。

毛泽东

十一月六日上午八时半

1961 年 11 月 6 日的信

田家英同志：

又记起来，是否是清人高士奇的。前四句是：琼枝只合在瑶台，谁向江南到处栽。雪里山中高士卧，月明林下美人来。下四句忘了。请问一下文史馆老先生，便知。

毛泽东

六日（晚）八时

毛泽东 1961 年 11 月 6 日，用草体书写了全诗，并在右面用大字写道："高启，字季迪，明朝最伟大的诗人。"

[参考]中央档案馆整理：《毛泽东手书选集·古诗词（下）》，北京出版社 1996 年版，第 211—216 页。

【注释】

（1）琼姿，美好的丰姿，此处指梅花美好的姿态。《太平广记》引晋葛洪《神仙传拾遗·萧史》："（萧史）善吹箫作鸾凤之响，而琼炜烁，风神超迈，真天人也。"瑶台，古人传说中的神仙居处。晋王嘉《拾遗记·昆仑山》："傍有瑶台十二，各广千步，皆五色玉为台基。"

（2）高士卧，东汉时袁安因"大雪人皆饿，不宜干（干扰）人"而躺在家中受冻挨饿。洛阳令以为袁安是贤能高士，举荐为孝廉，累迁为楚郡太守。

（3）美人来，隋朝赵师雄到罗浮去做官，傍晚在林间休息时，见一淡妆素服女子，就一起相坐对饮。赵大醉而卧，醒来时，发现自己躺在一株大梅花树下。

（4）疏影，疏朗的影子。唐杜牧《长安夜月》："古槐疏影薄，仙桂动秋声。"宋林逋《山园小梅》："疏影横斜水清浅，暗香浮动月黄昏。"

（5）残香，残存的香气。唐孟迟《长信宫》："君恩已尽欲何归，犹有残香在舞衣。"

（6）何郎，指南朝梁诗人何逊，曾作《咏早梅》等咏梅诗。

【赏析】

高启的《梅花》共九首，这是其中的第一首。

"琼姿只合在瑶台"，首联首句写梅花俏艳美丽、高贵雅致。它虽然娇媚，却非常耐寒，不与百花争春，只在严冬怒放。诗人认为梅花这种高贵的品质，带有仙风道骨，本应在神仙居住的瑶台开放，有"高处不胜寒"之意，称赞了梅花耐寒的特征。紧接着"谁向江南处处栽"一句，进一步歌咏梅花的品质。天生丽质，性格耐寒，本应生长在瑶台，可是江南大地，到处都有其身影。一个"谁"字，用得最妙，起到了寓扬于抑的作用。

"雪满山中高士卧，月明林下美人来"，颔联是用典，借高士的品格来烘托梅花的品格，二者互相辉映。"雪满山中"句是用袁安卧雪的典故。袁安是后汉时人，贫时曾客居洛阳。有次大雪封门，洛阳令行至袁安门前，见门前没有人出入的痕迹，就命人除雪进屋，看到袁安躺在家中，已经冻饿僵直。洛阳令问他为何不去乞食时，他说："大雪人皆饿，不宜干人。"洛阳令以之为贤能高士，举荐为孝廉，累迁为楚郡太守。"月明林下"句是指赵师雄宿梅下的故事。据《龙城录》载：隋朝赵师雄要到罗浮做官，傍晚时于一松林间停车休息，在酒肆旁见一女人，淡妆素服，出来迎接。时已昏黑，残雪对着月色微明，师雄大喜，与之语，芳香袭人，就和她一起相坐饮酒。少顷，一绿衣童子进来，笑歌戏舞。赵师雄大醉而卧，醒来时东方已明，四周一看，原来躺在一株大梅花树下，上面有一绿色小鸟在鸣唱。此联和首联一样，都是从侧面对梅花进行描写。结构上，对仗工整，"雪满山中"和"月明林下"相对，都是描写环境的，分别是"高上卧"和"美人来"的前提。只有"雪满山中"，才显袁安品质高尚；只有"月明林下"，方显梅花仙子之雅致。

"寒依疏影萧萧竹，春掩残香漠漠苔"，颈联转入正面描写梅花。寒冬到来时，万木凋零，百花枯萎，只有梅花昂首怒放，和竹、松一起被人们称为"岁寒三友"。而当春天到来时，梅花"俏也不争春，只把春来报"，将她的幽香掩藏起来，让百花显示娇艳。这两句在前四句侧面烘托的基础上，正面歌颂了梅花的高贵品质。

"自去何郎无好咏，东风愁寂几回开"，尾联抒情。何郎，指南朝梁诗人何逊，写有《咏早梅》诗，其中有"衔霜当路发，映雪拟寒开。枝横却月观，花绕凌风台"等句。此联是说自从何逊以后，很少有好的咏梅诗了，而梅花只在严冬开放，傲雪迎春，春天一到即绿肥红瘦，所以春风到来之时，就是梅花飘落之时，故有"东风愁寂几回开"之感叹。

全诗咏梅花之品格，结构上前两联从侧面烘托，第三联正面描绘，末联抒感。笔法上，虽为咏物之作，但艺术才华很高，浑涵从容，很接近唐人手笔。

毛泽东对高启评价很高，称他是"明朝最伟大的诗人"。明朝模拟之风盛行，诗人缺乏创造性，高启却写了一些"好诗"，所以这个评价并非溢美之词。毛泽东喜爱高启的诗，从这样一件事情上看得很清楚。

1961 年 11 月 6 日上午，毛泽东可能是想集中阅读古人咏梅的一些诗作，为他写作《卜算子·咏梅》（1961 年 12 月）作准备，便想起了过去阅读过的一首《梅花》诗。他先以为是宋代诗人林逋所作。因为林逋隐居杭州西湖孤山，终身不仕，以赏梅养鹤为娱，人称"梅妻鹤子"。其诗大都反映他的隐逸生活和闲适心情，尤以咏梅著称，风格清幽淡远，艺术成就很高。其《山园小梅》中的"疏影横斜水清浅，暗香浮动月黄昏"两句，最为人称颂，后来南宋著名词人姜夔还将"暗香""疏影"作为两种慢词的名称。毛泽东曾手书过两句诗。上午六点半，毛泽东给秘书田家英写了第一封信，让他帮助查找这首《梅花》诗，同时自己也动手查找。

但毛泽东从林逋的诗文集中没有查到，然而他对这首诗的记忆逐渐清晰起来了。他首先回忆起诗中的两句是"雪满山中高士卧，月明林下美人来"，并说明是"咏梅的"，于是上午八时半又给田家英写了第二封信，请他"再查一下"。到了晚"八时"，他又给田家英写了第三封信，说"又记起来，是否是清人高士奇的"，并且回忆起来了诗的前四句，让田家英向中央"文史馆老先生"请教。

那么，毛泽东为什么又怀疑是高士奇所作呢？高士奇，字澹人，号江村，钱塘人，清代诗人。以学生就试京闱不利，卖文自给。春节为人作对联，自为句书之，偶为康熙所见。著述甚丰，有《清吟室全集》等。毛泽东喜读的《清诗别裁集》中载有其诗三首，其中一首题作《送孙恺似孝廉》云：

沁园词客旧知名，曾在杨花渡口行。
佳句已传箕子国，归心又向阖闾城。
白蘋风细扁舟稳，青松香浓小苑清。
吾亦有庐江上好，秋来鲈脍不胜情。

这首诗写诗人送孙恺似回吴中，风格清新淡远，又用了晋人张翰在洛阳做官时见秋风起而思故乡鲈鱼莼羹之美命驾而归吴中的典故，所以毛泽东也曾想到《梅花》诗可能是他写的。

待终于弄清《梅花》诗是高启所作，就在当天夜里，毛泽东兴奋之余，用挥洒自如的草体书写了全诗，并在诗末写道："高启，字季迪，明朝最伟大的诗人。"高启的《梅花》诗共九首，这是其中的一首。这首咏梅诗，想象超拔，大开大合，多方着墨，浑涵从容，颇有唐人风韵，不愧为咏梅诗中的佳作，因而赢得了毛泽东的喜爱。毛泽东曾对人说："过去我以为明朝的诗没有好的，没有看头。但其中有李攀龙、高启等人的好诗。"这话很对。这首《梅花》诗便是一个例证。（毕桂发）

悲　歌

　　征途险巇⁽¹⁾，人乏马饥。富老不如贫少⁽²⁾，美游不如恶归。浮云随风，零乱四野⁽³⁾。仰天悲歌，泣数行下。

【毛泽东圈评等情况】

　　毛泽东读清沈德潜、周准编选《明诗别裁集》卷一时圈阅了这首诗。

[参考] 张贻玖：《毛泽东评点、圈阅的中国古典诗词》，
中国工人出版社 1992 年版，第 256 页。

【注释】

　　（1）险巇（xiǎn xī），亦作"险戏"，山路崎岖险恶，喻人事艰难。《楚辞·七谏·怨世》："何周道之平易乎，然芜秽而险戏。"王逸注："险戏，犹言倾危也。"

　　（2）此句一作"贫少不如富老"。高启《羁旅行》："远游纵得功名好，不如贫贱乡中老。"

　　（3）零乱，《明诗别裁集》作"零落"。

【赏析】

　　《悲歌》属乐府体诗。其见于《乐苑》"杂曲歌辞"。《歌录》："魏明帝造。"唐吴竞撰《乐府古题要解》："陆机云'游客芳春林'，谢惠连云'羁人感淑节'，皆言客游感物忧思而作也。"高启此诗也是感物忧思之作。

　　诗一二句为"征途险巇，人乏马饥。"险巇，山路危险，喻人世险要。句意为远行的路途崎岖、陡峻，走得人马都没了精神，只感到困乏、饥饿。诗人在这里运用开门见山的手法，简洁明快地切入主题，使游人和所游处之景一同呈现出来。"人乏马饥"，互文见义，仿佛信笔写来，不啻口语，实际上却包含着诗人的高度匠心，浑然天成。且它与上句紧相呼应，贴切自然，水到渠成。整句渲染了一种气氛：艰难险行的山路，意兴阑珊的游者；人饥

明

诗

马乏，谁还能打起精神呢？在这里，诗人不仅写出了生理上的"乏""饥"感，更重要的是产生了心理上的厌倦、疲惫感，以致丧失了游山的好情趣、好心情，越发地"人乏马饥"。这样写为下文的感悟埋下了伏笔。

三四句为"富老不如贫少，美游不如恶归。"作者由实景的险巇，不禁想到了人生路途。从字面上看，"富"与"贫"相对，"老"与"少"相对，句意在说富裕适足的老年岁月比不上财产不足、贫困的青春少时；怀着美好的心境离家出游，比不上坏心情地归来。作者的意图在于说明人生经历一如险巇征途，少时多遭磨难，到了成年，就有了更多的承受能力，对生活的风风雨雨就能视作烟云；恰如失意满怀地游回就能够以一种全新的心态去体悟、感受再一次出游的景致，这是一种境界的升华。这是作者睹物伤怀的一种情绪宣泄，运用排比的手法，慨然系之于游景。一个多愁忧思、郁郁寡欢的游者形象越加分明，沉闷的空气为悲歌的抒发创造了氛围。

紧接下来，又有"浮云随风，零乱四野"句，句意为天上飘浮的云朵随风而散，零乱于广袤的天空。此句更是作者的人生体验。观其生平，短暂的一生，命运多舛，几经生活的捉弄，对世事自然是无奈多于悲愤。游于险途，更是触景生情，"一切景语皆情语"，此之谓也。这句格调之低沉、阴郁，确也增添了"悲歌"的内蕴，有魏唐之风。

最后二句"仰天悲歌，泣数行下"，这是作者情感发展到极致的写照。面对这不称人意的游途、世事，只好对上苍悲歌，以泄内心的苦闷情绪，不知不觉间已泪流千行了。诗人生活在元末明初的大动乱年代，这不能不影响到他的艺术审美观。此情此景，多么像登幽州台歌的陈子昂，"念天地之悠悠，独怆然而涕下"（《登幽州台歌》），透出一种刻骨铭心的无法排遣的伤感。诗到此结束，"悲歌"苍凉悲壮的气氛渲染已尽，读之使人深深感动。

纵观《悲歌》，长短句不一，又以四言为主，浑然一体，"别是一家"。表现手法上，明初诗坛拟古之风较盛，"言选则入于汉魏，言律则入于唐"。在诗中更有明显的痕迹。从表情达意上看，此诗是作者独抒性情之作，虽无开阔的境界，但也符合刘勰《文心雕龙·定势》所说"因情立体，即体成势"的意思。（姬建敏）

忆昨行寄吴中故人

忆昨结交豪侠客，意气相倾无促戚。十年离乱如不知，日费黄金出游剧⁽¹⁾。狐裘蒙茸欺北风⁽²⁾，霹雳应手鸣雕弓⁽³⁾。桓王地下衰草白⁽⁴⁾，仿佛地是辽城东⁽⁵⁾。马行雪中四蹄热，流影欲追飞隼灭⁽⁶⁾。归来笑学曹景宗⁽⁷⁾，生击黄獐饮其血。皋桥泰娘双翠蛾⁽⁸⁾，唤来尊前为我歌，白日欲没奈愁何！回潭水绿春始波，此中夜游乐更多。月出东山白云里，照见船中笛声起。惊鸥飞过片片轻，有似梅花落江水。天峰最高明月登⁽⁹⁾，手接飞鸟攀危藤。龙门路黑不可上⁽¹⁰⁾，松风吹灭中灯。众客欲归我不能，更渡前岭援峥嵘⁽¹¹⁾。远携茗器下相候⁽¹²⁾，喜有白首楞伽僧⁽¹³⁾。馆娃离宫已为寺，香径无人欲愁思⁽¹⁴⁾。醉题高壁墨如鸦，一欹歌斜不成字。夫差城南天下稀⁽¹⁵⁾，狂游累日忘却归。座中争起劝我酒，但道饮此毋相违。自从飘零各江海，故旧如今几人在？荒烟落日野鸟啼，寂寞青山颜亦改。须知少年乐事偏，当饮岂得言无钱。我今齿发虽未老⁽¹⁶⁾，豪健已觉难如前。去日已去不可止，来日方来犹可喜。古来达士有名言⁽¹⁷⁾，只说人生行乐耳⁽¹⁸⁾！

【毛泽东圈评等情况】

毛泽东读清沈德潜、周准编选《明诗别裁集》卷一时圈阅了这首诗。

[参考]张贻玖：《毛泽东评点、圈阅的中国古典诗词》，
中国工人出版社1992年版，第256页。

【注释】

（1）剧，速，快。

（2）狐裘，用狐狸皮制的外衣。《诗·秦风·终南》："君子至止，锦衣狐裘。"朱熹集传："锦衣狐裘，诸侯之服也。"蒙茸，杂乱之状。《史记·晋世家》："狐裘蒙茸，一国三公，吾谁适从。"裴骃集解引服虔曰："蒙茸以言乱貌也。"

（3）霹雳，隋朝长孙晟善射，突厥人畏之，闻其弓声，称为"霹雳"，见其走马，称为闪电。见《隋书·长孙晟传》。霹雳，响雷，震雷，此形容神速。应手，随手，顺手。雕弓，刻绘花纹的弓，精美的弓。

（4）桓王，指三国时东吴的孙策，死后葬于盘门外三里。孙权称帝后，追谥孙策为长江桓王。

（5）辽城东，东汉安帝时分辽东、辽西两郡地置辽国东属国都尉，治所在昌黎（今辽宁义县），辖境相当今辽宁西部大凌河中、下游一带。三国时改为昌黎郡。辽城东，指昌黎。

（6）隼（sǔn），鸟名。又名鹘，鹰类中最小者，飞速善捕。

（7）曹景宗（457—508），字子震，新野（今河南新野）人，南朝梁将领，累功封公，善射骑，是一位很有作为的将军。见《梁书·曹景宗传》。

（8）皋桥，地名，在今苏州阊门内。《姑苏志》："皋桥阊门内，汉议郎皋伯通居其侧，梁鸿所寓也。"

（9）天峰，《姑苏志》："旧名天峰院，在支硎之南峰，即古支硎寺也。元丰元年，龙溪曾记：阊阖城西二十里山之巅，有禅院，祥符诏书赐名天峰。"

（10）龙门，原注：在天平山。

（11）峻，高耸突兀。

（12）茗器，茶具。茗，茶叶。

（13）楞伽（qié）僧，泛指僧人。楞伽，山名，梵文 Lankā 的音译。在古狮子国（今斯里兰卡）境。相传佛在此山说经。

（14）香径，《姑苏志》："采香径，在香山旁，吴王种香于香山，使美人泛舟于溪以采之。"

（15）夫差城，春秋时期吴国建都于吴（今江苏苏州）。夫差（？—前473），春秋末年吴国君。

（16）齿发，一本作"自算"。

（17）达士，旷达乐观的人。

（18）人生行乐，语出汉杨恽《报孙会宗书》："人生行乐耳，须富贵何时？"人生，人的一生。行乐，消遣娱乐，游戏取乐。

【赏析】

这是一首七言歌行体。是作者回忆昔日和吴中的豪侠一起交游情景的。据《凫藻集》："……定交者若王彝、杨基、杜寅、张宽、张羽、周砥、王行、宋克、徐贲之徒，胥不羁瞻才，爽迈有文，谈辨华给，憪然以为天下无人，一时武勇多下之。"诗中所指吴中故人，即上述的这些文人勇士。

全诗开篇第一句"忆昨结交豪侠客，意气相倾无促戚"，破空而来，直把思绪引入对往事的回忆之中，点明题意，且故人间意气相投的真切诚挚之情溢于言表。下句承接其意，正式转入对"昨行"的追忆之中。"十年离乱如不知，日费黄金出游剧"，切中肯綮。一"游"字统领"昨行"之乐趣、豪情，具体表现在"狐裘蒙茸欺北风"至"但道饮此毋相违"。这一段俱写作者与吴中诸故人出游实境，又分为四个层次，写出了四个场面："出猎""夜游""登高""饮酒"。

第一层写出猎。"狐裘蒙茸欺北风，霹雳应手鸣雕弓"，写出了深冬时节诗人和友人豪士们迎着凛冽的北风，披着大氅，满怀豪气地鸣弓射箭。《隋书》中记载，高祖时的长孙晟，善射，突厥人闻其弓声畏为"霹雳"。作者在此借用霹雳写出了故人们的豪健气概。下句笔锋一转，写道："桓王地下衰草白，仿佛地是辽城东。马行雪中四蹄热，流影欲追飞隼灭。归来笑学曹景宗，生击黄獐饮其血。"引用典故，抒发豪情壮志，其诗气势宏大，豪迈奔放，纵横自如，犹如长江大河之汹涌澎湃，一泻万里。桓王，三国时东吴长沙王孙策，葬于盘门外。曹景宗，南朝梁一位很有作为的大将军，曾于506年率领梁军大破魏兵，俘获魏兵五万余人及辎重。此处引用更显示了豪杰们建功立业、踌躇满志的气概。他们驱马狂奔，追射飞隼，效法曹景宗当年英姿。至此，一群豪侠之士形象跃然纸上，呼之欲出。

第二层写夜游。"皋桥泰娘双翠蛾，唤来尊前为我歌"，名优歌伎伴侠士，自是游乐更浓。"回潭水绿春始波，此中夜游乐更多。"诗人直抒胸臆，描绘了一幅温柔水面、轻歌曼舞的夜晚游乐图，那水、那人使人心醉。"月出东山白云里，照见船中笛声起。惊鸥飞过片片轻，有似梅花落江水。"作者缅怀月夜水面那种心旷神怡的氛围：悠扬的笛声在江中飘散，打破了夜晚的静谧，惊起了一群沙鸥，在月辉下犹如落水梅花。作者与友人极尽欢娱之心，也把读者带进了旷远迷人的处境。此情与前段的豪放连在一起，没有丝毫的勉强之感，也可以说是与豪放相对的飘洒闲逸之情。

第三层写登高。古文人雅士登高望远，是一种雅兴。在这里作者与友人又来到了名山大川，古迹名胜，想象当年吴王夫差的英雄气概，也是"胸次磊落，眼界开阔，豪放到佳处，兴会淋漓"（清孙联奎《诗品臆说》语）。因而气概雄豪，"狂游累日忘却归"。游兴正浓，怎能记起归路？

再看第四层"饮酒"场面，也是"昨行"的最后一幕。友人共欢，为一同出游的快乐欢聚一堂，饮酒作别。"座中争起劝我酒，但道饮此毋相违。"句中的"争""劝"，既渲染了酒会热闹活跃的气氛，又活脱脱地表现了豪侠们狂放、洒脱的神态。俗话说，"酒逢知己千杯少"。在此，作者正是以酒寄托意气相倾之遇，世事沧桑，难得有共聚的好情怀。互相致酒，并相约祝愿，美好人情味跃然纸上，无不渗透着故人间的真情挚意。美好的"昨行"追忆也到此结束。

"自从飘零各江海，故旧如今几人在？"至此，可以想见作者追忆的缘由。无情的现实，把作者从"昨行"的追忆中拉了回来。元末明初，时移世易，人事变迁，故人离散。昔日欢乐不再有，昔日潇洒难找寻；百般无奈只留下遗憾，留下惆怅。"须知少年乐事偏，当饮岂得言无钱"，好梦难圆之际，又只好自我排遣"去日已去不可止，来日方来犹可喜"，表现出一种旷达乐观的情怀。至于以"只说人生行乐耳"结束全篇，也是必然。这是化用李白《梦游天姥吟留别》中"世间行乐亦如此，古来万事东流水"成句。作者作为封建文人，有如此消极的人生态度，后人也不必求全责备。

这首诗，从艺术手法看，属拟唐七言古诗体。用韵较自由，便于作者自由地表达思想，全篇可用一个"忆"字贯穿，又以点带面，笔墨简洁洗练，作者之情之意荡漾文字之间，虽是拟古，却也能表现出自己的精神和意象。如《四库全书提要》所云："特其摹仿古调之中，自有精神意象存乎其间。"诗的节奏也紧凑有致，促缓结合，紧慢有调，显示了作者较高的艺术才华。

需要说明的是，《明诗别裁集》中删去了"天峰最高明月登"至"一半欹斜不成字"十数句，今据诗集补足，使成完璧。（姬建敏）

【原文】

送沈左司从汪参政分省陕西汪由御史中丞出

重臣分陕去台端[(1)]，宾从威仪尽汉官[(2)]。
四塞河山归版籍[(3)]，百年父老见衣冠[(4)]。
函关月落听鸡度[(5)]，华岳云开立马看[(6)]。
知尔西行定回首，如今江左是长安[(7)]。

【毛泽东圈评等情况】

毛泽东曾两次手书过此诗。

> [参考] 中央档案馆整理：《毛泽东手书选集·古诗词（下）》，
> 北京出版社 1996 年版，第 222—223 页。

毛泽东曾三次手书"函关月落听鸡度，华岳云开立马看"二句诗。

> [参考] 中央档案馆整理：《毛泽东手书选集·古诗词（下）》，
> 北京出版社 1996 年版，第 234—236 页。

如果能够有系统地证明这一点，那就将鼓舞很多小知识分子，很多工人和农民，很多新老干部打掉自卑感，砍去妄自菲薄，破除迷信，振奋敢想、敢说、敢做的大无畏创造精神，对于我国七年赶上英国，再加八年或者十年赶上美国的任务，必然会有重大的帮助。卞和献璞，两 [三] 刖其足："函关月落听鸡度"，出于鸡鸣狗盗之辈。自古已然，于今为烈。难道不是的吗！

> [参考]《卑贱者最聪明，高贵者最愚蠢》，《建国以来毛泽东文稿》第七册，中央文献出版社 1992 年版，第 236 页。

【注释】

（1）重臣，国家倚重的、有崇高声望的大臣，此处指汪广洋。汪于明太祖洪武元年（1368）任中书省参政，二年出为陕西参政。陕，指河南三门峡陕州区。分陕，周朝时，周、召二公所治地，由此分界：陕以东属周公，陕以西属召公（见公羊《春秋》隐公五年传）。后用以指朝廷派到地方去的长官。此喻汪广洋分管陕西。台端，《通典·职官六》："侍御史之职有四，谓推、弹、公廨、杂事……台内之事悉主之，号为台端，他人尊之为端公。"台，御史台，古代中央行政官署。

（2）汉官，此指汉官威仪，即汉朝官吏的服饰、典礼制度，亦泛指华夏的礼仪制度。《后汉书·光武帝上》："及见司隶僚属，皆欢喜不自胜。老吏或垂涕曰：'不图今日复见汉官威仪。'"

（3）四塞，四方屏藩之国，此处指关中地区。《礼记·明堂位》："四塞，世告至。"郑玄注："四塞，谓夷服、镇服、蕃服在四方为蔽塞者。"版籍，户籍。

（4）衣冠，指汉族官员。

（5）函关，即函谷关，为入陕西要塞。听鸡度，秦代法律规定，天明鸡叫才能开关门，典出《史记·孟尝君传》。

（6）华岳，即西岳华山，在今陕西华阴南。立马看，唐朝狄仁杰到并州上任，登上太行山，南望孤云而思念亲人，对左右说："吾亲所居，在此云下。"

（7）江左，指长江下游地区。清魏禧《日录杂说》："盖自江北视之，江东在左，江西在右。"

【赏析】

这是一首送别的七言律诗，写于明太祖洪武二年（1369），诗人借送行简括地写出了祖国光复统一的新气象。沈左司，生卒年未详。左司，左司郎中。《唐书·百官志》："尚书省有左右司郎中。"

首联"重臣分陕去台端，宾从威仪尽汉官"，写送别的缘由和送别时的场面。重臣，大臣，此处指汪广洋。汪于洪武元年任中书省参政，二年出为陕西参政。分陕，周朝时，周、召二公以陕为界，分而治之，陕以东属周公，陕以西属召公。这里比喻汪广洋出任陕西参政长官。台端，即御史台。《通典·职官六》："侍御史之职……台内之事悉主之，号为台端。"汪广洋由御史中丞出任陕州参政，作为同僚好友，自然要相送一番了。紧接着写送行的场面。宾从威仪，指汪广洋随从属官的气派和出行时豪华威风的仪仗。尽汉官，都是汉朝以来传统的官制礼仪。这句是说明朝的建立，摆脱了元朝蒙古人的统治，恢复了汉族的典章制度，一种民族自豪感洋溢其中。

颔联"四塞河山归版籍，百年父老见衣冠"，写明朝重新统一中国后出现的崭新面貌。四塞，四方屏藩之国，这里指关中地区。此联写汪广洋到陕西后，能使关中父老在元代统治百年之后，重新看到汉族官员，成为明朝的臣民。这两句写得严肃而浑涵从容，颇得唐人之风。

颈联"函关月落听鸡度，华岳云开立马看"是用典。函关，即函谷关。据史记载，孟尝君入秦，秦昭王要杀他，他设法逃走，半夜抵函谷关。秦法规定，天明鸡叫，才开城门。孟尝君的一个门客就学鸡叫，关吏误以为天明就开了城门，孟尝君得以出关脱险。这里诗人反用其事，是说如今天下统一了，汪参政一行就算等到月落鸡鸣后也可以从容过关，因为关内关外都是大明朝的天下。华岳，即西岳华山。云开立马看，据《旧唐书·狄仁杰传》载，狄仁杰赴并州上任时，父母在河阳别业。狄登上太行山，向南望见白云孤飞，对左右说："吾亲所居，在此云下。"他瞻望很久，等云移开后才走。在此喻汪广洋入陕时有思念亲人之意。

尾联"知尔西行定回首，如今江左是长安"，是说汪广洋入陕时必然回首东望，怀念国君、家人和亲朋好友。江左，指长江下游之地。长安，汉、唐故都，在此喻明都城南京。这两句是勉励汪广洋和属官到陕后，要勤于政事，替朝廷分忧。

此诗的艺术是独特而成功的。乍一读它好像是在对友人沿途景物的感发及赞颂，稍加品味，则可感觉其中所蕴情绪。元末明初的战乱，给人民带来了沉重灾难，久乱思安，是广大人民盼望安定的共同心声。此诗正反映了人们的这种愿望，委婉地歌颂了祖国光复统一的新气象，其艺术效果是奇妙有味的。

清沈德潜在《明诗别裁集》中批注说："音节气味，格调词华，无不入妙。《青邱集》中为金和玉节。"评价很高。毛泽东也很欣赏这首诗，在练习书法时，他曾两次手书全诗，三次手书诗中"函关月落听鸡度，华岳云开立马看"两个警句。（王建平　毕桂发）

【原文】

送叶判官赴高唐时使安南还

铜柱崖前使节过⁽¹⁾，贡随归骑入京多。

一官暂遣陪成瑨⁽²⁾，片语曾烦下赵佗⁽³⁾。

晓拜赐衣辞绛阙⁽⁴⁾，秋催征棹渡黄河。

政余好赋登临咏，闻说州人最善歌⁽⁵⁾。

【毛泽东圈评等情况】

毛泽东曾手书这首诗。

[参考] 中央档案馆整理：《毛泽东手书选集·古诗词（下）》，
北京出版社 1996 年版，第 220 页。

毛泽东曾手书此诗中"一官暂遣陪成瑨，片语曾烦下赵佗"二句。

[参考] 中央档案馆整理：《毛泽东手书选集·古诗词（下）》，
北京出版社 1996 年版，第 221 页。

【注释】

（1）铜柱，铜制的、作为边界标志的界桩。东汉马援到交趾（今红河三角洲一带），立铜柱，为汉之极界。《后汉书·马援传》："峤南悉平。"李贤注引晋顾微《广州记》："援到交趾，立铜柱，为汉之极界也。"

（2）成瑨，字幼平，弘农人，后汉桓帝时任南阳太守。

（3）赵佗，西汉时真定（今河北正定）人。秦时为南海尉，后兼并桂林、南海、象三郡，建立南越国。汉高祖十一年（前196）受封为南越王。

（4）绛阙，深红色的楼台，此处指朝廷。

（5）善歌，《孟子·告子下》："锦驹处于高唐，而齐右善歌。"

【赏析】

此诗是高启拟唐七律之作，属送别友人的赠答诗。此类诗最能表现他的个性特色，艺术才华也相当高。高唐，州名，属山东东昌府。安南，明魏俊民等《大明一统志》："广西、云南界。滨海，古南交地，秦属象郡。汉武帝平南越，置交趾、九真、日南三郡。唐改交州。明洪武初归附，赐安南国王印，王姓陈民。"这首诗是诗人送友人去高唐州任职时，恰逢出使安南的使者归来，一去一回，诗人即兴而作，以赠送友人。

首联"铜柱崖前使节过，贡随归骑入京多"，主要是写安南使节荣归的场面。铜柱，出自《后汉书·马援传》："援到交趾（明属安南），立铜柱，为汉之极界。"使节从云南边疆归来，车上满载着上贡的礼品，后边跟着众多的侍从，车多人众，簇拥着使者，既热闹非凡又威风凛凛。诗人选择这一特定的场面来写，用心良苦，朋友还没离京，就希望他早日建功立业，来年也有此殊荣。古时调离京城一般称之为"左迁"，即贬官之意。在这里诗人不提送行，先写荣归，充满了善意的祝愿。

颔联"一官暂遣陪成瑨，片语曾烦下赵佗"。成瑨，《后汉书·党锢传》："汝南太守宗资，任功曹范滂；南阳太守成瑨，亦委功曹岑晊。二郡为谣曰：'汝南太守范孟博，南阳宗资主画诺。南阳太守岑公孝，弘农成瑨但坐啸。'"赵佗，《汉书·陆贾传》："高祖使陆贾赐赵佗印为南越王……留与饮数月，曰：'越中无足与语，至生来，令我日闻所不闻。'贾卒拜佗为南越王，令称臣，奉汉约。高祖大悦，拜为大中大夫。"诗人用此二典，旨在劝说叶判官，虽然离京任职高唐，但也并非坏事，也可以像陆贾那样有所作为。诗人由历史而友人，送别之时，一番鼓励，一番安慰，朋友间的真挚友情溢于诗中，使人倍感友情的温暖。

颈联"晓拜赐衣辞绛阙，秋催征棹渡黄河"。绛，深红色。阙，本意指皇宫前两边的楼台，中间有道路，这里代指朝廷。"棹"，划船用的桨。这句意思为，早晨穿上皇帝所赐官服拜别朝廷，已是秋季，该渡黄河赴高唐了。在这里诗人写朋友将走，有依依不舍之感。"晓拜""秋催"，既点明时令，又言其匆忙。诗人生活在由元入明这样一个改朝换代的动乱年代，明太祖对臣下的猜忌、滥杀，使他常有恐惧、不安全感，叶判官离京，时逢秋季，又渡黄河，想到朋友一别，不知何时才能相聚，诗人心中戚戚然，不忍朋友离去，却又无可奈何，只感到走得太急。

尾联"政余好赋登临咏，闻说州人最善歌"。诗人为抚慰友人，给友人创造一个好的心情，抛开自己恋恋不舍的情愫，用洒脱豪放的笔墨，为友人描绘了一幅高唐任职后的美好生活画面：处理政务之余，可登临城墙，赋诗咏唱；听说那里人喜好歌舞，可以听歌赏舞。反映出诗人对朋友的关心，表达了真诚的友谊，不管高唐州怎样偏远，诗人都将是其好友。

纵观全诗，名曰送行，但不直接从送行写起，十步九折，有对朋友前程的祝愿，有对宦海浮沉的忧虑，有缠绵的离别，有洒脱的送行，有祝福，有忧伤。曲曲折折，错落有致，深得委曲之妙。全诗情感深沉，用典工切，拟古而不拘于古，可算是高启同类诗中成就较高的。（姬建敏）

【原文】

吊岳王墓

大树无枝向北风，千年遗恨泣英雄⁽¹⁾。

班师诏已来三殿⁽²⁾，射虏书犹说两宫⁽³⁾。

每忆上方谁请剑⁽⁴⁾，空嗟高庙自藏弓⁽⁵⁾。

栖霞岭上今回首⁽⁶⁾，不见诸陵白露中⁽⁷⁾。

【毛泽东圈评等情况】

毛泽东曾两次手书这首《吊岳王墓》。

[参考]中央档案馆整理：《毛泽东手书选集·古诗词（下）》，北京出版社1996年版，第217—219页。

（1）千年，《明诗别裁集》批注云："诸本作'千年遗恨'，应以'十年'为典。"误，不取。

（2）班师，原指军队作战凯旋，此处指退兵。诏，诏书，此处指皇帝发出十二道退兵金牌。三殿，指唐麟德殿，因殿有三面而名。唐杜甫《送翰林张司马南海勒碑》："诏从三殿去。"此指宋之朝廷。

（3）射房书，指岳飞为收复汴京而写给宋高宗的请战书。两宫，指破虏北出的徽、钦二帝。《宋史·韩世忠传》："兀术穷蹙求会语，世忠曰：'还我两宫，复我疆土，庶可相全。'"

（4）请剑，指请缨杀敌。上方，上方剑的简称，即尚方剑，尚方署特制的皇帝御用的宝剑。古代天子派大臣处理重大案件时，常赐以上方剑，表示授予全权，可以先斩后奏。

（5）高庙藏弓，指汉代刘邦杀韩信事。韩信拼命为刘邦打下江山，却被刘邦杀了。此处喻高宗杀害岳飞。高庙，宋高宗，高宗就是庙号。藏弓，用"蜚鸟尽，良弓藏"（《史记·越王勾践世家》）典故。

（6）栖霞岭，在今杭州，岳飞墓即在此地。

（7）诸陵，指宋太祖昌陵、宋太宗熙陵、宋真宗定陵、宋仁宗昭陵，即今河南巩县的宋陵。

【赏析】

岳飞，在宁宗时封鄂王，故称岳王，其墓在今浙江杭州栖霞岭下。

这首七言律诗是作者瞻仰岳飞墓时所作，对岳飞精忠报国、暂死抗金的行动进行了热情歌颂，对南宋君臣苟且偷安的主和政策表示了强烈的愤恨。

"大树无枝向北风，千年遗恨泣英雄"，首联是写景和抒情的结合。诗人写岳王墓上的树木，枝叶全部南向，借树木的南向，表现了岳飞对南宋朝廷的忠诚。宋高宗绍兴十年（1140），岳飞大破南侵的金兵，进兵朱仙镇，使民心大奋，北伐大业指日可成。但高宗和秦桧阴谋投降，一日之间连下十二道金牌，严令岳飞立即退兵，致使收复汴京的宏愿功败垂成，从而铸成千古遗恨。诗人面对岳飞墓前的大树，睹物思人，由人及事，不禁为英雄而悲泣。

"班师诏已来三殿，射房书犹说两宫"为颔联。通过岳飞抗金精神和朝廷主和态度的对比，寄托了诗人的爱憎感情。班师，指军队作战凯旋，这里加上一个"诏"字，是指高宗为讲和而让岳飞退兵的金牌。射房书，指岳飞为力争继续进兵，一举收复汴京而写给高宗的请战书。这二句，写主和派和主战派的激烈斗争，简明扼要。在北伐大业即将成功时，以高宗、秦桧为首的主和派，为讨好金人，连下诏书，令岳飞收兵。而岳飞则面对让其退兵的诏书，再次据理力争，陈述继续进兵的理由，希望能得到高宗的支持，完成北伐大业。在字面上，这二句对得极其工致，如"班师诏"和"射房书"，"三殿"和"两宫"，"已"和"犹"等，也加深了对比的艺术反差。

"每忆上方谁请剑，空嗟高庙自藏弓"，颈联诗人常常忆起南宋的主战派，算来也只有岳飞称得上真正的抗金英雄了。然而这样一个敢于请缨杀敌的抗金英雄，却被阴谋所害，委实令人嗟叹。高庙自藏弓，指汉刘邦杀韩信事，《史记·淮阴侯列传》有"高鸟尽，良弓藏；狡兔死，走狗烹"的话。韩信拼命为刘邦打下了江山，刘邦反而杀了他，诗人在此借用其事，以喻高宗杀害岳飞。"空嗟"二字，值得玩味，它不仅是对岳飞被杀的嗟叹，同时含有"英雄已死嗟何及，天下中分遂不支"之意。

"栖霞岭上今回首，不见诸陵白露中"，尾联又回到岳王墓前。栖霞岭，在今杭州，岳飞墓就在此地。诗人在栖霞岭上回首望去，茫茫白露之中，只有岳王墓近在眼前，而不见宋代君王的陵墓。诸陵，指宋太祖昌陵、宋太宗熙陵、宋真宗定陵、宋仁宗昭陵，即今河南巩县的宋陵。这两句以写岳王墓和宋代君王墓在诗人心中的位置，进一步衬托出诗人对岳飞的敬仰之情。

全诗由写墓地之景入笔，由景生情，诱发联想，产生感慨，最后又回到眼前之景。虚实相间，跌宕起伏。结句余音绕梁，尤耐人寻味。（王建平）

【原文】

凉州曲

关外垂杨早换秋⁽¹⁾，行人落日旆悠悠⁽²⁾。

陇山高处愁西望⁽³⁾，只有黄河入汉流。

【毛泽东圈评等情况】

毛泽东读清沈德潜、周准编选《明诗别裁集》卷一时圈阅了这首诗。

[参考]张贻玖：《毛泽东评点、圈阅的中国古典诗词》，
中国工人出版社1992年版，第256页。

【注释】

（1）关外，指玉门关外，在今甘肃敦煌西。

（2）旆（pèi），旗帜。悠悠，悠闲飘动之状。《诗经·小雅·车攻》："萧萧马鸣，悠悠旆旌。"

（3）陇山，山名，在今陕西、甘肃交界处。

【赏析】

《凉州曲》，一作《凉州词》，乐府诗题。唐诗人王之涣《出塞》曾用乐府诗题，编入"横吹曲词"。本诗作者也是用乐府诗题，以白描的手法，描写关外自然风光的萧瑟，反映了诗人自己内心的忧愁。

这是一首七言绝句。"关外垂杨早换秋"，首句写关外秋天降临之早。关，指古代在交通险要或边境出入的地方设置的守卫处所。这里的"关外"，指玉门关外。玉门关，汉置，在今甘肃敦煌西。王之涣有"春风不度玉门关"（《凉州词》）句，说玉门关外是春风吹不到的地方，极言边地景物的荒寒。这一句"垂杨早换秋"也是言其自然条件的恶劣。杨，指杨柳。时令不到，杨柳枝枯叶落，萧瑟的秋天过早来到了关外。一个"早"字，看似平平常常，但却客观地把关内外风光进行了比较，更突出了关外的荒芜。这样的对比，使出关之人思念家乡，诗人又怎能不平添愁肠呢？

这为下文写愁作了铺垫。

第二句"行人落日旆悠悠"，承上句继续写关外风景。如果说第一句是诗人远镜头、粗线条勾勒的话，第二句则推出了一个特写的画面：惨淡的落日，稀疏的行人，悠悠的旗帜。天地昏黄，一切都毫无生气。在这句里，"行人"、"落日"、"旆"旗，三个互不联系的景物，本无所谓情感，但由于诗歌语言特有的象征、暗示特征，其描绘的形象就带有了感情色彩。这样写，既渲染了荒凉的气氛，又衬托出诗人寂寞的情怀，别具匠心，引人入胜。

以上两句，句句写景，却又句句不离愁情。三四句，诗人抛开荒凉的秋景氛围，直写"愁"字。"陇山高处愁西望，只有黄河入汉流"（一作"入海流"），诗人登陇山而西望，只看见那汹涌澎湃的黄河奔腾向前，这是借景物而写愁。唐朝大诗人李白在《黄鹤楼送孟浩然之广陵》里有"孤帆远影碧空尽，惟见长江天际流"之句，就是借目送孤帆、行人远去、长江自流来抒发自己的离别情愁。这里，诗人借鉴了李白的表现手法，抒发了自己的情愁，有异曲同工之妙。

这首诗，所写无非关外之景，所抒无非诗人愁情，短短四句，简洁生动。特别是"行人落日旆悠悠"一句，充分发挥了诗歌的特点，跳跃性大，给人以联想，显示了诗人较高的艺术才华。诗歌语言平易如话，不事雕饰。正如清人赵翼所说："琢句浑成，而神韵又极高秀，看来平易，而实则洗铄功深。"（姬建敏）

【原文】

七　绝

桐阴清润雨余天⁽¹⁾，檐铎摇风破昼眠⁽²⁾。
梦到画堂人不见⁽³⁾，一双飞燕蹴筝弦⁽⁴⁾。

【毛泽东圈评等情况】

毛泽东曾两次用中央人民政府革命军事委员会竖格每页八行信笺手书这首诗，并注明：高季迪诗一首。

[参考] 中央文献研究室整理：《毛泽东手书选集·古诗词（下）》，北京出版社1996年版，第227—229页。

【注释】

（1）清润，清凉滋润。雨余，雨后。

（2）檐铎，即檐马，挂在屋檐下的风铃，风吹作响。

（3）画堂，本指宫中有彩绘的殿堂，泛指华丽的堂舍。

（4）蹴（cù），踩，踏。

【赏析】

这是一首七言绝句，它反映了诗人的闲适生活和闲情逸致。"桐阴清润雨余天，檐铎摇风破昼眠。"一、二句写雨天昼寝被檐马之声惊醒。桐阴，桐树的树荫。桐，木名，有梧桐、油桐、泡桐等种，古代诗文中多指梧桐。《诗经·鄘风·定方之中》："树之榛栗，椅桐梓漆，爰伐琴瑟。"阴，通"荫"，树荫。两句是说，雨过天青，桐树荫下清凉滋润，清风吹动挂在屋檐下的风铃叮咚作响，惊破了我白天的睡眠。首句写景，次句叙事，写景为叙事造势，十分自然。在农村，这种雨天的睡眠，是一种难得的享受，所以诗人睡得十分香甜，而且还做了一个好梦："梦到画堂人不见，一双飞燕蹴筝弦。"三、四句补写梦中之事，是倒叙笔法。诗人在梦里到华丽的厅堂中去找谁呢？诗人没有明说。但那从外面飞来的燕子踏在筝的弦索上，末句为我们透露了个中消息：弹筝的人多为青年女子，大概是诗人的夫人或意中人。俗话说，梦是心头想。做梦也想去会的佳人，当然是诗人的意中人，由此，我们可以看出诗人对纯真爱情生活的憧憬和企盼。这首小诗通过对雨天昼寝的叙写，表现了他的闲情逸致及对真挚爱情生活的向往，清新流丽，确系佳作。（毕桂发）

袁 凯

　　袁凯（1316—?），字景文，自号海叟，华亭（今上海松江）人。明代诗人。元末曾为府吏。明太祖洪武中征拜御史，以病免归。早年以赋《白燕诗》得名，人称袁白燕，受人推重。诗出语自然，音节浏亮，深沉苍劲，反映生活真实，不故作雅语。律诗学杜甫，七绝尤为卓著。有《海叟集》。

【原文】

杨白花

　　杨白花，飞入深宫里。宛转房栊间⁽¹⁾，谁能复禁尔⁽²⁾。胡为高飞渡江水⁽³⁾？江水在天涯，杨花去不归。安得杨花作杨树⁽⁴⁾，种向深宫飞不去！

【毛泽东圈评等情况】

　　毛泽东读清沈德潜、周准编选《明诗别裁集》卷二时圈阅了这首诗。

　　　　[参考] 张贻玖：《毛泽东评点、圈阅的中国古典诗词》，中国工人出版社 1992 年版，第 256 页。

【注释】

　　（1）宛转，回旋，盘曲，蜿蜒曲折。《楚辞·刘向〈九叹·逢纷〉》："揄扬涤荡，漂流陨往，触碞石兮。龙邛脟圈，缭戾宛转，阻相薄兮。"王逸注："言水得风则龙邛缭戾与险阻相薄，不得顺其流性也。"房栊，窗根，泛指房屋。《文选·张协〈杂诗〉之一》："房栊无行迹，庭草萋以绿。"李周翰注："栊亦房之通称。"

（2）尔，你，指杨花。

（3）胡为，为什么。江，指长江。

（4）安得，怎得。安，副词，表疑问，相当于"怎么""岂"。

【赏析】

此诗纯从北魏胡太后之事及其诗中情怨概括变化而来。北魏胡太后曾经威逼一个叫杨白花的男子与她私通，杨白花惧罪南逃，改名为杨华（华、花古字通），胡太后非常思念他，曾作《杨白花歌》，以寄其思念、忧怨之情。诗里有"秋去春来双燕子，愿衔杨花入窠里"及"杨花飘荡落南家"之句，此诗模拟胡太后的口吻，深刻地表现了她失去情人之后的空虚、哀怨和思念之情。此题共两首，此其一。

此诗为杂言诗。前两句写杨白花入宫及两人相会，缠绵恩爱之状。杨白花正合自然界的杨花，如棉如絮，飘飘扬扬。所以"杨白花"既写人又写花，人和花糅到了一起。"宛转房栊间"以花飘扬之景状二人缠绵之情，用比恰当，表情真切、自然。

中间四句是写失去情人后的哀怨、思念之情。谁能再禁止你和我相爱？你又为什么要这么狠心离我而去呢？连用两个问句，加强语气，渲染了胡太后那种内心难耐的哀愁和忧怨。后两句承上启下，写哀怨之后的苦苦思念。"江水在天涯"是说杨白花所去之地对胡太后来说像是天涯，是那么遥不可及。一种思念之极而又无可奈何的苦痛交织在胡太后的心中。"杨花去不归"是写内心的这种苦痛无处排遣的一种绝望之情。

最后两句是写绝望中的愿望，即怎么样才能使你变成杨树，栽种在深宫里再也飞不去呢？！此句既是问又是感叹。绝望之中向苍天发问，感情极为强烈，也更显其心情之焦急迫切。然而她又知道这是不可能的事情，所以，极写愿望之强烈，而于愿望中愈见其绝望之深。

整首诗不饰雕琢，虽纯用比兴，却巧妙自然，不露痕迹。此诗又是拟乐府诗而作，语句长短不一，读起来顿挫有致，朗朗上口，是一首纯朴、自然而又耐人寻味的佳作。（辛永芬）

明

诗

【原文】

京师得家书

江水三千里⁽¹⁾，家书十五行⁽²⁾。

行行无别语，只道早还乡。

【毛泽东圈评等情况】

毛泽东读清沈德潜、周准编选《明诗别裁集》卷二时圈阅了这首诗。

[参考] 张贻玖：《毛泽东评点、圈阅的中国古典诗词》，

中国工人出版社 1992 年版，第 256 页。

【注释】

（1）三千里，一作"一千里"。

（2）十五行，钱钟书《管锥编》第四册第二〇一页："旧时信笺每纸八行，作书时以不留空行为敬，语意已尽，则撦扯浮词，俾能满幅。"此诗的"十五行"，"殆示别于虚文客套之两纸八行耳"。

【赏析】

这是一首抒写乡思客愁的七言绝句。作者借读家书这一生活小事，从家人的期盼入手，表达了自己的思乡之情。可谓别具一格，自然天成。

首句是写自己离家之远。袁凯是华亭人，在南京（今江苏南京）做官。"三千里"极写距离之远，而次句一转却写家书只有"十五行"之短，和"三千"相比，则是微不足道，故有"短"之意。这两句一起一转，互相烘托。"三千里"外得家书，虽短却是万分珍贵的。平平叙说之中，作者期盼珍视家书之意自然而然地流露出来。

三四句再转写家书的内容，即家书不长，但行行都是期盼亲人早还乡的。语虽短而情颇长，意颇深，读来令人倍增乡思客愁。

此诗虽短，所写之事也极普通，但在艺术上却颇耐咀嚼，堪称一篇精致玲珑的小品。从第二句到第四句，层层推进，不仅句法灵活畅达，诗意

也随之越转越深，情也随之越转越浓。全诗不正面写自己之思家，反写家人之思己；不写自己之归心，反写家人之期盼。透过此层，更见其思家之心切。

此诗语言自然朴素，不用典，不雕琢，浑然天成，沈德潜、周准在《明诗别裁集》评云："天籁。"（辛永芬）

【原文】

题李陵泣别图

上林木落雁南飞⁽¹⁾，万里萧条使节归⁽²⁾。
犹有交情两行泪，西风吹上汉臣衣⁽³⁾。

【毛泽东圈评等情况】

毛泽东读清沈德潜、周准编选《明诗别裁集》卷二时圈阅了这首诗。

[参考] 张贻玖：《毛泽东评点、圈阅的中国古典诗词》，
中国工人出版社 1992 年版，第 256 页。

【注释】

（1）上林，上林苑，汉天子的园囿，在今陕西西安西周至、户县界，周围三百里。相传汉昭帝猎于上林范，得雁足系帛书，乃知苏武犹在匈奴禁泽中。见《汉书·李广苏建传》附《苏武传》。木落，汉武帝刘彻《秋风辞》："草木黄落兮雁南归。"

（2）节，使臣所执的信物，故古代称使臣为使节。《汉书·李广苏建传》附《苏武传》载："杖汉节牧羊，卧起操持，节旄尽落。"

（3）汉臣，指苏武。

【赏析】

李陵，汉将，击匈奴，兵败投降。其友苏武，汉武帝时，奉使匈奴，被拘留，置于北海。李陵降匈奴后，曾与苏武会见，劝武降，武不从。昭

帝即位后，匈奴与汉和亲。汉求武等，匈奴诡言武已死。后汉使再至匈奴，原随苏武出使之吏常惠夜见汉使，教使者责问匈奴单于，说汉天子在上林苑中射猎，得雁，足有系帛书，言武等在某泽中。单于大惊，向汉使谢罪，说武实在，乃放武等归汉。事详《汉书·李广苏建传》附《苏武传》中。《苏武传》记载李陵与苏武归汉诀别时情况云："于是李陵置酒贺武曰：'今足下还归，扬名于匈奴，功显于汉室，虽古竹帛所载，丹青所画，何以过子卿！陵虽驽怯，令汉且贳陵罪，全其老母，使得奋大辱之积志，庶几乎曹柯之盟（指陵欲劫单于如曹刿劫齐桓公柯盟的事），此陵宿昔之所不忘也！收族陵家，为世大戮，陵尚复何顾乎！已矣！令子卿知吾心耳。异域之人，一别长绝。'陵起舞，歌曰：'径万里兮度沙幕，为君将兮奋匈奴。路穷绝兮矢刃摧，士众灭兮名已隤。老母已死，虽欲报恩将安归？'陵泣下数行，因与武决。"这就是泣别图的本事。

这首题画小诗为七言绝句，描写了苏武、李陵临别时的情形，不仅表现了李陵对故人依依惜别之情，同时又暗中把苏武、李陵作一对比，表彰了苏武忠贞不贰的汉臣之心，对李陵则既有同情，又微有讥评。

"上林"句，交代离别的时间乃在木落雁南飞之秋天。上林在今陕西西安西周至等地，周围三百里，秦汉时为帝王射猎之所，此指园林。木落萧萧，鸿雁南飞，一幅萧瑟、凄凉的深秋景象，正符合送别人的心情。同时，这一句又暗用汉昭帝猎于上林、见雁足系书知苏武犹存之事。既是写景，又暗中叙事，景中含事，事以景托，事景又相辅相成，可为巧妙之笔。

"万里"句是转描写为叙述。"万里萧条"接上句秋景，并进一步渲染，气氛更为肃杀凄凉，正是在这一情景之下，李陵送苏武归汉。

"犹有"两句进一步对离别情景加以描写。语言虽不长，但意义颇丰富。两行泪写李陵对故国的思念之情。李陵是在万般无奈的情况下归顺匈奴的，身虽在番邦而心犹在故国，正是"身在曹营心在汉"的一种写照。有家不能回，有国不能归，那种痛苦、忧伤之情，也尽在纸上。这句实际上饱含了作者对李陵的深切同情。西风指秋风。"汉臣衣"足见苏武坚定的气节，亦隐含对李陵屈事匈奴的微讽。苏武和李陵本都是汉臣，如今李陵已归匈奴，而苏武还是汉臣。"汉臣"二字，既显示了苏武的气节，又照见了李陵的罪过。此句虽同用一词，但一反一正，一赞赏一批评，一语双关，笔法巧妙而犀利。

整首诗含而不露，颇有温柔敦厚之风雅造诣。春秋笔法，微言大义，于此可知。（辛永芬）

杨 基

杨基（1326—1378），字孟载，号眉庵，祖籍嘉定（今四川乐山），生长在吴中（今江苏苏州）。元末为张士诚幕僚。明初任荥阳知县，明太祖洪武六年（1373）奉使湖广召还，授官兵部外郎，迁山西副使，进按察使。洪武二十二年被谗，谪戍辽东翰作（服工役），死于贬所。能诗文，善书画，与高启、张羽、徐贲为明初"吴中四杰"。其词婉约，成就较高。有《眉庵集》。

【原文】

岳阳楼

春色醉巴陵[(1)]，阑干落洞庭[(2)]。

水吞三楚白[(3)]，山接九疑青[(4)]。

空阔鱼龙气[(5)]，婵娟帝子灵[(6)]。

何人夜吹笛[(7)]，风急雨冥冥[(8)]。

【毛泽东圈评等情况】

毛泽东读清沈德潜、周准编选《明诗别裁集》卷二时圈阅了这首诗。

[参考] 张贻玖：《毛泽东评点、圈阅的中国古典诗词》，中国工人出版社1992年版，第256页。

【注释】

（1）巴陵，旧县名，治所在今湖南岳阳。

（2）阑干，同"栏杆"。落洞庭，谓栏杆突出于洞庭湖之中。

（3）三楚，秦汉时战国楚地有西楚、东楚、南楚之分，在今江淮到湖南一带。

（4）山，指君山，又名洞庭山，实为一小岛。相传舜妃湘君游此，故名。疑，一作"嶷"。九疑，又名苍梧山，在今湖南宁远，相传虞舜葬此。

（5）鱼龙，鱼和龙，泛指鳞介水族。《周礼·地官·大司徒》载"鳞物"，汉郑玄注："鱼龙之属。"

（6）婵娟，原作"娉娉"，《明诗别裁集》改为"婵娟"，形容女子体态美好。帝子，此指舜之二妃娥皇和女英，称为湘夫人。灵，神。

（7）"何人"二句，《太平广记》引《博异志》：贾客吕乡筠善吹笛，月夜泊君山侧吹之，忽有老父乘舟而来，出三管笛而吹，湖上风动波漾，鱼鳖跳喷，月色昏暗。舟人大恐，老父遂止，隐没入波间。

（8）冥冥，烟雨迷漫、昏暗不明之状。

【赏析】

这是一首登临之作，为五言律诗。作者借岳阳楼来抒写巴陵春景之壮观、雄阔，同时抒发自己的吊古伤今之情。

首联"春色"两句是写近景，登上岳阳楼，首先映入眼帘的是岳阳城醉人的春色和洞庭湖迷人的春景。一个"醉"字，把春天的美写得活灵活现。那如诗如画的春色，不仅使人犹如畅饮了琼浆玉液，如痴如醉，而且巴陵（岳阳楼古属巴陵）胜地也为之陶醉了。楼上的阑干在明媚的春光照耀下，映衬在洞庭湖里，摇摇曳曳，飘飘悠悠，如影如随。此色此景，真是美不胜收、妙不可状呀！

"水吞"两句是写远景。其中"三楚"为地名，战国楚地，有西楚、东楚、南楚之分，在今江淮到湖南一带。九疑是山名，在今湖南宁远南。登高临远，洞庭湘江相交相融，浩浩荡荡，横无际涯，像要把整个湘鄂之地都吞没一样，大地一片苍茫。然苍茫之中又见青色。青色就是山色。望远处，有山有水，山山相接，水水相连，山水浑然一体，互相映衬，相得益彰，写出了一幅壮观、雄阔的春色美景。

以上四句纯是写景，笔法俊逸雄浑，给人以语壮境阔、涤胸荡怀之感。在这春色醉人、气势浩阔的美景之中，免不了引人遥思遐想。接下来的这

明
诗

两句，便是作者的遐想。在这空阔的玉宇之中，鱼龙之气萦萦绕绕，婵娟帝子之灵依稀可见。"婵娟帝子"蕴含着一个凄恻动人的传说。虞舜南巡不返，葬于九疑（即九疑山），娥皇、女英二妃，闻讯赶来，路断洞庭君山，恸哭流涕，投身湘水而死。面前正是此山此水，作者触景怀人，追古忧伤之情油然而生。由景生情，转笔自然，不露痕迹，堪称巧笔天成。

"何人"两句，仍是诗人想象之词，意思是说，恍惚之间，如有仙人下临，笛声悠扬，一时风急雨冥，应上句"婵娟帝子灵"之"灵"。末二句似实而幻，隐约中又辟一灵境。

总之，这首五言律诗，描写景物挥洒自如，雄浑壮阔，抒发已情自然精巧，含蓄幽深，是一首借景怀古，抒发自己忧伤之情的佳作。沈德潜、周准在《明诗别裁集》中评云："应推五言射雕手，起结尤入灵境。"射雕手喻出众的能手。（辛永芬）

【原文】

感　秋

袅袅西风吹逝波⁽¹⁾，冥冥灏气逼星河⁽³⁾。
宣王石鼓青苔涩⁽³⁾，武帝金盘白露多。
八阵云开屯虎豹⁽⁴⁾，大江潮落见鼋鼍。
沅湘一带皆秋草，欲采芙蓉奈晚何！

【毛泽东圈评等情况】

毛泽东读清沈德潜、周准编选《明诗别裁集》卷一时圈阅了这首诗。

[参考]张贻玖：《毛泽东评点、圈阅的中国古典诗词》，
中国工人出版社1992年版，第256页。

【注释】

（1）逝波，指一去不返的流水，亦比喻流逝的光阴。

（2）灏气，迷漫在大地间之气。星河，天河，即银河。

（3）宣王石鼓，周宣王的石鼓文（刻石）。

（4）八阵，古代作战的阵法。银雀山汉墓竹简《孙膑兵法·八阵》："用八阵战者，因地之利，用八阵之宜。"八阵名目不一，唐李筌《神机制敌太白阴经·陈图》："天陈吾乾为天门，地陈居坤为地门，风陈居巽为风门，云陈居坎为云门，飞龙居震为飞龙门，虎翼居兑为虎翼门，鸟翔居离为鸟翔门，蛇盘居艮为蛇盘门；天、地、风、翼为四正，龙、虎、鸟、蛇为四奇，乾、坤、巽、坎为阖门，震、兑、离、艮为开门。"

【赏析】

此诗是秋日感怀之作，为七言律诗，描写了萧瑟空旷的秋景，也流露着作者对时光流逝、人生苦短的感叹。秋天在文人笔下自古就是萧瑟凄凉、令人伤感的，因为那万木摇落、岁暮将至的情景很容易使人联想到感性生命的流失，从而引起人们对宇宙产生形而上学的思考，在永恒的自然与短暂的人生这种与生俱来的矛盾前，发出一声无可奈何的轻叹。此诗亦然。

首联从大处总写秋日的萧瑟和凄冷。上句是白日之景。"袅袅"句从《楚辞·九歌·湘夫人》"袅袅兮秋风，洞庭波兮木叶下"化出。吹逝波，已微露对时光流逝的感喟。微微的秋风吹着，时光就这样悄悄地流走了。这情调正和尾联的"欲采芙蓉奈晚何"相呼应，也是整首诗的基调。下句写夜晚之状。那昏昏暗暗的大地之气和夜晚清冷地挂在高空中的星星相交合，一种凄清、空旷的景象呈现在眼前。和上句一昼一夜，写足了秋日之萧瑟、凄凉。

颔联则连用二典，意义颇为深刻。宣王，即周宣王，周朝中兴之主。石鼓，即石鼓文，过去认为是周宣王的石刻。武帝，汉武帝。金盘，即金茎承露盘。青苔、白露，字面仍是写秋日凄凉之景，同时宣王、武帝自周而汉，盛极一时之人之事俱已随时而往，如滚滚长河般被历史淘去。如今空留陈迹，尤使人感伤不已。这二句虽仍是写景，而感伤之情转深转明。

颈联则又转为秋日之景的具体描写。上句仰视所见天空中的云图变幻莫测，一会儿像"八阵图"，一会儿又聚集成"虎豹"，这种变化也很容易使人联想到现实人生亦即如此：悲欢离合，旦夕祸福，瞬息万变，令人捉摸不透。下句是俯视所见。鼋鼍都是水中之物。往下看，大江的潮水已落去，水中的鼋鼍显露出来。此句虽是写江中之秋景，但也隐含了作者对人生的思考。人在得意之时，就像江中的潮水，汹涌澎湃，气势夺人；而在失意落魄之时，又如潮水已退，只落得个孤单、寂寞、凄零、无助。此二句，抓住了最富概括力的景象，既描写了空旷萧瑟的秋景，又融进了自己对人生的一些思考。

尾联收束，先是一个概括：沅湘之间，青草俱已枯萎、凋零，这也是下句的铺垫，即芙蓉花开在夏季，如今整个大地已是深秋，欲采芙蓉而无可奈何之感很自然地流露出来。"欲采芙蓉"字面从汉乐府民歌"涉江采芙蓉"中化出，众芳芜秽，美人迟暮，感伤之情愈浓。

此诗虽是感秋之作，而意境颇为雄浑开阔。（辛永芬）

【原文】

长江万里图

我家岷山更西住$^{(1)}$，正见岷江发源处$^{(2)}$。
三巴春霁雪初消$^{(3)}$，百折千回向东去。
江水东流万里长，人今漂泊尚他乡$^{(4)}$。
烟波草色时牵恨，风雨猿声欲断肠。

【毛泽东圈评等情况】

毛泽东1958年在成都会议期间圈阅的《诗词若干首》（唐宋明朝诗人写的有关四川的一些诗和词）中有这首《长江万里图》。

[参考]刘开扬注释：《诗词若干首》（唐宋明朝诗人咏四川），

四川人民出版社1979年版，第149页。

【注释】

（1）"我家"句，明朝嘉州（杨基祖籍）所管各县都在岷江之南，因为作诗时诗人在长江下游，岷山在西，说"更西"表示极远。

（2）岷江，《明诗别裁集》作"岷山"。

（3）三巴，秦汉末年益州牧刘璋改永宁郡（今重庆）为巴郡，以固陵（云阳、奉节等县）为巴东郡，以阆中为巴西郡，叫做三巴。谯周《三巴记》："阆、白二水合流，自汉中至始宁（巴中）城下入涪陵，曲折三回，有如巴字，亦曰巴江。"霁，雨雪停止都叫霁。

（4）漂泊，同"飘泊"，流寓失所。尚，还在。他乡，异乡。

【赏析】

长江自青海发源到入海共一万一千六百里。明朝末年著名旅行家徐霞客（宏祖）才发现金沙江为长江上游，纠正了岷江为长江上游的错误认识。杨基也误认为岷江为长江上游。这可能是一首题画的七言古诗，杨慎也写过一首同题的七言长律。诗中热情地讴歌了奔腾浩荡的大江，抒发了漂泊他乡的诗人对故乡的无限怀念之情。

"我家岷山更西住，正见岷江发源处。"起首二句叙事，点明故乡的地理位置。诗人原籍蜀中嘉州（今四川乐山一带），生于吴（今江苏苏州）。明朝嘉州所管各县都在岷山之西，因为诗人当时在长江下游，岷山在西，说"更西"表示极远。次句说"正见岷江发源处"，也不外说其家地处岷江上游。起首二句仿佛从诗人胸中自然流出，看似平淡，却有丰富的内涵，很耐人寻味。

"三巴春霁雪初消，百折千回向东去。"三、四句描写，写画幅的内容。画面所画是春天积雪初融时的万里长江：位于岷江脚下的诗人故乡，初春时节，岷山上皑皑的白雪开始融化，万里长江，水势猛涨，千回百折，滚滚东流，景色极为壮观。

"江水东流万里长，人今漂泊尚他乡。"五、六两句换韵，由描写转入抒情。江水奔流万里，诗人也漂泊万里，东去的流水又反衬出游子的无奈，一反一正，说尽了诗人对故乡的思念。诗人由江水东流而联想起自身的飘零，衔接自然，转换得宜。

"烟波草色时牵恨，风雨猿声欲断肠。"结末二句抒情，写诗人的思乡之情。江上有水气，所以称为烟波。这句说江上景物时时牵动人的恨事，即上句所说的漂泊异乡。末句说，三峡两岸猿声在风雨中听来令人悲伤。此句化用郦道元《水经注·江水》：“渔者歌曰：‘巴东三峡巫峡长，猿啼三声泪沾裳。’”自然妥帖，恰到好处，有力地表达了诗人的思乡之情。

（毕桂发）

林 弼

林弼（生卒年不详），初名唐臣，字元凯，龙溪（今福建漳州东南）人。明代诗人。元至正八年（1348）进士，为漳州路知事。明初参与修礼乐书，授礼部主事，使安南。后迁丰城令，官至登州知府。有《林登州集》。

【原文】

秦皇庙

蚕食雄风逐逝波[(1)]，荒祠寂寂寄岩阿[(2)]。

三神山下仙舟远[(3)]，万里城边战骨多。

东鲁尚存周礼乐[(4)]，西秦空壮汉山河[(5)]。

早知二世无多祚[(6)]，崖石书功不用磨。

【毛泽东圈评等情况】

毛泽东读清沈德潜、周准编选《明诗别裁集》卷二时圈阅了这首诗。

[参考] 张贻玖：《毛泽东评点、圈阅的中国古典诗词》，

中国工人出版社 1992 年版，第 256 页。

【注释】

（1）蚕食，蚕吃桑叶，比喻逐渐侵占，此喻秦灭六国。《史记·秦始皇本纪》："自缪公以来，稍蚕食诸侯，竟成始皇。"

（2）祠，指秦皇庙。岩阿，山的曲折处。

（3）三神山，即传说中的蓬莱、方丈和瀛洲三座仙山。

（4）东鲁，泛指今山东兖州及其附近曲阜等地一带，西周时地属鲁

国，在东部，故称东鲁。周礼乐，周代的礼乐。礼乐，礼节和音乐，古代帝王常用兴礼乐为手段以求达到尊卑有序、远近和合的统治目的。

（5）西秦，泛指今陕西秦岭以北及甘肃东部一带，战国时地属秦国，在西部，故称西秦。

（6）祚，帝位，国统。

【赏析】

此诗为讽喻之作，表达了作者对秦皇倒逆施、鱼肉百姓的愤慨之情和仙山求药、崖石纪功而无"多祚"的讥讽、嘲笑。秦皇庙是为秦始皇所修之庙，本意是为供奉、祭祀、歌功颂德之用，然秦皇的"天命"如此短暂，秦皇庙的存在本身就成了一种极大的讽刺。

这首七言律诗，首联是写对秦始皇昔日"蚕食"六国的雄风如流水已逝、秦皇庙日趋破败荒凉的感喟。秦始皇统一大业时，也曾经雄风独具、功盖一世，但如今，他的这种英雄气概已经随着时间的流逝而成为过去，为之歌功颂德的秦皇庙也已破落荒芜，孤单寂零地寄居在一个偏僻又无人问津的地方。岩阿就是指山窟旁侧的地方。在这两句诗里，作者表达的还只是对秦始皇曾经功绩显赫、雄霸天下，而今秦世耀祖扬威的秦皇庙却是如此荒凉、落寞的感叹，讽刺还未露锋芒。

颔联是用对比的手法揭露秦始皇骄奢淫逸、腐化堕落的生活是建立在百姓苦征重役、凄苦悲惨的生活之上的。三神山是指传说中东海上的蓬莱、方丈、瀛洲三座仙山。秦始皇为了求得长生不老，曾经派人到东海三座仙山去求灵丹妙药。而当他所派仙舟远行在东海之上时，万里城边，修筑长城的民工的白骨与日俱增。一方是求长生，一方是战骨多，这种对比和杜甫的"朱门酒肉臭，路有冻死骨"有异曲同工之妙。对比鲜明，愤慨之情也极为强烈。

颈联又提一事，是针对秦始皇的"焚书坑儒"来说的。秦始皇听用丞相李斯之议，焚烧典籍，坑杀儒生，谈论"诗""书"者处死，是古非今者族诛，欲学法令则以吏为师。结果黎民百姓出门入户，草木皆兵，惶惶不可终日，然在东鲁之地（今山东一带）还尚存古礼古乐。意即秦始皇用尽酷刑想灭绝古道儒士，巩固自己的政权，但在东鲁之地儒家古风依然还在，秦始皇并未真正实现他的"理想"。下面一句，一个"空"字指明秦皇已去，如今只留下壮丽的山河。"汉"字值得玩味。秦的专制暴行，终于激怒了民众，陈胜、吴广揭竿而起，最后代之而立的是汉朝，所以"汉"字是说，秦朝壮丽的山河如今已经归汉了。讽刺之意极为含蓄、深刻。

尾联两句是说，早知秦朝二世的"福禄"不长祚。登山封禅、摩崖纪功之事也用不着了，讽刺之意显而易见。崖石书功是指秦始皇统一大业之后，又采取种种措施巩固自己的政权，自以为功成名就、帝位稳固，便登上华山、泰山之顶，封禅纪功（纪功是在山顶的崖石上磨纪的）。这两句虽没有刻意勾画人物，但秦始皇的自恃自傲、负罪于天下而登山纪功的可笑形象跃然纸上。读过之后，免不了令人顿生一种似怜又觉解愤之感。

这首诗，虽题为秦皇庙，但并非实写秦皇庙，而是借庙讽人，借题发挥，不待明意而意自见，不用写人而人自出，是一首讽喻佳作。（辛永芬）

林　鸿

　　林鸿（生卒年不详），字子羽，福清（今福建福清）人。明代诗人。明太祖洪武初，以人才荐，授将乐县儒学训导。后任礼部精膳司员外郎。年未四十，即自请免职回乡。为"闽中十子"之首。论诗力主宗法唐人，追随者奉为圭臬，形成一个颇有复古色彩的流派。所作诗春融典雅，有盛唐风，多模拟。有《鸣盛集》。

【原文】

送高郎中使北

> 汉使临边日，天骄已请和⁽¹⁾。
> 看花辞紫陌⁽²⁾，犯雪渡交河⁽³⁾。
> 水草留行帐，云沙想玉珂。
> 从来清漠北，娄敬策居多⁽⁴⁾。

【毛泽东圈评等情况】

　　毛泽东读清沈德潜、周准编选《明诗别裁集》卷二时圈阅了这首诗。

　　[参考] 张贻玖：《毛泽东评点、圈阅的中国古典诗词》，中国工人出版社 1992 年版，第 256 页。

【注释】

　　（1）天骄，汉时匈奴自称。《汉书·匈奴传上》："单于遣使遗汉书云：'南有大汉，北有强胡。胡者，天之骄子也。'"亦省称为"天骄"。

　　（2）紫陌，帝都郊野之路。

　　（3）交河，今新疆吐鲁番境内，此泛指边地河流。

（4）娄敬，汉代人，曾在不得已情况下献和亲之策。

【赏析】

这是一首送别诗，却摆脱了送别诗即情应景、来往应酬的俗套，于送行中隐含着对和边政策的讥笑和嘲讽。高郎中，生平未详。郎中，官名，始于战国，后代沿置，掌管门户、车辆等事；内充侍卫，外从作战；另尚书台设郎中司诏策文书，为君王近臣。使北，出使北方。

这是一首五言律诗，首联两句叙事，点出了出使的原因，乃是与北方少数民族政权议和。天骄，古代匈奴人自称"天之骄子"，此指少数民族。已请和，是说已请求议和，从字面上看有歌颂我朝声威之意。然透过表面，隐在深处的却是对朝廷软弱无能的讥讽。历来朝廷与少数民族的战争，都以对方请和，朝廷派人议和而告终，作者对此"惯例"并不十分欣赏，但又不直接点出，其用笔之妙，于此可见。

颔联两句紧扣着"送"字来写高郎中辞京登程之事。紫陌，指帝都郊野的道路。刘禹锡元和十年自朗州承召至京戏赠看花诸君子诗有"紫陌红尘拂面来，无人不道看花回"之句，此句便是从中化出。一是点出了出使的季节，二则微露对此行的不满之意。即此时帝都郊野百花争艳，正是观赏游玩的好时节，高郎中却不能尽情领略其中美景，只能匆匆辞别而去。"犯雪"句是想象路途之艰辛，也是用比，和上句一是看花赏玩、闲适愉悦；一是冒雪跋涉、寒苦交加。相比之下，后者之艰辛、劳顿可想而知。交河，今新疆吐鲁番境，此泛指边地河流。

颈联"水草"两句承"犯雪"句进一步想象路途的艰辛、劳苦。"水草""云沙"见路途之遥远、艰难。行帐，出使的帐幕。玉珂，马笼头，贝制的装饰物，这里指马。"留行帐""想玉珂"借途中之居住、行走，道出了此行风餐露宿、艰难行进的劳顿。虽只用两句，却能抓住重点，于一两点之中窥见全部。

尾联和开头相呼应，名为颂，实为讽。娄敬，汉人，在刘邦白登之围后，曾献和亲之策，建议将鲁元公主嫁与匈奴单于，被刘邦采纳。因吕后不欲其女远行，始以宗室女代替。娄敬献策，本不得已而为之下策，如今却自汉至今，奉为圭臬，则朝廷之软弱无能，于此可见。

此诗虽名为送别而意却在讽刺，且出语颇为含蓄隐晦，不直点其意而只在尾联中以曲笔点出，用笔巧妙，耐人回味。（辛永芬）

【原文】

饮 酒

儒生好奇古⁽¹⁾，出口谈唐虞⁽²⁾。

倘生羲皇前⁽³⁾，所谈竟何如⁽⁴⁾？

古人既已死，古道存遗书。

一语不能践，万卷徒空虚。

我愿但饮酒，不复知其余。

君看醉乡人⁽⁵⁾，乃在天地初。

【毛泽东圈评等情况】

毛泽东读清沈德潜、周准编选《明诗别裁集》卷二时圈阅了这首诗。

[参考]张贻玖：《毛泽东评点、圈阅的中国古典诗词》，

中国工人出版社 1992 年版，第 256 页。

【注释】

（1）奇古，奇特古朴。

（2）唐虞，唐尧与虞舜的并称，亦指尧与舜的时代，古人以为太平盛世。《论语·泰伯》："唐虞之际，于斯为盛。"

（3）羲皇，即伏羲氏。《文选·扬雄〈剧秦美新〉》："厥有云者，上罔显于羲皇。"李善注："伏羲为三皇，故曰羲皇。"

（4）竟，到底。何如，如何，怎么样，用于设问。

（5）醉乡人，醉酒后神志不清的人。醉乡，指醉酒后神志不清的境界。

【赏析】

此诗抒写了自己徒有"致君尧舜"之志，而生不逢时，不得施展抱负

的苦闷之情。

这是一首五言古诗，共十二行，可分为三节。

前四句为第一节，是写其空怀壮志。儒生是诗人自称，唐虞是传说中的唐尧、虞舜。古代传说言：陶唐氏（尧）与有虞氏（舜）皆以揖让有天下，以唐虞时为太平盛世。《论语·泰伯》："唐虞之时，于斯为盛。"可见，作者崇尚的是上古之世中那种人人恭敬谦让，人人有用武之地，人人都有施展抱负机会的社会环境。儒家历来以唐虞上古之世为理想中的社会，以"致君尧舜上"为政治理想，作者亦然。但所想如此，所谈如此，现实却不是如此。接着"倘生"两句，便是以其遐想写对现实的不满。羲皇指上古伏羲氏，三皇之一。这里也泛指上古之世。第四句虽然是问，然答案深隐其中，表明自己的抱负，只能借遐想在过去实现。显然，作者怀才不遇、生不逢时之感透过一层，更见其深。

中间四句为第二节，承上四句之意，进一步明写其理想与现实的矛盾。古人虽已死去，然古人的治世之道还留存于世，但这一切在当今社会却是"一语不能践，万卷徒空虚"。作者学富五车、满腹经纶，同样也不为当世所用，一切都是空谈、空想。一种"天生我材却无用"的无奈心情和对时代政治的婉讽之意，以及对当地的用人选才的不满于字里行间流露而出。

末四句为第三节。自然无奈、不满甚至讥讽，都无法解去心头这份愁苦、愤懑，只有酒才能浇灭这一心头难耐之苦。后四句就是写诗人纵情饮酒，以酒浇愁的。自古有愁都借酒，明知"举杯消愁愁更愁"，却依然"赴"酒，更显得诗人愁苦之深、郁情之闷，以酒来麻醉自己，使自己忘掉世上的一切。也只有喝醉酒之后，自己才能借醉梦回到上古之理想社会之中。句中那种愤世嫉俗、内心极为不平之情很自然地流露而出。笔法显得委婉，也不乏犀利。

此诗语言虽质朴无华，但所表之情却极为深刻。笔法雄健有力，于貌似洒脱之中愈见作者愤懑不平之情。（辛永芬）

贝 琼

贝琼（1315—1379），一名阙，字廷琚，一字廷珍，崇德（今浙江桐乡）人。明代文学家、诗人。元末，年四十八始领乡荐。张士诚据吴中，屡征不就。明初征修《元史》，既成，受赐归。后除国子监助教。明太祖洪武九年（1376），改中都（即凤阳府）国子监助教。十一年致仕，次年卒。

【原文】

经故内

山中玉殿尽苍苔，天子蒙尘岂复回[1]？

地脉不从沧海断[2]，潮声犹上浙东来。

百年禁树知谁惜[3]，三月宫花尚自开。

此日登临解题赋[4]，白头庾信不胜哀[5]。

【毛泽东圈评等情况】

毛泽东读清沈德潜、周准编选《明诗别裁集》卷二时圈阅了这首诗。

[参考] 张贻玖：《毛泽东评点、圈阅的中国古典诗词》，

中国工人出版社 1992 年版，第 257 页。

【注释】

（1）蒙尘，蒙被灰尘，古代多指帝王失位逃亡在外，蒙受风尘。《左传·僖公二十四年》："天子蒙尘于外，敢不奔问官守？"

（2）地脉，指地的脉络、地势，旧时迷信风水者谓地形好坏。

（3）禁树，禁苑中的树木。禁，王者宫殿。

（4）登临，登山临水，也指游览。语本《楚辞·九辩》："憭栗兮若在远行，登山临水兮送江归。"

（5）庾信（513—581），新野（今河南新野）人，南北朝时北周文学家、诗人。

【赏析】

故内，是故国前朝的内宫。贝琼此诗作于元末，当是经过南宋朝廷的旧宫遗址有感而作，抒发了对故国的思念及沧桑之盛。

这是一首七言律诗。"山中玉殿尽苍苔，天子蒙尘岂复回？"首联叙事，写诗人经故内而想起天子北狩。上句写故宫倾圮。南宋宫殿在今浙江杭州东南凤凰山上，方圆九里，殿宇巍峨，亭台楼阁不计其数，更有人工仿造的小西湖、六桥、飞来峰等景观。宋元后，为元僧杨琏真伽占据，改为报国、兴元等五座寺院，不久毁于大火。至元代末年诗人过此，已是断垣残壁，一片荒芜了。下句写南宋恭帝北狩。诗人由眼前所见破败的故内景象，自然想起了当年元军攻破临安时宋宗室的悲惨遭遇：宋恭帝与诸宫眷屈辱地向元军统帅伯颜献传国玺、递降表，随即被押解赴元大都（今北京），废为瀛国公，以致入寺庙当和尚，再也没有能够回到南方的故国。

"地脉不从沧海断，潮声犹上浙东来。"颔联写景，写南宋都城临安风景不俗。地脉，地的脉络，旧时迷信的人谓地形好坏。南宋皇宫当然选择风水好的地方：凤凰山北接万松岭，东靠南屏山，西边的山麓左达西子湖边，右接钱塘江岸，像一只飞翔在江湖间的凤凰，地脉贯通，风水绝佳。可是这优胜的地势并不能保佑建筑在山上的小朝廷长治久安。在诗人看来，从东海下连接而来的地脉并未断裂，钱塘江的潮声仍然不息地拍打着浙东的堤岸，可南宋王朝已经成了历史。真可谓地脉、涛声依旧，已是物是人非了。

"百年禁树知谁惜，三月宫花尚自开。"颈联续写景，写故内花树无主。南宋王朝自高宗1127年迁都临安，至宋赵昺1379年灭亡，计158年，"百年"是举其成数。有一百多年树龄的皇宫内的树木该是"文物"了，竟没有人珍惜它。阳春三月，故内的百花自开自落，无人问津，这种破败的自然景观的出现，究其原因，是南宋王朝灭亡了。此二句的客观描写，透露出一种沉重的沧桑感。

"此日登临解题赋，白头庚信不胜哀。"尾联抒情，抒故国之思。此日登临，即"经故内"，点醒题目。白头庚信系用典，此是诗人自指。庚信（513—581），字子山，新野（今河南新野）人，北周文学家。初仕梁，后出使西魏，值西魏灭梁，被羁留。历仕西魏、北周，官至骠骑大将军，开府仪同三司，世称庚开府。善诗赋、骈文。暮年所作，感伤遭遇，并对当时社会动乱有所反映，风格萧瑟苍凉，特别是抒发其乡关之愁、家国之痛的名篇《哀江南赋》，颇为人们所称道。贝琼与庚信的身世并不相同，但作为一个汉族知识分子，对元灭南宋的感受与庚信由于国灭而被迫仕于西魏、北周少数民族贵族政权是相通的。庚信《哀江南赋》中抒发乡关之思、家国之痛也正是此诗的主旨。（毕桂发）

【原文】

送杨九思赴广西都尉经历

邛筰康居路尽通⁽¹⁾，西南开镇两江雄⁽²⁾。
汉家大将推杨仆⁽³⁾，蛮府参军见郝隆⁽⁴⁾。
象迹满山云气白，鸡声千户日车红。
明珠薏苡无人辨⁽⁵⁾，行李归来莫厌穷⁽⁶⁾。

【毛泽东圈评等情况】

毛泽东读清沈德潜、周准编选《明诗别裁集》卷二时圈阅了这首诗。

[参考] 张贻玖：《毛泽东评点、圈阅的中国古典诗词》，中国工人出版社1992年版，第257页。

【注释】

（1）邛筰，邛都和筰都两地名的合称，邛都为古县名，西汉置，其地在今四川西昌东南。筰（zuó），古代我国西南部族名，产名马，其地在今四川汉源东南。康居，古代西域国名，东界乌孙，西达奄蔡，南接大月氏，东南临大宛，约在今喀尔巴什湖和咸海之间，汉元帝时曾与之交好。

（2）两江，指广西左江、右江。

（3）杨仆，西汉时宜阳（今河南宜阳）人，以千户为吏，河南守举为御史，使督盗贼关东，治放尹齐，以敢击行。武帝以为能，南越反，拜为楼船将军。有功，封将梁侯。东越反，帝欲复使为将，为其伐前劳，乃以书敕责之，使伐东越以掩过。仆遂破东越。后与人俱击朝鲜，坐罪免为庶人。

（4）郝隆，字仕治，晋时人，为桓温南蛮参军，善应对。三月三日会作诗，不能者罚酒三升。隆初以为不能受罚，既饮，揽笔便作一句云："娵隅跃清池。"温问："娵隅是何物？"答曰："蛮名鱼为娵隅。"温曰："作诗何用蛮语？"隆曰："千里投公，始得蛮府参军，那得不作蛮语？"

（5）薏苡（yì yǐ），草本植物，果实卵形，果仁白色，叫薏米，也叫薏米仁，可供食用或药用。《后汉书·马援传》："初，援在交趾，常饵薏苡实，用能轻身省欲，以胜瘴气。南方薏苡实大，援欲以为种，军还，载之一车。时人以为南土珍怪，权贵皆望之。援时方有宠，故莫以闻。及卒后，有上书谮之者，以前所载还，皆明珠文犀。"马援蒙冤受屈，无人能辨。

（6）行李，使者。《左传·僖公三十年》："行李之往来，供其乏困。"杜预注："行李，使人。"此指杨九思。

【赏析】

杨璟，即杨九思，合肥人，以管军万户从明太祖朱元璋，积功擢湖广行省平章政事。率周德兴、张彬将武昌诸卫军取广西。明洪武元年（1368）大将杨璟进兵广西时，作者作这首七律诗送别。都尉，官名，辅佐郡守并掌握全部军事。经历，时都察院、通政使司、布政使司、按察使司等亦置经历，掌管出纳文书。

首联叙事："邛筰康居路尽通，西南开镇两江雄。"邛筰，邛都和筰都两地名的合称，今四川西昌东南。康居，古代西域国名。我国西南和西域历来是战事不断，边境地域连年不得安宁，经常是以干戈相争。百姓不能安居乐业，现在川西南和西域的道路全都畅通了。路尽通，写出了多年交通受阻，因战争的结束而使要塞、关卡设置的障碍拆除，断桥修复，沟壑填平。这是在西南雄镇两江的都指挥建立的奇功。

颔联继续叙事："汉家大将推杨仆，蛮府参军见郝隆。"诗人对边陲的道路畅通喜于言表。化干戈为玉帛的功臣首推西汉大将平定两越的杨仆，抚定南蛮的人才要数参军郝隆。杨仆，西汉时宜阳（今河南宜阳）人，平定南越、东越有功，曾拜为楼船将军。郝隆，晋时人，善应对，为桓温南蛮参军。二句赞扬杨璟是文武全才。

颈联描写："象迹满山云气白，鸡声千户日车红。"诗人描述了战争结束后，老百姓安居乐业的情景。广西这个边陲之地曾饱受战乱的灾难，生产遭受破坏，老百姓经常被战争胁迫流落他乡，不能过安宁的日子。日车，太阳。太阳每日运行不息，故喻作日车。因为战争结束了，老百姓可以过平安的生活，满山大象蹄迹的广西在云雾朦胧之中，家家的雄鸡在清晨高唱着迎来东方红日。诗人以"象迹满山""鸡声千户"，极生动形象地将这里一片祥和的气氛渲染出来了。老百姓安居乐业，才有六畜兴旺。

"明珠薏苡无人辨，行李归来莫厌穷。"诗人对杨璟作了由衷的赞美并寄予殷切的期望。薏苡，植物名，属本科，花生于叶腋，果实椭圆，果仁叫薏米，白色，可杂米中作粥饭或磨面，又入药。明珠薏苡，据《后汉书·马援传》："初，援在交趾，常饵薏苡实，用能轻身省欲，以胜瘴气。南方薏苡实大，援欲以为种，军还，载之一车。时人以为南土珍怪，权贵皆望之。援时方有宠，故莫以闻。及卒后，有上书谮之者，以前所载还，皆明珠文犀。"意思说，马援从交趾带回一车薏苡，备作种子，朝中权贵以为他带回一车明珠和有文彩的犀角。此指清白的人被猜疑，诬陷，蒙冤受屈。没有人能辨别薏苡仁和珍珠，他日从宝玉之乡班师回来可不要嫌生活贫穷。诗人借用"明珠薏苡"的故事说明杨九思赴广西任职的地方，是一个物产丰富、生活富裕的宝玉之乡，殷切希望他能在胜利荣归时也不要嫌自己穷苦，言外之意是希望他能清廉自守。（毕桂发）

穆陵行

至元中⁽¹⁾，西僧杨琏真伽⁽²⁾，利宋诸陵宝玉，因倡妖言惑主，尽发攒宫之在会稽者⁽³⁾，断理宗顶骨为饮器。琏败，归内府⁽⁴⁾，九十年矣。洪武二年正月⁽⁵⁾，诏宣国公求之⁽⁶⁾，得于曾汝讷所，乃命葬金陵聚宝山⁽⁷⁾，石以表之。予感而赋诗。

六陵草没迷东西⁽⁸⁾，冬青花落陵上泥。黑龙断首作饮器⁽⁹⁾，风雨空山魂夜啼。当时直恐金棺腐，凿石通泉下深锢。一声白雁渡江来⁽¹⁰⁾，宝气竟逐妖僧去。金屋犹思宫女侍，玉衣无复祠官护。可怜持比月氏王⁽¹¹⁾，宁饲乌鸢及狐兔！真人欻见起江东⁽¹²⁾，铁马九月逾崆峒⁽¹³⁾。百年枯骨却南返，雨花台下开幽宫⁽¹⁴⁾。流萤夜飞石虎殿⁽¹⁵⁾，江头白塔今可见⁽¹⁶⁾。人间万事安可知，杜宇声中泪如霰⁽¹⁷⁾。

【毛泽东圈评等情况】

毛泽东读清沈德潜、周准编选《明诗别裁集》卷二时圈阅了这首诗。

[参考] 张贻玖：《毛泽东评点、圈阅的中国古典诗词》，
中国工人出版社 1992 年版，第 257 页。

【注释】

（1）至元，元世祖忽必烈年号（1271—1294）。

（2）杨琏真伽，元世祖用为江南释教总摄使。

（3）攒宫，帝、后暂殡之所。宋南渡后，帝、后茔冢均称"攒宫"。表示暂厝，准备收复中原后迁葬河南。会稽，今浙江绍兴。

（4）内府，《周礼》官名，掌管王室库藏。

（5）洪武二年，即1369年。洪武，明太祖朱元璋的年号（1368—1398）。

（6）诏，下令。宣国公，左丞相李善长封宣国公。据明宋濂《书穆陵遗骼》：李善长"遗工部主事谷秉毅移北平大都督府及守臣吴勉，索饮

器于西僧汝讷、监藏深惠"。

（7）金陵，今江苏南京的古称。聚宝山，在南京南。

（8）六陵，指永思陵、永阜陵、永崇陵、永茂陵、永穆陵、永绍陵，乃南宋高宗、孝宗、光宗、宁宗、理宗和度宗的陵墓，在今浙江绍兴东十八公里之宝山。

（9）黑龙，比喻凶残的人，此指杨琏真伽。

（10）白雁，白色的雁，比大雁小，深秋霜降时来，河北人谓之霜信。渡江来，此指伯颜率领的蒙古铁骑渡江而来。

（11）月氏（yuè zhī），古西域国名，其族风俗与匈奴同，帝王死实行天葬，为鸟兽食。

（12）真人，指帝王，即明太祖。欻（xū），忽然。

（13）崆峒，山名，在甘肃平凉西。

（14）雨花台，在今南京城南中华门外。幽宫，指坟墓。

（15）石虎，字季龙，羯族，十六国时期后赵的国君，穷兵黩武，大建宫室，废耕地为猎场，死后不久赵亡。

（16）白塔，白色的佛塔。宋苏轼《赴岭表过金陵蒋山泉老召饮食阴雨不及往》："独望钟山叫宝公，云间白塔似孤鹤。"

（17）霰，雪珠。

【赏析】

诗有小序，大抵叙述了有关穆陵的本事及诗人赋诗的缘由。但尚不够具体，明王阳明《传习录》叙述此事较详，录以补充。《传习录》云："（洪武）三年，上（朱元璋）与危素论宋、元兴替，素言元世祖至元间，胡僧嗣占、妙高，欲毁宋会稽诸侯，时夏人杨琏真伽为江南总摄使，请如二僧言。遂发诸陵，取其金宝，以诸帝遗骨瘞于杭之故宫，筑浮图其上以压之。又截理宗颅骨为西僧饮器，天下闻之，莫不心酸。上闻叹息久之，即命北平守将吴勉，访索颅骨所在，果得西僧庐中。既运至，命有司厝于京城（南京）之南。至是，绍兴以《永穆陵图》来献，遂敕葬于故陵。"

这首七言古诗是借赞美明太祖朱元璋在雨花台隆重安葬理宗颅骨一

事，抨击元朝统治者的暴政，批评封建帝王大修陵寝实行厚葬的奢侈行为。行，古诗的一种体裁。

全诗可分为五节。诗开头"六陵草没"四句为第一节，写出陵墓被毁后的荒凉景象。六陵，指高宗、孝宗、光宗、宁宗、理宗、度宗的陵墓。这六座帝王陵墓已经埋没在荒草中不辨东西，围绕陵园四周的冬青树，覆盖在陵墓上的落花已变成泥土。连陵墓里被挖出来的理宗颅骨也被制成了饮器，现在只剩下这空山里的风声、雨声，伴随着这些陵中的游魂在悲啼。"风雨空山魂夜啼"，这是对六个帝王的莫大讽喻，死后悲凉的结局是他们意想不到的。

"当时直恐"四句为第二节，是说建造陵墓时是唯恐不坚固。当初"直恐金棺腐"，写出帝王们恐惧的心态。为了完整地保存尸体，害怕尸骨在棺中腐烂消失，于是就不惜一切代价建造牢固的陵墓——开山凿石，深挖到地下泉水，铸铜铁以塞隙，再用石门禁锢，可以说是固若金汤。结果一声怪戾的白雁鸣叫，伯颜率领的蒙古铁骑渡江而来，陵墓中的宝气也黯然失色，全部随着妖僧离去。封建帝王不惜动用千万民工，在所谓的风水宝地上用几十年的时间修造的座座陵墓成了废墟一片。

"金屋犹思"四句为第三节，金屋，极言陵墓的华丽。玉衣，玉制的葬服。华丽的陵园殿堂里不再有思念的宫女守望，裹尸的金缕玉衣再也不用祭祀官吏珍藏卫护。可怜呀！这些南宋皇帝们，怎么能和大月氏君主相比？人家死后实行天葬，宁可喂养老鹰和虎狼。月氏，古西域国名。诗人的感慨与月氏王的对比何等的鲜明，这里直接批评帝王厚葬以致劳民伤财的靡费。

"真人欻见"四句为第四节，是说当今的皇上像得道的真人一样，忽然从江东兴起发难。在金秋的九月金戈铁马打过崆峒山，这时候离散百年的枯骨也随着凯旋之师返回江南，就在雨花台下凿造新的幽宫，宋理宗的头颅重新得到安葬。崆峒，山名，在甘肃平凉西。

末四句为第五节，是说诗人对这种厚葬发出警告。暴君石虎的太武殿已经是荆棘丛生，夜间在荒芜的殿上流萤处处可见。只有白塔矗立在江边，像历史的证人警醒着人间。石虎，十六国时期后赵国君，在位期间穷兵黩武，营建宫室，废耕地为猎场，夺人妻女充后宫，刑罚苛暴，民不聊生，死后不久赵即亡。诗人感叹地说，人世间的事情千头万绪，谁能预料它的风云变幻，耳听到杜鹃的声声悲鸣，我的眼泪有如飞散的冰霰。杜宇，古蜀帝名，传说其化为杜鹃，后人因称杜鹃为杜宇。

诗人对帝王死后建造豪华无比的陵墓，花费大量的人力、物力实行厚葬给予无情地揭露，对元朝统治者的暴政进行了抨击。帝王们建造又深又牢固的陵墓，"凿石通泉下深锢"，到头来是陵墓被挖，连理宗的颅骨也被砍下并制成饮器，落下的是"风雨空山魂夜啼"的下场。就连暴君石虎，生前不可一世，现在殿上也是"流萤夜飞"，荒凉一片。帝王想永久保存"直恐金棺腐"，结果还是落空。鲜明的对比，揭示了劳民伤财的厚葬是可悲的。（毕桂发）

【原文】

送王克让员外赴陕西

貂裘万里独冲寒，旧是含香汉署官⁽¹⁾。
白雪作花人面落，青山如凤马头看。
关中相国资王猛⁽²⁾，海内苍生望谢安⁽³⁾。
应念东南有遗佚⁽⁴⁾，采芝深谷尚盘桓。

【毛泽东圈评等情况】

毛泽东读清沈德潜、周准编选《明诗别裁集》卷二时圈阅了这首诗。

[参考] 张贻玖：《毛泽东评点、圈阅的中国古典诗词》，
中国工人出版社 1992 年版，第 257 页。

【注释】

（1）含香，含香署，指尚书省，以尚书郎含鸡舌香奏事，故名。汉应劭《汉官仪上》："尚书郎口含鸡舌香伏其下奏事。"

（2）王猛，（325—375）十六国时前秦大臣，字景略，北海剧（今山

东昌乐）人。少贫贱，博学，尤好兵书，为苻坚重用，官至丞相，比之诸葛孔明。执政期间革新吏治，兴儒重农，整军经武，为统一北方奠定了基础。

（3）谢安（320—385），字安石，陈郡阳夏（今河南太康）人，东晋政治家，孝武帝时位至宰相。晋孝武帝太元八年（383）指挥谢玄、谢石取得淝水之战的胜利，大败前秦苻坚，后又收复洛阳及青、兖、徐、豫各州，使东晋局面稳定下来。

（4）遗佚，遗贤、隐士。

【赏析】

此诗是送别王克让赴陕任职的，诗人对他独自向西北远行表示关切同情。员外，员外郎，正官以外的郎官。

这是一首七言律诗。首联首句"貂裘万里独冲寒"，写送别的时间是在严寒的冬季。貂裘，富贵者或名士的衣服。貂，又称豹鼠，皮毛极轻暖，为珍贵裘料。在北风横吹、萧瑟寒冷的严冬，王克让披着貂裘、冒着风寒向万里远行。独冲寒，写出了远行者的勇敢，离别亲朋故友一人奔向万里的旅途之上。"旧是含香汉署官"，你本是含香殿署的郎官。含香署，即尚书省。尚书省的官员是皇帝的近侍官，这里指皇帝信任的官。在帝王身边当官是很受宠的，现在要离开京城到万里之外的陕西任职，又在严寒之冬独自一人去，表现出诗人的同情惋惜之情。

颔联"白雪作花人面落，青山如凤马头看。"诗人生动地描绘出雪天静物的动态。在寒冬，漫天飞舞着的大雪落在人们的脸上，顺着马头望见像凤凰飞舞似的青山。白雪作花，形容雪大如花片，漫天飞舞。青山如凤写骑在马上看远处，青山在雪花飘飘飞舞中像凤凰飞动一样。诗人写雪天送别友人，处处给人一种勃勃生机感。

颈联"关中相国资王猛，海内苍生望谢安。"王猛为十六国时前秦大臣，少贫贱，博学，尤好兵书，桓温北伐入关，曾被褐往见，扪虱而谈。后为苻坚重用，比之诸葛孔明，官至丞相。执政期间，王猛坚持革新吏治，打击豪强，兴复儒学，选拔人才，劝课农桑，整军经武，为统一北方奠定了基础。谢安为东晋文学家、军事家，曾以少胜多，谋划大败南犯的苻坚军队的"淝水之战",因功拜太保。工诗文,有《兰亭诗》等,风格疏朗,言辞清丽,见《全晋诗》。这两句意思是说,前秦局面全靠扪虱而谈的王猛支撑,举国上下百姓都盼望你像东晋的谢安。诗人对友人寄予深切的厚望,举出历史上两个有名望的人物,让友人效法,希望他能在政治上有巨大的成绩,为国为民做出更大建树。

最后尾联,诗人又谆谆嘱托"应念东南有遗佚,采芝深谷尚盘桓"。遗佚,遗贤,隐士。采芝,采灵芝。盘桓,逗留,等待。这两句意思是,你应该时时记着江东还有遗贤,他们正在深山里采灵芝等待着推荐。诗人告诫友人到任以后要不拘一格广选人才。

本诗语言清新形象,表达了诗人对友人远行赴任的关切同情,恰切地以历史上有名的人物勉励友人在政治上有所建树,表现出了朋友间深厚的友谊。(英男)

【原文】

殳山隐居夏日

病客从教懒出村(1),两山一月雨昏昏。
野花作雪都辞树,溪水如云欲到门。
无复元戎喧鼓吹(2),试从田父牧鸡豚(3)。
来青处士时相过(4),犹是平原旧子孙(5)。

【毛泽东圈评等情况】

毛泽东读清沈德潜、周准编选《明诗别裁集》卷二时圈阅了这首诗。

[参考]张贻玖:《毛泽东评点、圈阅的中国古典诗词》,中国工人出版社1992年版,第257页。

【注释】

(1)从教,听从教导。《韩非子·诡使》:"无二心私学,听吏从教者,则谓之陋。"

（2）无复，不再。元戎，大军。《史记·三王世家》："虚御府之藏以赏元戎，开禁仓以振贫穷。"喧，嘈杂，吵闹。

（3）试从，试着跟随。田父，老农。豚，小猪。

（4）处士，本指有才德而隐居不仕的人，后亦泛指未做过官的士人。《孟子·滕文公下》："圣王不作，诸侯放恣，处士横议，杨朱墨翟之言盈天下。"时，时常。相过，互相往来。《商君书·兵守》："故曰慎使三军无相过，此盛力之道。"

（5）平原，指战国时赵国公子平原君。唐李白《送薛九被谗去鲁》："蛾眉笑躄者，宾客去平原。"

【赏析】

这是一首七言律诗。诗中抒发了诗人夏天在戍山隐居的情怀。戍山，在今浙江嘉兴西南。诗人在元末领乡荐，遭乱退居戍山。由此可知，此诗写于元末社会大动乱、诗人隐居戍山之时。

"病客从教懒出村，两山一月雨昏昏。"首联叙事，写诗人客居戍山适逢夏季多雨。戍山并非诗人家乡，乃是寄居他乡；寄居他乡心就不悦，何况有病。于是诗人听从医嘱，边村庄也懒得出了。上句写出病中客居的无奈。两山，指戍山有两个山峰。一月，指晴空之夜月出戍山之上。下句说地处江南的戍山，初夏正逢梅雨季节，整日阴雨绵绵，天昏地暗。意谓天公也不作美。起首二句写出诗人无情无绪，十分烦闷。

"野花作雪都辞树，溪水如云欲到门。"颔联描写，写戍山住所花谢水溢。时届夏季，当然万花纷谢，像雪片一样从树上落下。再加上梅雨连绵，河水漫溢，都涌到了庭院门口，这无疑更增添了诗人的愁绪。

"无复元戎喧鼓吹，试从田父牧鸡豚。"颈联叙事，写诗人以放牧鸡豚为乐。元末本是社会大动乱时期，兵乱马荒已久，可喜的是这种局面渐渐平定下来了。所以再也听不到大军喧嚣的鼓吹乐，诗人便尝试着跟老农放牧鸡豚了。

"来青处士时相过，犹是平原旧子孙。"末联，写诗人的交往之乐。来青处士，生平未详，当是诗人在戍山时相交游的好友，而且还是一位像战国时赵国平原君赵胜的后代子孙。"平原"系用典，即平原君。战国赵武灵王子，惠文王弟，名胜，封于平原，故号平原君。相惠文王及孝成王。秦国围攻都城邯郸，危急，用毛遂计，与楚订纵约；又求救于魏信陵，使赵国转危为安。喜宾客，宾客多至数千人，太史公称之为"翩翩浊世之佳公子"。事见《史记·平原君虞卿世家》。后泛指尚义重士的在位者。这是说，来青处士是一位尚义重士的贵族子弟，能以平等身份与客居岌山的诗人交往，对诗人来说是一种慰藉。字里行间，流露出对岌山隐居生活的欣慰与满足。（毕桂发）

凌云翰

凌云翰（生卒年不详），字彦翀，钱塘仕和（今浙江杭州）人。明代诗人。明初以荐授四川成都府学教授，坐事谪南荒死。工诗词，博通经史，有《拓轩集》四卷。

【原文】

关山雪霁图

前峰后峰雪模糊，东村西村春有无。快雪时晴入佳想，况复见此关山图。关山迢递相联属，玉洁珠光眩人目。扶桑飞上金毕逋⁽¹⁾，暗水流澌度空谷⁽²⁾。野桥行过路三叉，青旗插檐沽酒家。驱驴倦客得少憩，怅望远道还咨嗟。诗翁好事常起早，天寒只恐梅花老。柴门时有故人来，阶下白云须用扫。此图一日落尘寰⁽³⁾，笔法依稀荆与关⁽⁴⁾。人生远游固云乐，何似在家长看山。我本识字耕夫耳，占祥便作丰年喜⁽⁵⁾。田园归隐会有时，麦饭饱餐茅屋底。

【毛泽东圈评等情况】

毛泽东读清沈德潜、周准编选《明诗别裁集》卷二时圈阅了这首诗。

[参考]张贻玖：《毛泽东评点、圈阅的中国古典诗词》，中国工人出版社1992年版，第257页。

【注释】

（1）扶桑，神木名，传说日出其下，此代指太阳。毕逋，乌鸦的别称。金毕逋，即金乌。

（2）流澌，江河解冻时流动的冰块。《楚辞·九歌·河伯》："与女游兮河之渚，流澌纷兮将来下。"王逸注："流澌，解冰也。"

（3）尘寰，人世间。

（4）荆与关，荆浩与关仝，五代梁画家，善画山水。关仝师法荆浩，有青出于蓝而胜于蓝的美誉。

（5）占祥，占卜吉祥。

【赏析】

这是一首题画的七言古诗。诗人对画面作了精彩描述和中肯的赞美，并将画中的景物、人事同画外现实的人生紧密联系起来，寄寓了诗人题画时的心情和归隐的意趣。关山，关隘山岭。雪霁，雪后天晴。

"诗是有声画，画是无声诗。"在中国古代文人创作中，诗与画相互联系、相互影响是司空见惯的事。就题画而言，是先有画，后作诗。其要求是揭示画的内在意蕴，甚至成为画的点睛之笔，同时它又要有自身的内涵和魅力，这样才能将它与画相提并论，构成一件完整的艺术品。

全诗二十四句，每四句为一节。诗的开首四句为第一节，将画面作了简括叙述。"前峰后峰雪模糊，东村西村春有无。快雪时晴入佳想，况复见此关山图。"画面上前山和后山在扬风落雪中是一片模糊的景象，东村西村在妩媚的春光掩映下时有时无。飞雪乍来时，晴云忽被隐去，使人遐想，引人入胜。更何况又看到了这幅《关山雪霁图》。诗句中流露出喜悦之情。诗人写出画家艺术的高超，白纸上经过画家彩笔的涂抹，浓淡相间，虚实分明地画出了关山大雪停止后的景象。

第二节"关山迢递相联属，玉洁珠光眩人目。扶桑飞上金毕逋，暗水流澌度空谷。"迢递，远貌。扶桑，神木名，传说日出其下。毕逋，乌鸦的别称。金毕逋，金乌鸦，代指太阳。关山在白雪覆盖下连绵不断地伸向远方，耀人眼的是珠玉般的晴天雪光。太阳从东海里出来，金光摇曳，普照大地；冰层下面的流水在空谷中荡起回响。诗句十分精练，四句写出四个各自独立的画面，却又如同电影镜头般连接起来。

写完了自然的景色，我们再看画中的人物形态，神情更是生动惟肖。第三节"野桥行过路三叉，青旗插檐沽酒家。驱驴倦客得少憩，怅望远道还咨嗟。"咨嗟，叹息。画的是走过野地里的小桥，道路分成了三岔；路旁卖酒人家的酒旗插上了屋檐；道路上还有疲倦的行人赶着毛驴，在这里休息，望着前边遥远的旅途，惆怅地叹气。诗人将画面上的村庄、桥、路、酒家、驱驴的倦客，都惟妙惟肖地描写出来，形象生动，神态逼真，即使我们没有观赏过这幅画，却也有画就在眼前的感觉。

　　第四节诗人不但写出画面上的景色和人物神情，还把诗人自己的现实生活与画紧密联系起来。诗人好管闲事，常常起得很早，天寒地冻，唯恐梅花衰老。想到常常有老朋友来这里探访，台阶下白云般的积雪需要好好扫一扫了。现实与画有机地结合在一起，丰富了画的内容，真的是"画中有诗，诗中有画"，浑然一体。诗人对画家的笔法赞不绝口说：这幅画一旦降落人间，那笔法同荆浩、关仝仿佛是一样的。荆、关，荆浩、关仝。荆浩是五代梁的画家，善画山水。关仝师法荆浩，有青出于蓝的美誉。第五节"人生远游固云乐，何似在家长看山。"这是诗人对画家的极高赞誉。人生在世，到处漫游本来是很快乐的事，可比不上在家里时时看"眼前"的山川。画面上画的逼真，几乎可以说比自然中的景物更引人入胜。第六节诗人又把题画的心情写了出来：我本来只是一个识字的农民，常常占卜吉祥以期望得到丰年的喜庆。很快我就会隐居到田园，吃着麦饭在低檐茅屋里享受着安静。通过这首题画诗，诗人与画家真正做到了声气相通、心心相印。（韩明英）

练 高

练高（生卒年不详），字子厚，陕西蒲城（今陕西渭南蒲城）人。

【原文】

送赵将军

崆峒一剑倚秋阴⁽¹⁾，谁识将军百战心⁽²⁾？

老去功名余白发⁽³⁾，闲来歌舞散黄金⁽⁴⁾。

呼鹰大泽风竿劲⁽⁵⁾，射虎南山雪羽深⁽⁶⁾。

敲缺唾壶银烛短⁽⁷⁾，时人不解陇头吟⁽⁸⁾。

【毛泽东圈评等情况】

毛泽东读清沈德潜、周准编选《明诗别裁集》卷二时圈阅了这首诗。

[参考]张贻玖：《毛泽东评点、圈阅的中国古典诗词》，

中国工人出版社1992年版，第257页。

【注释】

（1）崆峒，山名，在今甘肃岷县西。唐杜甫《投赠哥舒开府翰二十韵》："防身一长剑，将欲倚崆峒。"

（2）将军百战心，《乐歌辞·木兰辞》："将军百战死，壮士十年归。"

（3）老去，谓人渐趋衰老。杜甫《往在》："归号故松柏，老去苦飘蓬。"功名，功业和名声。

（4）"闲来歌舞"句，语出唐李白《将进酒》："人生得意须尽欢，莫使金樽空对月。天生我材必有用，千金散尽还复来。"

（5）呼鹰大泽，在大泽中打猎。呼鹰，呼鹰以逐兽，因指打猎。《新

唐书·姚崇传》："帝曰：'公知猎乎？'（姚崇）对曰：'少所习也。臣年二十，居广成泽，以呼鹰逐兽为乐。'"大泽，大湖沼，大薮泽。《左传·襄公二十一年》："深山大泽，实生龙蛇。"风竿，风中的竹子。

（6）"射虎南山"句，用汉李广终南山射虎典故。

（7）"敲缺唾壶"句，用晋大将军王敦敲缺唾壶典。

（8）陇头吟，即《陇头歌》，内容多为抒写戍守边塞的愁苦或为行旅羁思之辞，属汉乐府横吹曲。

【赏析】

这是一首送别的七言律诗。被送的赵将军，生平未详。赵将军作为一名武将，是出征还是凯旋呢？看来二者都不是。那么只有送他告老还乡了。诗人不肯说破，只笼统地称为《送赵将军》，极其含蓄。这首诗表现了对身经百战的赵将军的深切同情和慰勉。

"崆峒一剑倚秋阴，谁识将军百战心？"首联叙事，写赵将军倚剑崆峒，无人理解。崆峒，山名，在今甘肃岷县西，指代西北边疆。崆峒倚剑切合赵氏的身份。秋阴，时在秋节，点明时令。赵氏长期防守边疆，而且身经百战，卓有战功。按常理言，赵氏早该升迁还朝了，但至今却仍羁留在艰苦的边防前线，此景此情又有谁理解他呢？起首二句便为赵氏直吐不平之气。

"老去功名余白发，闲来歌舞散黄金。"颔联继续叙事，写赵将军听歌观舞。如果首联二句写赵将军过去的战功，次联二句便是写他的现状。这位立有赫赫战功的将军，随着年岁的老迈，其战功越来越少有人了解了，人们只看到他是一位白发老翁，整日闲暇无事，以听歌看舞来打发日子，花掉了很多钱财。赵将军虽有"天生我材必有用，千金散尽还复来"之慨，实在是百无聊赖之举，这就深化了诗人的感慨。

"呼鹰大泽风竿劲，射虎南山雪羽深。"颈联描写，回写赵将军当年的英雄气概。上句描写赵将军呼鹰走犬在大林薮中打猎的英姿，下句用李广南山射虎典写其气概。《史记·李将军列传》云："广家与故颍阴侯孙屏野居蓝田南山中，射猎。""天子乃召拜广为右北平太守。……广出猎，

明
诗

见草中石，以为虎而射之，中石没镞，视之石也。因复更射之，终不能复入石矣。广所居郡闻有虎，尝自射之。及居右北平射虎，虎腾伤广，广亦竟射杀之。"裴骃集解引徐广曰："镞，一作'羽'。"汉代名将军李广射箭入石中，陷没箭上的羽毛，表现了他勇猛善射的气概。这里是借比赵将军，是进一步赞扬了赵将军的英雄气概。

　　"敲缺唾壶银烛短，时人不解陇头吟。"尾联抒情，写对赵将军不遇的感慨。上句用典，《世说新语·豪爽》："王处仲（王敦）每酒后辄咏'老骥伏枥，志在千里。烈士暮年，壮心不已'。以如意打唾壶，壶口尽缺。"后以"唾壶尽缺"形容心情忧愤或感情激昂。此以东晋大将军王敦来比赵将军，写其忧愤。下句说当时的人都不理解陇头吟这首歌。汉乐府有《陇头歌》三首，其一曰："陇头流水，流离山下。念我行役，飘然旷野。登高望远，涕零双堕。"陇，即今甘肃。赵将军戍守崆峒山正是陇头之地。行役，旧指因服军役、劳役而跋涉在外，正即赵将军之身份。所以诗人援引此歌作结，正好抒发了赵将军久戍不归的愤慨和感伤，这也正是本诗的题旨所在。（毕桂发）

孙蕡

孙蕡（1334—1393），字仲衍，顺德（今广东顺德）人。明代诗人。明太祖洪武三年（1370）举乡贡进士，授工部织染局使，后为平原主簿，以牵累被逮，命筑京师郝门城墙，后获释。洪武十五年（1382），起为苏州府经历（掌管文书），又坐累戍辽东。洪武二十六年（1393），明太祖大治蓝玉党，遂被杀。他是粤语诗派的先驱，与黄哲、王佐等结南园诗社，时称南园五先生。诗长于七古，叙事有序，语言工力。有《西庵集》《和陶集》《通鉴编纲目》等。

【原文】

次归州

归州城门半天里[1]，白云晚向城下起。市廛架屋依岩峦，妇女提罂汲江水[2]。巴山雪消江水长[3]，城中夜闻滩濑响[4]。客船树杪钩石棱，渔父云端晒缯网[5]。家家芜田山下犁[6]，倒枯大树烧作泥[7]。居人养犬获山鹿，稚子缚柴圈野鸡。楚王台高对赤甲[8]，四时猛风长飒飒。柁工鸣板避旋涡[9]，橹声摇上黄牛峡[10]。

【毛泽东圈评等情况】

毛泽东读清沈德潜、周准编选《明诗别裁集》卷二时圈阅了这首诗。

[参考] 张贻玖：《毛泽东评点、圈阅的中国古典诗词》，中国工人出版社1992年版，第257页。

【注释】

（1）归州，今湖北秭归，为一山城。

（2）罌（yīng），大腹小口的陶制容器。

（3）巴山，在今湖北巴东南。

（4）滩，江河中较浅、多沙石而水流急的地方。濑，浅水沙石滩。

（5）罾（zēng），一种用竹竿或木棍作支架的方形渔网。

（6）芜田，开垦的生荒地。

（7）泥，此指用作肥料的草木灰泥。

（8）楚王台，位于巫峡上游的高山上，传说楚襄王在那里与神女幽会。赤甲，山名，位于瞿塘峡的上游，在重庆奉节东，不生树木，土石紫红如人袒臂。

（9）柁，古同"舵"。

（10）黄牛峡，地名，在湖北宜昌西，又名黄牛山，下有黄牛滩。

【赏析】

诗题《次归州》。"归州"，指今湖北秭归。孙蕡这首七言古诗写湖北秭归的风土民俗和西陵峡上游的山水之胜。诗人扣住一个"次（旅途暂住）"字所见所闻，描述得历历在目，声声入耳，十分自然逼真，读起来使人有身临其境之感。

全诗十六句，每四句为一节。可分为四节。诗开头四句为第一节，就写"归州城门半天里，白云晚向城下起"。这是说，归州城门好像开在半天空，黄昏来临时白云从城下升起。诗人写出城在高山上、云在城门下的一种山城的特有景观。"市廛架屋依岩峦，妇女提罌汲江水。"市廛，商店集中的地方。罌，大肚小口的容器。由于城在山上，集市上房屋的建筑依着山势层层叠叠，妇女们提着陶瓶到江边汲水。

第三节"巴山雪消江水长，城中夜闻滩濑响。客船树杪钩石棱，渔父云端晒缯网。"巴山，在江汉支流任河谷地以东，四川、陕西、湖北三省边境。巴山上的积雪消融，江水暴涨，黑夜在城里也能听到滩涛的震响。江边船只勾住石棱就像停泊在树梢上，渔夫们仿佛在白云边晒网。这四句写出江水、渔船在高处的景象，为我们描绘出山城独特的自然景色。"城门半天里""白云城下起""树杪钩石棱""云端晒缯网"，这都是在平地难以看到的景象，是归州城的独特景色。诗人让读者看到依山而建的房屋，仿佛听到滩涛的震响，有妇女江边汲水，还有渔父在晒网。有山，有水，有声，有色。如身临其境一样，西陵峡上游的山水胜景尽收眼底。

第三节"家家芜田山下犁，倒枯大树烧作泥。居人养犬获山鹿，稚子缚柴圈野鸡。"诗人又写出了当地的风土民俗。他们依靠自然播种、收获、狩猎、养畜。家家户户在山下耕种荒田，烧掉那枯枝树叶当作肥料施泥田。居民们豢养些猎犬帮助人捕获山鹿，小孩子编扎柴栏圈养捕来的野鸡。一幅山村的自然风光画展现在面前，使我们了解了当地的习俗。山村人朴实自然又有野趣的生活令人神往。

第四节"楚王台高对赤甲，四时猛风长飒飒。"楚王台，位于巫峡上游的高山上，传说楚襄王曾在这里与神女幽会。赤甲，山名，位于瞿塘峡上游，在重庆奉节东，不生树木，土石紫红如人袒臂。意思说，楚王台对着高高的赤甲山，一年四季劲风吹来。这是诗人因峡风劲吹而联想到的山水风景。"柁工鸣板避旋涡，橹声摇上黄牛峡。"黄牛峡，地名，在湖北宜昌西，又名黄牛山，其下有黄牛滩。南岸重岭叠起，高崖间有石，如人牵牛。故行者有谣："朝发黄牛，暮宿黄牛，三朝三暮，黄牛如故。"意思说，柁工们在船上敲着船板让人警惕避开旋涡，橹声一直摇到下游的黄牛峡。诗人引用神话故事，写出坐船到黄牛峡的情景，更增添了诗的迷人色彩，让读者如亲身经历一样，感染力极强。（东民）

【原文】

下瞿塘

我从前月来西州⁽¹⁾，锦官城下十日留。回船正值重九节⁽²⁾，巫山巫峡风飕飕⁽³⁾。人言滟滪大于马⁽⁴⁾，瞿塘此时不可下。公家王事有程期，敢惮微躯作人鲊⁽⁵⁾。人鲊瓮头翻白波⁽⁶⁾，怒流触石为旋涡。长年敲板助客船，破浪一撒如飞梭。滩声橹声历乱聒，紧摇手滑橹易脱。沿洄划转如旋风，半侧船头水花没。船头半没船尾高，水花作雨飞鬓毛。争牵百丈上崖谷，舟子快捷如猿猱⁽⁷⁾。停船把酒酹苍昊⁽⁸⁾，因笑吾生真草草。吟诗未解追谪仙⁽⁹⁾，万里经行蜀中道。巴东东下想安流，便指归州向峡州⁽¹⁰⁾。船到岳阳应渐稳，洞庭霜降水如油⁽¹¹⁾。

【毛泽东圈评等情况】

毛泽东读清沈德潜、周准编选《明诗别裁集》卷二时圈阅了这首诗。

[参考] 张贻玖：《毛泽东评点、圈阅的中国古典诗词》，

中国工人出版社 1992 年版，第 257 页。

【注释】

（1）西州，泛指地居中国西部诸州，此指蜀地，即今四川。

（2）重九节，即重阳节，农历九月初九，故谓重九。九为阳数，故又名重阳。

（3）巫山，在今重庆巫山东。巫峡，在今重庆巫山、湖北巴东之间，为长江三峡之一。

（4）滟滪，滟滪滩，为瞿塘峡口的巨礁，出水二十余丈，夏则没。古歌谣曰："滟滪大如马，瞿塘不可下；滟滪大如牛，瞿塘不可留；滟滪大如幞，瞿塘不可触。"

（5）鲊（zhǎ），用腌、糟等方法加工的鱼类食品，腌鱼、糟鱼之类。人鲊，此指人死葬身鱼腹。

（6）人鲊瓮，在今湖北秭归西，瞿塘峡下游险境之一，为一块大石占了五分之四的江面，长江变成一条狭窄的胡同，水流似箭，航船到此被迫急转弯，很多船只在此翻沉，游人丧生不计其数，如同一瓮死鱼，故名之。古诗中"人鲊瓮"与"鬼门关"同义。宋赵令畤《侯鲭录》卷三："瞿塘之下，地名人鲊瓮，少游尝谓未有以对，南迁，度鬼门关，乃用为绝句云：'身在鬼门关外天，命轻人鲊瓮头船。'"

（7）猱（náo），古书上说的一种猿，身体便捷，善攀援。此处的猿猱是比喻爬山登高的纤夫们。

（8）酹苍昊，举杯洒酒，祭奠天帝。苍昊，苍天。

（9）谪仙，谪居世间的仙人，常用以称誉才学优异的人，指诗人李

白。唐孟棨《本事诗·高逸》：“李太白初自蜀至京师，舍于逆旅。贺监知章闻其名，首访之。既奇其姿，复请所为文。出《蜀道难》以示之。读未竟，称叹者数四，号为‘谪仙’。”

（10）峡州，治所在夷陵（今湖北宜昌）。

（11）水如油，此指水面平静如油。

【赏析】

这是一首七言古诗。瞿塘，即瞿塘峡，在今重庆奉节东，与巫峡、西陵峡合称长江三峡。三峡重岩叠嶂，江流湍急，礁石漫布，为长江航道极险处。瞿塘峡又为三峡最险处。作者叙述了乘船沿江下行、穿越瞿塘峡时的情景和感受。

全诗可分三节。诗开头八句为第一节，交代下瞿塘的时间和缘由。西州泛指蜀地，即今四川。锦官城，今成都。诗人八月底来四川，在成都共逗留了十几天，在重阳节的时候回船东下。“巫山巫峡风飕飕”，写出三峡深秋的时令特点，并将这次行舟的危险微微暗示出来。滟滪，滟滪滩，瞿塘峡口的巨礁，“出水二十余丈，夏则没”（北魏郦道元《水经注·江水》）。古歌谣说：“滟滪大如马，瞿塘不可下；滟滪大如牛，瞿塘不可留；滟滪大如襆，瞿塘不可触。”诗人由于王命在身，程期有限，就在“瞿塘不可下”的危险时期，冒着“作人鲊”的生死危险下瞿塘。鲊，腌鱼，糟鱼，这里比喻人会葬身鱼腹。人鲊瓮，瞿塘峡下游险滩之一，一块大石占了五分之四江面，长江变成一条狭窄胡同，水流似箭。航船到此被迫急转弯，很多船只在此沉没，游人丧生于此不计其数，如同一瓮死鱼，故名之。古诗中常将“人鲊瓮”与“鬼门关”相比，由此可见古时瞿塘行船的危险。诗人在此情况敢于下瞿塘是需要有过人的勇气的。

下面十二句为第二节，描写船行在三峡时的情景。“人鲊瓮头翻白波，怒流触石为旋涡。”这两句既描述江流，又描述江中的航船。人鲊瓮滩头滚涌着白色的波涛，湍急的江流撞在山石上形成一个个的旋涡。舵手敲着船板提醒船客警惕。这时冲破恶浪的船就像抛出的一支飞梭。诗人写出了江流的湍急与惊心动魄，接着又写行船的艰险。滩上的涛声夹杂着船上的橹声，船夫们紧摇橹的双手因为船体震荡非常容易滑脱，船遇旋涡如同遇到旋风一般。船头前倾往往被浪花淹没，船头被淹没的时候船尾翘得高高的。浪花飞溅如同急雨，打湿了船中人的鬓发。看那逆水船上拉纤绳的纤夫，爬山登高、健步如飞似猿猱！诗人在这里着重表现"流急"和"船险"两个方面，运用多种表现手法。如用"翻"字表现波涛汹涌，用"怒"字表示水势浩大湍急，用"撇"字表示江流急速，选词非常恰当。另外还运用了比喻，"如飞梭"喻波涛的迅疾，"如旋风"喻航船回转不停，"如猿猱"隐喻船行驶得快。其次描写声音：船公敲打着船板的声音，水流冲击江滩发出的声音、摇橹时发出的声音混杂一起，再加上峡谷里风声"飕飕"，可以想象这些声音融汇一起，格外令人紧张、惊颤。

最后八句为第三节，抒写作者过三峡后的心情。"停船把酒酹苍昊，因笑吾生真草草。"渡过瞿塘峡后，诗人感到非常庆幸，船停下来他就举杯洒酒祭奠天帝，嘲笑自己的劳碌太草率。吟诗的时候还不懂追随李白，而今诗人却走过了万里蜀道。谪仙，指诗人李白。诗人过了瞿塘峡之后想着从巴东再向东行，指望江水平稳，朝着秭归行船然后直向宜昌。归州，今湖北秭归。峡州，治所在今湖北宜昌。想安流，表达了诗人在经历过险境之后思念平稳的心情。"船到岳阳应渐稳，洞庭霜降水如油。"诗还进一步想着船到湖南北部的岳阳该是风平浪静，霜降后的深秋洞庭湖的水面也该像油一样平静吧。

这首诗写三峡瞿塘水势湍急的景况和诗人为王事奔波而不敢畏难的心境，以及穿越瞿塘峡时的情景和感受。写景叙事节序分明，丝丝入扣，最后写船至岳阳时心才平静，反衬过三峡时行船的惊险。（孙瑾）

【原文】

送翰林典籍张敏行之官西土

敦煌城下沙如雪⁽¹⁾，敦煌城头无六月。关西劲卒筑防秋⁽²⁾，捷书夜半飞龙楼⁽³⁾。九重下诏征貔虎⁽⁴⁾，推毂上将开都府⁽⁵⁾。黄旗卷日大军行⁽⁶⁾，旄头化石夜有声⁽⁷⁾。敦煌迢迢五千里，十月即渡黄河水。

上将翮翮才且雄，平戎不数贰师功⁽⁸⁾。叱咤犹在轮台北⁽⁹⁾，匹马已入渠黎国⁽¹⁰⁾。左校偏裨晚射雕⁽¹¹⁾，倚鞍醉索单于朝⁽¹²⁾。西山黑风吹堕瓦，霜角吹秋塞垣下。太平今见远宣威，君往从戎几日归？幕下文儒能耀武⁽¹³⁾，词林从此有光辉⁽¹⁴⁾。

【毛泽东圈评等情况】

毛泽东读清沈德潜、周准编选《明诗别裁集》卷二时圈阅了这首诗。

[参考] 张贻玖：《毛泽东评点、圈阅的中国古典诗词》，

中国工人出版社 1992 年版，第 257 页。

【注释】

（1）敦煌，郡名，汉置，治所在今甘肃敦煌西，辖境相当于今甘肃疏勒河以西及南地区。地处河西走廊西端，西界置有玉门关及阳关，为两汉魏晋时中原与西域往来的门户。

（2）关西，古地区名，汉、唐时泛指函谷关或潼关以西的地区。劲卒，精壮的士兵。秋，秋天，属金，在西方，含有军事入侵之意。

（3）龙楼，汉代太子宫门名，借指朝堂。

（4）九重，九层，九道，代指宫门，此指帝王。下诏，皇帝下达命令。貔（pí）虎，貔和虎亦泛指猛兽，此喻勇猛的将士。

（5）推毂，比喻助人成事或推荐人才，如助人推毂（车轴），使之前进。上将，主将，统帅。开都府，节度使成立府署。开府，古代指高级官员（如三公、大将军、将军等）成立府署，选置僚属。

（6）黄旗，黄色的旗帜，古代军中用旗，亦为大将的军旗。

（7）旄头，即昴星，星名，二十八宿之一。《史记·天官书》："昴曰旄头，胡星也，为白衣会。"所谓白衣会，昴星为著名之星团。其星气如云非云，似烟非烟，望之如白气，故称。后世星象家附会为有凶灾之征兆。《汉书·天文志》："凡五星，岁与填合则为内乱，与辰合则为变谋而更事，与荧惑合则为饥，为旱，与太白会则为白衣之会，为水。"化石，变化为石。明刘基《双带子》曲之四："天上星辰能化石，黄河千岁也还清。"

（8）贰师，汉武帝时征西名将李广利。

（9）轮台，古轮台国，在今新疆轮台东南，被李广利率军征服。

（10）渠黎国，一作"渠犁国"，汉代西域国名，在今新疆轮台和尉犁之间。

（11）较，古代车厢上的曲铜钩，可作扶手。偏裨，副将。

（12）朝，朝见。

（13）文儒，文士，此指张敏行。耀武，显示武力。

（14）词林，翰林或翰林院的别称。宋王应麟《王海·圣文五·康定赐翰林飞白书》："至和元年九月，王洙为学士，仁宗尝以涂金龙水为飞白'词林'二字赐之。"

【赏析】

这是一首送别诗。翰林典籍，官名，是翰林院中掌管法典图籍等重要文献的官员。张敏行，生平未详。之官西土，是到任后又被派往西部边防前线。所以，这是一首送儒将张敏行上西部边防前线的诗。

这首古诗可分为三节。开头六句为第一节，写皇帝征召御边大将。"敦煌城下沙如雪，敦煌城头无六月。"起首二句叠用"敦煌城"，点明地点。地处河西走廊西端的敦煌城，即使六月盛夏也是白茫茫一片沙原，不仅写出了敦煌形势的险要，也暗示了戍守的艰苦。这样重要的战略要地当然不能掉以轻心，所以朝廷调集了关西精壮部队守卫，而且打了胜仗，军事捷报飞快地传到朝廷。但皇帝又下达命令，征召勇猛的将士，荐拔主帅成立节度使府署，选置僚属，以加强边防的军事力量。

自"黄旗卷日大军行"至"霜角吹秋塞垣下"为第二节，写张敏行随主帅西上建立边功。"黄旗"等四句，写大将的军旗飘飘，大军白天出征，夜里昴星便化成了石头。昴星，胡星也。昴星化为石头，表明边患已除。所以通往敦煌的五千里漫漫长途，十月间大军便渡过了黄河，说明进军神速，所向无敌。接下来六句写将士立功边疆。写主帅是位风流而又有文采的人，他有雄才大略，所以平定外患的功劳超过汉代著名的抗击匈奴的名将贰师将军李广利，意谓古今第一，天下无二。这是拿李广利衬托他的功高。李广利（？—前88），武帝时为贰师将军，率军越过葱岭攻破大宛，取得善马数十匹，中马以下三千余匹，立昧蔡为大宛王而还。以功封海西侯。后复击匈奴，兵败投降，不久为匈奴奴隶主所杀。李广利虽然晚节不终，但他抗击匈奴的功勋是很少有人可比的。主帅之功竟然越过他，其功之大，不言而喻。接下二句又从平定地域加以申说。轮台、渠黎，均为西域古国名，其地都在新疆境内，当时是极远之地。而主帅叱咤风云于轮台之兆，战马已进入渠黎国境内，进一步从声势、威力方面写出其功劳之大。接下"左较偏裨晚射雕，倚鞍醉索单于朝"二句，又以裨将之功再加烘托。主帅的副将也是武艺出众的人，他们勇敢善射，晚上还能射击大雕，醉倚马鞍就能缚来匈奴单于来向天朝朝拜。裨将的武艺高强，更说明了这次平戎的战果是何等辉煌。以上主要写主帅之功，这是这场出征必不可少的内容，裨将中可能已包括张敏行，但不便突出来写。

最后六句为第三节，归到送张敏行之官西土题意。这次出师大获全胜，平定了西部边疆少数奴隶主的骚扰，但此地环境十分恶劣，从西山刮来的黑风能把房瓦吹掉，塞外边城在严霜之中响起了凄厉的号角声，说明大军仍须常备不懈。天下太平，大军已向边疆宣示了天朝的威严，张敏行从一个文官而投笔从戎何时才能归来呢？这才落到诗人所送友人身上。末二句赞扬张敏行文武双全，为翰林院增添了光彩。全诗归结到送行题旨，结束全篇，结构紧凑，首尾圆合，是一篇送行佳作。（毕桂发）

刘 炳

刘炳（生卒年不详），字彦昺，一字彦章，以字行。鄱阳（今江西鄱阳）人。明初诗人。元末至正间，以义旅从军于浙。明初献书，任中书典签。洪武初出为大都督府掌记，除东阿知县。工诗词，诗"伉爽挺拔"。有《刘彦昺集》，即《春雨轩词》。

【原文】

同周伯宁连榻剧谈悲歌有感

醉来拔剑斫珊瑚，回首侯门是畏途[1]。

夜半闻鸡眠不着[2]，草堂秋雨读阴符[3]。

【毛泽东圈评等情况】

毛泽东读清沈德潜、周准编选《明诗别裁集》卷二时圈阅了这首诗。

[参考] 张贻玖：《毛泽东评点、圈阅的中国古典诗词》，
中国工人出版社 1992 年版，第 257 页。

【注释】

（1）侯门，诸侯之门，多指显贵人家。畏途，艰险可怕的道路，指危险可怕的地方。

（2）夜半闻鸡，形容志士奋发自励，准备为国效力。事本晋人祖逖与刘琨闻鸡起舞的典故："祖逖与司空刘琨俱为司州主簿，情好绸缪，共被同寝。中夜闻荒鸡鸣，蹴琨觉曰：'此非恶声也。'因起舞。"（《晋书·祖逖传》）

（3）阴符，《阴符经》，古兵书名。旧题黄帝撰，有太公、范蠡、鬼

谷子、张良、诸葛亮、李筌六家注。一说为唐李筌所伪托。内容提出"阴阳相胜之术",认为"治国之术百数,其要在清净自化;用兵之术百数,其要在奇正权谋"。历代史志以其入道家,又以《周书阴符》入兵家。亦泛指兵书。

【赏析】

这首七言绝句是作者同周伯宁一起畅谈悲歌后的感想,抒发了对权贵的愤慨及建功立业的豪情壮志。周浈,字伯宁,明洪武初任刑部尚书。连榻,并床,多形容关系密切。剧谈,畅谈。

"醉来拔剑"很明显是指作者和周伯宁二人在饮酒谈话中,于激愤之处将剑拔出把珊瑚击碎。斫,即砍,是一种气愤到了极点时的举动,作者是借这一动作发泄内心愤愤不平之气的。诗人之所以这么愤愤不平,是因为封建社会仕途艰难、官场险恶,权贵们尔虞我诈、勾心斗角,所以视官场为畏途。侯门,即公卿权贵之门。第二句正是这种情绪的自然流露。

三四句写熟读兵书,要为国家效力。夜半闻鸡是用典,晋祖逖"闻鸡起舞",事见《晋书》本传,后人因以形容志士奋发自励,准备为国效力。阴符是指《阴符经》,亦即"六家经",包括太公、范蠡、鬼谷子、张良、诸葛亮、李筌六家。这些人所著之书都是兵书,而且他们都隐居过,所以"阴符"有两种解释:唐以前多以兵书来解,唐及以后又有许多人把"阴符"当作一种道书。此篇中"阴符"作兵书来解更为合适。意谓立志要熟谙兵法,为国效力,有感慨悲歌之意,感情并不消极。

此诗虽是有感而发,却表现了诗人内心的那种对社会、政治、官场极为不满之情,也流露出了诗人立志报国的抱负。整首诗语言明畅,表情丰富,"斫""惧""听""读"虽曲折多变,却给人一种一气呵成、酣畅淋漓之感,于多变中见自然,堪为一首佳作。(辛永芬)

袁敬所

袁敬所（生卒年不详），江右（今江西）人。明代诗人。为人易直善饮。建文帝时曾官编修，靖难后流寓常山之松岭，酒酣书《题渊明五柳图》诗，掷笔悲吟，继以溅泪。有江右布商见之，曰："此吾乡某编修，何为在此？"敬所趋掩其口，不顾而去。后入赘一寡妇家，卒于妇家。

【原文】

题渊明五柳图

藜杖芒鞋白布裘⁽¹⁾，山中甲子自春秋⁽²⁾。

呼儿点检门前柳，莫遣飞花过石头⁽³⁾。

【毛泽东圈评等情况】

毛泽东读清沈德潜、周准编选《明诗别裁集》卷三时圈阅了这首诗。

[参考] 张贻玖：《毛泽东评点、圈阅的中国古典诗词》，中国工人出版社 1992 年版，第 257 页。

【注释】

（1）芒鞋，一种草鞋。

（2）甲子，中国古代用天干、地支相配的记时法，六十甲子为一周期，此为年月、年岁的代称。自春秋，自有其规律。

（3）石头，石头城，即南京，为靖难之役的是非之地，此指政治是非之地。

【赏析】

这首七言绝句大约作于明朝建文年间（1399—1402），时年靖难之役刚起，燕王朱棣起兵北平（今北京），以讨齐、黄（指明惠帝所重用的大臣齐泰、黄子澄）为名，号称"靖难"（即平定变乱）。建文四年（1402）燕兵破南京，惠帝死于宫中（一说逃亡）。燕王即位，是为成祖。其间，人民饱受战乱之苦。本诗大约是在这个时代背景下产生的。清人沈德潜、周准合编的《明诗别裁集》亦言此诗为作者"靖难后流寓常山之松岭，酒酣书《题渊明五柳图》诗，掷笔悲吟，继以溅泪"。

陶渊明是东晋著名的大诗人，他因不满当朝的黑暗现实，去职归隐，其许多诗篇借着描绘自然景色，隐喻其对腐朽统治集团的憎恶和不愿同流合污的精神。本诗借为陶氏《五柳图》题诗，表现作者迷恋于山水，决心归隐的思想，其中蕴含着作者对现实战乱给人民造成巨大痛苦的不满与憎恶之情。"藜杖芒鞋白布裘，山中甲子自春秋"，起首点明了画中陶氏对山水的迷恋与放情。藜，指一年生草本植物，嫩叶可食，茎老可做手杖。藜杖，即用藜茎所做的手杖。芒鞋，芒，谷类植物种子壳上或草木上的针状物。芒鞋是一种草鞋。裘，原义为动物皮制成的衣服，这里泛指衣服。作者这里点明《五柳图》题义，并重点敲出藜杖、芒鞋、白布裘等数种所用、所穿之物，主要因为这些物品都是来自自然环境本身，可显其归属自然之心、与世无争之思、自得其乐之想。这也即下句所言：归隐山林不知何年何月、春夏秋冬，过着自由自在的生活。甲子，我国古代一种计岁月的方法，故用之代指岁月、年岁。此指年岁。作者这里表面是述《五柳图》中题义，实际是抒发自己内心的感受。

"呼儿点检门前柳，莫遣飞花过石头"两句，是作者思想深层的透视。不用质疑，这也是《五柳图》画意，呼唤儿子出来查看点检门前柳树，儿子看到的是柳絮飘扬。然"过石头"三字则是作者的借题发挥，是本诗的诗眼所在。柳絮飘荡，是画中客观之景，"过石头"则是作者的主观想象。石头，即石城，《文选·左思〈吴都赋〉》："戎牟盈于石城。"注："刘曰：'石城，石头坞也，在建业（古县名，治所在今江苏南京）西，临江。'"作者这里所言"石头"，实际是指南京，因为靖难之役的结果是以燕兵破南京告终。所言"莫遣飞花过石头",实际表现的是作者对战乱的不满与憎恶。飞花,指柳絮。石头实际也是战乱的代名词,不让柳絮飘过石头城,是作者不愿意再涉足"尘世"。作者是饱经战乱之苦的人,由此足见作者思想深处对战乱的惧与恨。

本诗用借题发挥之艺术手法,阐明了自己对战乱的憎与恨,其思想内容是积极的,然其归隐思想与逃避之举却是消极的。这对我们认识当时时代状况、下层文人的思想不无价值。(王建国)

张 羽

张羽，字来仪，后以字行，更字附凤，浔阳（今江西九江）人，从父宦江浙，卜居吴兴（今浙江湖州）。明诗人。元末领乡荐，明初征起，擢太常寺丞兼翰林院，同掌文渊阁事。以事窜岭南，未半道召还，知所不免，投龙江（在今广东顺德境）死。其文章精洁有法，尤长于诗，画宗米友仁。有《静居集》。

【原文】

题陶处士像

五儿长大翟卿贤⁽¹⁾，彭泽归来只醉眠⁽²⁾。
篱下黄花门外柳，风光不似义熙前⁽³⁾。

【毛泽东圈评等情况】

毛泽东读清沈德潜、周准编选《明诗别裁集》卷二时圈阅了这首诗。

[参考] 张贻玖：《毛泽东评点、圈阅的中国古典诗词》，中国工人出版社 1992 年版，第 257 页。

【注释】

（1）翟（dí）卿，即墨翟，战国阳翟（今河南禹州）人，仕宋为大夫。

（2）彭泽，县名，西汉高祖时置，以地有彭蠡泽而得名，故城在今江西湖口东。晋陶潜曾为彭泽令，即此。

（3）义熙，晋安帝司马德宗年号（405—418）。

【赏析】

　　这是一首题画的七言绝句。陶处士，即陶潜，东晋大诗人。处士，本指有才德而隐居不仕的人，后亦泛指未做过官的士人。《孟子·滕父公下》："圣王不作，诸侯放恣，处士横议，杨朱、墨翟之言盈天下。"这首诗赞扬了陶潜辞隐、躬耕田园的闲适生活。

　　"五儿长大翟卿贤，彭泽归来只醉眠。"首句写诗人对儿子的企盼。五儿，陶潜有子五人，名舒俨、宣俟、雍汾、端佚、通佟。陶潜写过《命子》诗，晚年又有《子俨等疏》，流露出亲子之情、父子之爱；但他感到儿子与他的期盼相距甚远，又作《责子》诗。翟卿，即墨翟，墨家学派创始人，他主张兼爱、非攻、尚贤、尚同，希望有一个合理的社会。陶潜希望自己的儿子长大后能像墨翟那样贤明，对社会有所裨益。次句说陶潜辞官归隐。晋义熙元年（405）十一月，陶潜"不为五斗米折腰"，辞去彭泽令之职，回故乡过躬耕自资的生活。诗人用"只醉眠"三字突出来写陶潜好饮酒、饮少辄醉、醉则昏睡的闲散生活。

　　"篱下黄花门外柳，风光不似义熙前。"三、四句写陶潜的生活日趋窘迫。黄花，即菊花。篱下黄花，陶潜《饮酒》之五："采菊东篱下，悠然见南山。"门外柳，陶潜《五柳先生传》："宅边有五柳树，因以为号焉。"这句以采菊、植柳来写陶潜的田园生活，极为生动形象。风光，繁华景象。末句写陶潜辞官归隐的晚年生活日趋困窘，寄予无限的同情。（毕桂发）

李延兴

李延兴，字继本，东安（今河北安次西北）人，明诗人。元惠帝至正年间中进士，授太常奉礼兼翰林检讨。值元末之乱，隐居不仕。明太祖洪武年间典涞水（今河北涞水）县学。

【原文】

读贾谊王粲传

白发悲王粲⁽¹⁾，青春羡贾生⁽²⁾，
万言辞慷慨⁽³⁾，一赋气峥嵘⁽⁴⁾。
吊屈心犹壮⁽⁵⁾，依刘恨未平⁽⁶⁾，
怀贤坐长夜，耿耿若为情⁽⁷⁾。

【毛泽东圈评等情况】

1958 年 3 月，在成都会议期间，毛泽东圈阅的《诗词若干首》（唐宋明朝诗人写的有关四川的一些诗和词）中选录了这首诗。

[参考] 刘开扬注释：《诗词若干首》（唐宋明朝诗人咏四川），

四川人民出版社 1979 年版，第 150 页。

【注释】

（1）"白发"句，为王粲的年老发白不幸遭遇而悲伤。王粲在长安时，汉献帝任为黄门侍郎，因政治混乱，不肯就任，便到荆州避乱。

（2）"青春"句，美慕贾谊年轻有为。贾谊年十八能诵诗书、属文。后河南守吴公入朝为廷尉，荐贾谊，文帝用为博士，年才二十多岁。士人称生。

（3）"万言"句，汉贾谊有《陈政事疏》《治安策》等，辞气慷慨，

所上疏数篇近万字。

（4）一赋，指东汉王粲《登楼赋》。气峥嵘，愤气满于胸中。峥嵘，本指山势高峻或深远之状，引申为弥增和充满。宋陆游《冬夜独酌》："物外虽增新跌宕，胸中未洗旧峥嵘。"

（5）吊屈，指西汉贾谊《吊屈原赋》。贾谊到长沙，作赋吊屈原，有句说："瞻九州而相君兮，何必怀此都也？凤皇翔于千仞之上兮，览德辉而下之。"志存高远，故说"心犹壮"。

（6）依刘，指王粲依附荆州牧刘表。刘表见王粲貌不出众，短小体弱，为人又放旷不拘，便不器重他。恨未平，心中有恨事感到不平，即言王粲不满于刘表怠慢他。

（7）耿耿，不安。若为情，怎样为情，即难以为情。

【赏析】

这是一首写读后感的五言律诗。贾谊，西汉文帝时人，《史记》《汉书》都有传。王粲，东汉末年人，《三国志·魏书》有传。两人都是著名文学家。这首诗通过对贾谊、王粲事迹的叙事，抒发了怀才不遇的慷慨。

"白发悲王粲，青春羡贾生。"首联并提贾谊、王粲。颠倒时序，先写王粲，再写贾谊，不仅是为了韵脚关系，而且由内容决定。王粲在长安时，汉献帝任为黄门郎，因政治混乱，不肯就任，便到荆州依附刘表，又不被重用。后为曹操幕僚，官侍中。建安二十一（216）冬，他随曹操讨吴国。次年春，病逝于返回邺城途中，时年41岁。所以说"悲王粲"，即悲王粲晚年的遭遇，借此表示元朝末年政治也很混乱，自己的遭遇也相同。贾谊十八岁能诵诗书、属文，文帝用为博士时才二十多岁。迁太中大夫，将以为公卿，遭到周勃、灌婴等旧臣的反对和毁谤，贬谪为长沙王太傅。后再召问鬼神之事，又为梁怀王太傅。死时年仅三十三岁。所以说"青春羡贾生"。对二人一悲一羡，态度各别。

"万言辞慷慨，一赋气峥嵘。"颔联叙事，赞王、贾的文才超群。贾谊有著名的政论《陈政事疏》《治安策》《过秦论》等文，辞气慷慨，所上疏数篇近一万字。这句紧承上句而来。王粲到荆州，登当阳城楼，作《登楼赋》，内容是伤乱思归，也抒发了他拥护统一和愿为统一事业做贡献的思想，结尾有句说"气交愤于胸臆"，六臣注《文选》吕延济注："弥增愤气满于胸臆也。"气峥嵘，即是说愤气充满于胸中。这句承首句而来。

"吊屈心犹壮，依刘恨未平。"颈联前句又承二、五句来，说贾谊写《吊屈原赋》。此赋为贾谊出任长沙王太傅时所作。贾谊到汨罗江畔屈原沉江之处凭吊，作赋吊祭屈原。有句说："瞝九州而相君兮，何必怀此都也？凤皇翔于千仞之上兮，览德辉而下之。""彼寻常之汙读兮，岂容吞舟之鱼？"表示良禽择木而栖，良臣择主而事，成就一番事业的雄心，故说"心犹壮"。下句承一、四句来，说王粲到荆州，依荆州牧刘表。刘表见王粲短小瘦弱，其貌不扬，为人又放旷不拘，便很不重视他。刘表死后，王粲劝刘表幼子刘琮投降曹操。恨未平，心中有恨事感到不平，即言王粲不满于刘表的怠慢。

"怀贤坐长夜，耿耿若为情。"尾联叙事兼抒情，抒发自己的感慨。怀贤，怀念贤人，承上指贾、王。坐，因。耿耿，不安之状。若，犹怎、那。此二句是说因为长夜读书，怀念贾、王二位贤人，心中不安，难以为情。言外之意，诗人很为贾谊、王粲这样的贤人不遇于时，不能成就一番功业而愤愤不平，实则抒发了自己怀才不遇的不满和愤懑。（毕桂发）

王 越

　　王越（生卒年不详），字世昌，浚县（今河南浚县）人。明代诗人。明代宗景泰辛未（1451）进士。明英宗天顺中（1457—1464），官右副都御史，巡抚大同，进兵部尚书。论出塞功，封威宁伯，寻加少保，赠太傅，谥襄敏。其诗性情流露，不事雕饰。

【原文】

与李布政彦硕冯佥宪景阳对饮

相逢无奈还伤别，尊酒休辞饮几巡[1]。
自笑年来常送客，不知身是未归人。
马嘶落日青山暮，雁度西风白草新[2]。
离恨十分留一半[3]，三分黄叶二分尘。

【毛泽东圈评等情况】

　　毛泽东读清沈德潜、周准编选《明诗别裁集》卷三时圈阅了这首诗。

[参考]张贻玖：《毛泽东评点、圈阅的中国古典诗词》，
中国工人出版社 1992 年版，第 257 页。

【注释】

　　（1）尊酒，犹杯酒。尊，古盛酒器，用作祭祀或宴享的礼器，鼓腹侈口，高圈足，多圆形或方形。《说文·酋部》："尊，酒器也。"三巡，斟酒三次，泛指多次。几巡，几遍。

　　（2）白草，牧草。干熟时呈白色，故名。《汉书·西域传上·鄯善国》："地沙卤，少田，寄田仰谷旁国。国出玉，多葭苇、柽柳、胡桐、白

草。"颜师古注:"白草似莠而细,无芒,其干熟时正白色,牛马所嗜也。"

（3）离恨,因别离而产生的愁苦。南朝梁吴均《陌上桑》:"故人宁如此,离恨煎人肠。"南唐李煜《清平乐》:"离恨恰如春草,更行更远还生。"

【赏析】

李布政彦硕,即李彦硕,布政是其官名。布政,布政使的省称,明太祖洪武九年（1376）改行中书省为承宣布政使司。明宣宗宣德年间（1426—1435）以后,全国府、州、县等分统于两京和十三布政使司,每司设左、右布政使各一人,为一省最高行政长官。后因军事需要,增设总督、巡抚等官,地位高于布政使。冯金宪景阳,即冯景阳,官金宪。金宪,金都御史的美称。《醒世恒言·陈多寿生死夫妻》:"陈多寿官至金宪,朱氏多福恩爱无比,生下一双儿女,尽老百年。"顾学颉校注:"古时称御史为宪台。明代,都察院设有左右金都御史,所以称为'金宪'。"此诗大约写于王越天顺中,官右副都御史,巡抚大同之时。明成化、弘治年间,王越经年镇守西北边疆。这首七言律诗就是王越置酒送别李彦硕、冯景阳时写的,抒发了自己因离别而产生的愁恨。

诗题曰"对饮",即在一起饮酒。但这里的"对饮"却不是平时聚饮,而是饯别之酒。所以起首二句便写道:"相逢无奈还伤别,尊酒休辞饮几巡。"首联暗点对饮题意,写诗人设宴送别李彦硕、冯景阳。真正的好朋友,总是"相逢时难别亦难"（李商隐《无题》）,聚少离多。这种情况往往由多种原因造成,非人力所能扭转,于是只有在悲伤中离别。挚友分别,设宴相送,以酒相劝,便是情理之中的事了。

"自笑年来常送客,不知身是未归人。"颔联叙事兼议论,感叹自己羁留不归。上句紧承首联送李冯二人而归,联想到近年来这种情形不止一次,而是经常发生。不断地设宴送别人归去,而自己却长期羁留在外不能还朝。自己本来是个外乡人,却尽地主之谊,竟自以为东道,这种反客为主的观念,好像不知道自己是个未归人,这实在是无奈之语也。实际上,诗人对自己久久未能还朝耿耿于怀。

"马嘶落日青山暮,雁度西风白草新。"颈联描写饯别时的情景。此二句仍承首联而来。饯别是在傍晚时分，夕阳西下，暮色苍茫，征马嘶鸣，西风劲吹，长空雁度，白草新枯，衰杀的景物酿就了一种"醉不成欢惨将别"的氛围。

"离恨十分留一半，三分黄叶二分尘。"尾联抒情，直写离恨。两句是说因离别而产生的愁苦假如是十分，朋友负荷一半，自己留下一半，即五分，这五分之中，有三分是黄叶二分是尘土。这是以景写情的手法，明写黄叶、尘土而暗写离愁别绪。这样看来，五分景色全是愁。诗人用全部秋色来写与挚友分别时的离情，其友情之深、离别之难，就不言而喻了，确是情景交融、情深意长的佳句。不过，此类笔法古亦有之。唐诗人徐凝《扬州慢》云："天下三分明月夜，二分无赖是扬州。"宋初词人叶清臣《贺圣朝》也说："三分春色二分愁，更一分风雨。"宋代大词人苏轼《水龙吟》更云："春色三分，二分尘土，一分流水。"这些诗词名句，或写月光，或写春色，这些本不可分的事物在诗人笔下居然可以"分"，这是一种想象奇妙而兼以极度夸张的手法。这种手法锤炼出来的佳句，脍炙人口，千古流传。（毕桂发）

沈 周

沈周（1427—1509），字启南，号石田，又号白石翁，长洲（今江苏苏州）相城人。明代诗人、书画家。诗拟白居易、苏轼、陆游，缘情随事，不事雕琢，挥洒淋漓，自然真朴，天趣盎然，名重当时。尤工画，与唐寅、文徵明、仇英并称明四家。时人称其诗、画、书为三绝。明代宗景泰年间郡守以贤良应诏，辞不赴。有《石田集》《石田诗钞》。

【原文】

从军行

马上黄沙拂面行，汉家何日不劳兵。

匈奴久自忘甥舅⁽¹⁾，仆射今谁托父兄⁽²⁾?

云暗旌旗婆勒渡⁽³⁾，月明刁斗受降城。

左贤早待长绳缚⁽⁴⁾，莫遣论功白发生⁽⁵⁾。

【毛泽东圈评等情况】

毛泽东读清沈德潜、周准编选《明诗别裁集》卷三时圈阅了这首诗。

[参考] 张贻玖：《毛泽东评点、圈阅的中国古典诗词》，中国工人出版社 1992 年版，第 257 页。

【注释】

（1）甥舅，外甥和舅舅，亦指女婿和岳父，泛指外戚。唐杜甫《对雨》："西戎甥舅礼，未敢背恩私。"王昭君出塞和亲后，后世匈奴单于皆是汉皇的外甥，匈奴与汉则是甥舅关系。

（2）仆射（yè），官名，秦始置，汉以后因之。汉成帝建始四年，初置尚书五人，一人为仆射，位仅次尚书令。汉献帝建安四年置左右仆射。唐宋左右仆射为宰相之职。《汉书·百官公卿表》："仆射，秦官，自侍中、尚书、博士、郎皆有。古者重武官，有主射以督课之。"

（3）婆勒渡，地名，不详。婆勒，水名，疑即博罗塔拉河，在新疆博罗西。

（4）左贤，左屠耆王，匈奴单于下的最高官职，与右屠耆王分领匈奴东西二部。"屠耆"是匈奴语"贤"的意思。《后汉书·南匈奴传》："其大臣贵者左贤王，次左谷蠡王，次右贤王，次右谷蠡王，谓之四角。"

（5）遣，此句用汉苏武出使匈奴的典故。苏武（？—前60），字子卿，西汉杜陵（今陕西西安东南）人。天汉元年（前100），奉命赴匈奴，被扣，后又把他迁到北海（今俄罗斯贝加尔湖）边牧羊。"武留匈奴，凡十九岁，始以彊壮出，及还，须发尽白。"官典属国。见《汉书·李广苏建传》附《苏武传》。

【赏析】

这首诗是作者有感于西汉时期，朝廷与匈奴之间的连年征战而作。此诗题《从军行》为汉乐府平调曲名，内容多写边疆情况和战士的生活。

西汉初年，匈奴（亦称胡）不断南下攻扰，汉朝开始基本上是以防御为主和匈奴交战。汉武帝时，采取攻势，多次进军漠北，匈奴受到很大打击。汉宣帝甘露二年（前52），呼韩邪单于附汉。《从军行》就是根据这个历史时期的汉朝与匈奴族之间的连年征战的历史事件而作，抒发了一位年迈将士奋勇悲壮之举。

"马上黄沙拂面行，汉家何日不劳兵。"起首二句展示出一幅宏大的汉军北征的画面。这两句中，第一句写将士们骑着战马，顶着狂风，迎着扑面而来的黄沙进军大漠的场景，是记叙；第二句写汉朝初年旷日持久的战争局势，其中透露出作者对战争的厌恶与不满之情，是议论。这里一叙一议，表现了作者鲜明的立场观点。

"匈奴久自忘甥舅，仆射今谁托父兄？"先以"匈奴"起，是对匈奴对汉朝的攻扰的斥责和抨击。忘甥舅，昭君出塞以后，后世匈奴首领是汉朝外甥辈，汉朝与匈奴已是甥舅关系，但匈奴忘记了。这就把战争的性质充分肯定下来。"仆射"句则是对汉朝军队也为连年征战而父兄相离、家破人亡的慨叹。仆射，官名，这里是指汉朝的将军。这句是说，汉朝的将军现在还能向谁托付父老兄弟呢？化用杜甫《新安吏》中"送行莫泣血，仆射如父兄"的诗句，这里面含有对征战的不满。

"云暗旌旗婆勒渡，月明刁斗受降城。"刁斗，古代军中用具，铜质，有柄，能容一斗，军中白天用来烧饭，夜则击以巡更。婆勒渡，地名。受降城，汉太初元年（前104），为了应接匈奴奴隶主贵族的投降，汉武帝令将军公孙敖所筑，故址在今内蒙古乌拉特中后联合旗东阴山北。此联前句是描写白天，旌旗如云，遮天蔽日，使整个大地灰暗下来。后句是写夜晚，月色明亮，在受降城这个地方刁斗声时时响起。字里行间透出一种战争必胜的气概与信心。

"左贤早待长绳缚，莫遣论功白发生。"如果说上两句对战争必胜信心的表露比较含蓄的话，那么这两句中就可谓是直截了当的。"左贤"，指左屠耆王，匈奴官名，是单于下的最高官职。冒顿单于时，除自领中部外，设左、右屠耆王，分领东、西二部，由单于子弟担任此职。匈奴尚左，通常以单于的继承者担任东边的左屠耆王。"屠耆"是匈奴语"贤"的意思。汉人因此称左、右屠耆王为左、右贤王。遣，使、令。李白《劳劳亭》诗"春风知别苦，不遣柳条青"即用其意。前句是对匈奴的藐视，后句则用汉苏武出使匈奴的典故，鼓励将士及早立功，结束战争，表现了对和平的期望。

本诗借助历史上的战争，表达了诗人对战争的看法。在艺术手法上采用夹叙夹议的手法，边叙边议，题旨彰明，给人以教益。（王建国）

明

诗